地势坤，君子以厚德载物。

中国哲学十九讲

牟宗三 著

贵州出版集团
贵州人民出版社

图书在版编目（CIP）数据

中国哲学十九讲 / 牟宗三著．— 贵阳：贵州人民出版社，2020.5（2023.12 重印）
ISBN 978-7-221-15873-4

Ⅰ．①中… Ⅱ．①牟… Ⅲ．①哲学－研究－中国 Ⅳ．①B2

中国版本图书馆 CIP 数据核字（2020）第 008799 号

著作权合同登记号　图字：22-2019-057

书　　名	中国哲学十九讲 ZHONGGUO ZHEXUE SHIJIU JIANG
著　　者	牟宗三
责任编辑	钱海峰
封面设计	仙　境
出版发行	贵州出版集团　贵州人民出版社
社　　址	贵州省贵阳市观山湖区中天会展城会展东路 SOHO 办公区 贵州出版集团大楼（邮编：550081）
印　　刷	三河市冀华印务有限公司
开　　本	880mm×1230mm　32 开
印　　张	12.25
字　　数	296 千字
版　　次	2020 年 5 月第 1 版
印　　次	2023 年 12 月第 9 次印刷
书　　号	ISBN 978-7-221-15873-4
定　　价	68.00 元

如发现图书质量问题，可联系调换。质量投诉电话：010-82069336

序

予既写《才性与玄理》《佛性与般若》《心体与性体》以及《从陆象山到刘蕺山》诸书已，如是乃对于中国各期哲学做一综述，此《中国哲学十九讲》即综述也。此《中国哲学十九讲》乃1978年对台大哲学研究所诸生所讲者。当时口讲本无意成书。诸同学认为将各讲由录音整理成文，可供学者悟入中国哲学之津梁，否则茫茫大海，渺无头绪，何由而知中国哲学之面貌耶？如是，由陈博政、胡以娴、何淑静、尤惠贞、吴登台、李明辉六位同学分任其责，而以胡以娴同学尽力独多。诸同学之辛劳甚可感也。吾顺其记述稍加润饰，期于辞达意明，虽非吾之行文，然较具体而轻松，读者易顺之而悟入也。于所述者尽举大体之纲格，不旁征博引，缕述其详；欲知其详，当回看上列诸书，知吾之所述皆有本也。无本而综述，鲜能得当，此不得曰综述，乃浮光掠影也，故多肤谈而错谬，不足为凭。综述已，则各期思想之内在义理可明，而其所启发之问题亦昭然若揭。故此《中国哲学十九讲》之副题曰“中国哲学之简述及其所蕴含之问题”。简述明固有义理之性格，问题则示未来发展之轨辙。继往开来，有所持循，于以知慧命之相续绳绳不已也。是为序。

1983年7月

目录 Contents

第一讲

中国哲学之特殊性问题

我们这个课程叫作“中国哲学的特质”。我以前写过一本小册子，也叫这名字[1]。那是我在香港大学校外课程部所做的讲演，一共有十二讲，每次只讲一个小时。那个讲法比较简单，因为它是校外课程，是讲给社会上的好学之士听的，听众的程度比较浅，而且不一定是学哲学的。他们只是想了解一点中国哲学的常识。

我们要想了解中国哲学的特质，有一个方式就是按那本小册子的讲法，直接从正面叙述，把它的内容简单地表示出来。还有一种方式是比较高层次的讲法，这就不能像那本小册子那样讲。这种讲法是带点批导性的。这种讲法，如果我们用普通的逻辑里面的名词来说，这是第二序（second order）上的讲法。那本小册子的讲法，是第一序上的讲法，只是正面把中国哲学的内容叙述出来，没有批导出它所蕴含的问题。

这种第二序的讲法，当然层次高一点，同时我们也假定你对中国哲学这一条思想流的内容知道一些。中国哲学大概有些什么内容，你们可以自己去看，先有个基本知识。我们采取第二序

1 本书由学生书局出版。

的讲法，是就着你已经有的基本知识来重新加以反省、衡量，来看看这里面有些什么问题以及在其他的哲学史中有没有这样的问题。这就需要通过比较来限制和衡量。

再进一步说，要用这种方式讲，首先要解决一个问题。因为我们是讲中国哲学的特质，既然如此，那就表示还有非中国的哲学，比如说西方的哲学、印度的哲学。这样一来，首先就出现一个问题，就是哲学的普遍性和特殊性的问题。平常人们都说，哲学是讲普遍的真理，哪有什么中国与西方之别呢？但是，事实上有分别。这样一来，哲学就不只有普遍性了，它也有特殊性。另外，还有一些人说，哲学没有普遍性，没有普遍的哲学、共同的哲学。就着个人讲，只有你的哲学、我的哲学、他的哲学；就着国家民族讲，只有中国哲学、英国哲学、德国哲学，没有说是有个共同的哲学。这也是一种说法。但是你反过来说，凡是哲学的真理都是普遍的（universal）。哲学里面建立一个概念、一个原则，通常都是有普遍性的。比如说，孔夫子讲仁，孔子是春秋时代的人，是中国人，但是孔子讲仁并不是单单对中国人讲。孔子是山东人，他讲仁也不是单单对着山东人讲。他是对全人类讲。人人都该有，所以“仁”这个概念不是具有普遍性吗？又比如说，西方这个文化系统，是顺着希腊、罗马、希伯来这三个来源下来的，即希腊的科学、哲学，罗马法以及希伯来的宗教。可是，同样是顺着这三个来源下来，英国哲学就和德国哲学不同，和法国哲学也不同。不同归不同，它们三个又属于同一个系统。所以在这里，一定要普遍性、特殊性两面都讲，不能只讲一面。

我们在正式讲中国哲学的特质以前，要先考虑这个普遍性和特殊性的问题。今天，我们先讲特殊性的问题。我们说中国代表一个文化系统，西方代表一个文化系统，印度也代表一个文化系统。可是，为什么会有这些不同的文化系统呢？都是人类，为什么文化系统却有差别呢？我们如何来解释这个差别呢？如果了解了文化系统的特殊性，就能了解哲学的特殊性。这种问题一般人是不会想到的。那么，我们要如何来了解这个问题呢？要如何来解释才是中肯的呢？

对于这个问题，一般人也可举出好多例子，从各个文化历史上已有的那些进向来说各个文化的特质。但是这种讲法不是很中肯的。你当然可以列举，比如说，你可以列举西方文化历史上已有的进向，但是这不是真正的问题所在。问题不在于列举这些差别的进向，而在于对这些差别进向的说明。要对何以有这些差别进向做一个解释。比如说，你讲西方哲学史，从 Thales（泰勒斯）讲起。希腊最早的那些哲学家，都是自然哲学家。Thales 说宇宙的本源，是从水讲起。再进一步，有说是火的（Heraclitus，赫拉克利特），有说是原子的（Democritus，德谟克利特），也有说是地、水、火、风四根的（Empedocles，恩培多克勒），这就是进向，这是大家都知道的。你讲中国哲学史的时候，从夏商周三代讲起，以至于孔子、孟子，这进向是和希腊大不相同的。我们要说明特殊性的问题，就是要对为何会有这些差别的进向做一个说明。但要如何来说明呢？这个问题并不是很容易答复的，这是 how 的问题，不是 what 的问题。假定你回答说，这是没有理由的，事实上就是这样。这算是什么答复呢？你举出各个文化历史上的进向，这不能算是说明，这只是记录，一个事实的记录，不是一个解释（interpretation）。既然是要给它一个说明，给它一个解释，这就不是事实的记录问题，这是理由的问题。一讲到理由的问题，这就是哲学上的。事实的记录也可以算是一种说明，这种说明叫作描述的说明（descriptive interpretation）。这种说明大体是科学的，科学也可以对这个自然世界（physical world）有个说明。但是科学的说明大体是描述的，不是理由的，所以科学的说明和哲学的说明不同。比如，科学解释这个现象世界，拿原子来解释，这只是描述的说明。假定你问，为什么有原子？为什么有这个 physical object ？这问题科学家是不解释的。假定你说，因为上帝的创造。可是上帝的创造并不一定可以算是一个说明，就算我们把它当成一个说明，这个说明也不是科学里讲的说明，科学不问这个。科学的说明只是描述的说明，而哲学的说明是说明理由，是理性的说明。这两者层次不同，说明也有个分别。因此，对这个特殊性的问题，假定你只列举了一些进向，并说这就是说明，那么，这个说明也还是一个描述的说明。描述的说明，说了也等于没有说，它只是就着事实来加以描述。比如说，科学家把这个世界（物理世界），当作一个“所与”（given）。假定你问，这个“所与”从哪儿来呢？这是超出科学以外的问题，科学家是不答复的。所以我们对哲学的特质、文化系统的特质这个问题，就不能只列举一些进向，我们要进一步说理由。说理由，就是一种理性的说明（rational interpretation），这就超出了科学的范围，这种说明也可以叫作哲学的说明（philosophical interpretation）。

那么，我们要从什么地方着手来说明这个问题呢？要如何来说明才能中肯呢？这个问题，我在我的《历史哲学》开头那个地方也有说到，但那个说法太简单，而且说得很紧[1]。我们现在就把那个意思轻松一点地说，让大家的头脑比较能活转。首先，我们要知道，这个特殊性只就着人讲，就 human being 讲。这不能就着上帝讲，上帝没有特殊性，上帝是无限的存在，无限的存在没有特殊性。假定照基督教宗教家的说法，上帝也有各种表现，它也有 will，也有 understanding，也有 love；可是人也有 will，也有 understanding，也有 love。既然人也有，上帝也有，

1 《历史哲学》第一百一十四页，并请参阅《历史哲学》附录第二十九至三十页及《道德的理想主义》中《关于文化与中国文化》一文第二节。

那在人这方面表现的特殊性，上帝为什么没有呢？你马上可以这样问。但我们就说，上帝是无限的存在，无限存在的那个 will、understanding、love 之表现没有特殊性。只有人才有，人是有限的存在。你说有限的存在，这桌子也是有限的存在，这属于物。所以特殊性上端不能就上帝讲，下端不能就物讲。不单是桌子，连动物都没有。桌子只是个 matter，动物是有生命的。动物虽然有生命，但是它没有表现，它没有文化。照佛教的立场讲，动物也是众生，六道众生之中有一道是畜生，畜生就是动物，照佛教的说法，它是可以成佛的。可是，这可以成佛只是理论上的话，事实上是不行的。它要转生才行。动物可以成佛，但它必须经过几世劫，要首先转生为人。《大智度论》中就有这种话头，它说的是一只鸽子[1]。所以说，就鸽子本身（as such）来看，它还不能成佛，要经过几世劫修行转生以后才行。照佛教的立场讲，六道众生成佛最容易的是人，人是最可贵的，所以说“人身难得”。佛教所说，你不要以为它是个神话，事实上它是个真理，只不过它是用佛教的方式表达的。

以上我们说，上帝没有特殊性，物（matter）也没有，就是有生命的动物（animal）也没有文化、没有表现。没有表现，那还有什么特殊性呢？所以这个特殊性是就着人讲。人是最可贵也是最麻烦的。人身难得，当然是最可贵的，同时人也是最麻烦、问题最多的。人是两方面通，他上面可以通神性，但他也有物性。

1　《大智度论》卷十一：“……佛告舍利弗：此鸽除诸声闻辟支佛所知齐限，复于恒河沙等大劫中，常作鸽身，罪讫得出。轮转五道中，后得为人。经五百世中乃得利根。是时有佛度无量阿僧只众生，然后入无余涅槃，遗法在世。是人作五戒优婆塞，从比丘闻赞佛功德，于是初发心愿欲作佛，然后于三阿僧祇劫，行六波罗蜜，十地具足，得作佛，度无量众生已，而入无余涅槃。”

所以，就有西方哲学家讨论人在宇宙中的地位，这个问题是大家很容易想到的。儒家也看重人，讲三才，天、地、人三极之道，《中庸》里说“参天地，赞化育”，这话是积极的（positive），从好的方面讲。我们说人既然是个有限的存在，那么他表现他的 will、他的 understanding 以及他的 love 就是在限制中表现。有限之所以为有限，究竟要如何规定，如何来了解呢？照亚里士多德的说法，有限之所以为有限，就是因为人是组合体。组合是以什么东西组合呢？就是一个 form、一个 matter。这个 form 加在 matter 上，才成 individual。凡是由 form 跟 matter 组合而成的，都是有限的存在。如果光是 matter，在亚里士多德来说，它就是 pure potentiality，加上 form，它才变成个 actual。如果说它只有 form，没有 matter，那就成了 pure form，就成为 god。所以人是个有限的存在，他是个组合体，他有 material element。这个 material element 就着我们现实的人讲，就是康德所说的感性（sensibility）。人的感性，就是孟子所说的耳目之官。孟子不是说“耳目之官不思，而蔽于物。物交物，则引之而已矣”[1]吗？这也就是孟子所说的“小体”。人既然有感性，那他表现他的 will、他的 understanding 乃至于他的 love、他的 spirit，他一定是在限制中表现。说得具体一点，就是说在他的感性的限制、感性的制约之下来表现。这是人生命本身的问题，他本身就是如此。这个感性的限制有它的必然性，不是可以随便去掉的，不是可有可无的。这种必然性，用莱布尼茨的名词说，就叫作“形而上的必然性”（metaphysical necessity）。但这并不是说感性是形而上的。照朱子的说法，感性是属于气的，是形而下的，但形而下的气，并不是可有可无，可以随便拿掉的。不单是人，就是整个

1　参阅《孟子·告子上》篇。

世界也离不开这个成分，这个成分是非有不可的，如果把这个成分拿掉，那就没有世界了。所以它有必然性，这个必然性就叫作 metaphysical necessity。这种必然性，不是逻辑的必然性（logical necessity），这两者有别。逻辑的必然性是形式的（formal），不接触实在，只是推论的那个推演的必然。比如有这个前提就一定有这个结论，这种必然性，就叫逻辑的必然性。但是我们必须承认一个 form，一个 matter，而且这个 matter 的存在有必然性，这就不是逻辑的必然性，而是 metaphysical necessity。这种思考是莱布尼茨贡献最多，现在人不大讲的，现在大家都只讲逻辑的必然性。我们说，这个感性的限制，既然有 metaphysical necessity，所以人表现他的精神，他的 will、understanding、love，他是在限制中表现。在限制中表现就是在一个通孔中表现，所谓一孔之见，也就是《庄子·天下篇》所说的"天下多得一察焉以自好"。一察就是一孔，你察察这面，我察察那面，人就是如此。道是完整的，它是个全。由于人各得一察焉以自好，于是"道术将为天下裂"[1]。《庄子·天下篇》说得很好，那文章美得很，苍苍凉凉，感慨万端。现在这个时代就是各得一察焉以自好，正如庄子所说的"寡能备于天地之美，称神明之容"。现在的人对天地之美是不了解的，因为都科技化了，科技化了哪还有天地之美呢？"称神明之容"，神明哪有容呢？现代人以为这些都是不科学，是玄学。事实上，人生归宿到"备于天地之美，称神明之容"

1 《庄子·天下篇》曰："……天下大乱，贤圣不明，道德不一，天下多得一察焉以自好。譬如耳目鼻口，皆有所明，不能相通。犹百家众技也，皆有所长，时有所用。虽然，不该不遍，一曲之士也。判天地之美，析万物之理，察古人之全，寡能备于天地之美，称神明之容。是故内圣外王之道，暗而不明，郁而不发，天下之人各为其所欲焉以自为方。悲夫，百家往而不反，必不合矣！后世之学者，不幸不见天地之纯，古人之大体，道术将为天下裂。"

这个地方，才能真正幸福，要不然人没有幸福可言。

以上我们说的，人是在通孔中表现他的精神生活，人须受感性的限制，这是内在地说，这是人的生命所本有的固具的限制或内在的限制（intrinsic limitation）。另外，我们还可以外在地说，也就是生命本有的限制之外，还有外在的限制。这个外在的限制就是外部世界的环境。在这两者之中，一般人都只注意到这个外在环境，但都忽略了这个内在的限制。事实上外在环境只是外缘，不是主因（cause）。你说通通是由于环境决定的，但是，同样是在这个环境，为什么你有这个反应，我就没有呢？环境只是个外缘。在这里我就觉得汤恩比讲 challenge 与 response 是落于下乘。因此我们说，光注意外在环境这个 external condition 的挑战是不够的，最重要的是要看你自己生命本身的限制。

这内外两方面的限制，就使你表现你的精神生活是通过一个通孔来表现的。这“通过一个通孔来表现”，也是一个 metaphysical necessity。所有人生的艰难困苦都在这儿，人生的悲壮也在这个地方。假定人完全没有限制，一往畅通，这是很舒服的，但这就不是人，这就成为神，成为上帝了。可是，就是上帝吧，光上帝本身也没有办法表现。上帝是什么？他要表现一定要假借耶稣。没有耶稣，上帝的内容是什么就没有人知道，只成一个抽象的空概念[1]。所以有人问耶稣，你天天讲天上的父，这天上的父是什么样你拿给我看看。耶稣说，你天天和我在一起，你还没看见吗？这就表示说，你要通过他来了解，上帝要通过他来表现。通过他的爱、他的十字架，神性不是全表现出来了吗？所以，我们刚开始的时候所说的限制只是消极的意义，好像是这个限制使我们不能把道、真理全部表现出来，这好像不好。事实上，

1 参阅《中国哲学的特质》第七讲。

反过来说，如果你了解这限制有它形而上的必然性的时候，它也有积极的意义。也就是说，真理必须通过这限制来表现，没有限制就没有真理的表现。所以这个限制，它同时限制你，使你在限制之中把真理体现出来。因此，理学家也很看重这个气，气虽然是形而下的，它阻碍、限制我们，但同时你要表现那个理也不能离开气。离开气，理就没法表现。所以气这个成分有它正反两面的作用。我们这个身体当然是个限制，讨厌的时候你当然也可以把它毁掉。但是它也有它的作用，就是道、真理必须通过这生命来表现。这是人的悲剧性，人的悲壮性就在这个地方。道必须通过它来表现，它是个通孔。它既然是个通孔，就同时有个限制，道就在一个通孔上显现，并没有全部表现出来，这不就是被限制了吗？比如上帝它必须通过耶稣这个生命来表现，但是生命在表现道的时候，同时又限制这个道。这个就是一种 paradox，就是庄子所说的“吊诡”。也就是说有了这种 paradox，之后才有辩证（dialectic）出现，这叫作 dialectical paradox。这种辩证的诡辞，中国人是很懂的，庄子就很懂，《庄子》里的《齐物论》就都是这种诡辞。当然，西方哲学家黑格尔也很懂。从这里再进一步，不但是个人受到这内外两方面的限制，就是一个民族也是这样。每个民族都是由许多人合起来的集团。任何一个民族，它表现它的精神生活，也都是在这两种限制之中表现，这两种限制也有我们所说的 metaphysical necessity。

以上我们已经说明了特殊性只能就着人讲。“人有感性”是必然的，“感性限制我们”是必然的，而必须在一个限制中表现，这也是必然的。这些通通都是形而上地必然的。不但就着人讲如此，就是就着民族讲也是如此。假定你把这些弄清楚了，那么，你也可以再进一步问：既然都是在限制中表现，那为什么中华民族是这样开始呢？为什么希腊是那样开始呢？希伯来、印度又为什么是那样开始呢？为什么希腊表现它的思想是由泰勒斯（Thales）这些自然哲学家开始呢？为什么它是通过这个孔？为什么中国通过那个孔？为什么希伯来、印度又是通过不同的孔呢？在这个地方有什么理由吗？这个地方，它没有形而上学的必然性，当然也没有逻辑的必然性，说中国人非如此不可。假定这里有逻辑的必然性、形而上的必然性，那么中国人就不会变了，就永远是如此。这样我们就没有办法吸收西方文化，西方人也没有办法吸收中国的东西。所以，要说明为什么这个文化是通过这个孔，就只有历史的理由（historical reason），没有逻辑的理由。假定这个地方有必然性，那么，这个必然性就是历史的必然性（historical necessity），历史也可以说必然。当然现在一般学历史的人都认为历史只是偶然的，只是一些乱七八糟的现象，哪里有必然性？他们如果能承认历史中的这些现象能够关联起来，且有相当的法则，那已经算是很客气了。现在讲历史的人也不认为有什么一定的法则，至少没有像自然科学那样的法则。有人说他是用科学方法讲历史，这句话是不通的，科学方法不能用于历史。什么是科学方法？归纳法。历史是不能归纳的。文字的材料可以归纳，但历史本身是不能归纳的[1]。现在学历史的人，他研究的不是这个历史本身，而是历史材料、文献材料或是地下挖出来的材料。人们说，他们是专家，他们懂得历史，你不懂历史。其实我是懂历史的，只是不记得历史。他们才是不懂历史，只记得历史。历史是不能用科学的方法归纳的。比如说昆阳之战，王莽有百万大军，还有狮子、老虎巨人，汉光武有多少军队呢？他只有数千人，但是他却把王莽打败了。你敢说汉光武那时如此，你今天也一定可以如此吗？他打胜了，你就一定能打胜吗？这是没有一

1　参阅《历史哲学》三版自序。

定的，是不能归纳的。这不能用科学方法，当然也没有科学方法中所发现的因果法则。那么，我们为什么说有历史的必然性呢？这个历史的必然性，站在科学立场上是不能了解的，而且光站在材料的收集、编排上也是不能了解的。材料（如二十五史）不是历史本身，只是记载历史的文献，文献并不等于历史。要讲历史的必然性，就要把历史看成精神的表现，这是黑格尔的方法。黑格尔是能讲历史哲学的，他的历史哲学对历史有什么看法呢？黑格尔把历史看成精神的发展、精神的表现史，它里面有一种韵律，一种内在的律则（intrinsic law），它有一种节奏，这种节奏就是所谓精神发展中的节奏。只有从这个地方讲，你才能了解历史的必然性。假定你从材料的编排、考据来了解历史，那我不能了解为什么明朝末年一定会亡国，为什么清军一定能入关。清军入关，统治中国近三百年，这才有清末那种知识分子的鄙陋。有清朝末年知识分子的鄙陋，就有民国那种知识分子的浅薄。这要是从外部看，哪有什么必然性呢？但是，你要是从精神的发展上讲，它是一步一步转出来的，这个就是精神发展中的一个内在的韵律，这种韵律就叫作历史的必然性。它既不是逻辑的必然性，也不是科学里边那个机械的因果律。这种必然性，就叫作辩证的必然性。历史的必然性都是辩证的必然性（dialectical necessity）。所以假定你通过这个观点，你看看从清朝近三百年以来一直到现在这六十多年的历史，它是一步一步地出现的。这地方不能用我们平常做文章的方式来假定如何如何。比如说，如果康有为当年不怎么样，那就如何如何，或者如果孙中山先生不怎么样，那就如何如何。这里不可随便滥用“如果”这种假设语气的，这是做八股文章，讲历史是不可以这样的。历史是不能用“如果”之拟议来辩的。庄子说：“六合之外，圣人存而不论；六合之内，圣人论而不议。春秋经世先王之志，圣人议而不辩。”这“议而不辩”

似乎已透露了这个意思。假定你说，如果当初不是这样那不就很好了吗？这种话都是不负责任的风凉话，不了解历史的艰难。所以我不喜欢唐宋八大家的文章，就是这个原因。苏东坡论史的那些文章就专门说如果、假定怎么样怎么样，你哪儿来那么多的假定呢？这不是真正可以讲史的，这只是做文章。做文章和做学问是不同的。在那个环境之下就出现那样的人才，出现那样的人才，就决定那个时代，这里也有个必然性。

但是我们讲历史，也不能光讲一个历史的必然性。如果只讲历史的必然性，黑格尔那个话就会出现：凡现实的就是合理的（What is actual is rational）。这个 rational，是指合辩证的理性，是套在辩证的发展中讲的，它既不是逻辑的理性，也不是科学的理性。如果说凡现实的就是合理的，那你也可以说，秦始皇也合理呀，他在历史中是必然要出现的呀。所以我们讲历史，除了要讲历史的必然性以外，一定还要讲一个道德的必然性（moral necessity）。照这个意思，讲历史就要有两个判断，一个是道德判断，另一个是历史判断[1]。南宋的时候朱子和陈同甫两个人相争论，就是这个问题。朱子只有道德判断，没有历史判断，所以他不能讲历史。陈同甫呢？他似是只有历史判断，没有道德判断。所以两个人起冲突。事实上陈同甫那个历史判断，并不是在辩证发展中的历史判断，他那个历史判断，严格讲只是英雄主义。陈同甫的基本精神就是英雄主义，他要争汉唐，要承认汉唐也有价值。他说中国历史不是尧、舜、禹三代就完了，而且天地并非架漏过时，人心并非牵补度日。如果我们不承认这汉唐的价值，那三代以下的历史不是挂空了吗？这样不就是架漏过时吗？所以他力争汉唐。这里我们要了解一下陈同甫承认汉唐是在什么立场

1　牟宗三的论道德判断与历史判断详见《政道与治道》第十章，并请参阅《历史哲学》三版自序及《生命的学问》中《论凡存在即合理》一文。

承认，他还不是在辩证发展中历史判断地承认之，而只是英雄主义地承认之，仍然是偶然。所以他和朱子相对，而皆不能证成历史判断。这两人之争，在南宋是个大问题，而且这个争论很有启发性。

以上是我顺着特殊性这个问题讲下来。我们说，每个文化的开端，不管是从哪个地方开始，它一定是通过一个通孔来表现，这有形而上的必然性。但是为什么单单是这个孔，而不是那个孔？这就完全没有形而上的必然性，也没有逻辑的必然性，只有历史的必然性。历史的必然性，不是逻辑的必然性，也不是形而上学的必然性，也不是科学的因果性，它是在辩证发展中的那个必然性。从这里我就再进一步说，光是通过历史的发展来了解历史，那是不够的，那就犯了黑格尔的毛病。讲历史，一定要道德判断和历史判断两者都有。

现在，我们把文化缩小到哲学方面，来讲讲中国哲学的特质和中国哲学的开端。中国哲学是从这个通孔开始，就是尧、舜、禹、汤、文、武、周公这些人物所表现的。这些人都是圣王，都是 philosopher–king，不管你赞成不赞成、相信不相信他们是圣王，但他们绝不像希腊的那些自然哲学家一样。那为什么中国哲学的开端是如此而不如彼呢？这只能讲历史的理由。历史的理由并没有逻辑的必然性，一定非如此不可，换一换也未尝不可。但是，事实上它就是如此，并没有如彼，这就是历史的理由。中国哲学就是从这里开端，通过这个通孔表现它的精神生活。在这个表现过程里面，各种内容的真理（intensional truth）就通通出现了。中国没有西方式的哲学传统，西方希腊哲学传统开头是自然哲学，开哲学传统同时也开科学传统。中国没有西方式的哲学传统，后来也没有发展出科学，尽管中国也有一些科技性的知识。李约瑟就拼命地讲中国科学的发展史，讲归讲，讲了那么一大堆，它究竟没有成为现代的科学。在中国的《诗经》《尚书》中，虽然也有“帝”“天”，但也没有成为像基督教那样的宗教。

那么，中国哲学的主要课题是什么呢？

中国哲学，从它那个通孔所发展出来的主要课题是生命，就是我们所说的生命的学问。它是以生命为它的对象，主要的用心在于如何来调节我们的生命、运转我们的生命、安顿我们的生命。这就不同于希腊那些自然哲学家，他们的对象是自然，是以自然界作为主要课题。因此就决定后来的西方哲学家有 cosmology，有 ontology，合起来就是亚里士多德所说的 metaphysics。这个 metaphysics 就是后来康德所说的 theoretical metaphysics。希腊就是成这一套。中国人就不是这样，中国人首先重德，德行这个观念首先出现，首出庶物。这个拿康德的话来讲，就是实践理性有优先性，有优越性，优先优越于 theoretical reason。中国古人对德行、道德有清楚的观念，但对知识就麻烦。知识本来就很难的，要有知识必须经过和外界接触，要了解对象，这不是尽其在我，而且不是操之在我的，德行的问题是操之在我的，我欲仁斯仁至矣。这合乎人之常情，所以古人首先对德行有清楚的观念。德行问题是操之在我，所以他讲德行问题的时候是重简易。因此后来陆象山讲简易是有道理的，因为它不需要对外界有好多知识，你对外界有好多知识是没用的，所以，朱子的道问学之所以不行就是在这个地方不行。这个道理康德讲得也很清楚，陆象山所说的简易由此可以得到充分的说明[1]。康德说，如果依照意志的自律而行，那么你所应当行的是什么，这是很容易知道的，平常人都可以知道，但假定要依照意志的他律而行，就需要对世界有知识。这需要对世界有知识，就很麻烦了。为什么呢？我要先经过长期

1 参阅《从陆象山到刘蕺山》第八至九页。

的考虑。考虑了老半天，还不能懂，还要请教专家。请教专家，就是需要知识，以知识来决定，就是他律，这就不是真正的道德。中国人首先重视生命，他的头往这儿转，他两眼不往外看。假定你以自然为对象，你就要往外看。即使不是自然，像希伯来的宗教，有个上帝，那也要往外看、往上看。中国人也看天，但“天视自我民视，天听自我民听”，这就不完全看天，他要下来看老百姓；老百姓如何听如何视，就要看你自己，所以先要明明德。你要得到老百姓的支持，你自己就要先好好地负责任，这样眼光就一步步往里转。基督教是永远往外转，向上看。科学也是永远向外看，这自不待言。就是西方的哲学也习于向外看。西方文化的特点就是如此。这头脑一旦定住了，它是很难转的，它成了个习惯，看任何东西都是这样。现在的中国人就专门学西方那一套。中国哲学，古人重视生命问题，现在没有人重视这个问题。现在人把生命首先变成心理学，然后由心理学变成生理学，由生理学再变成物理学，再转成人类学及其他种种的科学。各人由这许多不同的科学观点来看人，这一看把人都看没有了，所以这些都是假科学（pseudo-science）。固然学问无大小，真理无大小，但是却有本末。本末的次序，价值的高低不能不分辨。有些东西是不能拿科学来解决的。我并不反对科学这一个层次，但除了这个层次以外，还有其他的层次。有些泛科学主义、科学一层论者却不承认这一点。我们并不反对科学，但我们反对以科学为唯一标准的泛科学主义、科学一层论。

今天我们就讲到这里，下次继续讲普遍性的问题。

陈博政记录

第二讲

两种真理以及其普遍性之不同

我们上一次说，每个文化系统的开端都是通过一个通孔，因此它的表现就有限制，从这个地方我们可以说特殊性。但是，虽然它的表现有限制，但当它一旦从通孔里边呈现出来一个观念、成一个概念，这个观念、概念就有相当的真实性。也就是说，当它表现出来而成一个观念、概念，它就是个真理，它就有普遍性，真理都是有普遍性的。我们从通孔说特殊性，这是个分析命题。从真理说普遍性，这也是个分析命题。特殊性从通孔那个地方来了解是很容易的，既然是通孔当然有特殊性。通孔固然是个限制，可是，我通过这个限制表现出来一个观念、一个概念，它就成了一个真理，真理本身就含有普遍性，所以，从真理这个地方说普遍性，这也是个分析命题，这是很容易了解的。

但这是就文化系统的表现而笼统地说的真理的普遍性。真理有多样，而皆有普遍性，然则这普遍性是一呢，还是随真理之多样而亦多样呢？还是只有一种真理，因此普遍性亦只有一种？我们似乎不能说只有一种真理，因为显然有科学的真理，亦有非科学的真理，即科学的真理不仅有经验科学的真理如物理化学，也有形式科学的真理如数学。真理既有多样，则真理之普遍性似乎也不能一样。但我们不能就此多样而说真理的特殊性或普遍性的特殊性，这似乎是说不通的。我们通常的语言常是不很严格的，随便说说，似乎也有表意。但严格地讲，“特殊性”是不能用的。我们似乎只能说独特性或个别性。这独特性或个别性是只就真理之多样性而说的。同是普遍的，但随真理之多样性亦有多样的普遍性，此即是说普遍性亦有不同，此即是普遍性之独特性。关于这一点，首先我们要了解，什么东西我们可以用普遍的（universal）去形容它，什么东西可以用特殊的（particular）去形容它。这属于两个不同的范围，两个 category。依照亚里士多德的说法，universal 只能形容概念（concept），凡是概念都有相当的普遍性（universality）。那么particular呢？particular 只能就着特殊的现象，也就是事件（events）讲。因此这两者属于两个不同的 category，两个不同的层次。这就表示“universal”这个形容词只能用来形容真理、概念，“particular”这个形容词只能形容特殊的事件，只能形容可以经验的现象或属于感觉的对象。既然对于真理只能说普遍性，那么，我们又怎能说真理有独特性呢？我们何以又能说普遍性亦有独特性呢？

首先我们来看看什么是真理。“真理”这两个字是大家天天讲的，但是，很少有人能恰当地了解究竟什么叫作真理，所以西方哲学里头对“什么是真理”这个问题就有种种的说法。他们那些说法我们在这里不去讲。

大家首先要了解，真理大体可分为两种：一种叫作外延的真理（extensional truth）；另一种叫作内容的真理（intensional truth）。外延的真理大体是指科学的真理，如自然科学的真理或是数学的真理。数学是 formal science，自然科学是 material science 或者说 empirical science。但不管是 formal science 还是 material science，它只要成为科学，它的真理就是外延的真理。

比如，罗素在 *An Inquiry Concerning the Meaning and Truth* 这本书中就提到，科学知识总要承认两个基本原则：一个是外延性原则（principle of extensionality）；另一个是原子性原则（principle of atomicity）。这两个原则是讲科学知识所必须假定的。为什么要外延原则呢？因为外延的知识可以脱离我们主观的态度（subjective attitude）。凡是不属于主体（subject）而可以客观地肯定（objectively asserted）的那一种真理，通通都是外延真理。科学的真理是可以脱离我们主观的态度的。比如一棵树，假定你用审美的态度来看，说这棵树如何如何的美，这个不是科学知识，这是属于主体的。把一棵树用科学的态度来研究，是植物学里面所讲的那些。植物学是门科学，它研究一棵树所得到的结论是可以客观地肯定的，这就是外延的真理。就科学知识而言，内容的真理是没有的，也不能有内容的命题（intensional proposition）。科学里面的命题通通都是外延命题（extensional proposition），没有所谓的内容命题。"外延命题""内容命题"这些名词是罗素首先使用的[1]。照罗素的说法，所谓的内容真理、内容命题通通属于主体，属于主观态度上的一些话。罗素早期还客气一点，还用"内容命题"这个名词。到了后来，他就不用"内容命题"这个名称而叫它命题态度（propositional attitude），说它不是命题，只是命题的态度而已。这个态度是主观态度，是属于主体的。举例来说，假定上帝存在已经被证明了，那么"上帝存在"这句话就是可以客观地肯定的一句话，这句话就是个外延命题。可是，如果上帝存在没有被证明，而你说"我相信上帝存在"，那么这句话就不是外延命题，这句话没有客观性也没有普遍性。因为它属于"我相信"，属于我的主观态度。我相信的别人并不一定相信，

1　参阅《理则学》第二章第五节。

我今天相信的明天也不一定相信，所以这就没有客观性和普遍性。因此，“我相信如何如何”或是“我认为如何如何”，凡是套在这些“我相信”“我认为”下面的话通通都是内容命题。到了后来，罗素干脆就说它是个命题态度，不承认它是命题，而只是命题态度。

我们要知道，罗素的这种分法主要是为了讲科学知识、数学知识。科学知识、数学知识里边的那些命题通通是外延命题，它不能够有内容命题，不能够有只是命题态度而实际上并不是命题的那些话。后来逻辑实证论者所说的大抵都是根据这个观念而来的。逻辑实证论者只承认有认知意义的那种外延命题，凡是没有这一种意义的，逻辑实证论者就说它不是命题。所以他们说凡是没有认知意义的、不能外延化的，通通不是命题。严格地讲，甚至连“命题”这个名词都不能用。因此，他们就推进一步说形而上学里边的那些话都不是命题，都没有认知的意义。到这个地方为止，逻辑实证论者所说的并不是错的。但是，逻辑实证论者从这个形而上学没有认知的意义，就马上断定说它没有意义（meaningless），这句话就断定得太快了。没有认知的意义是说没有科学知识的意义，但是没有认知的意义、没有科学知识的意义并不一定就是没有意义。可是逻辑实证论者把意义（meaning）限定了，他们认为只有能够外延化的那种知识才有意义。所以，他们说形而上学里面的话没有认知的意义，没有认知的意义就是没有意义。形而上学没有认知的意义，那它讲的是什么东西呢？逻辑实证论者就说它只是满足我们的情感，不能当知识来看，因此他们进一步说形而上学里边的那些话都是一些概念的诗歌（conceptual poem）。诗歌满足我们的情感，所以他们说形而上学只是概念的诗歌，都只是用来满足我们主观情感的。

逻辑实证论者的这些话，如果我们顺着他们的思路推下去，并不一定就是错的，因为他们就是这样规定的。如果以外延真理为标准，如果真理只有外延真理而没有内容真理，那么，他们这些话通通可以成立。但是，天地间是不是只有外延真理呢？我在前面说真理有外延真理和内容真理两种。这句话究竟是不是能站得住呢？内容真理算不算是真理呢？这也就等于问内容命题算不算是一种命题。如果命题一定是外延命题，那么就没有所谓的内容命题，没有内容命题那也就没有内容真理。我们是不是可以说真理只有外延真理呢？这句话是不能说的。我们除了要承认有外延真理外，还得承认有内容真理。如果我们承认有内容真理，那么我们如何来对付逻辑实证论者那句话：形而上学里面的那些话都只是概念的诗歌，只满足我们的情感。如果形而上学只是概念的诗歌，只满足我们主观的情感，那就不能说它是真理。可是形而上学，还有道家、佛家、基督教里面的那些话，真的只满足我们私人的情感吗？你可以说它不是外延真理，但是它不是外延真理并不能就说它不是真理。这些都是内容真理，这种真理我们不能用“概念的诗歌”来打发掉。先不必说概念的诗，就光说诗好了，比如说李商隐的诗、杜甫的诗、李太白的诗，它是诗不是科学知识，但是这诗里面是不是就一无表示呢？又比如说，《红楼梦》是小说，从历史的事实上讲并没有这个事实，只能把它当文学作品来看。可是为什么大家喜欢看《红楼梦》呢？而且看的时候还痛哭流涕。《红楼梦》不是历史的事实，它是文学，但是它里面有真实感，它可以引发你的真实感。这个真实感不属于科学知识，它不是外延的真理。那么，真实感的这个“真实”你要如何交代呢？这个真实性就是我们平常所说的人生的真实性。人生的悲欢离合这些是有真实性的。但是这些真实性是科学里面不讲的。我们的人生是整个的，你为什么特别突出那一面，只承认科学知识的真实性而抹杀了这一面的真实性呢？科学知识那一面只是人生的一部分，你为什么单单说那一部分是真实、是真理，而其他的都不是真理呢？

所以从这个地方看，诗、文学虽然不是科学知识，但是它并不是无所表示。就着它有所表示的地方来看，它这个表示有真实性，这个真实性是人生全体（human life as such,human life as a whole）中的那个真实性。从人生全体来看，人是具体地生活着，你光突出一面重视科学知识，这只是人生的一部分，这不是把人生当一个整体来看。人生是个全体，你单单突出这一面，只承认这一部分而否决人生全体，这自然是不对的。诗和文学都已经是如此，那么形而上学里面所说的那些话，宗教家所说的关于上帝的那些话，佛教里面所说的般若、解脱、法身那些话，这些都不是科学真理，都不是外延命题，它们是不是也像《红楼梦》一样有真实性呢？《红楼梦》、李杜诗都已经有真实性了，则这些就着人生全体来看也是一样地有真实性。你如果只承认科学真理而否定这些，那你就是自我否定（self-denial），如果你承认这些是不能否决的，那么，这些真实性你又如何交代呢？佛家所说的那些、道家所说的那些、儒家《论语》《孟子》《中庸》《易传》所说的那些，通通不是外延命题，都不是科学知识。就这一点来说，它和《红楼梦》、李杜诗是相同的。但是，它是不是就等于李杜诗或者说是不是就等于《红楼梦》呢？这也不然。《红楼梦》、李杜诗有真实性，这一些也有真实性。但是，它这个真实性并不就等于诗歌的那种真实性，因此你不可以说它是概念的诗。这就表示，佛家、道家、儒家所讲的那些话和李太白、杜甫的诗还是不一样的。虽然两者都有真实性，但这两个真实性也不能完全等同（identical），甚至可以说完全不同。那么佛家、道家、儒家以及西方宗教家所讲的那些话，你如何来交代呢？它不是外延真理，可是它也不是诗，它的真实性和诗的真实性还是不同。既然不同，我们就不能只用个概念的诗歌来把它打发掉，这是不行的。因为它具有真实性，所以我们在外延真理以外，一定要承认一个内容真理。这种内容真理不是科学知识，它不能外延化，但是它是真理。

这个内容真理我们如何来了解呢？这个“内容”（intensional）我们第一步还是顺着罗素的那个规定来了解。先说这种内容的真理，它不能离开主观态度。比如说，《红楼梦》这部小说是在曹雪芹的那个主观的情绪生活中呈现出来的真实性。宗教家所说的那些话，乃至于佛教、道家、儒家所说的那些话，也是在他们主观的真实性中呈现出来的话，它不能脱离主体。我们就这些话说内容真理，一说到内容真理，它就不只是主观态度。是故，一开始你也可以说它不能脱离主观的态度，进一步说，它不能脱离主体性（subjectivity）。文学家的主体性是他的情感；而宗教家，乃至孔子、孟子所讲的，你就不能把它看成文学家的情感，它也是理性。比如说孔子讲仁，这个仁显然不是一首诗所表达的情感。即使说它满足我们的情感，但这也和一首诗满足我们的情感不一样。这两者所满足的情感也不同，这个不同你要能分别而且要正视。诗、文学所满足的，我们叫它 feeling，这种 feeling 康德的说法是 sensible feeling，是属于感性的。可是孔子所讲的仁，乃至道家、佛家所讲的，你虽然也可以说它满足我们的情感，然而这个情感并不是感性的，它里面就含有理性（reason）。这种理性当然不是研究科学、逻辑、数学所表现的那个理性，但它也是理性。所以以前的人叫它“道”，道是理性而不是情感。这个理性，比如说仁，它是情感，可是它也是理性。所以，逻辑实证论者说它只是概念的诗歌，只满足我们的情感，这是不行的。因为说这句话的人，他们无形中把科学真理作为唯一的真理，这个态度是不对的。他们在无形中就把我们人生全体中所突出的一面当成真理之全部，而拿这一面反过来否决我们人生的全体。可是我们人生全体就只有这一面是真实的吗？其他的就都不真实吗？如果除了具有认知意义以外的都不是真实，那么你天天不就生活在虚妄之中吗？你科学家是不是挂在真空管里面呢？科学家也有人生，科学家也要有家庭，也要结婚，可是科学里面并没有结婚，也没有爱。

所以，除了外延真理，我们一定要承认一个内容真理，它属于主体。可是虽然系属于主体，它既然是真理就一定也有相当的普遍性。我这里说的“相当”是“相应”的意思，就是说它有和 intensional 这个意思恰当的相应的普遍性。这个“相当”不是平常所说的意思，平常我们说“相当”好像是表示我们谦虚一点，话不要说这么满。可是我这里的“相当”就是满。相当就是相应于这个 intensional 而有它的普遍性，这和外延真理相应外延而有普遍性的情形是一样的。外延真理有普遍性，那个普遍性是相应外延而说的；内容真理的普遍性是相应内容而说的。这两种真理都可以说普遍性。个人的情感并没有普遍性，比如说杜甫写一首诗，他当时那个主观的情感没有人能替代，也没有人能说得出来。可是他在这个个人的特殊情感中写那一首诗，这首诗所表示的真实性就有相当的普遍性，这种普遍性就是内容的普遍性（intensional universality）。人人读这首诗都可以引起共鸣，我们就在这个地方看它有普遍性。所以诗人作一首诗的时候，他当下的那个特殊情感是独一无二的，有那个情感他才作得出这首诗，没有就作不出来。而且他今天有这个情感，明天并不一定也有。可是当这首诗作出来以后，它是一个客观的呈现，我们通过文字来了解可以引起共鸣，所以它有真实性，这种真实性是内容的普遍性。诗都已经如此，更何况是佛家、道家以及儒家孔子、孟子、《中庸》《易传》所讲的那些话，那些话就更有普遍性了。虽然更有普遍性，但是它这种普遍性还是内容的普遍性，不是外延的普遍性，不是科学。从这个地方看，现在好多人都是外行，都是瞎说。他们一定要把中国的学问讲成是科学，好像把它讲成是科学就可以得到保险一样，这是不对的。而且这正好把中国的这些道理都搞坏了，因为它根本就不属于科学这个范围，你为什么要乱比附呢？比如有人说《易经》里面有相对论，其实《易经》里面哪里有相对论呢？这就是瞎比附。你说《易经》里面有相对论，这就表示你既不懂相对论也不懂《易经》。

如果我们了解真理有内容真理和外延真理两种，那么我们就不能赞成逻辑实证论者对语言的二分法。我们要表现真理必须使用到语言，逻辑实证论者因为把真理限定成一种，所以他把语言二分，一种是科学语言，另一种是情感语言。因此他说形而上学的那些话也是情感语言，只满足我们主观的情感。这个二分法是不行的。所以唐君毅先生就曾经提出一个观念来，他提出从我们事实上使用语言所表现的来看，应该是三分：科学语言是一种；文学语言是情感语言；至于道家、儒家所讲的，这些还是学问，他们所讲的是道。道不是情感，道是理性。但是这个理性我刚才说过，它不是在科学、数学里面所表现的那个理性。它既然是理性，因此表达这种理性的语言就不是文学语言这种情感语言，可是这也不是科学语言。所以唐君毅先生提议把这种语言叫作启发语言（heuristic language）。我们对这种启发语言就不能像逻辑实证论者那样看。逻辑实证论者的毛病就在于他们因为不喜欢形而上学、道德、宗教这些东西，所以他们就把语言二分，把这些通通说成情感语言。其实，道德、宗教是人生精神里最重要的，焉能以情感消解之？你个人不喜欢也可以，但是你不能因为你个人的不喜欢而客观地把它否决掉，逻辑实证论者坏就坏在这个地方，从这个地方说，他们是 illogical。

这个启发语言，就如《大学》中所说的“大学之道，在明明德”，也好像佛家讲无明，从无明变成“明”，它表示我们生命的 enlightenment，使我们的生命明。这个明不是科学，也不是文学。文学正好不使人明，而是使人无明。所以柏拉图不喜欢文学，他那个《理想国》里面就没有文学家。一切的道德宗教都在这个“明”的范围之内，这个明不只是来满足我们的情感，它也不是科学，逻辑实证论者怎么能只用“概念的诗歌”一句话就把它给打发掉呢？这个明的学问大极了，它不是情感问题。我们现在这个时代的文化就是没有明，没有所谓的启发语言，只有科学语言，除了科学语言外，和它相反的就是情感语言。可是光有情感语言就只能使人横冲直撞，结果是盲爽发狂。科技又不能决定什么。现代人把重点落在科技方面，除了科技以外就是情感，情感却又盲爽发狂，因此使这个时代完全暴露。情感就这样地暴露下去，结果使人成为动物，人一变成动物就坏了，人一变成动物就没有罪恶感，人一没有罪恶感就会堕落。只有人才有罪恶感，而现在的人大多没有罪恶感，他只有技术问题。他把一切道德都转化成技术问题，不问道德上的是非，只问技术上对不对。现在的人用种种的借口，用种种所谓科学的字眼来把罪恶这个观念去掉，把这一切是非善恶的观念通通变成技术上的对不对。我技术上装电灯装错了，你总不能说我犯罪吧。上帝没有罪恶感，动物也没有罪恶感，但是人不能没有罪恶感。如果把人当人的身份来看，人没有罪恶感就会大堕落。这是现代的一个大问题。

刚才，我是借用罗素的用语来点出有个内容真理。有内容真理就有内容的普遍性。我们到现在一直是用“内容的”来表示英文的 intensional，用“外延的”来表示 extensional。现在我们可以用另外两个词语来表示，也就是说这个 intensional 可以翻译为“强度的”，extensional 可以翻译为“广度的”。所以

intensional truth 可以叫作强度的真理，extensional truth 可以叫作广度的真理。“内容”和“外延”是直接从逻辑上借用过来的名词，经过我们这么一转就可以转成这个名词，这在意思上是一样的。而这两个名词更能表示我们所要表达的意思。广度的真理是属于数学量、物理量的，而强度的真理就不是科学里面那种量，它不是数学量也不是物理量。它是属于生命方面的，生命才可以说强度。强度属于生命，属于主体，生命主体才能表现强度。它不能离开主体，道德、宗教一定要落入主体来呈现。这个主体我们不能把它当作对象来做所谓客观的研究。现代人用心理学、人类学、社会学这些科学来研究人，这是科学的了解，就是把人纯粹当作对象来研究，就好像研究原子、电子那些对象一样。这样一来人变成了物，人的身份也没有了。你用科学的态度来研究人，人就变成 external object，主体的意思就没有了，主体也就变成客体、变成对象。道德也研究人，你可以说道德研究人也是把人当对象来研究，但我是道德地来研究。在道德地来研究这个情形下，并没有把人这个主体的意思丧失掉，所以他能恢复人之所以为人的身份。我们可以说，初步的道德研究是把人当对象；但是，假定我们从这个初步的道德研究再进一步到存在地（existentially）来研究——借用存在主义的话——假定你把人存在地来研究，你所研究的这个主体就永远不会成为客体。你如果把它客体化，那就不是它了，它又翻上来了，它总是往上转。那个主体是永远不能对象化的，它总是往上转，这才是真正的主体。道德、宗教最后一定是归到这个地方来。你一把它对象化，主体的意思就没有了，这样一来从主体所发的这个“明”也没有了。本来主体是有明的，可是你把这个主体对象化，它那明的意思就没有了，也就是能够表现价值、判断是非的那个明没有了。这个时候，这个主体的明在哪个地方表现呢？就在你用科学的态度去研究它这个地方来表现。你要用科学的态度去研究它，你要用意志的活动，你要用思考，这个思考就是明，这种明是科学里边的明，是 understanding。这个时候，真正的主体里面的明就变成这种明，这就是所谓的 discursive understanding，就是来成就科学知识的那种理解活动。真正的主体里面表现价值、判断是非的那个明的意思就没有了。因此你一把主体推出去当对象来科学地研究，这个主体的明就没有了，就变成科学、数学中所表现的那个理性，这就不是明。

所以这个明它必须让主体恢复它主体的地位，也就是把人当人看，不当物看。不当物看，主体才恢复；主体恢复，从主体发的那个明才真正能显。这个时候，这个明不是我们研究科学的时候所表现的那个 discursive understanding，而是表现在判断是非善恶、表现在价值的判断之中的，这才是真正从主体发明的。这种明照中国以前的哲学家讲，是用哪一种词语来代表呢？就是王阳明所说的良知，这就是真正从主体中所发的明。而且这个良知所表示的这个主体永远不能客体化，不能对象化。你如果把它客体化当个对象来看，那你是看不到良知的。你不把你自己当成对象，而存在地归到你自己身上来，主体恢复为主体而不是把主体推出去当成客体，人恢复为人，把人当个人看，只有在这种情形下，良知这个明才呈现出来。假定你把人这个主体推出去当成对象，把人当作物来看，良知那个明就没有了。可是我们人总是有理智活动、思考活动，这种理智活动、思考活动也是从主体发出来的，那就发为成就科学知识的那种 understanding，也就是洛克、莱布尼茨、休谟、康德所考察的那个 understanding。那里面没有良知，所以洛克、莱布尼茨、休谟都没有发现这一点。只有康德客气一点儿，他除了讲这种 understanding 以外，他还讲一种实践理性（practical reason）。他可以从实践理性这个地方把主体呈现出来，把人当人来看。所以康德总是说，你要把人当成目的来看，而不要把人看成个工具。把人当目的就是恢复人的主体，因此这个明才能呈现。所以这个时候康德就不讲理论理性（theoretical reason），他要讲实践理性。这个实践理性用中国话来说就是良知，孔夫子讲仁也属于实践理性。内容的真理、强度的真理就在这个地方，也就在主体这个地方。用我平常的话说，这就是主体的学问，也就是生命的学问。这个生命就是耶稣所说的"我就是生命，我就是真理，我就是道路"的那个生命，也就是孔子所说的"人之生也直，罔之生也幸而免"[1]中人之生也直的那个生，这不是生物学所讲的那个生命。生物学所讲的那种生命是科学的讲法，那不是耶稣说的"我就是生命"的那个"生命"。那个生命你如果以生物学的讲法来研究，准是研究不出来的。

现在我们再进一步来看看这种内容真理和外延真理的不同在什么地方。内容真理和外延真理都是真理，都具有普遍性。内容真理具有内容的普遍性，外延真理具有外延的普遍性。两者虽然都有普遍性，但这两种普遍性还是有差别的。否则，为何同是普遍性却一个叫内容的普遍性而另一个叫外延的普遍性呢？到底区别在哪里呢？我们可以说，外延的普遍性是抽象的普遍性（abstract universality），而内容的普遍性是具体的普遍性（concrete universality），就用这两个名词把它们分别开来。一般我们所说的概念，也就是说科学知识范围内的概念，一说是概念它就有普遍性。概念的普遍性通通是抽象的。从亚里士多德以来，当我们一说到普遍性，就和抽象连在一起。所以一说到普遍的东西就是抽象的，一说到具体的就是指特殊的东西，就是所谓的 concrete particular。从亚里士多德开始，他的重点总是集中在概念（concept）这个地方。亚里士多德的老师柏拉图讲 idea，照柏拉图的分析，

1 参阅《论语·雍也篇》。

idea 属于纯智所思的世界（intelligible world），柏拉图的 idea 就代表理想，他这个人有很高的道德冲动（moral impulse）。可是到了亚里士多德的时候，他把柏拉图所说的 idea 都讲成了概念。概念属于 understanding，而 idea 是高一层的，idea 属于 reason，照康德的安排是这样的。所以，照康德的意思，亚里士多德已经把他老师柏拉图所讲的 idea 的那个意思都讲没有了。他都讲成了概念[1]。这些概念在亚里士多德那里就叫范畴（category），范畴是为了成就知识，为了理解对象。照亚里士多德的说法，我们要理解一个对象，必须通过十个范畴，这些为的是了解对象、成就知识。因为他专门注重在概念这个地方，所以他只能了解概念的普遍性是抽象的。一说到 particular 就是具体的，就是指特殊的现象讲。他就是这二分。我们可以说，亚里士多德还是在外延真理这个范围之内打转的。在这个范围内所表现的思想，就是海德格尔所说的“表象的思想”（representative thought）。因为你可以通过这些概念、这些范畴把一个对象的各方面表象出来，表象出这个对象的那些普遍的性相、特征。照海德格尔所讲，这种思想是不能进入存有论的堂奥的。西方的哲学从亚里士多德以来，一直是在这个表象的思想范围里面打转，转来转去逻辑实证论就跑出来了，结果只承认以科学为真理的标准。所以海德格尔要从这个表象的思想后返一步，他要讲根源的思想（original thought），这也是海德格尔的名词。他那根源的思想主要也就是个明，他是向明那个地方往后退，要把握那个明。这个根源的思想一定要从表象的思想这个地方往后退一步，返到主体上来，这才能返到根源那个地方，这一个往后返，就是要把握那个明，这个就不属于外延真理而马上开启了内容真理那个范围。在这个范

1　参阅康德所著的《纯粹理性批判》，史密斯英译本，第三百一十页。

围之内，我们讲普遍性就是具体的普遍性。

这个具体的普遍性它既然是普遍性，它就是个真理，它不是事件。本来我们说，具体是指着事件说的，只有事件才可以说具体的。可是在具体的普遍性这个地方说具体并不是形容事件，因为内容真理不是事件，不是 occurrence，不是 happening，不是 event。比如说孔子讲仁，这个仁不是一个事件，仁是个道理，是个生命的道理，是个原理。既然是原理，它就有普遍性。但是说具体它也是具体。这个具体在这儿是辗转引申，是个新名词。本来说具体就是指特殊的事件讲，现在我们说的具体却不指事件。比如说上帝，我们不能说上帝是抽象的，上帝是具体的。上帝虽然是具体的，我们拿“具体的”这个词来形容它，可是我们不能说上帝是个事件。上帝不是事件，而它又是具体的。

我们说内容真理的普遍性是具体的普遍性。“具体的普遍”是黑格尔所造的名词。西方从亚里士多德起，一讲普遍只有抽象的普遍（abstract universal），没有所谓具体的普遍。什么是具体的普遍呢？这在西方人看来是很难了解的，但在中国人看来就很容易了解。比如说孔子讲仁，仁是个普遍的原则，但是你不能说仁是个抽象的概念。仁是不能和科学、数学、逻辑里面所谓的抽象概念相提并论的。照孔子所说，仁是可以在我们眼前真实的生命里头具体呈现的。所以孟子说仁就是恻隐之心，它就是具体的。但是，虽然它是具体的，它却并不是事件。它有普遍性。在这情形下所说的普遍性，黑格尔就叫作具体的普遍（concrete universal）。黑格尔这个名词是很有意义的。黑格尔讲哲学，在西方的传统里面超出了亚里士多德这个传统，所以西方顺着亚里士多德那个传统下来的正统哲学家都讨厌黑格尔。因此，严格地讲，黑格尔不是西方哲学中正统的哲学家。谁是西方哲学正统的哲学家呢？柏拉图是，亚里士多德是。到近代，莱布尼茨是，康德是，罗素是。这些是正统的西方哲学家。事实上黑格尔讲的那些问题，他那不是表象的思想，他也不是做概念的分解（conceptual analysis），他讲的都是具体的哲学（concrete philosophy），可是西方哲学所重视的是抽象的分解。什么是具体的哲学呢？比如讲道德、讲宗教、讲艺术、讲历史的，这些都属于具体的哲学。黑格尔就专门讲这些，他有艺术哲学，也有宗教哲学、历史哲学。这就是他超出西方正统的哲学范围之外的地方。而他讲的那一套东西，中国人很容易懂。人们讨厌黑格尔，是因为黑格尔表达的方式不好。我们也不用他那个表达方式，但是，他所讲的那些道理，我们常常也提到。黑格尔所接触的那些问题，严格地讲，已经不在西方哲学的正统之中。

我们再回头说这个具体的普遍性，比如我们刚才说的，孔子讲仁并不是抽象地讲，仁是可以在我们的真实生命里具体呈现的，所以孔子从当下生活中指点仁。孝也是仁的表现，也具有普遍性，只不过孝这种表现是在对父母亲的特殊关系中表现。这情形本身虽然是特殊的，但是表现出来的是理，是普遍的真理。而且孝的表现是无穷无尽的，它是在一个具体的强度里随时呈现，并且有不同程度的呈现，它是在动态的弹性状态中呈现。它不是一现永现，不是一成永成，所以它是具体的，绝不是抽象的。这种具体的普遍性和抽象的普遍性是完全不同的。科学真理不是在一个强度的过程中有弹性的呈现，它是一现永现、一成永成。你通过一个试验证实了它是如此，那它就是如此。比如说数学真理，数学真理一经证明就一成永成，这里面没其他的花样，没有什么折扣。比如说二加二等于四，这是普天下的人都要承认的，这里面没有主观性、没有主体性，也就无所谓弹性。但是，具体的普遍性就有弹性，因为它具体，这个具体就是指有弹性说的。既可以说这种真理有普遍性，也可以说它有独特性。这个独特性不是形容事件，因为真理不是事件。它有独特性，可是，它的独特性也不是事件的特殊性，而且它又有普遍性，就是在这种状态之中把它叫作具体的普遍。我们平常说普遍都是抽象的，哪有具体的普遍呢？然而，当我们从外延真理进一步说到内容真理的时候，你就要正视这个具体的普遍。它可以说普遍性但也可以说独特性。这个独特性不是形容事件的那个特殊性。这种道理以前的中国人最喜欢讲，也最容易表现这一套，只是他没有这些名词。如果你把这些名词解释给王阳明、给智者大师听，他们一听就懂，因为他们就是讲具体的普遍。

我现在举个例子：比如《中论》观空、观假、观中，假定你只观空——小乘就是只观空而不开假——那你了解的空就只是在抽象的状态中，空就代表普遍性。普遍性在以前佛教中叫作平等性，它不用普遍性这个名词。平等就是普遍、到处一样的意思。空是代表普遍性，不管是什么法，它的本性都是空。法就不同了，这个东西和那个东西不同，所以法是特殊的。但是法的本性都是空。观空就是得这一切法的平等性，也就是普遍性。小乘只观空，开不出假来。他的生命就是投注在这个空里面。投注在空里面出不来，这就是所谓的小乘。这个时候这个空，在他的生命这个地方就是停在抽象的状态之中，这个叫作抽象的普遍，空那个普遍就成为抽象的。菩萨和小乘不同，菩萨从空开假。他观空以后还要开假，就是从观空的普遍性进到 particular。假都是 particular。假就是假名法，到菩萨道才能把握到这个假。一切现象照佛教说都是假名，如幻如化，这些就是 particular。所以，菩萨对于特殊的法有具体的知识（concrete knowledge），没有具体的知识不能成菩萨道。可是，如果这个菩萨只停在这个具体的知识上，那就糟糕了，又不行了。所以要再往前进，用佛眼看中道，佛眼是观中。这中道并不是说离开空、假以外还另有一个东西叫作中。假定是这样，这个中又变成抽象的东西，这就不是佛眼所见的。佛眼观中是就着假而了解空的普遍性，就着 particular 而了解 universal，而且就着空的普遍性同时就了解假，所谓空假圆融，这才叫作中道。因此在佛眼看来，他看普遍就是以特殊的法具体化了的那个普遍，他看特殊就是普遍化了的那个特殊，这是分不开的。所以这叫不可思议，其实也并不神秘，你如果了解了就是这样。他那个特殊是普遍化了的即空如化了的特殊，所以严格照佛教的讲法，这个普遍化了的特殊才是真正的特殊，这才是真正具体的特殊，因为这是佛眼所见。如果这样，我们平常所说的那个和抽象的普遍相对的那个具体的特殊就不是具体的。依佛眼看，你这个特殊才是抽象的。这个地方的“抽象”是“肢解割裂”的意思。再者，佛眼所见的普遍也不是我们平常所说的那个抽象概念之下的普遍，它是具体化了的那个普遍。到了这个地方，这个境界就不同了。

本来我们只能说 particular 是具体的，而 universal 是抽象的，但是经过这样一转两转到了这个层次上来。站在这个层次来看，那个 particular 严格来讲并不是真正具体的，反而是肢解破裂中的 particular。肢解破裂就是抽象。照佛教讲，这是识。识中的 particular 就是抽象的、执着的。成就科学知识的，感性也好，知性（understanding）也好，都属于识。而佛眼中所见的 particular 是智中的 particular。识和智是相对反的。佛教讲转识成智，这个智不是我们平常说的理智活动，它不是平常的意义。它是和识相对反的那个智。照佛眼看的 particular 是在智中看的那个 particular，空也是在智中看的那个空。所以佛眼观中道。照佛教所讲的佛具有一切种智，而小乘只具有一切智。一切智只能了解一切法皆是空，不管什么法反正是空。这样了解的空当然不够，这是抽象的空。菩萨有道种智以观假，就是有特殊的知识。一个是观空、观真如，另一个是观假名法。到佛的时候，他能够把这两个综合、圆融起来。到这圆融起来的时候，“假”这个特殊和“空”那个普遍，这两者的意义都变了，都转化了。转化的时候，如果它是普遍，我们就叫它作具体的普遍；如果它是特殊，我们就叫它作普遍的特殊。这是个辩证的发展。

这种真理——就是具体的普遍、普遍的特殊——这种真理是无穷无尽的。比如儒家这个仁，这个仁的表现是无穷无尽的。它不能抽象地单讲仁这个原理，就好像不能离开假名法单讲那个空一样，它一定是相对的。照仁的表现来讲，它一定要就着这些不同的境况，比如对父母、对朋友、对兄弟……这些不同的境况，在这些不同的境况中它总是在一个弹性的过程中表现。“弹性”这个名词可以表现出这个意义。它在弹性过程中呈现就好像演奏音乐一样。演奏音乐有韵律，弹性就代表那种韵律。这也可以说好像昙花开的时候花的颤动一样，弹性的东西才会有这种颤动。昙花开的时候不过一两个钟头，开完就完了，真是昙花一现。可是当它开的时候，它全部的光彩都发出来，它就发抖，它在开的时候整个都在发抖、在颤动，这个生命的弹性太强了。内容真理就都是在这种弹性的过程中呈现，它不能停下来，不能定死的。所以在这个地方，它可以讲普遍性也可以讲独特性。这个独特性不是我们第一讲所说的那个通孔的特殊性，这个独特性是就着内容真理本身讲的。内容真理就有具体的普遍性这种独特性，这是外延真理所不能有的。

不管是外延真理或是内容真理，它一旦呈现出来，它就有共同性。比如在以前，大抵西方人在外延真理这一方面就表现得很好。它这文化重知，它研究对象、自然，而发展出科学来。它那开端是往这方面发展，这是一个通孔。虽然这一孔是特殊的，这是你通过这一孔把真理表现出来，这个真理就有共同性，就有普遍性。不错，是你成就了科学，但科学是中性的 neutral，并没有所谓英国的科学、中国的科学，所以科技大家都可以学，它就有普遍性。这种普遍性属于外延的真理那一方面。内容真理也是同样的情形。比如，中国文化的传统是注重内容真理这一方面，它首先表现这一方面，这也是通过一个通孔来表现。然而这内容真理一旦表现出来，它也和外延真理一样有普遍性、共同性。尽管西方人向来不大重视这方面——西方人也不是完全不讲这些，只是讲得不够透、不够好——但是当这内容真理一旦呈现出来，尽管你西方人没表现出来，但你的生命接触到这个问题的时候，你的表现也是如此，没有其他的方式。因此，外延真理的普遍性固然是无颜色，大家都可以学，像科学、逻辑学、数学，大家都可以学，尽管不是我们发现的。内容真理也是一样。它一旦呈现出来就有普遍性、共同性。虽然西方人以前没表现这一套，或者说他们表现得不够好，但是，他一旦接触到这个问题，他也是如此表现。并不能说有一个中国的儒家，又有一个西方的儒家；也不能说有一个中国的佛教，又有一个印度的佛教，都是一个儒家，都是一个佛教。比如，中国佛教和印度佛教都是一个佛家，它的不同不是那个内容真理不同，而是表面那些迹象不同。我们不能因为这个表面迹象的不同，就以为那个内容真理不同，就说有一个中国的佛教又有一个印度的佛教，好像有两个佛教似的，这是不对的。只有一个佛教[1]。

儒家那个“仁”也是如此。你说你没有接触到孔子这个“仁”，你也没有接触到从孔孟下来儒家讨论人性问题的这个“性”字，因此你照现在西方哲学的观点来看，你不能了解孟子所讲的那个性的意义。这是因为你把孟子讲的性当成普通意义的 human nature 来看，这种普通意义下的性并不一定是善的。可是孟子讲性、

1　参阅《佛性与般若》序。

儒家讲仁性这个“性”，它是个很特殊的问题，西方人没有这个问题，它并不是西方人或我们平常所谓的 human nature。西方人所说的 human nature 就是人的自然，一说自然就是相对着超自然（super nature）讲的。超自然是上帝，下面都是被造物，凡是上帝创造的都是自然。人的生命中也有人的自然，人的自然当然有好有坏，哪有什么一定善呢？可是孟子所讲的那个“性”，儒家发展到宋明的时候，宋明儒者所讲的那个“性”，它不是人的自然，它这个问题很特殊。你如果没接触到它这个问题，你以普通意义的 human nature 来看这个“性”，你就没有办法了解孟子所讲的那个性的意义。可是当你一旦接触到孔子说的那个仁、孟子和宋明儒者所说的那个性的问题的时候，你也一定要像他们这样讲。这个仁、性也有普遍性，因为有普遍性才能共通。有普遍性，文化才可以互相沟通。假定完全没有普遍性而只有特殊性，那就没办法沟通了。特殊性是封闭的，封闭了哪能沟通呢？然而人的确是可以沟通的，我们只有从文化的普遍性这个地方讲才可以沟通。从眼前现实上的特殊怎么可以沟通呢？所以有人曾经感慨东方永远是东方，西方永远是西方，永远不能相通。他说这个话是完全落到形而下的特殊性上面来讲的，他没有进到真理的普遍性。如果你进到真理的普遍性这个层次，为什么不可能沟通呢？

如果了解到这一点，那文化才可以互相交通，也可以互相调节。比如说，西方比较偏重外延真理，可是，你一旦注意到内容真理，你就可以用内容真理来调节、来重新调整你的文化，调整你的生命态度。这调整并不是调整你的外延真理本身。外延真理只要一成真理，那就是如此，这是不能改变的。调整是调整你整个文化，调整你对生命的态度。要让你了解外延真理只是我们生命的一部分，还有一部分是内容真理。中国文化也一样，中国文化过去两三千年在内容真理这方面表现得多，大家都在这个范围内讲话，它全部精神都在这个地方转，儒家、道家、佛家都是在这个范围转，所以外延真理出不来，科学出不来。尽管英国那个李约瑟写了那么一大套书讲中国科学，可是它究竟没有发展成为现代的科学。逻辑、数学也不行，这也是个缺点。但是科学、逻辑、数学这些是外延真理，既然是真理它就有普遍性。它有普遍性，那我们也可以学，并不是只有西方人才能学。中国人学这方面的本事也很大，聪明也很够，并不是不能学。中国人不也有得诺贝尔奖的吗？关于外延真理这一面，中国人就感觉到以前我们在这方面不行，所以从“五四”以来一直看重这个问题。尽管我们刚说中国人学科学这方面的聪明也不小，但是学问之事，追求真理、发现真理、献身于真理，这就不完全是靠聪明。光有聪明是出不来牛顿、出不来爱因斯坦、出不来大数学家的。这就要看你有没有 extensional mentality。如果你有 extensional mentality，那么科学才能生根。假定我们没有 extensional mentality，那么科学永远进不来。

因此你要学西方文化，要学科学，这就不只是聪明的问题，也不只是学的问题，而是你在这个 mentality 上要根本改变一下。因为中国以前几千年那个 mentality，它的重点都放在内容真理这个地方。而成就科学的那个基本头脑、那个基本 mentality，是个 extensional mentality。这不只是个聪明够不够的问题，也不只是你学不学的问题，这是 mentality 不同的问题。这个不同是文化的影响，所以一旦我们知道光是内容真理是不够的，而要开这个外延真理，那我们就必须彻底反省外延真理背后的那个基本精神，这个就要慢慢来。西方文化也是一样。现在是西方文化领导世界，它本身不觉得它的文化有毛病，即使有感觉也并不是很严重。但是当它一旦感觉到光讲外延真理是不够的时候，它就可以意识到东方文化中这种内容真理也有它的价值。然而现在西方人还没有达到这个程度，他们还不能正视这个问题。他们还不能正视这个内容真理也是个问题，他们不把它当成一个在学术上真正可以客观站得住的问题来研究。现在的西方人研究中国学问是当考古来看，属于东方研究这个范围。虽然西方也有人讲老子、禅宗，但是你在这种态度下讲老子你能了解什么老子呢？讲禅宗你又能了解什么禅宗呢？你要真正了解老子、了解禅宗，你必须能正视这个内容真理，而这个问题就要和你的生命连起来，要和你们的哲学、宗教连起来，这样才行。只有当你能正视这个问题的价值，你能正视它，把它当个学问来看，那你对这个学问才能有敬意。现在西方人还达不到这一点。这也要慢慢来。今天我们就讲到这里。

陈博政记录

第三讲

中国哲学之重点以及先秦诸子之起源问题

我们在第一讲中已经说过，每一个文化由于开端的通孔不同，所产生的文化、哲学也不同。中国文化在开端处的着眼点在生命，因为重视生命、关心自己的生命，所以重德。德行这个观念只有在关心我们的生命问题的时候才会出现。这个关心自己的生命，并不是生物学的关心。生物学是把生命当作一个对象，当作一个自然现象来了解，这是科学的了解，是后来才有的。古人对德行有清楚而分明的观念，用笛卡儿的话说，就是有 clear and distinct idea，但是古人对知识并不一定有清楚的观念，因为知识不是尽其在我的。知识是要靠经验、研究对象，才慢慢发展的。而要完成一个确定的知识是很困难的，所以古人对知识并没有清楚的观念。当时所谓的知识大抵是和神话、迷信掺杂在一起的。比如说下雨、打雷这些现象，古人并不真正了解，所以他解释这些现象并不是科学的解释，而是神话的解释，说下雨由雨神下，打雷由雷神打。可是尽管古人对知识并没有清楚的观念，但他对德行却有清楚而分明的观念。尽管你说古人是原始人，比如说，他们吃饭是用手抓，你从这个地方看，他们是原始；可是你从智慧这个地方看，他们并不原始。所以，孔子的那些话到现在还是可以讲，这个就是智慧。有些东西，比如说科学知识和物质文明，是后来居上，但是并不是一切东西都是后来居上。比如关于德行、智慧这些方面的问题，现在的人并不一定比古人强，而且常常还远不及古人。不仅仅是我们这样讲，西方人也是这样讲。比如说罗素，罗素是最重视科学、最重视现代文明的，他也是这样说。他说，提到科学当然是以我们现在的为标准，可是谈到德行问题，你不要轻视 Stoic（斯多葛学派），也不要轻视苏格拉底，他们的智慧高得很。苏格拉底也重视德行，他有一句名言，“德行即知识”（Virtue is knowledge）。从重视德行这个地方讲，苏格拉底和中国人并没有两样，但是讲法不一样。中国圣人不说“德行即知识”，这句话说得不透彻。所以西方讲道德虽然是从希腊起，但是严格地讲并没有把握住道德的本质。西方真正了解道德本质是从康德开始的。

所以，关心我们的生命和关心自然——从知识的态度来了解自然，这是完全不同的。关心我们的生命要从德行方面讲，从德行上关心生命，这个态度根本就是从知识的态度跳出来提高一层，这是实践的问题。比如说孔子提出仁，仁这个观念完全是个道德理性（moral reason）的观念，属于实践的问题。关心生命并不是生物学所了解的那个生命，仁这个观念也不能通过生物学来了解。了解仁是要了解如何使人类的生命实践得顺适调畅，并不是了解几个细胞。一个人做了对不起人的事后，会觉得罪过，说错一句话也会觉得罪过，可是生物学里面并没有罪过这个观念，这是很清楚的。所以我们说关心我们的生命并不是关心我们是如何生出来的，或者我们的细胞为什么是这样的安排这一类的问题，而是从知识的态度跳出来提高一层。这不是生物学的了解，就是像苏格拉底那样重视道德的人，当他说“德行即知识”的时候，他还是以知识的态度来界定（define）德行，还是用知识的态度来了解德行。所谓知识的态度，就是从概念的思考（conceptual thinking）来了解德行。比如说，什么是公道（justice）呢？苏格拉底认为公道是个概念，他说来说去，这个公道不属于我们感觉世界（sensible world）里面的东西，而属于我们的智思世界（intelligible world），所以我们首先要对它有个明确的定义。假定我们不能对公道下出个定义来，那我们永远不能了解公道。也许有人会说，我们可以从现实感觉世界举个例子，比如说，今天某人做了一件事很公道，我们就可以用他做例子。然而，这种例子是不可靠的，我们要了解公道一定要从这概念本身来了解，不能从例子上来了解。现实世界上的例子，有时候这样做很公道，但是换了另一种情况，这样做又不对。苏格拉底不就举过这种例子吗？比如说，什么是诚实呢？诚实就是不撒谎，不欺骗人。好，你说诚实就是不要欺骗人。那么，当一个孩子生病的时候，他不愿意吃药，你要是告诉他这是药，他就永远不吃，病也不会好，所以你告诉他这是糖果，他就吃下去，病也就好了。那么你说，这是诚实还是不诚实呢？比如说，什么是仁爱？假如你说仁爱就是不应当杀人，好，那么打仗的时候，你是不是要杀人呢？所以从现实中举例子，常常是相冲突，不一定一致的。所以你要了解公道，你不能从例子上看，而必须了解它的定义。那么它的定义如何成立呢？它必须有一个公道的“idea”。苏格拉底说来说去，最后说了一句空话，说到最后公道要有个“idea”。这个在我们看来空洞得很，尽管苏格拉底思考得那样周密，后来柏拉图也是顺着这条路来发展。尽管苏格拉底重视德行，但是他这个态度不恰当，结果是愈讲愈不了解。你不说我还容易了解，给你这一讲我反而糊涂了。所以有人说，哲学这个东西就是把人家容易懂的东西讲成不懂。

西方从苏格拉底以来一向是以这种态度来了解德行的，也就是从概念思考的态度来给它一个定义。这种了解虽然好像和我们了解生物学、了解物理学不很相同，但是从概念思考这个地方讲，是相同的。这还是个知识的态度，这个态度是中国文化里面所不取的，以这种态度来了解道德是不恰当的。假如你拿什么是公道这个问题来问孔子，他不会用苏格拉底这种态度来答复你。比如说问仁，孔子并不把仁当作一个概念来下定义，也不是从文字上来训诂，他是从你的生活来指点，当下从心之安与不安来指点仁。这就不是用知识的态度来讲仁。所以孔子的话大家很容易了解，他的话具体、亲切、真切。比如说，宰予说父母死了为什么要守三年丧呢？三年的时间太久了，短一点行不行呢？一年行不行呢？这个行不行没有科学根据，也没有逻辑的证明。这是良心的问题，是你良心有没有感觉的问题，所以孔子就问："食夫稻、衣夫锦，于汝安乎？"你吃好的稻米，穿好的锦绣衣服，你心里安不安呢？他不给你下定义，下定义是苏格拉底的路。宰予说："安。"孔子说："汝安则为之。"你说安就表示你没有感觉，麻木。麻木就是堕落，堕落你就成个物（thing），就不是person。你既然是个物，那又何必一年呢？一个月岂不更好？所以宰予出去之后，孔子就慨叹一句："予之不仁也。"[1]从安的地方说你是不仁，那么反过来说，你如果不安，仁不就显现出来了吗？可见仁不是个知识的概念，不是科学上的观念。这不是很深刻吗？这样一指点，你要了解仁这个观念，照孔子的方法，就要培养如何使我们的心不麻木，不要没有感觉。这和现代人不同，现在的学问多是使人对自己的生命没有感觉。从上面所讲的，我们可以知道虽然苏格拉底也和孔子一样重视德行，可是在不同的文化背景的开端下，即使像苏格拉底这样的大哲学家，他拿知识

1　参阅《论语·阳货》篇。

的态度来讲仁，结果也是不中肯。所以西方讲道德，就在这个地方差。希腊的贡献不在这方面，而是在哲学和科学。

那么，中国人为什么重视德行而不用知识的态度讲呢？因为中国人一开始就是关心自己的生命，他根本从头就是从实践上来关心的。比如说在夏、商、周三代的时候，道德意识虽然还不能像孔子时候那样清楚，但是就《诗经》《尚书》所记载的，他那个关心自己的德行首先是经由集团的实践来关心。古代是部落社会，是一个氏族一个氏族，一个氏族的领袖领导一个集团，所以他的行动即是团体的行动，他一旦措施不对，这个团体就瓦解了。因此就有天命这个观念产生，你哪一个团体得到统治权，就是得到天命。比如说，商汤所领导的团体得到天命，就成立商朝；文王、武王所领导的团体得到天命，就是周朝。尧、舜、夏禹也都可以被看成这样的氏族领袖。那么在那么多不同的氏族中，哪一个氏族可以得到天下，得到统治权呢？在以前，超越地讲就属于天命的问题。但是要得到天命也不光是超越地讲，即是说，不光看天，他一定要下来。从实践的态度讲，他眼睛不是完全看天，他马上要下来，所以说“天听自我民听，天视自我民视”[1]，这就马上从超越的态度落下来看人民。因为要看人民，如果民视、民听觉得你这个事情不对，他就要造反，就要瓦解你，所以你就要戒慎恐惧，就要关心你自己的生命，就要问自己说这句话、做这件事是对还是不对，合理还是不合理。所以从“天听自我民听，天视自我民视”这个地方一下就转到自己这个地方来。因此要得到天命就不能完全看天，这个时候光祈祷上帝是没有用的。像西方的那种宗教态度，到打起仗来，大家都祈祷上帝。希特勒也祈祷上帝，罗斯福也祈祷上帝，上帝究竟帮谁呢？所以要战争胜利，你最好看看人

1 语见《孟子·万章》篇引《尚书·泰誓》篇文。

民，人民服不服你，就要看你自己。这是中国人的态度。中国人自古就是如此，到了孔子的时候，这一点就已经很清楚、具体了。西方人始终不看自己，专门祈祷上帝，这是东西文化一个基本态度不同的分歧点。中国人因为从开始就关心自己，所以《尧典》里面有“克明俊德”，《康诰》有“明德慎罚”，《召诰》有“疾敬德”，这些观念虽然看起来都是家常便饭，事实上这就是关心自己的生命。所以我们说中国文化的开端重点落在生命这个地方。因为关心自己的生命，所以首先有德行的观念出现，对德行有清楚而分明的观念。

现在，我们就顺着这个线索来讲中国哲学，可是要正式地讲中国哲学，我们不能顺着尧、舜、夏、商、周一代一代具体地讲出来，因为这些古代的历史文献不足征。讲文化史可以从他们这里讲起，来看看中国文化是怎么发展的。讲哲学的时候，就不能从这个地方讲起，因为他们没有形成一个确定的概念。但是，这些可以作为讲哲学的文化背景，我们讲哲学的时候，也可以通上去，可以贯通起来。那么，我们从哪个地方开始讲中国哲学呢？中国可以说哲学，应该是从春秋战国时代说起，从先秦诸子说起。既然从春秋战国开始，那么只能从孔子开始。但是这并不是说孔子是忽然间空头冒出来的，孔子背后还是有一个很长的文化背景的。在孔子以前，周朝就已经有高度的文化，所以孔子尊崇周公，还常常梦见周公。即春秋时代、孔子以前，各国也有一些了不起的人物出现，如郑国的子产、齐国的管仲，等等，这些人都是文化陶冶出来的。那么我们为什么说只能从孔子讲起呢？这是因为从孔子才开始对尧、舜和夏商周三代文化有一个反省，有了反省才自觉地提出一个观念，建立一个原则。有观念有原则，我们的生命就有一个明确的方向，因此我们说只能从孔子讲起。虽然是从孔子讲起，但是，我们还是可以把孔子的思想和孔子以前的文化背景贯通起来。如果大家能了解这点，那么中国哲学就不是胡适之先生所讲的那个样子。胡适之先生讲中国哲学，直接从老子开始，这是不对的。从春秋时代开始是可以的，但是不能断自老子，因为老子这个思想是后起的。老子的思想为什么是后起的？最重要的一点是道家的思想是个反面的思想。有正面才有反面。你只有先从正面去了解，才能了解反面。正面没了解，一开始就从老子反面的话讲起，这是不行的。所以有人说胡适之先生的那个哲学史是无头的哲学史，把头割掉了，这就和以前夏商周的文化背景连不起来，连不起来就成了无头，这是不行的。因此我们只能从孔子讲起。关于孔子思想的夏、商、周三代背景，在这里我不能详细地讲，大家可以看看《历史哲学》的头一章，再进一步可以看看《心体与性体》综论部的第四章和第五章。第五章是批评叶水心的，叶水心的《习学记言》是由三代讲起。尧、舜、禹、汤、文、武是《尚书》里面所记载的，《尚书》里面所记载的这些人的观点，你可以说大体是个传说，但就是个传说也不是完全没有根据，你不能完全把它当神话看。传说和神话不一样。比如说女娲补天，这是神话。但是经书所记载的，并不是神话，只能说是传说。传说因为是一代一代往下传，当然不是很严格的，但它也不是完全没有凭据而凭空瞎说的。《尚书》里面所记载的并不是瞎说，他里面所记载的就是几个基本观念。大家去看看《心体与性体》的综论部，就知道应该如何来了解尧、舜和夏商周三代这个“道之本统”。叶水心对“道之本统”了解得并不算错，但是他不了解后来孔子开始的“孔子传统”。他是把孔子往上隶属，隶属于尧、舜、禹、汤、文、武、周公这个传统做他们的骥尾，而且只把孔子看成一个整理古文献的档案家。孔子如果只是作为三代的骥尾，而又只是个档案家，那么，孔子有什么资格做圣人呢？夏、商、周三代这个道之本统到了春秋时代孔子出来，振拔了一下，另开一个新传统，我们可以称它为“孔子传统”。要把这两者区分开来，孔子传统固然有承于夏、商、周三代这个道之本统，但不是完全等于这个道之本统，所以像叶水心的那种看法是不行的。后来孔子传统里头又开出一个新传统来，这就是宋明理学家里边的“朱子传统”。朱子也是儒家，但是朱子传统并不等于孔子传统，朱子和程伊川是儒家这个传统之下别开生面的一个传统。朱子固然很伟大，但是朱子是不是能真正恰当地了解孔子那一套道理，这是大有问题的。但是，我们这个话也不是说朱子传统没有价值，他还是有价值的。

今天，我们就正式开始从春秋战国来讲中国哲学。在这里首先有一个问题，就是我们如何来看先秦诸子？我们平常都说“诸子百家”，这里面包括两个名词，一个是“子”，另一个是“家”。“诸”“百”都代表多数。虽然这句话有两个名词，但我们平常都把它看成同一个东西，诸子等于百家，百家等于诸子。但是照熊十力先生的说法，诸子和百家有个分别，他把他们看成两个，这也是一个讲法。熊先生认为诸子是就着思想家讲，就是哲学家philosophers，百家是指《周礼》里面那些有专门知识的专家。《周礼》里面不是有许多“官”，“官”下面不是还有许多“人”吗？这些“官”“人”都是专家，都具有专门的知识。古代的知识都是集中在官府的专家手中，并不是普遍于民间的，照古代的说法就是藏之于王官。所以熊先生说“百家”是指王官里头管这件事管那件事的那些专家，这种说法值得我们参考。但是，把“诸子”和“百家”这两个名词看成同一个意思，也未必不可。因为孔子是儒家，既称“家”那他也有专门知识，就是礼、乐、射、御、书、数这六艺，这就是专家。现在我们暂时把“百家”那方面撇开不论，专就着诸子这一面来看。那么，我们要如何来了解诸子呢？

对于这个问题，传统的说法就是我们刚说到的王官的问题，说诸子出于王官，班固的《汉书·艺文志》里面就是这样讲。比如我刚才说的，儒家这个思想系统你可以当哲学来看，但是孔子也教礼、乐、射、御、书、数这六艺，六艺就是专家。这六艺从哪里来？当然是从官府里来。但是孔子虽然也教学生六艺，然而儒家之所以成为儒家，并不只是在这六艺。六艺中的礼是名物度数。“诗书执礼，子所雅言”，但是孔子言礼却不是专门研究那些礼数。孟子所讲的那个礼完全是哲学的话：“恭敬之心，礼也。”[1]可是六艺中的礼乐，是周公所制定的那些礼乐。“礼仪三百，威仪三千”，这些是要专门学的，而且是很琐碎的。琐碎固然琐碎，它们还是本于人情的。虽然说皆本于人性人情，真要了解起来还是很烦琐的。比如说祭孔里面那些礼数，琐琐碎碎，我是完全不懂的。孔子“入太庙，每事问”，那些名物度数圣人也不一定全知道，这属于经验知识，孔子不一定全懂。朱子在这里就迂阔，朱子认为圣人当无所不知，既然无所不知那为什么还要问呢？这是圣人为了表示谦虚，“虽知亦问，谨之至也”[2]。所以王阳明就反驳他这个说法完全不通。圣人无所不知是无所不知个天理，无所不能是无所不能个天理，至于这些名物度数，圣人他怎么都一定知道呢？这个地方他不知道就问一问，不知就问，这就是天理。因此光是六艺并不足以为儒家，就着六艺而明其意义（meaning），明其原则（principle），这才是儒家之所以为儒家。孔子不是说：“礼云礼云，玉帛云乎哉？乐云乐云，钟鼓云乎哉？”[3]孔子由礼乐来点出仁，仁是礼乐的原则。但是，这并不是说仁是构成礼乐的内在原则（immanent principle）。音乐家作曲依照乐理，这是内在原则。我们说仁是礼乐的原则，是表示仁是礼仪的超越原则（transcendental principle），礼乐要有真实的意义，就要靠这个仁。所以，“人而不仁，如礼何？人而不仁，如乐何？”如果人而无仁，

1 参阅《孟子·告子上》篇。

2 参阅《四书章句集注·八佾》篇。

3 参阅《论语·阳货》篇。

你天天演奏音乐有什么用呢？你空有一大套礼数又有什么用呢？

“诸子出于王官”这种说法，就是说讲这些超越原则的思想家的思想也有它的线索可寻，这线索就是王官。比如说，儒家的六艺也是从官府而出。这个“诸子出于王官”的“出”是指历史的“出”，是表示诸子的历史根源（historical origin），而不是逻辑的“出”，不是逻辑根源（logical origin）。所以，说诸子出于何官，大都是联想，并不是很严格的。历史根源和逻辑根源这两者是不同的，你不能把他们混而为一。胡适之先生就不了解这一点，他把这个出看成逻辑的“出”，所以，他首先反对诸子出于王官。他说诸子出于王官是不通的，难道说儒家的那些思想在王官里头都有吗？当然没有，既然没有，为什么说诸子出于王官呢？胡先生这样问就是因为他把这个“出”看成逻辑的“出”。可是它不是逻辑的“出”，它是个历史的“出”，所以它本来就松，本来就不是严格的。胡先生既然反对“诸子出于王官”这个说法，所以他自己也提出一个观点。传统的“诸子出于王官”是个纵的观点，胡适之先生所提出的观点是个横的观点。他的观点是什么呢？他是以社会学的观点从社会环境上讲。说当时的社会出问题，民生有疾苦，所以诸子的思想都是反映当时的社会问题的，这些思想家都是来救世的。这在民初是个新观点。可是，“诸子出于王官”这个说法固然是松，胡先生这个社会学的观点也还是松。你眼前有这个社会环境，有这个环境就一定会产生孔子的思想吗？比如说，我们处在这个出问题的时代，这就是汤恩比所说的挑战，有这个挑战存在，人通通会有反应吗？就是有反应难道反应都一样吗？同样的时代，同样的问题在这里，为什么有人有反应，有人没有反应呢？就是有反应为什么又不一样呢？假定说这样的反应是儒家，那样的反应不是儒家，那为什么在同样的环境下会有这些不同呢？可见环境并不能直接决定，而且和某某思想也没有直接的逻辑关系（logical relation）。所以，你从社会学的观点来讲诸子的起源也还是松。

当然，胡适之先生所提出的这个横的观点也不是完全错，但是它和诸子出于王官的说法同样是松。这两者和诸子的起源都没有逻辑的关系，也就是说都没有本质的关系（essential relation），这两者都不是本质的渊源。用佛家的话来讲，这两者说缘（condition）是可以，但是都不是因（cause）。照佛家讲因缘，都看成缘，虽都看成缘，但是它也有个分别。所以佛家讲缘，一种是因缘，拿主因做缘，做条件。好比说一粒种子生长成一棵树，它的cause是什么呢？是种子，这是佛家所说的因缘，其他如阳光、水分、养分都只是condition。佛家除了因缘以外，它还有所缘缘，拿所缘的那个东西做它的条件。还有一个增上缘，一个等无间缘，就是这四个。这就表示因和缘是不同的。“诸子出于王官”这不是诸子思想的因，那只是它的缘。从社会学的观点来看，说社会出问题，民生有疾苦，这也是诸子思想的缘。如果大家了解这一点，那么这两种说法都可以成立。既然都只是缘，那你为什么一定要拿纵的观点来反对横的，或是用横的观点来反对纵的呢？我们首先把这些眉目弄清楚，然后才能讲得中肯，所以这两个观点我们都不采取。要了解诸子的起源，这两者只能作为一个帮助，主要的原因并不在这里。我们必须进一步说得具体一点、确切一点。诸子的兴起，你光说是社会出问题，民生有疾苦，这就太笼统、浮泛。所以我们说它不一定完全错，只是不切。

诸子的思想首先出现的是儒家，然后是墨家，所以最先是儒、墨相对立。道家是后起的，法家更是后起的。这四家与我们所要讨论的诸子起源问题是直接相干的。名家不是直接相干的，它是派生的（derivative），是从这四家所对付的问题里面派生出来的。阴阳家没有文献，它是战国末年产生的思想，它是派生的派生，更不是直接相干的。先秦虽然号称有“诸子百家”，但是如果集中一点来讲，就是这六家，所以司马谈就有“六家要旨”。这六家中主要的是儒、墨、道、法四家，这四家是直接相干的。那么，他们直接相干的问题、切的问题是什么问题呢？就是他们都是对着周文而发，对着周朝这一套文制而发。孔子不是说吗，“郁郁乎文哉，吾从周”[1]。他这个文不是文章的文，而是典章制度，广义的典章制度通通在内。“郁郁乎文哉”是什么呢？就是说到了周朝，这个礼乐才是粲然明备。在夏、商两代，礼乐还是粗略得很，到了周朝才完全明备。这完全明备并不只是多少的问题，而是指原则分明，各方面都有。这个明备也不是笼统地说个明备，大体可以顺着两系来了解。哪两系呢？在这里我们暂时把乐撇开，专就着礼来讲。孔子说“郁郁乎文哉，吾从周”主要是对着礼讲的，就是指周公所制定的礼。周公制礼，为什么说粲然明备呢？

我们要知道，周公制定的礼虽然有那么多，但它主要是分成两系，一个是亲亲，另一个是尊尊。所谓的亲亲之杀，尊尊之等。亲亲是就着家庭骨肉的关系说。亲其所亲，子女最亲的是父母，父母最亲的是子女，往横的看，就是兄弟，这就是属于亲亲的。亲亲之礼有亲疏，叫作亲亲之杀，从自己往上追溯：自己、父亲、祖父、曾祖、高祖，就是这五世，所谓五服。另外还有一系是尊尊，尊其所应该尊的。为什么我要尊他吧？因为他有客观的地位。尊尊是属于政治的，它也有等级。尊尊下面又分为两系，一系是王、公、侯、伯、子、男；另一系是王、公、卿、大夫、士。王就是周天子。这两者都是属于尊尊的，这两系都是从周天子那里说起。从周天子那里，顺着一系说公、侯、伯、子、男，顺着另一系说公、卿、大夫、士。那么我们要如何来分别这两系呢？王、公、侯、伯、

1　参阅《论语·八佾》篇。

子、男这个尊尊之等，是属于政权方面的，这方面是可以世袭的，父亲死了可以传给儿子。可是公、卿、大夫、士这一方面是属于治权方面的，这是不可以世袭的。比如说父亲是卿，父亲死了儿子不能继承他的职位也做卿，这就表示治权不可专。在现在，什么是可以世袭而流之长久呢？就是宪法。

这个公、卿、大夫、士不能世袭的思想，我们从《春秋大义》里的一句话就可以看出来。《春秋公羊传》里面有一句话："讥世卿。"[1]讥就是讥刺，这卿是不能世袭的，如果在一个国家里面某人做了卿，他儿子也来做卿，把持这个卿位，《春秋大义》就要贬，就要加以讥刺。这是《春秋大义》很重要的一个观念。另外，我们说公、侯、伯、子、男这方面代表政权，是可以世袭的。这在《春秋大义》里面有哪一个观念可以表示这个思想呢？就是《春秋大义》里面所谓的"复仇"这个观念。春秋"大复仇"，这个大不是大小的大，不是形容词，而是当动词用，大是尊重的意思，以复仇为大。比如说齐襄公复九世之仇，齐襄公并不是个好人，他是个昏君，但是《春秋公羊传》对于他复仇这一件事情还是赞许的。《春秋大义》赞许他复仇，并且说"虽百世方可也"。不但是九世，就是百世以后仍然可以复。但是这"虽百世方可也"诸侯才可以，代表政权的才可以，一般的人民复仇不过五世。一般人也可以复仇，但是复仇不可超过五世，这是因为服从亲亲的原则，亲亲原则不过五世。诸侯复仇不但是九世，虽百世方可，这是服从尊尊原则，保持他的政权。这就表示不能亡人之国。假定你亡人之国，他的后代一定会复仇的，这亡人之国是大恶。当然亡也有自亡，你自己没出息，自己把国家亡掉了，这也是大恶。儒家的思想是不准亡人之国，也不准亡人世代的，亡人世代是大不仁。在这个地方，

1　详见《历史哲学》第一部第二章《周文之含义》。

诸侯复仇永远可以复，一般人复仇不能超过五世，这在《春秋公羊传》里可以分别开来。《左传》就不行。《左传》说齐襄公复仇怎么可以是九世的呢？它是依亲亲原则说的，但是根据亲亲的原则，用于社会上可以，用于代表政权的则不可以。这两者是有分别的。

我们说周朝的礼粲然明备，郁郁乎文哉，它是很清楚的，就是亲亲、尊尊这两系。夏、商两代没有达到这个境地。殷周之际，从殷商末年转到周朝这个时期在中国文化上是一个突破的关键。比如说同姓不婚，这是周朝才开始立的，殷商还是杂婚的。同姓不婚是有道理的，这不光是在优生学上有道理，不光是遗传的问题，它在政治上也有作用。所以，周公对中国文化的贡献是很大的，就是在人之所以为人、人如何能站起来这人道方面，贡献也很大。王国维先生讲殷周之际的那些文章写得就非常好，大家可以参考一下。所以周礼粲然明备，就是亲亲、尊尊这两个大纲目。亲亲、尊尊的制定，并不是毫无道理的，所以顺着亲亲、尊尊下来，这"礼仪三百、威仪三千，非天降也，非地出也"，不是天上掉下来的，也不是从地底下长出来的，而是皆本于人性、本于人情的。你也可以把它们变得简单一点，但是，它们每一条都是有根据的，都是合理的。这和西方根据宗教而来的教条（dogma）不一样，它不是 dogma。宗教社会里面有许多莫名其妙的 dogma 是毫无理由的。比如，希腊时代的毕达哥拉斯（Pythagoras），他有个秘密性的宗教集团，这个集团有个戒律，就是不准吃豆子。为什么不准吃豆子呢？这是毫无理由的。

这套周文在周朝时粲然完备，所以孔子说"郁郁乎文哉，吾从周"。可是周文发展到春秋时代，渐渐地失效。这套西周三百年的典章制度、礼乐，到春秋的时候就出问题了，所以我叫它作"周文疲敝"。诸子思想的出现就是为了对付这个问题，这个才是真正的问题所在。它不是泛泛的所谓社会问题，也不是笼统的民生疾苦问题，它就是这个“周文疲敝”问题。所以，我在前面之所以说儒、墨、道、法这四家是相干的，就是因为这四家有一个共同的特点，也就是说，他们都是针对周文之疲敝而发的。从这个地方讲诸子的起源才是中肯的、才切。你说诸子出于王官，是不切的。你说社会上出问题，这太笼统，也不切。社会问题多得很，到底是个什么问题呢？问题的所在，就是这个周文疲敝。所以我们要了解诸子，就要先了解这个问题。那么，我们现在来看看儒、墨、道、法这四家，来看看他们对周文抱持着什么样的态度。了解儒、墨、道、法四家对周文所抱持的态度，这才是了解诸子兴起的原因，这种了解才是本质的了解。

孔子对周文是采取什么态度呢？孔子对周文采取的是肯定的态度，礼总是需要的。不管在哪个时代、哪个社会，总是需要礼的。周公所立的这套礼在孔子的时候，他认为还是可以用的，当然斟酌损益是可以的，但是你不能从根本上推翻，所以孔子对周文是采取肯定的态度。但是它之所以成其为儒家的思想，是因为孔子使周文生命化。因为这一套周文并不是它本身有毛病，周文之所以失效，没有客观的有效性，主要是因为那些贵族生活作风腐败堕落，不能承担这一套礼乐。因为贵族生活作风堕落，所以他们不能够实践这一套周文。不能来实践，那周文不就挂空了吗？挂空就成了形式，成为所谓的形式主义（formalism），成了空文、虚文。墨家和道家就是把它只看成一个形式，所以要把它否决掉。孔子也知道贵族生活作风堕落，当然周文也成了挂空，但是孔子就要把周文生命化。要使周文这套礼乐成为有效的，首先就要使它生命化，这是儒家的态度。那么如何使周文生命化呢？孔子提出“仁”字，因此才有“礼云礼云，玉帛云乎哉？乐云乐云，钟鼓云乎哉”以及“人而不仁，如礼何？人而不仁，如乐何”这些话。人如果不仁，那么你制礼作乐有什么用呢？可见礼乐要有真实的意义、要有价值，你非有真生命不可，真生命就在这个“仁”。所以仁这个观念提出来，就使礼乐真实化，使它有生命，有客观的有效性（objective validity）。这样一来，问题就转出来了，问题就不在礼乐这个地方。礼乐随时修改一下是可以的，这个不是问题，圣人并不是保守顽固。顺着时代讲，礼是可以损益的，三代就有损益。“殷因于夏礼，所损益可知也；周因于殷礼，所损益可知也。其或继周者，虽百世可知也。”[1]这就是损益，这在孔子已经明说。所以儒家并不是抱残守缺，死守着那个周礼。周文本身并不是不实用，如果你本身有真生命，它一样可行。最重要的问题在于使人的生命站起来，这问题一转转到这里，就成了儒家的思想。所以我们从这个地方说，儒家的思想开辟价值之源，挺立道德主体，这方面没有能超过儒家者。开辟价值之源，所谓价值就是道德价值、人生价值。儒家对人类的贡献，就在他对夏、商、周三代的文化，开始作一个反省，反省就提出了仁的观念。观念一出来，原则就出来。原则出来，人的生命方向就确立了，所以他成了一个大教。这个大教，我平常就用几句话来表示：“开辟价值之源，挺立道德主体，莫过于儒。”儒家之所以为儒家的本质意义（essential meaning）就在这里。所以儒家立教，他不转出去说话的，他就是从这里直接说。他不绕出去从上帝那儿讲，也不从缘起性空那儿讲，他不绕出去的，他直接从仁道这里讲，这是很了不起的。这是家常便饭，可是，也最难了解，因为人的头脑总是往外看。儒家就在这个地方弘教，使人立起来。所以讲到儒、道、释三家，我就用“开辟价值之源，挺立道德主体，莫过于儒”这几句话来讲儒家。至于道家呢？“察事变莫过于道。”道家虽然讲那么多的玄理玄思，它实际的作用就是察事

1　参阅《论语·为政》篇。

变，就是知几。道家对时代的局势和事变是看得清清楚楚的，张良就是个典型人物。儒家也并不是不了解事变，但是儒家还有一个基本精神，他不能完全顺着事变走，他不能只是知几，他还有一个是非问题，他有道德判断。假定没有道德判断、没有是非，那局势一坏他不就投机了吗？纵使不投机，他也可以跑到深山去隐遁起来，道家不就是这样的吗？但是它不。所以在以前的历史中，在这个地方只有儒家能尽责任、撑得住。在危疑的时代，能挺起来做中流砥柱的，只有儒家。光是隐遁起来是不够的。那么佛家呢？“察业识莫过于佛。”这是和基督教比较来看的。基督教讲罪恶，讲 original sin，它是用神话的方式说，它天天讲罪恶，但到底什么是罪恶，讲的人也不一定知道。佛家讲业识，讲无明，就将 original sin 一步一步摆开，所以说“察业识莫过于佛”。

现在，我们再进一步来看墨家。墨子是用什么态度来看周文呢？墨子是以否定的态度来看周文。墨子的那一套思想是以功利主义的态度来看周文，所以主张非儒、非乐、节葬等。因此，荀子批评墨子说：“上功用，大俭约，而僈差等[1]”。上功用是说墨子以功用为上，大俭约，而僈差等，是以俭约为大而僈那个亲亲之杀、尊尊之等。墨子的思想是很浅的，他对于这个亲亲之杀和尊尊之等并不了解。亲亲之杀、尊尊之等这些是等级，是价值观念，这是以人的才能、道德以及孝心之亲疏来决定的，这不是阶级。墨子对于这个亲亲之杀、尊尊之等就不了解，所以墨子落在素朴的功利主义的思想。他认为周文的礼烦琐浪费，所以他不法周，他法夏，法夏禹。因此，唐君毅先生说墨子是次于人文，次于人文就是不及，没有达到了解人文价值的必要性，所以他才以功利主义的观点来反人文。讲文化不能完全采取功利主义的态度，

1 参阅《荀子·非十二子》篇。

要是完全从有用没用的观点来看文化，结果是很糟糕的。这样一来我们生活中许多东西都必须去掉了。

那么，我们再看看道家。道家对周文是个什么样的态度呢？道家也是否定周文的，但是，道家不是采用功利主义的观点。道家思想背后有个基本的洞见（insight），就是自由自在。所以他把周文看成虚文，看成形式主义。正因为如此，他把周文通通看成是外在的（external）。儒家的态度不把周文看成外在的，所以说“礼仪三百，威仪三千，非天降也，非地出也”，而是本于人性、人情。这就不完全是外在的，而是在人性上有根的。但是，道家它看不到这一点上，它只看到周文是虚文、是外在的，所以是对我们生命的束缚桎梏，使我们不能自由自在。道家背后的基本精神是要求高级的自由自在，他那个自由不是放肆，不是现在这个世界所表现的这种自由。它是一种高级的修养，所以它讲逍遥、齐物、无待。因为把周文看成虚文，是外在的，所以老子说：“故失道而后德，失德而后仁，失仁而后义，失义而后礼。夫礼者，忠信之薄而乱之首[1]。”庄子更是显明地把周文看成外在的虚文，他有几句话说得很漂亮。他在《田子方》篇里面说：“中国之民，明乎礼义而陋乎知人心。昔之见我者，进退一成规一成矩，从容一若龙一若虎。”他认为这些中国之民对于礼义讲得头头是道，但是对于人心却不了解。这人心不是儒家所说的道德心性，而是指人的心境的自由自在。庄子认为这些人的生活都是绝不自由的，他们的心灵没有解放，不能自由自在。他就是用这种眼光来看周文，这和墨子是不同的，虽然道家同样对周文采取否决的态度。唐君毅先生曾说道家是超于人文；墨家是不及于人文，次于人文；道家则是过，在人文之上，他超于人文而开出一个境界来。

1　参阅《道德经》第三十八章。

最后我们再来看法家。法家对周文又是怎么样的态度呢？法家对周文也是采取否决的态度，但是，他不是像墨子那样地否决，也不是像道家开出一个境界来。法家的态度很实用，它完全是从政治上着眼，从事功上着眼。儒家把周文转到“仁”这个地方，立一个大教，是开辟了价值之源，然而它不能解决当时的时代问题。所以后来人家说儒家是迂阔，孟子说的那一套在当时也没有人能听。要解决当时的时代问题，最实用而可以见诸行事的是法家。墨子那一套不行，道家那一套也不行。法家所着眼的是时代问题。当时是个社会形态、政治形态要转型的时代，法家就是顺着这个转型的观念往前推进，顺着这个要转型的趋势来行事。这里所谓的政治形态、社会形态并不是笼统地说，它是可以具体说出来的。你不能笼统地说社会出问题、民生有疾苦这类的话，这是不行的。那么，当时的那个贵族社会是个什么社会呢？政治形态是封建，经济形态是井田制度。这是需要解放的，法家所担负的就是这个任务。他就是顺着当时社会形态要转型的这个趋势而来完成这个转型，这是顺成。儒、墨、道三家都不是顺成，所以只能在精神生活上有贡献，对于当时的社会的政治、经济没有什么贡献。

法家因为是顺着这个转型的趋势往前进而要完成这个转型，所以他第一步要打贵族。因此，法家一定要和贵族起冲突，做生死斗争。但是这样一来做皇帝的人高兴，所以他们都用法家。开始是李克，李克相魏，后来吴起相楚、商鞅相秦，都是做这个工作。所以，结果都和贵族起冲突。打贵族就得去封建，把封给贵族的那些土地变成郡县，成为属于国家政府的一个政治单位，这是一种进步，就是废封建、立郡县。郡县是客观的政治单位，贵族的采地不是客观的政治单位，采地是属于贵族私人的。再来就要去掉井田制度。废除井田制，农民才有私有权。土地私有是从这里开始的。一有土地私有权，农民才有自由，才是一个独立的存在而不是属于贵族的。这些地方都是代表进步。法家所做的就是这些工作：打贵族、废封建立郡县、去井田，就是这三件事。这我在《历史哲学》中有详细的说明，大家可以参考一下。商鞅在秦国就是做这一套，结果牺牲了。吴起在楚国也牺牲了。李克在魏国，因为是法家的发端，而且他做得少，和贵族没什么太大的冲突，所以没有牺牲。这些人物都是有才干的人，现实感特别强，不是迂阔的儒生。李克是子夏的学生，吴起是曾子的学生，都是从儒家出来的，结果都成了法家。像他们这样的法家不是坏的，他们是实际行动人物。当时的社会形态要转变，他们就抓住这一点来完成这个转变。他们顺应时代，所以他们能成功，但是个人牺牲了，这样的法家不是坏的。商鞅就是法家的典型。李克、吴起是法家的前奏。一般说“管商申韩”，把管仲和商鞅拉在一起也叫作法家，这是不对的。管仲不能算是法家，管仲是大政治家。说中国历史上的大政治家，管仲就是第一个人。你要找管仲这样的人物是很不容易的。他这个人绝顶聪明，绝顶有智慧，而且有很好的政治意识。所以春秋两百年是齐桓公的天下，而齐桓公是靠管仲才成为五霸之首的。管仲只能当政治家来看，不能当法家看。

我们说像李克、吴起、商鞅这样的法家是不坏的，那么，法家是在什么情形下变成坏的呢？法家是在经过申不害到韩非那个时候才变成坏的。讲法不能算坏，如果没有客观的法就没有真正的政治，所以，法不算坏。就是圣人也不能反对法，只是他不多讲。这也许是在他的时代，他注意不到这个问题，但是，如果你点出来，圣人也不能反对法。可是到申不害讲术就出问题了。到了韩非就综合商鞅的法和申不害的术，再加上韩非的那一整套思想，这样就坏了。这样的法家是令人讨厌的。

为什么加上那个术就变成坏的呢？我们说法本身不是坏的，这是大家都要承认的。但是，这要看法是套在什么基本原则、什么基本精神上用。它套在申不害所说的术上。申不害的术是从哪儿来？从道家来。法家和道家一合，结果道家变质了，法家也变坏了。法是客观的，布在官府公诸社会。这个术在哪里应用呢？在皇帝这个地方。术在皇帝这个地方，术是不能公开的，它是运用法的一个背后的基本动力。而这个术也就是“赏罚不测，喜怒不测”，喜怒不形于色。要运用这个术也要有大的修养，所以要把道家拉进来。后来的那些大皇帝都懂得这一套，表现得最清楚的就是清朝的雍正。但是雍正不是学道家，他是学禅宗，结果更坏，而且把禅宗也弄坏了。在他个人的主观修养这方面来讲，雍正对禅宗是有相当的境界。但是他把他这个境界用来统治这个大帝国，结果成了李斯、韩非那一套，阴冷残酷。法家到这里就坏了。法家到了申不害、韩非、李斯、秦始皇就成了大罪恶。李斯告诉秦始皇说“以法为教，以吏为师”，这是个大恶，历来没有人敢说这种话。这是糟蹋人，他不把人当成一个 person 来看，只是把人民当作一个耕战的工具。结果秦朝一下子就垮了。后来再也没有人敢公然地说，用法家的思想，虽然背地里或可偷用一点，但是没有人敢公开地拿出来当原则的。

前面我们说法家出来完成当时社会形态的转型，结果打倒了贵族政治，成为君主专制，这在中国历史上是一个进步。所以政治形态从古代贵族政治开始，从贵族政治进一步是君主专制，君主专制维持了两千多年，现在是民主政治。依我看，民主政治是个最后的形态。政治形态是没有很多的变化的，就是这三个。那两个已经过去了，民主政治才有永久性，有普遍性。

今天我们就讲到这里。下次我们正式讲儒家。

陈博政记录

第四讲

儒家系统之性格

我们在上一讲已经讲过了如何了解诸子的起源这个问题，现在我们就顺着上一讲所讲的再往前进一步，分别就着每一家的学术系统来看，看看这些系统里边有些什么样的问题，有些什么样的主要观念。顺着这些主要观念和主要问题，我们可以决定各个系统的性格。所谓各个系统的性格也就是各个系统的内在本质、内在而独具的性质（intrinsic character）。

今天，我们就先来衡量儒家这个系统，来看它这个系统包含了哪些基本观念和基本问题，以及它内在的性格是什么。在先秦儒、墨、道、法这几家中，儒家的观念最多也最复杂，道家就比较集中。我们了解先秦儒家并不单单是了解某一个人，而是把先秦儒家当作一个全体来看，通过一个发展把他们连在一起来看，因此我们不采取单单以某一个人为标准的讲法。因为我们是要把先秦儒家整个通过一个发展来看，所以我们要先看看《论语》里面有些什么观念。儒家是从孔子开始，以后孟子兴起，《孟子》里面又有些什么观念？有些什么问题？然后再看看《中庸》《易传》《大学》里面有些什么观念。要估量先秦儒家这个系统的内在本质，你要先对这五部书里面主要的观念有相当的了解，这才能做恰当的消化。儒家从它最基本的义理、最核心的教义来看，就是这五部书。这五部书字数不算很多，但是其中的观念却很复杂，道家就没有这么复杂。儒家是个大教，它决定一个基本方向，尽管孔子在当时不得志，孟子也不得志，可是它一直在中国文化里边天天起作用。儒家这个教的性格并不是解决一个特殊问题的学问，它虽然天天起作用，可是要想解决特殊的问题还是要有其他的知识。儒家、佛家、道家这三者都是大教，都决定一个人生的基本方向。但是你要拿它来解决一个特殊的问题，那是不行的。比如说，经济问题就必须有经济学的知识才能解决。你不能说王阳明的良知就能解决，这是瞎说。儒家在以前并不是当哲学讲，但是，我们可以方便地把它当哲学讲，来看看它这个系统的形态是个什么样的形态。我在《心体与性体》中讲宋明六百年的学术，也等于是讲先秦儒家，先秦儒家都包含在内。诸位若想详细了解，可以参考一下。

那么，我们如何才能恰当地了解儒家这个系统的内在性格呢？这是一个重要的问题。我们要了解一个系统的性格当然要了解它的主要问题和主要观念。由这些问题、观念，它当然成一个系统。儒家的核心观念是什么呢？要了解儒家这个系统的性格，功夫全在这个地方，这个地方我们不能凭空瞎想。有许多讲《论语》《孟子》的人自以为了解，其实是不是真的了解还大有问题。即使你了解了，同时你也讲出一个道理来，可是你的了解是不是恰当的了解呢？这也有问题。现在的人，瞎讲乱讲，曲解诬枉，比附拉扯，不成道理的，太多太多。这个时代是最不适宜讲儒家的了！因为儒家的道理太平正，无奇特相，而现在的人在趣味上则喜欢偏邪，在学术上则专重科技，所以无法相应那平正的家常便饭。因为不相应，所以即使去讲，也多是邪曲，我们现在不能一一驳斥，但我们可有个标准来决定你讲得对不对。有三个标准，一个是文字，一个是逻辑，还有一个是见（insight）。我们要了解古人必须通过文字来了解，而古人所用的文字尽管在某些地方不够清楚，他那文字本身是 ambiguous，但也并不是所有地方都是 ambiguous，那你就不能乱讲。另外，还有一点要注意的，即使文字通了，可是，如果你的见不够，那你光是懂得文字未必就能真正懂得古人的思想。

我们刚才说，我们了解先秦儒家并不单单是了解某一个人，而是把先秦儒家整个通过一个发展来看，所以我们不单单以某个人或某部书为标准。我们还说，儒家的五部书观念虽然复杂，可是它们还是连在一起。但是现在有许多人并不是这样看，对儒家的这五部经典他们抱有两种不同的态度。我们现在先来看看这两种说法。

第一种说法是认为儒家的学问只限于孔子讲仁、孟子讲性善，纯粹是道德，不牵涉存在的问题。持这种态度的人认为儒家完全是应当（ought）的问题，并不牵涉存在（being）的问题。他们把儒家限定在这个地方，因此不喜欢《中庸》《易传》。他们一看到《中庸》《易传》讲宇宙论，就把它和董仲舒扯到一起，就说《中庸》《易传》是宇宙论中心。事实上讲宇宙论并不一定是宇宙论中心。董仲舒那一套的确是宇宙论中心，而且还是气化的宇宙论中心，可是《中庸》《易传》并不是宇宙论中心。如果照他们这种说法，儒家纯粹是道德而不牵涉存在问题，那么这样一来，儒家除了《论语》《孟子》之外，以后就只有一个陆象山，连王阳明都不纯。这样儒家不是太孤寡了吗？当然，他们这种说法也自成一个理路，不是完全没有道理，这种说法主要是照着康德的道德哲学来讲的。

现在，我们先来看看康德是怎么讲的。首先，我们要先了解康德所说的 metaphysics of morals 中这个 metaphysics 是什么意思，它和我们平常所说的形而上学是否相同。事实上，康德这个 metaphysics 并不是我们一般所讲的形而上学。我们一般讲形而上学都是把形而上学当作一个独立的学问来看，讲 cosmology 和 ontology，这就是形而上学之本义。可是康德这个 metaphysics，他是专就着道德的纯粹那一部分讲的，他称之为 metaphysics of morals，道德的形而上学。这个“形而上学”只是借用，它并不是一般所说的形而上学。康德说道德的形而上学，他只是借用“形而上学”这个名词，他的重点并不是落在形而上学而是落在道德上。可是我们平常把形而上学当成一个独立的学问来看，讲形而上学并不一定要讲道德，所以康德所用的这个 metaphysics 和我们平常所说的 metaphysics 是不同的。康德所谓的“道德的形而上学”讲的是道德的先验而纯粹的那一部分，他把经验的那一部分都给你拿掉。现在的人从人类学、心理学的观点来看道德，照康德讲就是“不纯的”。康德的“道德的形而上学”主要是讲道德，对存在界一点都没有讲。可是一般说的形而上学，它一定要讲存在，讲 being，这是 ontology；还要讲 becoming，这是 cosmology。形而上学主要就是这两部分，这是形而上学最恰当的意义。可是康德的“道德的形而上学”单单分析道德这个概念，其他的都没有，所以，我们要了解他的 metaphysics of morals，就不能把它看成形而上学。康德使用“形而上学”这个名词只是借用，他这个“道德的形而上学”就等于 metaphysical exposition of morals，是道德的形而上的解释。所以，康德这个 metaphysics 是 metaphysical exposition 的意思，并没有我们平常所说的形而上学的意思。因为我们平常说形而上学一定讲到存在，但康德在这里并没有牵涉存在的问题。

所以就有人根据康德这个思想，说孟子讲性善这个“性”是直接就着道德来讲的，这个“性”和存在没有关系，可以不牵涉到存在。他们认为孟子讲性善这个“性”就是为了说明道德，也就等于道德概念的分析讲法，“性”这个概念是分析出来的，为的只是成就道德，和存在没有关系，它只限于 morality 这一部分。可是，这是儒家的态度吗？这样一来，《易传》《中庸》是涉及存在问题的，那不就和孟子相冲突了吗？所以，这些人一看到《中庸》《易传》就和董仲舒混在一起，就说这是宇宙论中心。他们是根据康德的思想来说的，可是，康德本人对存在问题是不是也像他们这样完全不管呢？

事实上，康德本人讲“道德的形而上学”固然是讲道德而不涉及存在，可是他并不只是限于道德这个观念。康德的三个预设其中“自由”这个预设是属于道德范围之内的，可是，他还有其他两个预设，就是灵魂不灭、上帝存在。这就不光是道德问题，而且依康德的讲法，这三个预设是有关联的。康德也承认实践理性有一个必然的对象（necessary object），就是最高善。最高善是属于实践理性、道德范围之内的。但是，康德一定要从最高善这个观念追溯到上帝存在。从最高善这个观念过渡到上帝存在，这就接触到存在问题。从自由之必然的对象过渡到上帝存在，这在康德那里就不叫作 metaphysics，而是叫道德的神学（moral theology）。康德非有道德的神学不可，你不能把它割掉。你可以不喜欢神学，可是存在问题你总要有个交代，这存在问题你交代给谁呢？在西方，存在是交代给上帝。如果你不讲这个话，那么存在问题如何解决呢？如果你又不赞成自由往上帝那里伸展，那么存在不就落空了吗？所以，康德在这里讲道德的神学（moral theology）。和道德的神学相对的还有一个名词是神学的道德学（theological ethics）。依照康德的讲法，moral theology 是可以的，theological ethics 就不行。theological ethics 是从神学来建立道德，是把道德基于神学，这是不行的。从神学建立道德就是宇宙论中心，就是董仲舒那一套。康德承认 moral theology，但是不承认 theological ethics，这个分别是很重要的。

从这个地方我们也可以看出儒家的态度。儒家是不是一定只限于孟子所讲的道德那个地方呢？儒家是不是一定不涉及存在呢？儒家有“天”这个观念，有人想不要“天”。这“天”你怎么可以随便不要呢？当然他也有个讲法，他把“天”讲成我们平常所说的命运，把“天”讲成形而下的属于现象世界的条件串系。可是，儒家的“天”哪里是这个意思呢？这些人虽然或可把握住孟子所讲的“道德”这个观念，但是不能把这个观念充其极，反而把它拘死了。康德并不把它拘死，他不只讲自由，他也讲最高善，也讲上帝存在。当然他也有个关键，就是以自由为 focus、为中心。康德把他全部的理性系统都归到自由这个地方来，最高善与上帝存在都从自由这个地方透出来。存在是靠什么来讲呢？靠最高善那个地方讲，在这里康德就不用 metaphysics 这个名词。照康德的讲法，metaphysics 有两层，就是超绝形而上学（transcendent metaphysics）和内在形而上学（immanent metaphysics）。我们能够有知识的是在“内在形而上学”处，超绝形而上学处我们不能有知识。假定从超绝形而上学这个地方想一个名词，那就是神学，道德的神学。康德有道德的神学而没有神学的道德学。基督教、天主教都是神学的道德学，站在康德的立场这是不可以的。在西方哲学史中，康德在这个地方是个很大的扭转。照儒家的立场来讲和康德是一样的，但是儒家不讲神学。孟子是根据孔子的“仁”来讲性善，他讲性善固然直接是说明道德，但是儒家讲性善这个“性”并不拘限于道德，讲仁也不拘限于道德。儒家并不是只讲应当（ought）而不涉及存在的问题。他这个“仁”是封不住的，尽管这一点在孔子、孟子那里不很清楚。孔子不是哲学家，他讲道理不是以哲学家的态度来讲，他对于形而上学也没有什么兴趣，对于存在、宇宙论这一套圣人是不讲的，或者说，他不是以哲学家的态度讲，但是，圣人尽管不讲这一套，然而他的insight、他的智慧可以透射到存在那个地方。通过哪个观念可以透射到存在呢？就是“天”这个观念。

我们刚才说，在西方存在是交代给上帝，是通过上帝这个观念。中国的“天”这个观念，也是负责万物的存在，所谓“天道生化”。“天”这个观念是从夏、商、周三代以来就有的，传到孔子的时候固然孔子重视讲仁，但是对于“天”，他并没有否定。所以有人把“天”抹掉，把它完全讲成形而下的，这是不行的。从这个地方讲，儒家这个metaphysics of morals，就蕴含一个moral metaphysics，就好像康德的metaphysics of morals蕴含一个moral theology一样。康德只说道德的神学而不说道德的形而上学。moral metaphysics和moral theology，这个moral是形容词，就是说这个宗教、形而上学是基于道德。儒家不说道德的神学而说道德的形而上学，因为儒家不是宗教。儒家有个“天”来负责存在，孔子的“仁”和孟子的“性”是一定和天相通的，一定通而为一，这个“仁”和“性”是封不住的，因此，儒家的meta physics of morals一定含着一个moral metaphysics。讲宇宙论并不一定就是宇宙论中心，就好像说神学并不一定含着神学的道德学（theological ethics）。康德也讲神学，但是他的神学就不含神学的道德学，他正好反过来，是道德的神学。神学的道德学是把道德基于宗教，道德的神学是把宗教基于道德，这两者的重点完全不同，正好相反。

依儒家的立场来讲，儒家有《中庸》《易传》，它可以向存在那个地方伸展。它虽然向存在方面伸展，它是道德的形而上学（moral metaphysics），但他这个形而上学还是基于道德。儒家并不是metaphysical ethics，像董仲舒那一类的就是metaphysical ethics。董仲舒是宇宙论中心，就是把道德基于宇宙论，要先建立宇宙论然后才能讲道德，这是不行的，这在儒家是不赞成的，《中庸》《易传》都不是这条路。所以有人把《中庸》《易传》看成宇宙论中心而把它们排出去是不行的。儒家这个系统的性格虽然每部书只显出一个观念，但是它并不就停在这个观念。因为以前的人讲话没注意到要成个系统，儒家从孔子到孟子，再从孟子发展到《中庸》《易传》，他们的生命是相呼应的。你把《中庸》《易传》排出去，这是不行的。

除了前面这一种态度以外，还有一些人抱着另一种态度。这种态度和前面那一种正好相反。他们不喜欢理学家，不喜欢《论语》，也不喜欢《孟子》，他们喜欢《中庸》《易传》。照他们这条路就成了 metaphysical ethics，正好和前一种态度相反。他们不喜欢讲主体，因为他们道德意识不够，所以不喜欢讲主体。他们是用审美的兴会来讲儒家，说《论语》是“庸言庸行”，这不过瘾，一定要讲《中庸》《易传》才过瘾，其实这是很差劲的。历来无论智慧多高的人都不敢轻视《论语》，就是佛教的那些大和尚也不敢轻视《论语》。再如孟子，他们当然不能说孟子不是儒家，但是，他们还是可以说孟子不是最高的境界，最高的境界是在《中庸》《易传》。严格来讲，他们以这种审美的趣味来讲儒家是不负责任的。你不能说我就是要这样讲，这是我的 taste。这种讲法是不行的。

抱持以上这两种态度的人虽然背景各有不同，但是都不能得儒家之实。我们说他们都不能得儒家之实，这是不是有根据呢？当然有。讲学问是不能凭空乱讲的。我们在前面说过，讲学问有三个标准，第一个是文字，第二个是逻辑，第三个是见。先秦儒家《论语》《孟子》《中庸》《易传》这个发展，他们的生命是相呼应的，这个眉目是很清楚的，他们息息相关，你不能拿《论语》

《孟子》来排斥《中庸》《易传》；你也不能拿《中庸》《易传》来轻视《论语》《孟子》。虽然孔子离孟子一百多年，离《中庸》《易传》两三百年，但是这些人的生命是若合符节、是相贯穿的。孔子虽然把天包容下来，但是他不多讲话，“夫子之言性与天道，不可得而闻也”[1]。孔子的重点是讲仁，重视讲仁就是开主体，道德意识强就要重视主体。仁是我自己的事情，“我欲仁，斯仁至矣”[2]“一日克己复礼，天下归仁焉”[3]。孔子从哪个地方指点仁呢？就从你的心安不安这个地方来指点仁。孔子的学生宰予说三年丧太久了，改为一年行不行呢？孔子就问他：“食夫稻，衣夫锦，于女安乎？[4]”宰予说：“安。”孔子就说他是不仁。你说“安”就是不仁，那么，如果是“不安”，这仁不就显出来了吗？这就是自觉。用现在的话说，就是道德的自觉。道德的自觉心当然是主体，你讲道德意识怎么可以不讲主体呢？就是因为道德意识强，所以主体才会首先透露出来。你不喜欢讲主体，那你怎么能讲中国文化呢？不只儒家重视主体，就是道家、佛家也同样重视主体，中国哲学和西方基督教不同就在这个地方，你反对讲主体你能相应吗？有人以为讲主体就没有客体了，其实客体照样有，问题是在如何讲。中国文化、东方文化都以主体为起点，开主体并不是不要天，你不能把天割掉。主体和天可以通在一起，这是东方文化的一个最特殊、最特别的地方，东方文化和西方文化不同，关键就是在这个地方。有人讨厌形而上学，也讨厌那个天，他们说儒家的道理是在人伦日用之中，所以人同此心，心同此理，它有普遍性。这个意思是不错，儒家是有这一方面，所以它“极高明

1　参阅《论语·公冶长》篇。

2　参阅《论语·述而》篇。

3　参阅《论语·颜渊》篇。

4　参阅《论语·阳货》篇。

而道中庸”，你着重这一面是可以，但是你不能因为着重这一面而否定天那一面。

近代还有一些人不喜欢讲道德，他们一听到道德就好像孙悟空听见紧箍咒一样，浑身不自在。其实你怕道德做什么呢？你怕道德就表示你自己不行。现在的人总以为道德是用来束缚人的，所以就讨厌道德，讨厌宋明理学家，因为理学家的道德意识太强。其实，道德并不是用来拘束人的，道德是用来开放人、成全人的。你如果了解这个意思就不用怕。如果人心胸不开阔、不开放，那么人怎么能从私人的气质、习气、罪过之中解放出来呢？人天天讲理想就是要从现实中解放出来，要解放出来，只有靠道德。

我这样点一点就可以把儒家的系统性格给你们摆出来。我们说儒家重视主体，那么儒家的这五部经典中有哪些观念是代表主体的呢？我们要知道，儒家主要的就是主体，客体是通过主体收摄进来的，主体透射到客体而且摄客归主。所以，儒家即使是讲形而上学，它也是基于道德。儒家经典中代表主体的观念比如孔子讲仁，仁就是代表主体。仁也可以说是“理”、是“道”。假如把仁看成理、道，那么也可以把仁看成客观的东西。但是，客观的东西并不就是客体，并不一定表示外在的东西。我们说仁可以是客观的东西，这是从理、道的普遍性来规定的。说它是客观的和说它是外在的对象（external object）是不一样的。我们说仁是个理、是个道，那它就是客观的。它之所以为客观，就是因为它是理、道的关系，因为理、道是客观的。理、道为什么是客观的呢？用康德的话来说，就是因为它有普遍性和必然性这两个特性，而且康德讲普遍性和必然性都是由主体而发。十二范畴不是就有普遍性和必然性吗？它是从主体而发的，它也不是 external object。我们说客观就是这个意思。但是，我们固然可以把孔子的仁讲成理、道，然而它不一定只是理和道，仁也是心。在理学家中，朱子就只把仁看成理、道，他不喜欢拿心来说仁。但是孔子明明是从心来说仁，讲仁而不牵涉心是不可能的。仁是理，是道，也是心。孔子从心之安与不安来指点仁就是人从心这个地方要有"觉"，安不安是心觉。仁心没有了，理、道也就没有了。因此仁就不只是理、道，仁也是心。

所以到了孟子就以心讲性。孟子讲性就是重视主体这个观念。儒家讲性善这个性是真正的真实的主体性（real subjectivity）。这个真实的主体性不是平常我们说的主观的主体，这是客观的主体，人人都是如此，圣人也和我一样。人人都有这个善性，问题是有没有表现出来。这样一来，这个性就是客观的主体性。心理学的主体就是主观的主体。

除了《论语》《孟子》，《中庸》《易传》也一样讲主体，《大学》也讲主体。《中庸》讲"慎独"就是讲主体，是从工夫上开主体。《大学》也讲慎独。《中庸》讲诚，基督教也可以讲诚，但是基督教不能讲主体，所以基督教开不出慎独这条路来，主体之门没开。慎独这个学问是扣紧道德意识而发出来的。慎独这个观念孔子没有讲，孟子也没讲。如果你要追溯这个观念的历史渊源，那当追溯到谁呢？当是曾子。慎独是严格的道德意识，在孔门中道德意识最强的是哪一个？就是曾子。我们凭什么说慎独是由曾子开端的呢？我们能不能从文献中找出线索来？曾子不是说"吾日三省吾身"[1]吗？孟子曾经用两个字来说曾子，就是"守约"这两个字。[2]守约就是慎独的精神。所以，慎独这个观念是紧扣孔门下来的。因此《中庸》《大学》都讲慎独。《中庸》怎么讲慎独呢？《中庸》首章说："天命之谓性，率性之谓道，修道之谓教。道也者不可须臾离也，可离非道也。是故君子戒慎乎其所不睹，恐惧乎

1　参阅《论语·学而》篇。

2　参阅《孟子·公孙丑上》。

其所不闻。莫见乎隐，莫显乎微，故君子慎其独也。”这个慎独是通过“天命之谓性”这个性体，性是首先提出来的，性是个主体，但是这个主体必须通过慎独这个工夫来呈现，这个慎独的独、独体的独是从性体那个地方讲的。《大学》也讲慎独，它是从诚意讲："所谓诚其意者，毋自欺也。如恶恶臭，如好好色，此之谓自谦。故君子必慎其独也。小人闲居为不善，无所不至；见君子而后厌然，掩其不善而著其善。人之视己，如见其肺肝然，则何益矣？此谓诚于中，形于外。故君子必慎其独也。曾子曰：‘十目所视，十手所指，其严乎！’富润屋，德润身，心广体胖，故君子必诚其意。”这些都是严格的道德意识，所以慎独是最重要的。后来王阳明讲致良知，还是由慎独工夫转出来。你如果只是凭空讲个“良知”，那主体义就显不出来，所以他要“致良知”。良知就是独体，所以才说“无声无臭独知时，此是乾坤万有基”。

现在，我们再讲《易传》。《易传》固然是宇宙论、形而上学的意味重，因为它牵涉存在，是从天道讲。但是它从天道讲，它也贯通了主体方面这个性，它也不是凭空地来讲。《易传》讲“穷神知化”[1]，这个“神”照儒家、照《易传》的立场当从哪个观点来了解呢？“神也者，妙万物而为言者也。”[2]这个“神”是通过“诚”讲的。它不是像基督教的上帝那个神，也不是从气化上讲的那个神。我们平常说一个人“有神采”“神气得很”，这个“神采”“神气”的神是material，是属于气的，属于形而下的观念。儒家《易传》讲“神”，它是个形而上的。它之所以为形而上的，是靠什么观念来定住呢？是通过“诚”。《中庸》《易传》都讲诚，诚是一种德行，是属于道德的。因此，它这个神是形而上的，它不是属于material、形而下的。所以你如果把《易传》

1 参阅《易传·系辞下》。

2 参阅《易传·说卦传》。

的“神”从气上来讲，那就是不对。可是，如果你把它讲成个人格神(personal God),那也不对,因为中国人没有这个观念。《易传》讲的这个神就是通过主体而呈现的，穷神你才能知化，化就是宇宙的生化，这就成了宇宙论。但是这个宇宙论并不是空头讲的宇宙论，你要穷神才能知化，从神这个地方讲天道、讲乾道，就是讲创生之道。所以儒家发展到了《中庸》《易传》，它一定是“宇宙秩序即是道德秩序”（cosmic order is moral order），它这两个一定是合一的，这两者是不能分开的。如果照我们前面所说的那两种态度来看，这两者是合不在一起的，因此“宇宙秩序即是道德秩序”这句话他们就不能讲。因为这两者是合一的，所以《易传》也不能离开道德意识来了解，尽管它讲“大哉乾元，万物资始”，好像形而上学的意味很重，其实它背后的底子还是moral。所以《易传·文言·坤》里面讲：“直其正也，方其义也。君子敬以直内，义以方外，敬义立而德不孤。直方大。不习，无不利。”有人就把“直方大”的直说成几何学上的直线，把方说成square，把大说成无限的空间（infinite space），他就是不从道德方面讲。但是在“直方大”上面明明说的是“敬以直内，义以方外”，这明明是道德，你怎么可以把它讲成几何学呢？

最后，我们还要提一提《大学》。《大学》里面讲三纲领、八条目，它也是从主观的实践到客观的实践，它把儒家实践的范围给你规定出来，但是它本身的方向却不确定。它主要列举了这些实践纲领，却没有对这些纲领做什么解释。比如《大学》说“明明德”，但是什么是“明德”呢？“止于至善”，什么叫“至善”呢？“至善”究竟是落在哪个地方呢？这在《大学》里面都不清楚。所以在这些地方就有不同的态度，讲《大学》的人也就有不同的讲法，最典型的两个态度就是王阳明的讲法和朱子的讲法。朱子那个讲法是顺着《大学》讲《大学》，这是最自然的讲法，一般人也最容易走朱子这条路。朱子讲儒家是以《大学》为标准。朱子的讲法尽管很自然，比如致知格物、格物穷理，这很自然，但是，他有一个毛病，他拿《大学》做标准来决定《论语》《孟子》《中庸》《易传》，结果通通不对。可是，如果你把《大学》讲成王阳明那种讲法，那也太别扭，你怎么知道《大学》表面“致知”的知就是良知呢？这也很麻烦。《大学》里面的致知、格物未必就是王阳明的那种讲法。王阳明是用他的良知教套在《大学》里面讲，他这种讲法在文字上是没有根据的，但是他的讲法有一个好处，就是在义理上合乎儒家的意思。王阳明是拿《论语》《孟子》来规范《大学》，朱子是拿《大学》来决定《论语》《孟子》《中庸》《易传》。因此，儒家系统到后来就有分歧了。

那么，我们应该采取什么态度看《大学》呢？《大学》只是把实践的纲领给你列出来，但是要如何实践，实践的那个领导原则是哪个方向，《大学》里面不清楚。因为《大学》本身不明确，那么，到底要如何来实践呢？这个道德实践后面的基本原则到底是什么呢？这个地方我们当以《论语》《孟子》《中庸》《易传》来做标准，用它们来规范《大学》。我们不能反过来以《大学》为标准来决定《论语》《孟子》《中庸》《易传》。至于《大学》本身的原意究竟是什么，这是个很麻烦的问题。唐君毅先生对《大学》的原意有一个讲法[1]，他那个讲法也许比较好一点。因为《大学》本身不明确，所以我们讲儒家的时候并不太着重《大学》。以前的人重视《大学》是因为朱子的权威太大，朱子讲《大学》，所以人人讲《大学》。就是王阳明也是从《大学》入手，但是，他把朱子的那个讲法扭转过来。王阳明是孟子学，他讲《大学》是孟子学的《大学》。朱子的《大学》则是以程伊川的讲法为根据。

1 参阅《中国哲学原论》第九章导论篇的《原致知格物》。

以上我们讲的就是先秦儒家这五部经典，透过刚才所讲的我们就可以了解儒家这个系统的性格以及儒家这个系统里面的主要观念和问题。如果我们把儒家当个哲学来看，那么儒家这个系统就可和康德那个系统相对照。这个眉目大家一定要把握住。讲儒家一定是这样讲，没有其他的讲法，这样了解儒家才是相干的、恰当的了解。现在有些人讲儒家，或是通过圣多玛那一套来讲，或是通过柏拉图哲学、亚里士多德哲学来讲，这些通通是不行的。你赞成不赞成儒家是另一回事，你可以不赞成，但是儒家本身的义理、它的原意是如何，这你得先做恰当的了解才行。先做恰当的了解是第一个问题，了解了以后你可以赞成也可以不赞成，这赞成不赞成是第二个问题。你不能一下就用圣多玛、柏拉图那一套来讲儒家，这是比附、猜测，这种讲法是不行的。

我们现在讲中国学问是很困难的，因为中国以前的文献并不像西方哲学那样有系统，并没有那么清清楚楚地给你摆出来。中国的文献常常是这里一句那里一句，这就必须靠你文献熟，你孤立地看是不行的，孤立地看一句话，可以有种种不同的讲法。洋人讲中国的东西困难也就在这个地方。因为他了解的文字是死的，他孤立地看这一句，他不知道每一句话在我们行文的时候有上下文的文气，你不看上下文而光看一句话是不行的。再进一步说，这句话也不只是套在上下文气中来讲，有时候它没有上下文气，那么，要拿什么做它的文气呢？这个时候就以全部儒家的义理做它的文气。假定你不了解儒家的义理，那你讲这句话就会讲错，因为这句话是根据全部儒家经典来说的。比如，程明道就说过这么一句话：“观天地生物气象。”在他的语录里面劈空来这么一句话，没有上下文。这句话是个很简单的句子，文法也没有什么复杂，这要翻译成英文不是很容易吗？要是你懂得儒家的经典，那你一看就知道这句话的意思；假定你不懂儒家的经典而把它孤立地看，那你就不了解，不了解你就会译错。这不但是洋人会译错，就连中国人都会译错。有许多人都把这“观天地生物气象”中的“生物”看成名词，即是有生之物，这是不对的。这个“生物”应当是顺着《中庸》所说的“天地之道可一言而尽也：其为物不贰则其生物不测”之“生物”来了解，“生物”即是创生万物，“生”是动词。这才是恰当的了解。

今天我就简单地给大家点一点儒家这个系统的性格以及它里面的主要观念和问题。如果大家想详细了解儒家，那可以看一看《心体与性体》。今天我们就讲到这里。

陈博政记录

第五讲

道家玄理之性格

上一讲我们讨论了儒家，这次来讨论道家。道家的兴起及系统的性格决定于以前所讲的诸子起源问题，即针对周文疲敝而发。在此种概观之下，我们现在正式讲道家的内在义理。第一步先问，“道”的观念如何了解？道家提出的“无”如何了解？再进一步了解无和有的关系，道家如何讲“有”？第三步了解无与有和“物”之关系如何？由这三层了解可以把道家玄理的性格全部展示出来。

假定有人问：老子所讲的无是什么意义的无？应如何答复？这就需要对中国的文化生命和所发出的智慧有相当的理解才行。在这个文化背景下表现出来的智慧就和在希腊的背景下所表现出来的智慧、思路不同，和印度的也不一样。因此，要扣紧文化生命讲，凭空讲就不切，而且对于其观念决不能有相应的了解。

现在一代的年轻人的头脑渐渐都变成横剖面的，纵贯的文化背景、文化生命的意识亦渐渐变淡薄了，但对这种问题就需要纵的态度。生命严格地说不只是横剖面地挂搭在现在的时空中，若只是那样，生命就没有意义；一定还要有纵贯线，因此有生长、觉悟过程。所谓觉悟，就是要把人的纵贯线唤醒，这才是生命的扩大。横断面的扩大要保得住、要有意义，得靠纵贯的扩大才行，那才是真正的扩大。所以不能将生命只限制在眼前时间的这一瞬、空间的这一点。一旦横切，人就什么也没有了。现在的年轻人渐渐地横断面的意识特别强，或表现得特别明显，这样，纵贯的线索就连不起来了，因此没有文化生命，不了解文化背景，因而也就不了解这套智慧之根源、性格以及其在人生中的作用。横断面的观念较容易了解，亦容易表达，可是这也是现代文明最大的症结。

大家要由纵贯线的文化背景来了解老子的无为何在战国时代出现。凡是这种问题都有永恒性，凡真理都有真理的普遍性。不要以为那是两千年前的，现在没有用了。中国的古代文化发展至春秋战国时代为高峰。照斯彭格勒（Spengler）讲，每个民族都有个“十九世纪”，这“十九世纪”是象征的意义，譬如春秋战国就是个“十九世纪”。按照斯彭格勒的“文化断灭论”，一个民族只能有一个“十九世纪”，只开一次花。希腊、罗马、近代文明都是如此，开过就衰了、完了。所以他那部书名曰 *The Decline of the West*（《西方的没落》）。西方人依据其西方的文化发展史，容易有此看法。兴衰在中国无所谓，有兴必有衰，是波浪式的连续（continuity），生生不息，永远螺旋式地往前进。假定站在自然生命、生物生命的立场来讲，确是只开一次花。但文化生命不如此，它可以从自然生命跳上来找一个超越的根据来润泽提振我们的自然生命，这样就可以永远持续下去，这就不是文化的断灭论。“十九世纪”可以有，而且可以无穷地出现，这只有靠纵贯的意识才能了解、才能把握。

那么，你看道家的“无”是对何而发呢？如何了解无这个观念？“天下万物生于有，有生于无。”[1] 无就是没有（nothing，

1 参阅《道德经》第四十章。

nothingness）。若是把无这个观念当作一个逻辑概念或存有论的概念来看，在西方哲学中也有，但那是完全不同的讲法。假定你了解了老子的文化背景，就该知道无是简单化地总持的说法，他直接提出的原是“无为”。“无为”对着“有为”而发，老子反对有为，为什么呢？这就由于他的特殊机缘（particular occasion）而然，要扣紧“对周文疲敝而发”这句话来了解。有为就是造作。照道家看，一有造作就不自然、不自在，就有虚伪。造作很像英文的 artificial，人工造作。无为主要就是对此而发。他的特殊机缘是周文罢弊。周公所造的礼乐典章制度，到春秋战国时代，贵族的生活作风堕落腐败，都只成了空架了，是窒息我们生命的桎梏。因此，周文的礼乐典章制度都成了外在的（external），或形式的（formal），如此没有真生命的礼乐就是造作的、虚伪的、外在的、形式化的，这些联想通通出现。任何礼节仪式，假定你一眼看它是外在的，那么它完全就是个没有用的空架子。只有外在的、在我们生命中没有根的、不能内在化的，才可以束缚我们；若是从生命发出来的，就不是束缚。道家就是这样把周文看成束缚，因为凡是外在的、形式的空架子，都是造作有为的东西，对我们生命的自由自在而言都是束缚桎梏，在这个情形之下，老子才提出“无为”这个观念来。

无为是高度精神生活的境界，不是不动。西方人或一般译者把它译成 inaction（不动），这是完全不对的。讲无为就含着讲自然。道家所说的“自然”，不是我们现在所谓自然世界的自然，也不是西方所说的自然主义 naturalism。自然主义和唯物论相近，就是一种唯物主义。它指的是自然科学所对的自然世界，自然科学研究的都是物理现象，所指的自然是物理世界的自然。就西方宗教讲，自然是被造物 creature，被上帝所创造的有限物属于自然，上帝是超自然 super-nature，自然和超自然相对反。道家的自然是个精神生活上的观念，就是自由自在、自己如此，无所依靠。我们现在只知道借用中国老名词来翻译西方概念的这个“自然”之意义，而我们原来本有的“自然”一词之意义倒忘掉了，这中间有个曲折需要拆开，要返归到自己原有的意义上来。道家讲的自然就是自由自在、自己如此，就是无所依靠、精神独立。精神独立才能算自然，所以是很超越的境界。西方人所讲的是自然界中的现象，严格地讲都是他然、待他而然、依靠旁的东西而如此。自然界的现象都在因果关系里面，你靠我、我靠你，这正好是不自然、不自在，而是有所依待。所以庄子讲逍遥、无待。现实上哪有无待呢？例如，坐要依待椅子，肚子饿了要吃面包，这都属于西方人所说的自然现象。道家老庄所说的自然不是这个意思，它就是自己如此，就是无待。所以讲无为含着自然这个观念，马上就显出它的意义之特殊。它针对周文疲敝这个特殊机缘而发，把周文看成形式的外在的，所以向往自由自在，就一定要把这些虚伪造作通通去掉，由此解放解脱出来，这才是自然。自然是从现实上有所依待而然反上来的一个层次上的话。道家就在这个意思上讲无为。

从无为再普遍化、抽象化而提炼成“无”。无首先当动词看，它所否定的就是有依待、虚伪、造作、外在、形式的东西，而往上反显出一个无为的境界来，这当然就要高一层。所以一开始，“无”不是个存有论的概念（ontological concept），而是个实践、生活上的观念，这是个人生的问题，不是知解的形而上学之问题。人生的问题广义说都是 practical，“无”是个实践上的观念，这样不就很容易懂吗？因为在春秋战国时代文化出了问题，道家一眼看到把我们的生命落在虚伪造作上是个最大的不自在，人天天疲于奔命，疲于虚伪形式的空架子中，非常的痛苦。基督教首出的观念是原罪（original sin）；佛教首出的观念是业识（karma），是无明；道家首出的观念，不必讲得那么远，只讲眼前就可以，它首出的观念就是“造作”。虚伪造作最使得人不自由自在，道家对此有真切的感受，即所谓的存在的感受（existential susceptibility）。从这里开始可以说到原罪，也可以说到业识，不管罪恶多么深也还是这个问题。一个人能够像道家所说的，一切言论行动好像行云流水那样的自由自在，这需要很大的工夫，这是很高的境界。所谓成熟、炉火纯青的时候才有这点味道，可见需要很大的工夫，可见人生在此是很麻烦的。

譬如说“矜持”这个观念。儒家也讲矜持，理学家谢上蔡一生做的功夫都在化掉这个“矜”字，可见很难。矜持就是造作不自在，谁能免除矜持呢？这是任何人随时都感到头疼的现象。就像佛教的去无明一样，到成佛时才能去无明。道家以为不必说得这么玄远，只说“矜”字就可以了，把“矜”完全去掉就是圣人，不是一样吗？就道家讲，“矜”就是造作不自然，能把它化掉就是真人。从真人这个层次讲无、讲自然，所以是个生活实践上的观念。道家向往的是真人（authentic man），真实不假的人才是真正的人。我们人生、人的存在，都多少有虚假不真的成分，好像假钻石一样是人造品。道家对此感受非常强，从这里就讲出一大套道理来。

先了解无为这个观念，把它再普遍化，就是无这个观念。无开始作动词看，就特殊机缘讲它所否定的是周文，其实周文就包括一切东西；再把这个特殊机缘抽掉，往前进。为什么反对造作呢？大概可以分成三层来说。最底层的是自然生命的纷驰使得人不自由、不自在。人都有现实上的自然生命，纷驰就是向四面八方流散出去。这是第一层人生的痛苦。这在现在的世界特别明显，现代人都是在现实自然生命的纷驰上找刺激，不过瘾又找麻醉，所以老子说：“五色令人目盲，五音令人耳聋，五味令人口爽，驰骋田猎，令人心发狂[1]。”爽当差失讲，如爽失爽约之爽；五色纷纷令人眼都糊涂了。拿现代的话总起来说就是自然生命的纷驰，生命向四面八方像马一样地跑出去了。再上一层，是心理的情绪，喜怒无常等都是心理情绪，落在这个层次上也很麻烦。再往上一层属于思想，是意念的造作。现在这个世界的灾害，主要是意念的灾害，完全是 ideology 造成的。意念的造作最麻烦，一套套的思想系统，扩大说都是意念的造作。意念造作、观念系统只代表一些意见（opinion）、偏见（prejudice），说得客气些就是代表一孔之见的一些知识。所以任何大教都以智慧为目标，而不提供知识，智慧的不同就在于把知识、观念的系统、意念的造作化掉。凡是意念的造作都是一孔之见的系统，通过这些孔有点光明，但周围就环绕了无明，只有把它化掉，才全部是明，智慧就代表明。道家就从这里讲无，不讨论系统而反要将系统化掉。自然生命的纷驰、心理的情绪，再往上，意念的造作，凡此都是系统，要把这些都化掉。周文虽说适应那个时代的生活，但也不过是一套典章制度的系统。假定找不出周文在理性上的、内在的根据，把它看成外在的、只是个造作的系统，就该否决。老子就这样看周文，儒家当然不这样看，所以说“礼仪三百，威仪三千，莫非性情中出”。孔子也不讲无（非无此义），而是正面提出“仁”的观念来。道家否定周文，扩大而讲无为，反对造作的“为”，用现代的语言表示出来，就是否定自然生命的纷驰、心理的情绪和意念的造作这三层。光说“五色令人目盲，五味令人口爽”那只是个人的、一时的感性追逐，而且是很粗浅的。意念造作的影响太大了，它的根最深，一发作便成灾害，所以是最高层的。无就是要化去这些。

如此，无先作动词看，就是要否定这些。经此否定，正面显

1 参阅《道德经》第十二章。

示一个境界，用名词来表示就是无。将名词的 nothing（无）拆开转成句子就是 no–thing（没有东西）。所以 nothing（no–thing）不是存有论的无（没有东西）。当我们说存有论时是在西方哲学的立场上，照希腊传下来的形而上学的存有论讲。“无”没有存有论的意味，但当“无”之智慧彻底发展出来时，也可以含有一个存有论，那就不是以西方为标准的存有论，而是属于实践的（practical），叫实践的存有论（practical ontology）。中国的学问都是实践的，像儒家的 moral metaphysics 也是实践的。实践取广义。用道家的话讲，实践所表现的就是解脱、洒脱、无为这一类的字眼，这种智慧全部透出来以后，可以含有一个实践的存有论。解脱用于佛教比较恰当，道家没有这个名词，但后来有洒脱之类的名词，意思稍有不同。总而言之就用 practical 这个词吧。一旦智慧透出来了，因为智慧无外，那么，它对天地万物当有所解释与说明，因此可以有个实践的存有论，也可谓实践的形而上学（practical metaphysics）。这实践的形而上学、存有论就寄托于对无的了解。

了解了无的来源，那么无，照它所显示的境界而言，当如何了解？这是道家所说的道。道是个共通的老名词，大家都可以讲。道家是通过无来了解道，来规定道，所以无是重要的关键。光无也不行，无中又有有，那么无如何了解？有如何了解？无与有和天地万物之关系又如何了解？无和物、有和物的关系如何了解？这可分三层说，先分别地了解无，然后再分别地了解有，最后再了解无、有与物之关系。《道德经》说：“天下万物生于有，有生于无。”明讲无、有、物三层。到这种话头出现时，不就成形而上学了吗？形而上学就是要解释天下万物。西方哲学是由存在上讲，从存有论、知识论上讲，因此将无当作一个存有论的概念；道家不如此，所以首先不能由这路来了解，要从生活上来了解。

无所显示的境界，用道家的话讲就是“虚”。“虚一而静”[1]本来是荀子的话，《道德经》曰“致虚极，守静笃”[2]，虚静是道家的工夫，荀子这话就来自道家。无的境界就是虚一静，就是使我们的心灵不黏着固定于任何一个特定的方向上。生命的纷驰、心理的情绪、意念的造作都有特定的方向，黏着在这个地方，就着于此而不能通于彼，你生命黏着于此，我生命黏着于彼，各行其是，冲突矛盾就出现了。佛家讲的执着就是黏着（attachment），是将心思封限在一个特定的方向上。所以第一步先分解地了解无，就是虚一静。虚则灵。心思黏着在一特定的方向上，则心境生命即为此一方向所塞蔽、所占有，就不虚了，不虚则不灵。一就是纯一无杂。没有乌七八糟的冲突矛盾纷杂，不把生命肢解得七零八落就是一，用康德的名词讲就是把杂多（manifold）通通化掉，不是把杂多综合统一，而是化掉如水通流。静就是不浮动。人随着生命的纷驰，顺着意念的造作，天天在浮动之中，把这些化掉就静下来了。道家喜言静；儒家常言定，《大学》谓：“知止而后有定，定而后能静，静而后能安，安而后能虑，虑而后能得。”又讲贞定；佛教讲止；意思相通。静不是物理学中相对的运动和静止（motion and rest）的静，而是绝对的心境，是定，是随时将心灵从现实中超拔出来，浮在上层的一种境界，是精神的（spiritual）。无、自然、虚一而静都是精神的境界，是有无限妙用的心境，所以无不是西方哲学中存有论的观念，像康德将无分作四类，都是从对象的有或没有和概念是空的或不空来说无[3]，道家不这样讲，所以首先从这里划分开。

1　参阅《荀子·解蔽》篇。

2　参阅《道德经》第十六章。

3　参阅康德所著的《纯粹理性批判》，史密斯英译本，第二百九十四至第二百九十六页。

道家通过“无限妙用”来了解虚一而静的心境。灵就是无限的妙用。假定你的心境为这个方向所限制，就不能用于别处，这就叫“定用”，以道家的名词说即“利”。在老子《道德经》中利和用是分开的，十一章曰“有之以为利，无之以为用”，利（功用）即“定用”，用名之曰“妙用”。凡妙用都是无限的（infinite），所以说“妙用无方”，方乃方所，是空间观念，借用到孝廉方正上就成了 virtue，以形容道德人格。妙用无方取原初的意义。有定所，用就不妙了。利（定用）是有方所有限定的用，用（妙用）是无限定无方所的用。这是智慧，谁能达到这种境界呢？譬如说，我们处在这个困难的时代，就能显出有没有工夫修养，心境能不能虚一而静，照察得清清楚楚。不要为外在的纷杂所分裂，首先要显这个境界，这个本。

显这个无的境界的目的是要你应世，所以“无为”一定连着“无不为”。有无限的妙用才能应付这千差万别的世界，所以，道家的学问在以前叫“帝王之学”。要做王者师，一定要学道家。在现实历史上最好的代表是张良，此人绝顶聪明，心思灵活，事情观察得清清楚楚。在楚汉之争中，刘邦、楚霸王等身在其中不一定清楚。刘邦最后能成功就因为他的心思较灵活。楚霸王论打仗有万夫不当之勇，但心思很黏滞，有范增而不能用。刘邦也不清楚，但一经张良指点，马上就明白了，那就不犯错误[1]。一个时代哪有什么一定的呢？事在人为，走对了就有好的结果，走错了就有坏的结果，所以学问最重要。平常这方面没有修养，就是我所说的“富而无教”。任何人都要使自己的生命超越一层，要用点功训练自己。

所以说“无为而无不为”[2]，无不为是作用，无为是本。知道了这个意思，进一步要了解“有”。道家很完备，无是本，但并

1 参阅《历史哲学》第三部第一章。

2 参阅《道德经》第三十七章。

不只讲无，将生命抽象了只挂在无也不行，一定要无、有、物三层都讲才完备，才显其全体大用。

老子如何讲“有”呢？有开始也不是西方的存有论的概念，它还是要从以无作本的心境上讲。这个心境固然是要化掉对任何特定方向的黏着，但也不要把任何特定方向消化掉了就停住了，那就挂空了。这只是分解的一种表达，用黑格尔的话讲，第一步先这样了解的无是在抽象状态（in abstract stage）中的无。若只停于此，就只是了解了抽象的无的本体性，即作为本的特性，也就是只抽象地了解了作为黑格尔所谓“纯粹的普遍性”的无自己。

什么叫“纯粹的普遍性”（pure universality）？为什么我们可以用黑格尔的这个名词来说挂空阶段的无？即为什么我们可以用纯粹的普遍性来说在抽象状态中的无？无是本，当然是普遍的（universal），转成名词就是普遍性（universality）。凡本都有普遍性。我们说无是纯粹的普遍性表示，这时它没有内容，不能具体化，只在抽象的状态中挂空了。没有具体的内容，只看无自己（nothing itself）就只是个纯粹的普遍性。这不是道，光显这个本只是方便，还要进一步再讲有，讲有就是由纯粹的普遍性接触到具体的内容（concrete content）。具体就是因为有内容，所以无可以借用“纯粹的普遍性”这个名词来表示。

那么，这具体的内容“有”当如何了解？有不是外在现成的拿来往里面填放，那样，无就成了可以填东西的框子。抽象地先了解无并不很困难，到了解有时，就相当微妙。因为无是个虚一而静有无限妙用的心境，灵活得很。无限的妙用何由得见？即从有处见。有就是无限妙用、虚一而静的心境的矢向性，用《道德经》的话讲就是徼向性。“常有欲以观其徼”之徼[1]。一有徼就有

1 徼，音腰，如要求之要，即《易传·系辞下》原始要终之要。

一个方向，即徼向性，一有徼向性就有突出。无限心原是虚一而静，无声无臭，没有任何朕兆的，徼向性就代表端倪朕兆，就在此处说有。这是完全主观地，就无限心境的徼向性说有，不是客观地由存在上讲。《道德经》首章说："常无欲以观其妙，常有欲以观其徼。"常无句即刚才所说无的境界，"其妙"中的其指道。心境不仅仅要处在无的状态中以观道的妙，也要常常处在有的状态中，以观道的徼向性，反过来说徼向性就是道的有性。《道德经》通过无与有来了解道，这叫作道的双重性（double character）。道随时能无，随时又有徼向性，这就是道性。

为什么有徼向性？无不是个死东西，而是灵活的心境，不管有没有这个世界，世界上有没有万事万物，它都可以活动。并不是说要有对象，它才可以有徼向性；没有现成的对象，一样可以露端倪、有徼向性。我们平常起现一个观念，不一定要有个对象。必先有对象，那是知识论的讲法。有时也可以没有对象而突然间自根源上创发出一个观念来，这就是创造。发出一个观念，就是心灵的一个徼向性，不是徼向任何对象，而是根据这个徼向性来创造对象。这在日常生活上也有，当然在这层次上大部分的观念是有对象的，至少也总和对象有牵连。讲创造就是即使和对象直接、间接任何的牵连通通没有，也可以发一个徼向性，这才叫创造。譬如说做文章，文思一来，不能说每个词语都要有典故，就是用典故也不一定要抄袭别人，我也可以造个典故给你们用。所以才有妙文妙思出现。

从无发有，完全是内发、创造地发，类比刚才所说的，"有"不是对应对象而起。单从无限妙用的心境本身来说徼向性，这样才可以说无与有是道的双重性。无是本，无又要随时起徼向的作用。平常所谓深藏不露就代表无的状态，但不能永远深藏不露，总有露的地方就是徼向性，道家如此讲有，所以很微妙。若客观地从存在上讲，哲学家不论讲得多玄，都是思想上的玄，实际上很容易了解，并不微妙。道家这一套出自中国的文化生命，发自春秋战国的文化背景，完全从人生上讲，很真实也很玄妙，作用更大。愈是复杂的人生、高度的文化，愈是需要；担当大事的人尤其需要这套学问，所以是帝王之学。

一露端倪有徼向性，就倾向于成有，to be a certain being（要成一个有）。从这里讲，这徼向性之有带有创造性，是故，它不属于认识论的有，而属于实践的存有论的有，就是说不属于海德格尔所谓表象的思想（representative thought）中的有，而是往后反上一步属于 original thinking。表象的思想中的有是往外散看的有，是对应对象而讲的。

可是，这里有个问题。一有徼向性出现而落在有中，假定心思不灵活，就又限于此而不能通于彼，所以又不能停于此，“玄”就在这里出现。凡徼向都有一特定的方向（a certain direction 或 orientation），若停在这徼向上，有就脱离了无。有不要脱离无，它发自无的无限妙用，发出来又化掉而回到无，总是个圆圈在转。不要再拆开来分别地讲无讲有，而是将这个圆圈整个来看，说无又是有，说有又是无，如此就有一种辩证的思考（dialectical thinking）出现。有而不有即无，无而不无即有，好像玩弄字眼（play of words），不懂就是玩弄字眼，若懂得，它的规则亦很简单。这个圆周之转就是“玄”，就是《道德经》“玄之又玄，众妙之门”的玄。

玄不像分别讲得那么清楚，玄者黑也，水深了才黑，所以玄表示深（profound）的意思。又表示不像分别说那么清浅，好像隐晦（obscure）。其实玄既不浅也不隐晦。凡分别说的都要遵守逻辑的法则，无论讲得如何复杂都不玄。凡要遵守数学逻辑法则的都不玄，这是大原则的分别。玄是个圆圈，说它无，它又无而不无就是有；说它有，它又有而不有就是无，因此是辩证的。凡辩证的都是玄，就深。假定一条鞭地向着一个方向走，动者恒动静者恒静，动永远依直线而动，就没有玄。只有辩证的才玄、才深，就是道家所说的玄。所以辩证只能用在人生的实践、精神生活方面，离开这个层面讲都不对。

玄是深奥，深本质的意义就以辩证的意思来规定。平常讲辩证以为只是个方法，只重视它发展的过程，其实把分解消化掉，意思不就深一层了吗？它既是 profound 又是 mystery，就是《道德经》中所说的玄。首章谓："此两者同出而异名。同，谓之玄。玄之又玄，众妙之门。"两者指道之双重性无与有，无与有同属一个根源，发出来以后才有不同的名字，一个是无，一个是有。同出之同就是玄。以上是先分别地使你了解无与有以及无与有混融而为一之玄。

现在再进入第三步：无与有和天地万物之"物"的关系如何？无与有虽然主观地讲，但都是绝对的普遍的原则。因为绝对普遍才能涵盖并关联天地万物。《道德经》说："无名天地之始，有名万物之母。"天地是万物的总名，万物就是天地的散开说，实际上是一样的。从天地万物的开始（beginning）说，是始于无。假定有始于有，这有还始于有，一直往后追问就永远不能停止。所以没有始则已，若有始就一定是无。所以，从天地万物之始这方面讲，我们名之曰无，以无为本。所以无和天地万物的关系，关联着万物是向后反的（backward），反求其本。下一句就是向前看（forward），"有名万物之母"[1]，有关联天地万物是向前看，就把天地散开了。母是 formal ground 的意思。中国人讲道理喜欢用具体的字眼、象征的比喻，例如用母。万物是在有中生之育之

1　参阅《道德经》第一章。

亭之毒之，在有的范围之内生长变化，所以有是万物生长变化的母（mother ground），就是形式的根据。一说有，有是徼向性，徼向到这里实现出来就是一个物，有就是物得以实现的根据。

向后看说无是一元的（monistic），是一；向前看说有、说徼向性是多元的（pluralistic）。因为是多元的，才可以作为万物之母、之形式根据。老子通过无与有来了解道。无有混在一起就是玄。“玄之又玄，众妙之门”的玄就是创造万物的根据。分开地直接地说，有是万物的根据，无是总持说的天地之开始。因为有从无出，而且有无混一名之曰玄，玄才能恢复道的具体性，即道之具体真实的作用。停在无有任一面，道的具体性就没有了，就不能恢复并显出道创生天地万物的妙用。严格来讲，到最后只是一句话“道创生天地万物”，无有都属于道的一面，与之相对的是天地万物之物。有虽两头属，但不是外来的，而是发自无限的心境，所以直接的意思是无有在一边而与物相对。

物与无、有相对，但一出了有，有了徼向，就向着一物而落到物上，所以一般将道家有和物连在一起了解。这其实是引申出来的第二义（secondary meaning），它 primary、original 的意义首先应了解为与无在一起，因为有从无发，所以道有双重性，而物不是道的性格。无作为天地万物的本体，有一徼向性就要实现一个物，创造一个东西。一般人一说有就由徼向性落到物上来讲，其实在《道德经》中有是万物之母，用现代的话讲就是物的形式根据。形式的根据总牵连着物说，所以一般人可以把有和物拉在一起讲，其实有可以提起来归属于无。

这不同于西方人的讲法，西方人由物讲的有 being 就提不起来。例如，柏拉图的 idea 是对物而讲的，它没有创造性。创造属于 demiurge，后来等于上帝，就是造物主。造物主把 idea 这个 form 加到 matter 上就成就这个东西。因此，柏拉图的 idea 属

intelligible world，但它本身并无创造性。所以到了亚里士多德就只说形式与质料，他批评柏拉图为 transcendent，而他的 universal 是 immanent。假定对着物讲，最后一定落在 immanent 上。柏拉图事实上只是抽象地在思想上把它提起来，严格来讲，还是提不起来。后来海德格尔讲存有论，讲 being 也是一样。

此处说可以提起来是从道讲，无性有性是道的双重性，有无合一为玄就是具体的道，这才能恢复道的创造性。先笼统地说这个创造的方向，不就有形而上学的意义了吗？这是道家式的形而上学，说存有论就是道家式的存有论，特点就在以主观的方式讲无讲有，这正好可以创造对象，这是个创造的讲法。

道家式的形而上学、存有论是实践的，实践取广义。平常由道德上讲，那是实践的本义或狭义。儒、释、道三教都从修养上讲，就是广义的实践的。儒家的实践是 moral，佛教的实践是解脱，道家很难找个恰当的名词，大概也是解脱一类的，如洒脱、自在、无待、逍遥这些形容名词，笼统地说就是实践的。这种形而上学因为从主观上讲，不从存在上讲，所以，我给它个名词叫“境界形态的形而上学”；客观地从存在讲就叫“实有形态的形而上学”，这是大分类。中国的形而上学——道家、佛教、儒家——都有境界形态的形而上学的意味。但儒家不只是个境界，它也有实有的意义；道家就只是境界形态，这就规定它系统性格的不同。由和儒家、佛教及西方哲学的分别就显出它系统性格的不同，这个和其他系统不同的智慧很特别，所以要注意。

现在，还剩下最后一个问题。刚才说无有是道的双重性，合在一起就是玄，玄才能恢复道创生万物的具体作用。通过徼向性就实现一个东西，即创生它，使它出现，所以徼向性（有性）是万物之母。如此就不只限于主观的生活上，天地万物也出不了这无与有的范围。这当然是个形而上学，也想对存在有个说明，但这说明仍只是个主观的、从实践上说的，而且还是境界形态的说明。这和西方哲学直接客观地由对象方面讲实有形态的形而上学显然不同，这不同是大分类，这很容易分开的。那么，再看看它和儒家、佛教各有何不同，借此以做详细的分别。中国三大教都是实践的，都从主观面讲，那为何还有儒、释、道的不同？道家是纯粹的境界形态，和儒家、佛教的分别相当微妙，当如何了解？关键就寄托在这第四个问题，就是玄恢复“道之创生万物”之具体的创造性。说创生创造，是暂时方便笼统地先如此说，以与知识论相对。知识论只是论认识对象，而不是论创造对象。讲道不可以知识论水平（horizontal）态度讲，而是要把横的态度竖起来，是从上往下直贯地讲，这是纵的（vertical），纵的表示道之创造性。

道家的道和万物的关系就在道负责万物的存在，笼统说也是创造。这种创造究竟属于什么形态？例如“道生之，德畜之”[1]，道也创生啊！庄子也说：“神鬼神帝，生天生地[2]。”天地还要靠道来创生，何况万物？《道德经》又说：“天下万物生于有，有生于无。”这不明明用生吗？所以要用现在的话说创生创造不能算错，但你要是再进一步了解，就知道用创造这个名词不很恰当。尽管也用“生”字，但照道家的讲法这生实在是“不生之生”。儒家就是创生，《中庸》说：“天地之道可一言而尽也：其为物不贰，则其生物不测。”那个道就是创生万物，有积极的创生作用。道家的道严格讲没有这个意思，所以结果是不生之生，就成了境界形态，境界形态的关键就寄托于此。

因此，创造（creativity,creation）用在儒家是恰当的，却不能用于道家，至多笼统地说它能负责物的存在，即使物实现。“实

1　参阅《道德经》第五十一章。

2　参阅《庄子·大宗师》篇。

现”更笼统，说创造就太落实了。所以，我们不要说创造原则，而叫它“实现原则”（principle of actualization）。实现有许多种方式。基督教的上帝创造万物是一个意义，以创世纪神话的方式讲，上帝从无创造万物。儒家讲天道不已创生万物又是一个意义，那不是从无而造，而是“妙万物而为言”的运用的创造。两家都讲创造也还有不同，但都可以用实现原则说。佛教根本不能用创造，说涅槃法身说般若创生万法是不通的。即使说实现也不恰当。但到圆教也总能维持住“法的存在”之必然性。若勉强说实现，这是天台家所说的“理具事造”之实现。即是必然地一起带着呈现。是故不管是耶教的上帝、儒家的道体、道家的玄，还是佛教的般若法身，若笼统地都用实现原则说，这“实现”的意义也不一样，在佛教方面尤为特别。这个问题甚为微妙。现在只简单地如此说，以后有机会将较详细地讲。

道家只能笼统地说实现原理，不好把它特殊化，说成创造，因此，道家是彻底的境界形态。若要再多说些，多加点颜色，那是把它规定成上帝呢，还是儒家的道体，还是般若法身？《道德经》中都不规定，只一个“玄”字就够了。在这个意义上，我也说道家最具哲学性，最 philosophical、formal，对实现原理没有特殊的决定（no special determination）。若决定它为梵天、上帝或是于穆不已的天命道体等，照道家看都是对实现原理的特殊规定，严格讲都有特殊的意向。道家没有这些决定，所以最 philosophical，最有哲学中逻辑的普遍性，也可说是逻辑的空洞性。玄创生天地万物之生其实是“不生之生”。假定你了解不生之生，那么前面所讲的你都能懂。这很微妙，读读《道德经》就会知道，仔细了解就可以看出这是很深的智慧。

由不生之生才能说境界形态，假定实生就成实有形态。譬如儒家天命不已的道体就实有创生万物的作用，就成了客观的实有，创生的实体了。道家的道是无，无起徼向性，从徼向性说生万物。因此先不能客观地说客观世界有个东西叫无来创生万物，而要收进来主观地讲，靠我们有无限妙用的心境，随时有徼向性，由徼向性说明客观事物的存在。它又是不生之生，完全以消极的态度讲。前面说徼向性没有对象，无本身就可以发，由此说创造性比较容易了解，以做文章为例说明创造。当有无混一成了玄，在具体的生活上运用表现，乃是连着这个世界而说的，不能把世界暂时拉掉，专讲创造之源。分析地讲的道，当然是超越的，但道也是内在的。既超越而又内在才是具体的道，东方思想都是如此。既然内在，那道具体的运用一定和万物连在一起说，就是连着万物通过徼向性而生物，这就是不生之生。若不和万物连在一起，徼向性完全从无说，使你了解道的创造性，那只是开始的分解的了解，一时的方便。圆满的说法是无与有合一的玄作为万物之母、之根据，“玄之又玄，众妙之门”，一切东西都由此出。若没有天地万物也可以讲道的徼向性，那就是耶教式的创造万物，即儒家亦不如此，因儒家是“妙万物而为言”的运用的创造。故亦必须和万物连在一起说。道家的道之具体的妙用即玄固然必须和天地万物连在一起来说，但这时说创生，创造的意义就不显，而生就是不生之生了，这才是道家的本义、真实的意义。

何谓不生之生？这是消极地表示生的作用，王弼的注非常好，很能把握其意义。在道家生之活动的实说是物自己生自己长。为什么还说“道生之，德畜之”呢？为什么又说是消极的意义呢？这里有个智慧，有个曲折。王弼注曰：“不禁其性，不塞其源。”如此它自己自然会生长。“不禁其性”禁是禁制，不顺着它的本性，反而禁制歪曲戕贼它的本性，它就不能生长。“不塞其源”就是不要把它的源头塞死，开源畅流，它自会流的。这是很大的无的工夫，能如此就等于生它了，事实上是它自己生，这就是不生之生，就是消极的意义。譬如说，你通过道的徼向性徼向到这个杯子，就使得它存在。其实并不是你的徼向性真正能创造出这个杯子，它还是自生自在。这是要你让开一步，你若操纵把持它，它不能生长就毁灭了。

自由主义（liberalism）的兴起，就是要把操纵把持解开，成为 open society。所以在自由民主的政治体制下，尽量减少政府的权力，并且用社会上的人民来制衡，给它一个 check limitation，事情由人民自己做，政府在一旁监督大家冲突过分的地方。这是英美的民主精神。社会上有许多社团，整个社会的充实饱满，一切的活动作业，都是各社团自己在做，拉斯基（Harold Laski）讲的国家哲学，政府的作用只是 co-ordination，调解冲突而已。co-ordination 在几何学上名曰坐标。平常的使用，则不能说坐标。张君劢先生译成平停酌剂的作用，是意译，很文雅也很恰当。co-ordination 就是四面的四个点，四个社团互相制衡，互相对列。这字本身的意义严格讲就是"对列之局"，相对摆在那儿，而有一个结构，成一个局面。与此相反的是 sub-ordination，是下向上的隶属。co-ordination 就是《大学》所讲的"絜矩之道"，絜矩的作用是使社会上的各社团互不隶属（并非无关系），各有各的作用（function）与职务，调和得很好，成一个方形。絜当合讲，矩是方形，合成方形天下才能平。若是 sub-ordination，天下都隶属希特勒，那怎么能平呢？《大学》中早就说治国平天下，如何平？依絜矩之道才能平，sub-ordination 就不能平。一个国家之内政府的作用就是依絜矩之道来尽责任，来行絜矩的作用，就是平停酌剂的作用，这样才自由，才是 open society[1]。

道家深切感受到，操纵把持禁其性塞其源最坏，所以一定教

1　参阅《政道与治道》第三章。

人让开，这就是不生之生，开其源让它自己生，不就等于生它了吗？这是个大功夫，能做到这一步就合道、有道，做不到就不合道、无道。

道家当智慧看，是人生的智慧，平常可以在自己生活上有受用。当学问讲，是个境界形态的形而上学。这个大教的系统性格要能分辨，和其他的系统相比较，就可以看出来。这次所讲就是如何了解道家的系统性格，大体都写在《才性与玄理》一书中，去看一看就知道，再看看老子《道德经》就能了解。中国人讲自己国家的学问当有敬意，有真诚，讲得很恰当才行。所以要了解自己的文化背景，不要把生命只限在横切面的时空里，要把自己的生命纵贯地通起来，这才是真正扩大自己的生命，这样才可对古典有相应的了解。现在人的头脑大都只是横切面的，生命不能通于文化背景，所以不能和古人的智慧相契应，大都是乱讲一气，因此大家不可不仔细用功。

胡以娴记录

第六讲

玄理系统之性格——纵贯横讲

上一讲我们讨论了道家玄理之性格，这一讲将由道家的修行工夫这方面来进一步确定道家玄理之意义。并且将引进一个新的名词，来分别各家形态的不同。

上讲集中于由“无”“有”及“无”“有”和“物”之关系这三点来了解，因而说道家的形而上学是“境界形态的形而上学”，这还是客观的、形式的了解。凡了解一个道理，第一步总是先做客观的了解（objective understanding），客观的了解最初总是形式的，因此也是形式的了解（formal understanding）。客观的、形式的了解意指就着所提出的概念——譬如老子提出的无、有和物等概念——恰如其概念之本性而了解之。但只有这种了解还不够。例如，道和万物的关系当然是创生的关系，这是开始时客观的了解，但后来又说“创生”一词用于道家并不恰当，而用在儒家是恰当的，这就需要进一步来了解道家所表现的道和物之关系。

创生的关系笼统言之，是一种纵贯的关系。道有双重性，可分别从无与有两方面来了解，无有合一是“玄”，再通过玄来了解道，如此道与万物的关系当然是纵贯的关系。因此《道德经》

中也说“生”，如“道生之，德畜之，物形之，势成之。”[1]又如，“天下万物生于有，有生于无。”[2]由“生”字来了解，当然是个纵贯的关系，也因此很容易想到道也有创生万物的作用。但再仔细想想，“创生”一词并不恰当。因为深入地了解道家玄理的性格，即可看出与儒家有别。若在儒家言创造是恰当的，而在道家，创造的意义和儒家并不相同，那么我们就对可否在道家用创造一词产生了疑问，这表示创造用于道家不很恰当。因此要再确定“生”的意义，最后点出道家的“生”实际是“不生之生”。由不生之生所表示的纵贯关系就成了境界形态的形而上学，它和西方实有形态的形而上学是大不同的，这不同是大分类的区别。

由不生之生所决定的“境界形态”之意义，落实了也不难了解。上次举了些现实生活、政治上的例子，由不操纵把持、不禁其性、不塞其源、让开一步来说明，如此则所谓生，乃实是经由让开一步，万物自会自己生长，自己完成，这是很高的智慧与修养。道家的智慧就在让开一步，不禁性塞源，如此就开出一条生路，这是很大的工夫，否则物即使会生，也不能生长。说来似乎很简单，其实并不容易做到，所谓的无为、自然都要由此处来了解。这样讲的才是道家的道，而不是客观地指一个实体——或像上帝或像儒家的天命道体——来创生万物。从让开一步讲当然是主观的，“道生”是个境界，道就寄托于这个主观实践所呈现的境界。由此讲生，就是消极意义的不生之生。当然，道家并非现代的自由民主政治，而是超越意义的玄理，要落到政治上，还须进一步的功夫，那是另一回事。但道家的学问可以做这种政治的超越的原理（transcendental principle，transcendental ground），它含有这种自由政治的基本精神，这是很可贵的。上次所举的例子是就眼

1 参阅《道德经》第五十一章。

2 参阅《道德经》第四十章。

前的事方便举之以帮助了解，现在则要就道家是一个形而上学的系统来了解，如是，则那种只是客观、形式的了解的讲法就不够，还要就道家本身从工夫上来了解。

道家要达到它所向往的无为、自然的境界，或是庄子之逍遥无待的境界，需要通过怎样的实践工夫？譬如孔子讲“下学而上达”，实践“仁”道；孟子讲“扩而充之”；《大学》《中庸》则讲慎独。这些是儒家的道德实践的工夫。道家的入路不是道德意识的，因此工夫与儒家不同，但仍有修道的工夫。能了解道家的工夫，就能更真切地把握上次所做的客观、形式的了解。对客观的、形式的了解是纲，是经，是纵线；对工夫的了解是维，是纬，是横线。经、纬会合就可以把握住道家玄理之性格。中国儒、释、道三教都很重工夫，古人的学问不像西方人用思辨的（speculative）、知解的（theoretical）方式，而都由工夫实践的纬上着手，由此呈现出一些观念。后人就先对所呈现出的观念做客观的了解，反而常把纬忘了，于是整个系统就飘荡无着而衍生许多不相干的误解。因此当了解了经之后，还应该转回来把握住其在工夫实践上的根据——纬——才行。

儒、释、道、耶诸大教原都是讲纵贯的关系，只有知识才是横的，要主客对立。科学知识是由认知机能（cognitive faculty）的认知关系，亦即横的关系而成。认识论则是反省这种关系而予以说明。凡是超过知识层面的、讲道的，都是纵贯的关系。因此开始时说“道家由纵贯的关系所表现的道与天地万物的关系是创生的关系”，那是笼统的讲法。创生之实义由不同教路之特殊规定，又出现不同的形态。例如，基督教的形态，是宗教家、神话式的讲法；柏拉图是哲学家的讲法。二者并不相同。基督教讲创造是上帝无所凭借而从无造有（creation ex nihilo）；而柏拉图的demiurge既不创造idea，也不创造matter。二者都是本有的。基督教里，若在上帝之外还本有matter，那么上帝就不万能了。因此，上帝的创造不是将物分解成form与matter两个原有的成分而合之，而是自无造有，上帝就是创造个体，创造各个物（individual thing），不能再问上帝利用什么材料来造万物。你可以这样问木匠，木匠只是利用木材来制造桌子，而木材取自树木，并不是木匠创造的。宗教家视上帝为人格神（personal God），说上帝创造好像木匠造桌子，这是不对的，这只可用于柏拉图，而不可用于基督教。儒家讲天命不已的道体，就是创生万物，《中庸》《易传》都如此表示。有人依据耶教的创造来了解，因此以为儒家所说的不是创造，其实这也是创造，哲学中用creation就是此意。这是儒家的形态，以“妙运”讲创造，所以说“天地之道，可一言而尽也：其为物不贰，则其生物不测”[1]，这就是创生。和上帝之为人格神当然不同，所以，儒家之天命不已不是宗教家之人格神，而是形而上的道体。道家开始时可以先笼统地由“天下万物生于有，有生于无”“道生之、德畜之”之“生”来了解创造，实则道家根本不显创造的意义，即创造用于道家是不恰当的，但笼统地说都是纵贯的关系。

现在进一步来了解道家由生所表示的纵贯关系。道家所谓的生其实是“不生之生”，由不生之生就成了境界形态。儒家是妙运的实有形态；基督教是人格神的实有即上帝自无而造万物；这是教路所决定的不同。道家不是实有形态，即不能客观地指出个东西叫“无”来创生天地万物。虽说“无名天地之始，有名万物之母”，但若由平常的习惯顺着天地万物往后想，想到最后有个东西叫“无名”，那就完全错了。因此我们说道家的无不是个存有论的概念，存有论的概念是可以客观地实指的，是可以分解

1　参阅《中庸》。

出来的。实有形态通过客观的分解可以实指出一个客观的实有（objective entity），或是上帝或是原子或是地水风火，等等，都是客观的实有。道家的无并不是客观的实有，而完全是由主观修行境界上所呈现的一个观念，所以要从生活实践上来了解，这就涵盖工夫问题，由对工夫的了解可以确定这个意思。

现在来看道家的实践工夫。道家的工夫也很特别。儒家是道德的实践，佛教是解脱的实践。道德的实践是平常所谓“实践”一词之本义，如康德所说的实践理性（practical reason），就是讲道德。但也不能说佛教的禅定工夫不是实践的，凡说工夫都是实践的，道家亦然。因此广义地说，东方的形而上学都是实践的形而上学（practical metaphysics）。道家的实践就很难用一个名词来恰当地表示，大概也类乎解脱一类的，但仍有不同。工夫是纬线，纵贯的关系是经线。若是了解了道家工夫的特殊意义，因而了解了它的纬线，那么就可以用一个新名词来表示，道家的境界形态的形而上学是“纵贯的关系横讲”。道家的道与万物的关系是纵贯的，但纵贯的从不生之生、境界形态再加上纬来了解，就成了“纵贯横讲”，即纵贯的关系用横的方式来表示。这横并不是知识、认知之横的方式，而是寄托在工夫的纬线上的横。

哲学地说，纵贯的关系可以作为一个共通的模式（common pattern）来应用，在各家有不同形态的表现。这共通的模式应用在道家是“纵贯横讲”。这名词也可用于佛教，佛教也有纵贯的关系，但不能说般若解脱法身三德秘密藏所成的大涅槃法身创生万法，这是不通的，因此佛教也是“纵贯横讲”。《大乘起信论》讲“一心开二门”，一切法依止于如来藏自性清净心，好像是“纵贯纵讲”，其实不然，因为仍不能说如来藏自性清净心创生万法，而只能说一切生死法、还灭法依止于如来藏自性清净心。起信论的一心开二门是个很特别的形态，我屡次强调这个形态很有意义，要仔细了解。它也是个共通的模式，在一个意义上，凡是纵贯的都是一心开二门。就是康德分别 noumena 与 phenomena，严格说也是一心开二门，不过康德是在基督教传统的制约下讲，且贯通得不是很好，即不甚能充分开得出。起信论一心开二门这个义理模式的贡献很大，但是一般不大注意，只把它看作佛教中的一个系统而已，以后还要详细阐释这个模式的意义。尽管起信论一心开二门，但仍是纵贯横讲，即因为不能说如来藏自性清净心创生万法。

再看儒家。儒家之天命不已的道体就是创生万物，《易传》曰："大哉乾元，万物资始，乃统天。……乾道变化，各正性命，保合太和，乃利贞[1]。"乾元就是最高的创造原理。所以儒家看天地之道，是"天地之道，可一言而尽也：其为物不贰，则其生物不测"。这就是创造，创生万物。严格来讲，创造之所以为创造之实义要从道德上见。就是基督教从上帝说创造，严格来讲，也是由道德上见。因此儒家由天命不已、天地之道的道体所表示的创造，就叫作创造性自己、创造性本身（creativity itself）。基督教的人格神——上帝，严格来讲，就是造创性自己，也叫作创造性原理（principle of creativity）。创造性自己就是天地万物之本体，人格化就是上帝，不人格化就是创造性本身，亦即创造的实体（creative reality），是绝对的实体。基督教解释上帝创造这个世界是由于上帝意欲这个世界。为什么意欲？因为爱这个世界。为什么爱而意欲？因为这个世界是最好的。如此说来创造的原理还是 good，还是道德的。道德性的"创造性自己"人格化就是上帝。

为什么称为"创造性自己"呢？因为这个作为实体的创造性不是隶属于某一个机能（faculty）或是器官（organ）而发出的作

---

1 参阅《易传·彖传上》。

用（function），否则还得有更后的预设，就不是终极的（ultimate）。但创造性本身就是终极的，它的作用就是儒家所说的“维天之命，于穆不已”[1]，而不是发自某一机能或器官的作用。就是在基督教里，创造性和上帝的关系也不是作用与机能的关系，因为上帝本身就是这个创造性，不能把上帝看成个个体，相当于一个机能，而由此一个体起创造的作用。上帝全部的本质就是创造性本身。讲爱（love），上帝的本质全部就是爱。平常讲爱是发自人的生命，而上帝的本质全部就是爱，不是从某处发出来的。讲意欲（willing），上帝的本质全部就是意欲；讲知（understanding），也可以说上帝的本质全部就是知，这些在上帝是相同的。基督教是拟人说，一神论（theism）都是拟人说，勉强地就人有爱、意欲、知等来想象上帝也有神爱（divine love）、神意（divine will）、神知（divine understanding）。但当我们说上帝的神爱、神意等时，其意义和就人而说爱、意欲却完全不同。因为上帝的爱、意欲不是发自某个机能，而是上帝全部的本质就是爱、意欲，并且爱、意欲等在上帝处不再是不同的概念或作用，而是互相渗透，好像玻璃体不再有角度之不同，由任何一点看去都是全体。在人则爱、意欲都有一定的意义，不能相通。在上帝处是相通的，这就是所谓的创造性自己。儒家所说的天命不已之道体也是这个意义。平常所谓的文学创造、艺术创造，严格地讲，并不是真正的创造。即使算创造，也不是创造性本身，即不能做本体。因为文学家的创造是发自他生命的强度，即发自一个机能，因而是有时而尽的。作为创造性本身的上帝或道体其创造不是发自一个机能，而是其自身就是究极无尽的。因此创造真正的意义要由道德上见。

创造性自己是指道体而言，从生活上讲就是道德的创造

1 参阅《诗经·周颂·维天之命》。

（moral creation）。为什么由道德创造呢？因为道德乃发自意志（will），是意志的作用，而意志是个创造的能力，没有人由知性（understanding）处讲创造。意志可决定当有，若现实上没有，付之实行不就有了吗？不但如此，已有的还可以去掉，所谓“革故生新”。能令有者无，能令无者有，就是创造。创造的意义要透过意志来表示，因而康德讲道德实践就一定提出自由意志（free will）；中国人则讲良知，这才是创造之源。因此，严格地讲，真正的创造若不取宗教家神话式的讲法，就必是儒家的形态。其实就是宗教家的神话，也要根据道德才能真正了解神的创造。道家并不属于此种形态，因而用“创造”一词是不恰当的。

要真正恰合创造的实义，一定是纵贯的关系纵讲，儒家就是如此，纵者纵之，横者横之。纵贯者纵讲，横列者横讲，如知识是横的就要横讲，恰如其分，绝不错乱，这是最好的形态。康德也属此种形态，实践理性就是纵贯地讲创造，因此康德也说意志的因果性（causality of will）是一种特殊的因果性（special causality），就是要创造一物。但当因果性属于知性而为范畴（category）时，就只是由之以理解一物而不是创造一物，这就是纵者纵讲，横者横讲。因此，历来说儒家是大中至正之教，如此就是中正。唐君毅先生说佛、老是偏至型的圣人，也表现这个意思。

就佛教教内来讲，天台圆教已经是最圆、最中正的了，但在一个共通的模式下，和其他的大教相比较，仍然可以判教。道家是纵者横讲的形态，就显不出创生的意义。佛教也是纵者横讲，就也不宜说创生。凡不宜说创造性本身或创造性原理的都是纵贯横讲，有道家与佛教两个形态。因为是纵贯的，所以佛教也可以有存有论，但佛教式的存有论（Buddhistic ontology）一定只有到天台圆教时才能彻底透出，这表示到圆教时才能彻底透出智的直觉（intellectual intuition）。智的直觉在上帝处就是创造的直觉，不只是认知地直觉一物，而是直觉它就创造它。对人而言则不然，康德一再强调人只有感触的直觉（sensible intuition），感触直觉只能给予对象而不能创造对象。在佛教，当达到圆教时，智的直觉一定呈现。般若就是智的直觉，就是无限心（infinite mind），智的直觉一定要扣紧无限心讲，般若是无限心，道心也是无限心。

前面讲过我们不能说般若解脱法身三德秘密藏所成的大涅槃法身创生万法，但为什么又可以说“佛教式的存有论”？特别加个“佛教式的”（Buddhistic），就表示和一般的存有论不同，需要另眼相看，仔细了解。到天台圆教时确可以成存有论，因为可以维持住一切法的存在。在圆教，成佛是即九法界而成佛；般若是就着一切法而成般若；解脱、法身皆然。一切法就是九法界及佛法界所成的十法界，就是“一念三千”，三千世间法均包含在内。一定要就着一切法而成佛，因此当成佛时，一切法一定要存在，就在佛法身上保住了一切法存在的必然性。换言之，既然即九法界而成佛，则三千世间法就无一可去。一般以为佛教讲空、无、寂灭，好像不要这个世界，那并不是圆教。在天台圆教无一法可去，就是地狱、饿鬼、畜生之法也皆不可去。只有达到这圆教最高之境界，一切法的存在才能保得住；保得住而不是偶然的，就是必然的，因为成佛有必然性。法的存在有必然性就是存有论，此即“佛教式的存有论”。

法身带着一切法而成佛，就保证一切法的存在，但并不能说法身创造一切法，而是由智的直觉之呈现来保住法的存在。般若也是智的直觉之一种形态，但并不像康德所说的上帝的直觉就是创造。因此，我以“一体呈现”来表示。一体呈现而无一法可去，能这样保住就够了。这就是纵贯横讲的形态，道家亦属此种形态。“横讲”并不是把知识之横的方式插进来，而是不以纵贯的创生的方式讲，是“一体呈现”。既然一体呈现，则当法身呈现时，一切法通通呈现，都不可消去。当般若呈现时，一切法都在般若之中，和般若一起呈现，般若不就反过来保证一切法之存在了吗？因为一切法就是般若法身的内容。解脱时也是就一切法而解脱。解脱是去病，《维摩诘经》所谓“除病不除法”，要去的是病而不是法。解脱要断贪嗔痴，贪嗔痴是病，但同时也是法，当法来看就永远不会去掉。例如发怒，怒并不一往都是坏的，有时也是好的、需要的，所谓“武王一怒而安天下”，就是菩萨也并不都是低眉菩萨，也有怒目金刚。这是最高的智慧。一体呈现而保住了法的存在，就是用“佛教式的存有论”这个词语的意义。再说实了，就是“纵贯横讲”这个词语的意义，道家也有这种意味。大家要彻底了解这些词语的意义才行。

儒家是纵者纵讲，维持住了创造的意义，因为道德实践的工夫就是要恢复道德创造的本性。儒家的智慧可完全由歌颂文王的那首诗[1]表现出来。客观地讲是“维天之命，于穆不已”，即“天命不已”的观念；主观地讲就是《中庸》赞“于乎不显，文王之德之纯”之“纯亦不已”。道德的创造就是德行之纯亦不已，此语一转就是《易传》的“天行健，君子以自强不息”[2]。儒家一切慎独、扩而充之、致良知等工夫，都是要恢复创造性，恢复德行的纯亦不已。

道家也有道家式的存有论，它的形而上学是境界形态的形而上学。境界形态是纵者横讲，横的一面就寄托在工夫上，工夫是纬线。道家不是纵者纵讲，因为它所谓的生是境界形态、消极意义的生，即不生之生。道家重观照玄览，这是静态的（static），很有艺术性的（artistic）味道，由此开中国的艺术境界。艺术境

1 参阅《诗经·周颂·维天之命》。

2 参阅《易传·象传》。

界是静态的、观照的境界；纵者纵讲是动态的（dynamic）；比较之下就显出“横讲”的意义了。这就是道家的玄思，能够引发人的智慧，并不肤浅，也不是佛教所谓的戏论，而是要将我们的生命一步步向内收敛，这需要训练，也需要恰当地了解。

《道德经》中所说的“致虚极，守静笃”就代表道家的工夫。当然，关于工夫的词语很多，但大体可集中于以此两句话来代表。极是至，至于虚之极点就是“致虚极”。守静的工夫要做得笃实彻底，所以说“守静笃”。这就是“虚一而静”的工夫，在静的工夫之下才能“观复”。由虚一静的工夫使得生命处而灵、纯一无杂、不浮动，这时主观的心境就呈现无限心的作用，无限心呈现就可以“观复”，即所谓“夫物芸芸，各复归其根，归根曰静，是谓复命”[1]。这些都是静态的话头，主观的心境一静下来，天地万物都静下来了，就都能归根复命，能恢复各自的正命。不能归根复命就会“妄作、凶”。当万物皆归根复命，就含有庄子所向往的逍遥游的境界。庄子所向往的逍遥、齐物等均已包含在老子的基本教义里，庄子再把它发扬出来而已。当主观虚一而静的心境朗现出来，则大地平寂，万物各在其位、各适其性、各遂其生、各正其正的境界，就是逍遥、齐物的境界。万物之此种存在用康德的话来说就是“存在之在其自己”，所谓的逍遥、自得、无待，就是在其自己。只有如此，万物才能保住自己，才是真正的存在；这只有在无限心（道心）的观照之下才能呈现。无限心的玄览、观照也是一种智的直觉，但这种智的直觉并不创造，而是不生之生，与物一体呈现，因此还是纵贯横讲，是静观的态度。程明道所说的“万物静观皆自得”，就带有些道家的意味，也是纵贯横讲。若主观浮动就不自得，万物也随之不自得，于是时间、空间、

1 同上。

范畴等都加了上去，就成了现象（phenomena），而不是物之在其自己。

在此种工夫的纲领之下，还有些基本观念。首先分别为道与为学："为学日益，为道日损[1]。"就有两套不同的工夫。"为学"指学经验知识，需要天天累积增加；但学道不可用经验知识、科学知识的方式学，方向恰好相反，要将这些知识都化除掉，故"日损"，化到最后就是"损之又损，以至于无为，无为而无不为"[2]。这是最基本最富原则性的话，是一定而不容怀疑的。所损的就是上讲所说生理的欲望、心理的情绪、意念的造作等，如此才能虚一而静，无限心才能呈现，而无限心的妙用就是智的直觉。为道一定要日损，所以又说："其出弥远，其知弥少[3]。"一般人重视"读万卷书，行万里路"，其实这只是世俗的为学的方式，从为学讲当然是"其出弥远，其知弥多"。但道不是可以在路途上看到的，所以说："不窥牖，见天道，其出弥远，其知弥少。"走得愈远对道知道得愈少。这都是工夫系统中所含的一些基本观念。由此原则可划分成两种知识，到现在仍可应用。"为学日益"属经验知识，所有的科学知识都属于为学的范围；为道却是相反的，古人讲学特别注重为道这一面。这种划分也与《道德经》首章相呼应，首章曰："道可道，非常道。[4]名可名，非常名。"也是把知识划成两个范围。确实是有两个范围，古人对此分得很清楚。柏拉图也分 sensible world 与 intelligible world 两个世界；到了康德，仍然有 noumena 与 phenomena 的区分。这不是随意分的，而是一定的。老子也如此分，重点在为道，工夫就都用在这方面。

1　参阅《道德经》第四十八章。

2　同上。

3　参阅《道德经》第四十七章。

4　见《道德经》第一章。

这样说来，好像道家轻视知识，其实并不是抹杀知识，而是价值重点不同。经验知识的增加并无助于为道，那么，重点若在为道，则为学的态度就是不相应的。一般人认为，道家有反知的态度，譬如说庄子的《齐物论》反对相对范围之内的知识，其实庄子是要超越相对以达到绝对，才冲破知识，目的是要上达，并不一定要否定知识。当然，他也没有正面仔细地把知识展现开来，所以是消极的态度，容易令人产生误会。其实，严格来讲并不妨碍，但要知道这是两个不同的范围。相对的知识也需要，且是可超过可转化的，重点在可转化上。

从何看出老子并不否定现象界的知识呢？佛家讲世间出世间打成一片，世间即出世间，只是重点在出世间，但也不能离开世间而出世间。道家也是如此，虽然这种词语并不多。老子说："挫其锐，解其纷，和其光，同其尘[1]。"可见也不离开现象界的知识。若不知为道的方向而完全陷溺于世俗的知识中就妨碍为道，知道了就并不妨碍，如此就也是圆教。"挫其锐，解其纷，和其光，同其尘。"这四句句法相同，但并不好讲。"其"指道，即道心。分解地讲道心当然代表光明，但将光明孤悬，或在深山中修道，这境界也并不很高。"和其光"的意思是把光明浑化柔和一下，就是要人勿露锋芒。"挫其锐"也是勿露锋利的意思。因此，古人喜言"韬光养晦"，要人勿出风头露光彩，这就是教养。因此，重视气，但不能使气而要养气；重视才，但勿太露才。这是儒、释、道三教共同的老教训，就靠此教养使得中华民族成为长寿民族，因为这种文化的培养使用心方向由自然生命反上来且调和自然生命，于是，自然生命才能生生不息永远维持下去。

锐、光均属道本身，因此这两句话较易了解。但"解其纷""同

1 参阅《道德经》第四章。

其尘”该如何了解？关键在“其”字有歧义。如“我的头发”和“我的书”，这两个“我的”意义并不相同。道何有尘？故尘指尘土即世间；道何有纷？道之纷即指天地万物，道不离世间亦不离天地万物，故皆可用“其”字，但意义与“挫其锐”“和其光”之“其”指道本身而言不同，即有歧义。“解其纷”谓化除万物之纷杂而道仍为清明闲适的。“同其尘”则指道与天地万物相混同。此两句均表示修道者不应遗世独立，且修道须不离现实生活。这就是道家的修道工夫也并不否定经验知识的意思，同时，这也就是道家式的圆教。

以上大致是顺纵贯横讲的形态来看道家所含有的工夫。道家是静态的，重观照玄览；观照玄览是无限心的，道心就是无限心，无限心就是智的直觉，智的直觉所观照的是万物之在其自己的万物，但此处不显创造义而是一体呈现。上帝以智的直觉来创造也可说是一体呈现，然是创造地现。儒家顺着孟子到陆、王讲心、讲良知，从“明觉之感应”说物，创生的意义和一体呈现的意义顿时完全融在一起，而不再拆开来说良知创生与万物被生。因此，儒家既超越而又内在，仍保有创生的意义，因为良知是道德的创造实体，明觉是良知明觉、知体明觉。因此，说“明觉之感应为物”。儒家虽也有一体呈现的意义，但却不是佛教式的或道家式的一体呈现，而仍保有创生的意义。因此是纵贯纵讲。明觉之感应为物并不只是观照物。儒家讲寂感，“寂然不动，感而遂通天下之故”[1]。道家讲寂照，佛教讲止观，这就显出不同的形态。寂感是儒家的心灵，《周易·咸卦》很重要，《易传·彖传》曰：“咸，感也……观其所感，而天地万物之情可见矣。”所以由良知并不说明觉观照物，而说“明觉之感应为物”。感应是存有论的，

1　参阅《易传·系辞上》。

含有创生的意义。说寂照而至观照就有认知的意味，因此是横的。这当然不是认识论、科学知识中的“识知”，而是“智知”，智知即是无知而无不知，但总有认知的横的意味，故终于是纵贯横讲，即只是一体呈现。由此可了解各家系统性格的不同。

下一讲再讲道家的智慧在中国思想史上的影响，以及后来站在儒家的立场视为禁忌的是哪一面。事实上儒家不能视之为忌讳，而是一定也要有的，道家的玄理特显这一面，也需要仔细了解其意义。由这三讲可完整地呈现出道家玄理之性格。

胡以娴记录

第七讲

道之"作用的表象"

上一讲我们谈到儒家是纵者纵讲，道家、佛家是纵者横讲。今天我们接着讲，道家还有一层意思，就是"实有层"和"作用层"分别不清楚，或者说没有分别。何以如此？这主要是因为道家所讲的"无"是境界形态的"无"。我们先把"无"当动词看，看它所"无"的是什么？《道德经》说："常无欲以观其妙，常有欲以观其徼[1]。"这是从主观方面讲。道家就是拿这个"无"做"本"、做"本体"。这个"无"就主观方面讲是一个境界形态的"无"，那就是说，它是一个作用层上的字眼，是主观心境上的一个作用。把这主观心境上的一个作用视作本，进一步视作本体，这便好像它是一个客观的实有，它好像有"实有"的意义，要成为实有层上的一个本，成为有实有层意义的本体。其实这只是一个姿态。

在道家，实有层和作用层没有分别，此一义含着另一义，就是道家只有"如何"（how）的问题，这还牵涉其他概念，如圣、智、仁、义等。《道德经》里面有"绝圣弃智""绝仁弃义"[2]之语。牵连到圣、智、仁、义这方面，道家只有如何（how）的问题，

1 参阅《道德经》第一章。

2 参阅《道德经》第十九章。

没有“是什么”（what）的问题。这个就是因为道家的“实有”和“作用”没有分别。

“如何”，这是作用上的疑问词；“是什么”，这是存有上的疑问词。当我们说“是什么”的时候，这是属于“实有”的，道家没这方面的问题，这个叫作实有层和作用层相混，混而为一，所以说没有分别。那就是说，在道家的系统里边，没有“是什么”的问题，这个牵涉圣、智、仁、义。例如，你问他“道”是什么，他也可以讲给你听。但是他这个说明不是从存有论的立场讲，而是从作用层次来显示道是什么。又如，道要通过“无”来了解，“常无欲以观其妙，常有欲以观其徼”“无名天地之始，有名万物之母”，通过“无”与“有”来了解道。因此，一些基本观念通通落到作用层上。

我们以前讲“无”和“有”，道家是境界形态，境界式地讲，从作用上讲，讲之以透显无与有的心境。境界形态是对着实有形态而言，假如把道家义理看成一个形而上学，那它便是一个境界形态的形而上学（依境界之方式讲形而上学）。我们平常所了解的哲学，尤其是西方哲学，大体上都是实有形态的形而上学（依实有之方式讲形而上学）。这是大分类、大界限。西方哲学从希腊哲学开始，一直到现在，一讲形而上学，大体都从“存在”上讲，属于实有形态。中国在这方面，尤其是道家，比较特别一点，这就是所谓的“中国哲学的特质”。道家不是从客观存有方面讲，而是从主观心境方面讲，因此属于境界形态。

境、界这两个名词本来是从佛教典籍里面来的，中国先秦的典籍中没有这两个名词，这是佛教新创的名词。现在“境界”一词大家都会说，成为很普通的话。

佛教说境，由境说界，境和界都是一个实有的意义。境是指着对象讲的，境在佛教就是 objects，就是 external objects，是外在的对象。界，也是佛教新造的名词。我们说什么界什么界，中国的典籍没有这种词语。照佛教的解释，界是因义，是 ground 或 cause 的意思。譬如说："无始时来界，一切法等依[1]。"这个"界"便是因义。是原因的因，也可以说是根据（ground）的意思。有这个因，就可以决定一个范围，就可以成为一个界。这个界就是平常所了解的一个 world，一个范围，例如十八界的界，这个界就是划类、分类的意思。所以能成一个类，就有它的原因，按照我们现在的说法，就是按照一个原则，可以把这些现象划在一起，成为一类，也就是成为一个界。

"界"这个字，通因通果，从因到果合起来整个谈。通因就是当一个根据来看，当一个原因看。通果呢？通过这个原因、原则，可以把这些现象划归一类，这是后果（consequence）。界在佛教本来就是这个意思。

境是外在的对象，唯识宗讲"境不离识""唯识所变"。这个境，就是对象，但它不能离开我们的识，不但不能离开，而且还进一步说唯识所变。我们平常以为外境有独立性，唯识把不依于主观的外境拉进来，把它主观化，这就成为"识变"。有人就想到唯识宗这个说法，和英国哲学家贝克莱（Berkeley）所说的主观的观念论（subjective idealism）相类似。可以这样想，但是两者不一样。不同在什么地方？一般人以为差不多，其实差得很远。

贝克莱只说到境不杂识，并没有说到唯识所变。"To be is to be perceived.""to be"就是存在，就是境。存在不能离开我们觉知的心，不能离开我们认知的心，离开我们认知心，就没有现实的存在，但贝克莱只说境不离识，却并没有说唯识所变，并不说这个"to be"是我们觉知心所变现。因此，佛教在这里比贝

---

1 《摄大乘论》，无著撰，唐玄奘译，《大正藏》，一五九四号。

克莱还彻底一点，心理学的意味更重。但是境还是指着对象说。

把境、界连在一起成“境界”一词，这是从主观方面的心境上讲。主观上的心境修养到什么程度，所看到的一切东西都往上升，就达到什么程度，这就是境界，这个境界就成为主观的意义。和原来佛教的意义不大相合，但现在一般人都了解，我们就用这个普通的意义。

境界形态的“境界”翻译成英文很难。我们可以把实有形态的“实有”翻译成 being。实有形态的形而上学就是依实有之路讲形而上学（metaphysics in the line of being）。但是境界形态就很麻烦，英文里边没有相当于“境界”这个字眼的单词。或者我们可以勉强将其界定为实践所达至的主观心境（心灵状态）。这心境是依我们的某种方式（例如儒、道或佛）下的实践所达至的如何的心灵状态。依这心灵状态可以引发一种“观看”或“知见”（vision）。境界形态的形而上学就是依观看或知见之路讲形而上学（metaphysics in the line of vision）。我们依实践而有观看或知见；依这观看或知见，我们对于世界有一个看法或说明。这个看法所看的世界，或这个说明所明的世界，不是平常所说的既成的事实世界（如科学所说的世界），而是依我们的实践所观看的世界。这样所看的世界有升进，而依实践路数之不同而亦有异趣，而既成的事实世界则一定而不可移，此则名曰定性世界。而若此定性世界是康德意义的现象，则现象毕竟亦是对应我们的感性与知性而为现象，因此，它为定性世界是依我们的定性感性与定性知性而为定性世界，上帝原不创造现象（依康德）；而若我们的感性与知性不是定性的，而是可转的（例如转识成智），其为可转是依人不是定性众生，即不是依人类学而看的人，而为可转，则现象之为定性世界亦是可定可不定的，可使之有亦可使之无。而所谓有升进、有异趣的世界则都属于价值层的，属于实践方面之精神价值的；而若在此实践方面的精神价值之最后归趣总是定在自由自在，则有升进、有异趣的世界总归是一，虽有升进而亦有终极之定，虽有异趣而亦有同归之同。而此世界中的万物即是“物之在其自己”之物，此则为终极之决定者，亦即是绝对的真实者或存在者，而不是那可使之有亦可使之无的现象。依此，普通所谓定者实是不定，而依上说的观看或知见而来的普通视之为主观而不定者，终极地言之，实是最定者、最客观者，绝对的客观者——亦是绝对的主观者——主客观是一者。

道家的这个境界形态的形而上学就是表示：道要通过无来了解，以无来做本，做本体。“无名天地之始，有名万物之母。”这个“无”是从我们主观心境上讲（主观心境不是心理学的，而是实践的）。假如你要了解“无名天地之始”，必须再看下面一句，“常无欲以观其妙”，此句就是落在主观心境上说。道家的意思就从这里显出来，就是作用与实有不分，作用所显的境界（无）就是天地万物的本体。一说到本体，我们就很容易想到这是客观实有层上的概念。可是你要了解，道家实有层上实有这个概念是从主观作用上的境界而透显出来，或者说是透映出来而置定在那里以为客观的实有，好像真有一个东西（本体）叫作“无”。其实这个置定根本是虚妄，是一个姿态。这样的形而上学根本不像西方，一开始就从客观的存在着眼，进而从事于分析，要分析出一个实有。因此，我们要知道道家的无不是西方存有论上的一个存有论的概念，而是修养境界上的一个虚一而静的境界。

当把修养境界上的“无”，说成本，是万事万物之本，“本”这个概念，就使我们马上想到它是个本体。因为是本体，是故它是实有，这个实有观念是这样出来的，且变成最高的实有。这样的实有是从主观的透示讲出来。这是第一层意思。

再进一步，牵涉圣、智、仁、义这一方面，道家就只有 how

的问题，没有what的问题。how就是作用上的观念，比如说，康德的哲学里面最喜欢问：某某东西如何可能？如何可能是高一层的问题，事实上已经可能。现在的问题是如何可能。

当我们说道家只有how的问题，就是说，当它牵涉圣、智、仁、义时，它不正面说什么是圣、智、仁、义。仁、义直接是道德的观念，圣、智是道德修养所达到的境界。道德修养的最高目标就是成圣人。但是，道家并不先正面肯定有圣、智的存在，然后再正面解释什么是圣、智。假如先正面肯定圣、智、仁、义，再进一步加以说明，这就是what的问题，是什么的问题。what的问题，即是一个存有问题，道家没这个问题。

道家只是"提到"圣、智、仁、义，并不正面去肯定它们，并加以说明。（当然亦未正式去否定它们）道家是怎样提到的呢？道家只是顺着儒家而提到。儒家正面肯定圣、智、仁、义，它正面肯定，就要正面说明，儒家有这个问题。正面肯定、界定，就表示圣、智、仁、义都是正面上的实有。

道家呢？好，你儒家说圣、智、仁、义，道家就要问你如何善于体现圣、智、仁、义呢？你如何把圣、智、仁、义，以最好的方式体现出来，这就是如何（how）的问题。

道家说"绝圣弃智""绝仁弃义"，并不是站在存有层上对圣、智、仁、义予以否定，这样了解是不公平的。这个"绝""弃""绝圣弃智""绝仁弃义""绝学无忧"[1]，从字面上看，好像是否定圣、智、仁、义、学，这样了解是不公平的，这样了解，显得道家太大胆了。否定圣、智、仁、义，岂不是大恶？这真是异端了！但这样了解是不公平的。

如何来做一个恰当的了解呢？道家不是从存有层否定圣、智、

1　参阅《道德经》第十九章。

仁、义，而是从作用层上来否定。“绝”“弃”是作用层上的否定字眼，不是实有层上的否定。儒家是实有层上的肯定，所以有what的问题，道家则没有这个问题，所以也不从实有层上来说“绝”“弃”。

道家不从实有层上说“绝”“弃”，那么，是不是从实有层正面上来肯定圣、智、仁、义呢？也不是。所以我们可以说，道家对圣、智、仁、义，既不是原则上肯定，也不是原则上否定。从实有层上正面肯定或否定，就是原则上肯定或否定。道家没这个问题，那就是说道家没有what的问题。

道家只是顺着儒家，你儒家正面肯定圣、智、仁、义。好，我问你一个问题，你如何把圣、智、仁、义以最好的方式体现出来呢？什么叫最好的方式？你可以说出一大堆，说是学校教育、家庭教育、风俗习惯等。就道家看，这通通不对，都不是最好的方式。所谓最好的方式，也有一个明确的规定，道家的智慧就在这儿出现。

你如何以最好的方式，来体现你所说的圣、智、仁、义呢？这是how的问题。既是how的问题，那我也可以说，你是默默地肯定了圣、智、仁、义。当然可以这么说，但它不是从实有层上、正面原则上去肯定，它的肯定是作用中的肯定。我就给它找一个名词，叫作：作用地保存。它当然不是正面来肯定圣、智、仁、义，但也不是正面来否定它们。

道家既然有how的问题，那么，最后那个what的问题也可以保住。如何来体现它，这不是就保住了吗？这种保住，就是“作用地保存”，对圣、智、仁、义，可以作用地保存住。因此，不能把道家的“绝”“弃”解错了。以前有人骂道家为异端，就是以为道家对圣、智、仁、义加以否定，不承认圣、智、仁、义，这样不是成了大异端了吗？这样了解，是不行的。这样了解，道家如何能成为一个大教呢？我以实有层和作用层之分别来解消这种误解。道家着重作用层一面，不着重实有层分析一面。在实有层上正面肯定，当然要对一个概念做正面的分析。道家没有这个分析的问题。分析，广义地说，就是分解。道家没有这个分解的问题。道家并没有分解地或分析地告诉我们什么叫作圣、智、仁、义。

道家说“绝圣弃智”“绝仁弃义”，又说“大道废，有仁义”[1]，把道看得很高，落到仁义上已经很糟糕了，大道废，才有仁、义，这样对道德当然有轻视的意味。这是表面上的字眼。但是整体上看起来，道家不是如此。现在把道德问题分别来看，用哲学词语来说，就是道家把实有层和作用层相混，没有分开。这个问题一落到圣、智、仁、义上，我们就说它不是从原则上或存有层上来否定仁、义，来讲这个“绝”“弃”。它乃是顺着是什么的问题，而来问这个问题：如何以最好的方式把它体现出来？这便是 how 的问题。“大道废，有仁义”，那便是没有道化的仁、义，没有以最好方式体现之的仁、义，只是分解说的存有层上的仁、义。

道家讲无，讲境界形态上的无，甚至讲有，都是从作用上讲。天地万物的物，才是真正讲存在的地方。如何保住天地万物这个物呢？就要用从作用上所显的那个有、无、玄来保住。

有、无是道的双重性（double character），道有“有性”，有“无性”。有、无这个双重性是从作用上显出来的。以无作为万物的本体，把无当作最高的原理。西方的最高原理，如 idea、地、水、风、火、原子或者上帝，这些都是西方的形态，这一些说法都是实有形态的形而上学。

道家从作用上显出有性、无性，显出道的双重性，最高的是

1　参阅《道德经》第十八章。

无，无是本。而对于这个无性不能加以特殊化，不能再给它一个特殊的决定（special determination），不能特殊化成为 idea、上帝、梵天，也不能像唯物论那样把它特殊化成原子或地、水、风、火等。它就是无，不能特殊化。这个无，就是从作用上、心境上显现出来的，就是拿这个东西来保障天地万物的存在。

儒家对圣、智、仁、义有正面的分析，有正面肯定、原则上肯定，这就是属于实有层上的。圣人立教，最高的概念是仁，仁是生道，扩大到最高峰，仁是生生不息之道。仁是道德上的观念，因此也是实有层上的观念，以仁做本体，这个本体是实有层上本体的意义。可是，道家道的有无双重性中的那个无性不能说是仁，不能特殊化而为仁。道家以无为本体，这是从作用上透示出来的，不能加以特殊化。拿这个作用上透示出来的无，作实有层上的本，这两层合在一起，没有分别。这是道家的形态。

儒家则有实有层和作用层的分别，仁是实有层上的观念，不论是就着道德实践上讲，或是就着天地万物的生化讲。照儒家看，道德秩序就是宇宙秩序，宇宙秩序就是道德秩序。仁本来是道德的，是道德实践之所以可能的最高根据，这是道德的秩序。但是仁无外，心亦无外，心外无物，仁外也不能有物。万物都涵盖在仁这个道德心灵之下，仁具有绝对的普遍性，当它达到绝对的普遍性时，仁就是宇宙秩序，从这里可以说一个道德的形而上学（moral metaphysics）。

这就是从实有层上说。儒家以 what 的问题做主，因为有 what 的问题，所以有正面的肯定，有正面的否定。通过“是什么”的分析，对“是什么”有一个肯定，或者否定。譬如说，否定罪恶，立礼以防恶，这才有客观的是非可讲。这就是实有层上的问题。

儒家是不是也有作用层上的问题呢？譬如说，是不是有道家作用层上那个“无”呢？儒家也有。从哪儿可以看出来呢？从作用上讲无，儒家的经典也有。虽然不很多，但也是大家常想到的。在什么经典里边呢？

“天何言哉？四时行焉，百物生焉，天何言哉？”[1]圣人也说：“予欲无言[2]。”《易传》里面也有，譬如说：“不言而信，存乎德行。”又如：“易无思也，无为也，寂然不动，感而遂通天下之故。”[3]这是从修养的境界上说。但是我们不能从这几句话说《易传》出于老庄，也不能说道家讲无是出于儒家的《易经》，这都是不对的。《易传》是晚出的，《论语》是记载孔子的言行的，但在《论语》之前，儒家经典也有讲无的。例如，《诗经》《尚书》。《诗经》说：“上天之载，无声无臭。”“帝谓文王：‘诞先登于岸。’‘不大声以色。’”《尚书》里面最明显，大家也最喜欢引用。《洪范》篇说：“无有作好，遵王之道；无有作恶，遵王之路。无偏无党，王道荡荡；无党无偏，王道平平[4]。”无偏无党，这还老实一点，不像道家所说的无那么玄，但是“无有作好”“无有作恶”就很玄了。这就很类乎道家的意味，很类乎道家所说的那些话头儿。

从实有层次上，我们要肯定好、恶，如孟子说：“羞恶之心，人皆有之。”《诗经》上说“民之秉彝，好是懿德”。这个好、恶，是人皆有的。《论语》里边说：“唯仁者能好人，能恶人。”这是好、恶并讲。“羞恶之心”这是义也，偏重于“恶恶”这一面，但也含着“好善”。“好是懿德”偏重“好善”这一面，但也含着“恶恶”这一面。总起来说，就是好善恶恶。

王阳明四句教：“无善无恶心之体，有善有恶意之动，知善

1 参阅《论语·阳货》篇。

2 同上。

3 参阅《易传·系辞上》。

4 参阅《尚书·洪范》篇。

知恶是良知，为善去恶是格物[1]。”刘蕺山则另说四句：“有善有恶心之动，好善恶恶意之静，知善知恶是良知，至善无恶是物则。”道德实践就是做“好善恶恶”的事，所以好、恶必须肯定。这一层肯定是属于实有层上的。这是儒家的通义，上下三四千年这样通贯下来，没人能反对。

但是《尚书》说“无有作好”“无有作恶”“王道荡荡”“王道平平”，这些话说得很美，一般人也喜欢引用。这个就是在实有层好恶之上。又提到“无有作好，无有作恶”。这就成为作用层上的话头儿。

好恶是有的，这是实有层上肯定。但要表现这个好恶，则“无有作好”的好，“无有作恶”的恶，才是好的，这是最好的方式。这里显然就有两层。“羞恶之心，人皆有之”“民之秉彝，好是懿德”“唯仁者能好人，能恶人”，这都是原则上肯定好恶。人如果没有好恶，就糟糕了。没好恶，就没是非。儒家所说的好恶，一定是好善恶恶，不是平常所说的喜欢不喜欢。喜欢不喜欢，并没有什么道德的意义。譬如说，你喜欢吃红茶，我喜欢喝咖啡，这种好、恶是属于心理学的，或属于生理学的，而非属于道德的。儒家的好恶是道德上的好善恶恶。

“无有作好”，就是说不要有造作的好，就是说你要有“无有作好”的“好”。无有作好的“好”，才是好的“好”。恶呢？你要有“无有作恶”的“恶”，才是好的“恶”。要有“无有作恶”的“恶”，才能成全这个“恶”；要有“无有作好”的“好”，才能成全这个“好”。所以“无有作好，无有作恶”，这是实有层以上而属于作用层的话。这明明有两层，不能不注意，一般人都搅和不清。

1　《明儒学案》卷十二，第一页，台湾中华书局印行。

作好、作恶这个“作”，就是造作，造作就是有意的，不自然。作好、作恶，就是有意的好、有意的恶，一有意，心就不平，照王阳明讲，这样内心就有私心私意。尽管一般人看不出来，也许这个私，私得很巧妙，但还是私。把造作去掉，就是道家所谓的自然，自然就在这个地方说。

“无有作好，无有作恶”，并不是叫你没有好恶。它并不表示对好、恶的否定。这明明有两层。实有层次上的好恶要肯定，把实有层上的好恶用最好的方式表现出来。照《尚书·洪范》篇的讲法，就是用“无有作好，无有作恶”的方式来表现。

道家全部的智慧可以说就放在这个地方。但我们不能说道家的智慧是因读《洪范》篇而来，不能说道家出于儒家经典。这是考据家寻章摘句的讲法，把某一家的根源从文字上找出来，但这样讲是不对的。尽管字面上有些句子和《尚书》相近、相合，但也不能这样说。

儒家也有作用层上的问题，但是作用层和实有层分得很清楚。本体是从实有层上讲，不从作用层上讲。道家正好相反，它的本体不从实有层上讲，而从作用层上讲，它没有实有层上的本。道家完全偏到作用层这一面来，就以这一面为它的胜场。就从这一面，它也可以成为一个大教，就名之为道家，也可以称它为一个学派（school），道家之所以为道家，就在这个地方。专门发挥作用上的无，以此名“家”，以此成“家”。在圣人之教中，并非没有这个意思，它不以无作本，本是在仁这个地方。仁是正面上、实有层上的话。

道家不正面面对圣、智、仁、义，做一个分析、原则上的肯定。它只是顺着儒家所肯定的圣、智、仁、义，问一个问题：你如何以最好的方式，把圣、智、仁、义体现出来呢？什么叫最好的方式？一般的讲法，说是家庭教育、学校教育、社会教育等，这些教育，没有一天没有，但都不是最好的。你可以用分析的方式讲，讲出好多方法，但是，很难找到一个最圆满的方式。

依道家的讲法，最好的方式就是“正言若反”[1]。“正言若反”是《道德经》上的名言。这个话就是作用层上的话。“正言若反”所含的意义就是诡辞，就是吊诡（paradox），这是辩证的诡辞（dialectical paradox）。

所谓最好的方式，我们首先分成两类：一是分析的讲法，以分析的方式提出一些办法来。例如，教育、环境改善等。分析的方式提供的只是一个方策、一个办法，这个属于知识的范围。二是正言若反，这种诡辞不属于知识的范围。这不是分析地讲，而当属于智慧。所以《道德经》不落在知识的层次上提供一些办法，它不用分析的方式。正言若反不是分析的方式，它是辩证的诡辞，诡辞代表智慧，它是诡辞的方式。因此照道家的看法，最好的方式是定在智慧层上的诡辞，是诡辞的方式，不是分析的方式。这一层，也就是《尚书》上“无有作好，无有作恶”所表示的智慧层上的方式，这个才是王道平平。

譬如说，什么叫作王道呢？你可以用分析的方式讲，夏、商、周三代就属于王道，三代以上属于帝道。三皇是皇道，五帝是帝道。中国人向往的是皇道、帝道，到三代王道已经不很高明了，这是小康、家天下。但是，现实上三代已经不错了，所以叫作王道。王道分析地讲，也有其为王道的地方。黄梨洲就讲得很好。《明夷待访录》里面讲三代以上有法，三代以下无法。三代以上是藏天下于天下，是 open society，藏富于民，社会上一切法都是可以客观挺立得住的法，所以言三代以下没有法、自私、家天下，那些法只是帮助统治者的工具。黄梨洲说得很透彻。三代以上有法，

1　参阅《道德经》第七十八章。

把天下藏于天下，这是 open society，三代以后，或从秦始皇以后，藏天下于筐箧，把天下藏在我的筐子里[1]。

黄梨洲这样讲的王道，是分析地讲、形式地讲。分析地讲，可以一条一条、一面一面地摆出来，这是实有层次上的话。《洪范》篇说“无有作好”“无有作恶”“无偏无党”“王道平平”“王道荡荡”，这就成为作用层次上的话。这就是圣人智慧的运用，你光是分析地摆出那么一大套，没有这种智慧的运用，结果还是保不住。你想要藏天下于天下，结果还是被那些野心家拿去藏之于筐箧。在这里同样可以看出来有两层的分别。什么是最好的体现方式？道家一眼看到这是最好的方式，因此不从分析上讲。从分析上讲，徒增麻烦。它直接从作用上看，从“无有作好，无有作恶”那个地方看，这就是智慧。

“无有作好，无有作恶”是诡辞，这是正言若反。什么叫作正言若反呢？譬如好、恶，这是正言，“无有作好，无有作恶”，这不是对好恶那个正言的一个反吗？这个反正好可以把好、恶真实而自然地显示出来。这个好恶就是老子所说的正言，而这个正言是从作用上透露，不是从分析上肯定。从反面上透露这个正言，这不是诡辞吗？

诡辞即奇怪、诡异的意思。西方人用 paradox，有逻辑上的，譬如罗素的《数学原理》一书中有一种 logical paradox。道家的诡辞不属于 logical paradox，乃属于 dialectical paradox，是辩证的诡辞，不是逻辑的诡辞。

辩证的诡辞，用老子的话，就是正言若反。黑格尔辩证法里边那些话，譬如正、反对立，否定的否定，矛盾的统一，这

1 《明夷待访录·原法》篇云：“三代以上有法，三代以下无法……三代之法藏天下于天下者也……后世之法，藏天下于筐箧者也。”第四至五页，台湾中华书局印行。

种方式在老子里边早就有了。不过不用黑格尔那些名词，但是表示得很活泼，若要展开，就是黑格尔那些名词，这就是辩证的诡辞。

这种诡辞《道德经》里边多得很。这个“诡”就是庄子所说的“是其言也，其名为吊诡”。吊诡就是诡谲，“吊”字没有意义。什么叫作“是其言也，其名为吊诡”？它跟着前面来，“予谓女梦亦梦也”[1]，这不是吊诡吗？现实生活一切都是做梦，我说你们在做梦也是在梦中，把自己也包含在内，这不是矛盾吗？你说人家做梦，至少你不做梦才行啊！我说你梦，我也是梦，这个在逻辑上是不行的，在逻辑上就成了矛盾，这就是 vicious circle，就是恶性循环，罗素特别用 theory of types 来解决这个问题，以“类型论”来解答。这是逻辑上分析的讲法。“所有的人都说谎”，这一句不是谎，不包括在“所有人皆说谎”的“所有”里边，它与那个“所有”不在同一层次上，那个“所有”不包括它自己，以此可以分开，这是逻辑地讲。在逻辑上不准这样兜圈子。

但是辩证的诡辞，它就要通过这个转圈子，要把自己包括在里边。这是自我否定，像是个矛盾。这个严格讲不是个矛盾，不能用逻辑上的矛盾来说它。不是矛盾，它是一个诡谲、奇诡、不正常。逻辑是正常的，诡辞是不正常的。所以《齐物论》说：“予谓女梦亦梦也，是其言也，其名为吊诡。”我们就用“吊诡”这两个字来翻译西方那个 paradox，很恰当。

所谓吊诡有两种，一种是逻辑上的吊诡，另一种是辩证的诡辞。逻辑上的吊诡，很正常，从逻辑推理可以推出来，一定有这么一种命题，这是个 tautology。“正言若反”所示的是辩证的诡辞。正因为它不给我们知识，它把我们引到一个智慧之境。

1　《庄子·齐物论》篇云：“丘也与女皆梦也，予谓女梦亦梦也，是其言也，其名为吊诡。”

《道德经》这一种话头很多。譬如说："后其身而身先，忘其身而身存[1]。"这就是诡辞。你要使你自己站在前面，一定通过一个对站在前面的否定，要后其身，要把你自己放在后面。这种话，假使你把它看成一种权术，它就是权术；假使你把它看成一种智慧，它就是一种智慧。我们现在把它当智慧来讲，不当权术来讲。

"后其身而身先，忘其身而身存。"这个"忘"字最重要。道家是从这个"忘"字中把"正言"透露出来。忘其身而身存，我们都想自己能保存得住，你如何能把自己保存得住呢？你最好把自己忘掉。你天天把自己摆在脑子里，结果你自己反而保不住。你的意识，哪能天天贯注到你的 whole body 呢？你的全部身体之自己，你的意识能全部注意到吗？我们身上有多少细胞，你知道吗？没有人能看到自己的头发，要照镜子才看得到。

有些迷信科学万能的人，动不动就去检查身体，稍微一点儿不对劲，就去找最好的医生去检查。医生把你翻过来，倒过去，没病也弄出病来了。

道家的智慧是"忘"的智慧。所谓"鱼相忘乎江湖，人相忘乎道术"[2]。这是《庄子》上的话。鱼在江湖大海里边可以相忘，你也不要照顾我，我也不要照顾你。人相忘于道术，在有道术的时代，人才能够相忘。鱼不在江湖大海之中，则不能相忘，我吐口水给你，你吐口水给我，苟延残喘。当一个生命完全靠口水来维持那就危险得很了。《庄子》这个例子说得很好。人相忘于道术，才能够得其天年，没有一切恐惧。我们这个时代是一个没有道术的时代，所以大家都不能相忘。都找麻烦，我麻烦你，你麻烦我。敌对是麻烦，有时候照顾也是个麻烦。

1　参阅《道德经》第七章。

2　参阅《庄子·大宗师》篇。

照顾太多了很讨厌，以前的皇帝就是因为照顾他的人太多，所以没有自由。一上朝，文武百官在旁边看着；一退朝，后面又跟上一大堆人。他没有自由的时候，那就是照顾太多，这就需要相忘。相忘是一种很高的智慧。

忘其身而身存，“忘”是个什么意思？就是“无有作好，无有作恶”的那个“无作”，把造作去掉，这个忘就是要消化掉那些东西。这种智慧，一般中国人都很能欣赏。从此引申下来，就可以说：“有心为善，虽善不赏；无心为恶，虽恶不罚。”造作就是有心为善，为善是应该的，但是一有心为善，就是私意，就是私。有心为善这个“有心”，正好是《尚书》“无有作好，无有作恶”那个“作”。一有心，有私意，就是康德所说的有条件的，不是定然的（categorical）。这是很平常的一个道理，很容易懂。

道家的智慧就专在这个作用层上说“无”。如果把《道德经》头一章“无名天地之始，有名万物之母”往实有形态的形而上学去想，这是很不真切的，得不到其真实的意义。它的真实意义要从作用上去决定，如此决定而已，然后再了解其意义的扩大。“无名天地之始，有名万物之母”，就是其意义的扩大，后面还是一个“境界”的意思，这是作用层上的境界。

道家从作用上透出“无”来，即以无作本，作本体，从这里讲形而上学，讲道生万物，这个“生”是不生之生。虽言“道生之，德畜之”，但这个生不是实有层次上肯定一个道体，从这个道体的创造性来讲创生万物。它从作用层上看，通过“忘”这种智慧，就是说让开一步，“不塞其源，不禁其性”，万物自己自然会生、会成长、会成就，这就等于“道生之”。这当然是消极的意义，而这消极的意义也够了。所以道家讲“无为而治”，这是一个很高的智慧。有人说：“无为而不治。”那你这个无为，不是道家的无为。你这个无为是在睡觉。无为而治，这当然是最高的智慧，它背后有很多原理给它支撑。

也可以拿这个例子来勘定道家是以作用层做实有层看。拿这个意思来讲儒家经典，当然不相应。不能说完全错，但是不对。所以王弼根据道家玄理来讲《易经》，是不相应的。

《易经》是儒家经典，它有两层的问题，有实有层，有作用层。道家没有实有层上一个正面的本体，它以境界上的东西作本。若以此来讲《易经》那些关键的话头，便是错的，最少是不够，不能把儒家的意思显出来。譬如讲《易传·彖传·乾卦》："大哉乾元，万物资始。"王弼由道家玄理来讲，通通不行。参看《才性与玄理》可知。"复其见天地之心"，这是儒家的道理，见于《易传·彖传·复卦》。这个心并不是作用层上"无有作好，无有作恶"那个心，它是实有层次上的一个实体，它是一个 substantial term。这些地方王弼都讲不出来，儒家的道理也就显不出来。他只笼统地以道家没有任何内容的那个作用层上的"无"来说。道家这个"无"，无任何内容，不能加以特殊的规定，它就是无，从作用层上来透显就够了。

若要把"无"加以特殊规定，必须在作用层上的"无"以外，肯定有一个实有层上的存有，并对之有一正面的分解才行。因为道家没这方面的问题，所以道家的"无"不能特殊化，不能特殊化为仁，或者特殊化而为天命之不已。特殊化为基督教的上帝或特殊化为印度教的梵天，这都不行。

关于这层意思，只要顺着道家的思想做点相应的修养功夫就知道啦。要从作用层上看，忘掉那些造作，把那些造作、不自然的东西，都化掉。化掉而显得就是空荡荡，就是虚一而静，什么都没得，这个就是虚，就是无。这个无就是从这个地方显出来，不把它做任何特殊的规定。道家就拿这个无作它的本体，所以它只有一层，就是作用层，它拿作用层当作实有层。其实严格说，是拿作用层上所显的那个“无”作为本（虚说而为本体因而视为实有），来保障天地万物的存有，这就是拿无来保障有（有与物为一即指物言）。

魏晋时代裴頠作《崇有论》，因为道家崇无，裴頠便崇有，他那个“崇有论”是不行的。他的“崇有论”不能抵抗道家的“无”，因为他没了解道家那个“无”的意义，他还未达到这个层次。

作用上透出来的“无”，就叫作“玄智”，这是从主观方面说；从客观方面讲，就是“玄理”。“无”可以通两面，可以当智看，就叫作玄智；也可以当理看，就叫作玄理。“玄”者是深奥义，怎么来规定“玄”呢？就是通过“正言若反”来规定，就拿辩证的诡辞来规定这个“玄”。玄不可以笼统地看，一般人讨厌“玄”，把它叫作“玄学鬼”，说它不清楚，其实清楚得很。你看不清楚，是因为深的关系，深就发黑。

现代人将真理定在科学那个地方，不承认这一层，才有“玄学鬼”这类讥讽的词语出现。这是现代人的浅陋。魏晋时代以玄学为最高的学问、最高的智慧。作为一个智慧，它就是最高的智慧；作为一个学问，它就是玄学。这个学，我们应该用康德的想法去想，即把形而上学当一个学问、一个 science 来看如何可能。它是这个意义的学问（science）。

这一套智慧我们当一个学问来看。康德所说的 science，并不是现在所谓的自然科学。他所说的 science 是广义的学问的意义。我们把它当一个学问看，意即它不只是一个 natural disposition，natural disposition 意思是自然的倾向。当作一个自然的倾向，不管哪一个民族，它都非向往形而上学不可，它都有形而上学的倾向，不过有不同的方式就是了。但是自然的倾向不能成一个学问，再进一步成为一个学问，有头有尾，有始有终，把道理系统地讲出来，这就是science。这是广义的science，拿中国的“学问”去翻译最好。翻译成“科学”不好。现在的人一看就说，你这个怎么能成为一个科学？现代人一说科学，就是指自然科学或者是社会科学，我们的头脑都科学化了。因此会说，你明明讲的是“玄学”，怎么会是“科学”呢？翻译成学问最好，德文的Wissenschaftslehre，也是广义的学问。

也可以把这当个智慧看，智慧完全是“当下”的，当下呈现，并没有一定的轨道，智慧是讲“运用之妙，存乎一心”，智慧属于当下，完全从作用上讲。能客观化，才能成一套学问，成为公共的，才可以传达、交通。

这种玄智、玄理，就是从作用上显出来的“无”，从这里看，很像佛教里面的“般若”。般若也是智慧，这种智慧是根据佛教所说的“空”而讲，就是依“缘起性空”而讲。那个般若智，我们叫它是“空智”“空慧”。空理这一方面不管它，从慧这一方面讲。佛道两者的方式、形态完全相同。就我们所分的“作用层”和“实有层”讲，道家只是以玄智、玄理这个作用层为其胜场，即以此成家。在佛教里边，它不能只是般若。在佛教里，它除了般若层外，还有分解说的实有层上的问题，即大小教乘，这两层都有。若离开佛教的实有层，光看它的作用层，它的表现方式、形态和道家是相同的，但是其内容不同。

什么方式相同？就是吊诡。《般若经》里边诡辞特别多，老庄里边诡辞也特别多。佛教中一说诡辞，必定拿《般若经》做代表。在分解方面不能说诡辞，诡辞只能在非分解的般若方面讲，正如道家诡辞只能在玄智方面讲。这个要注意。

玄智和般若智因为它们表现的形式相同，所以道家这个玄智、玄理可以做中国吸收佛教的一个桥梁，先拿魏晋玄学做它的前身，这样子来吸收佛教，很自然，一下子就吸收过来了，一点隔阂都没有。所以首先吸收的就是般若这一面，这一面相契合，很自然。但是分析那一面，就不见得相契合。中国人很容易欣赏《般若经》这方面的诡辞，但不一定能够欣赏佛教大小乘所说的一切教义，对小乘所分析的那一大套，尤其不欣赏。中国人能够很自然地接受般若这一方面，就是因为道家的关系。

学问有共通性、自发性。道家这一面在中国是本有的，不可说是从佛教来，但也不可说佛家这一面是从道家来，这种话都没意义。从中国吸收佛教的过程上看，道家玄学在前。在王弼、向秀、郭象的时代，佛家般若学还没进来，可是他们早就发出玄智来了。佛教般若学是到鸠摩罗什才介绍发扬起来。所以不能说王弼、向秀、郭象这些玄学家所说的是从佛教来。玄学在前，能不能说般若学从玄学来呢？也不能讲。中国后来也有极端的华夏主义，说那些洋和尚一点知识都没有，那些玄妙的道理都从道家来。王船山就有这种意思。他是极端的华夏主义者，他在这里不是谈学问，是闹情绪，说那些印度来的洋和尚是夷狄。这个说法是不行的。

说玄学来自般若或说般若来自玄学，说《道德经》出于《易经》或说《易经》出于《道德经》，这些话都没意义。说理学家出于佛、老，亦同样无意义。而社会上浅妄之辈专门说这种话，他们都不知道学问的甘苦，不知道学问的自发性、共通性。人类的学问、心灵自然有共通的，只要你存在地、用心地思想，你也可以发出来。不过还要看它发的方向如何、教路如何。这当然是不同的，训练思考就要从这儿开始，思想才能站得住。

道家因为没有实有层那一面，说简单也很简单，因为复杂都在分解地说的实有层那一面。实有层起争论，道家从作用层上讲，此则无可争论。所以儒、释、道都有这一层意思。譬如说在实有层讲好、恶，要界定什么是好、什么是恶，和平常所说的喜欢、不喜欢又有什么不同，这样分解了一大堆，结果愈分析愈麻烦，而且有争论。作用层上则不同，你一说无有作好、无有作恶，稍微一点就清楚了，这里边没有许多花样。

道家比较简单，而且主要只说这个意思。它不把“无”特殊化为任何东西，从这一方面说，它最有哲学性，最有普遍性，因为这是个共通的，大家都可以讲的。可是照后来中国哲学的发展来看，儒家却在这里有一种禁忌、忌讳，忌讳佛、老。从宋儒出来这个忌讳更大，到现在有一千多年了。成为忌讳，就把人的头脑拘束起来了。

因为忌讳佛、老，所以大家讲圣人之道，最怕讲这个“无”。一讲这个“无”，他就说你来自佛、老。其实圣人也可以讲无，不一定讲无就来自老子。当年陆象山和朱子争论《太极图说》，就因为《太极图说》讲“无极”是来自老子，非圣人之道。朱子起来后，忌讳更多。凡是讲无的地方，或者是稍为玄妙的地方，都不敢讲，以为来自禅，因此佛、老成为一个很大的忌讳，这对于发扬儒家思想是不利的。凡是高明一点、深远一点的都不敢讲。圣人的道理自是家常便饭，家常便饭也自是好的，但极高明而道中庸，并不是一天三餐以外就什么都没有了。

忌讳玄远，而以平实为借口，不是自己枯萎了吗？弘扬道理愈讲愈枯萎，最后，则一点光彩都没有，这样怎么能立教？若是这里分辨清楚，则以后你们看到这种话头儿就不会迷糊了。是不是佛、老，乃是从实有层上规定。并不是因为一讲无，就是佛、老。忌讳就是从道家的玄智和佛教的般若所引起来的。尤其朱子，他一看到这一方面的话，就以为这是禅，不是圣人之道，一下子就挡出去了。结果使自己讲道理伸展不开，不能左右逢源。所以，这个禁忌要解除。

解除禁忌则首先要分开什么是作用层上的话，什么是实有层上的话。作用层上的话，人人可以说的，不是谁来自谁，用佛教的词语说，这属于共法。般若这个概念不是共法，为什么翻为般若不翻为智慧呢？般若是从“缘起性空”那个教义来规定，这是佛教特殊的一个智慧，道家不这样讲，儒家也不这样讲。般若不是共法，但表现般若那个诡辞的方式则是共法。庄子所说的“鱼相忘乎江湖，人相忘乎道术”，这个“忘”字也是共法，大家都可以讲，圣人也要讲。“无有作好，无有作恶”就是忘，即不要造作。这就是道家所说的那个无，从作用层上讲的无，这是共法，不能决定什么，不能决定你属于哪一个系统。道家就以此名家，以此为胜场，把握这个普遍性，不特殊化为仁、上帝、梵天等。若了解这个，就不再成为禁忌，若再成禁忌，则需要再解放。不解放则儒家不能畅通，把自己陷落。一属于高妙就不敢讲，这岂不是自甘低下？

儒家作为一个大教是彻头彻尾的，不只停在中庸那一面。它极高明而道中庸，致广大而尽精微，尊德行而道问学，《中庸》里这些话不是说得很漂亮吗？

什么样的话头儿看起来是来自佛、老呢？程明道这类话头儿很多，朱子最不喜欢。朱子说这些话头儿说得太高，实际上他根本不喜欢。但因为他宗二程，所以，对于程明道不好意思明驳。其实他只宗程伊川，并不宗程明道。

程明道《定性书》就有这类的话头儿。他说：“天地之常，以其心普万物而无心；圣人之常，以其情顺万事而无情[1]。”这就是吊诡、诡辞。朱子对此虽未明驳，可是，叶水心却大表不满，说这全是佛、老的话。

1 《宋元学案·明道学案》，《定性书》，卷十三，第七页，中华书局印行。

其实在这个诡辞里边，含有两层意义。哪一个属于实有层呢？哪一个属于作用层呢？“天地之常”，天地的常度，“以其心”，肯定心，这是实有层，并不是没有心。“普万物而无心”，这就是作用层，“而无心”之无就是“无有作好，无有作恶”的那个“无”。但是一般人看到这句话，忘掉了前面“以其心”三个字，只看“而无心”，无心怎么行呢？心怎能没有呢？这个“无心”并不是存在上的否定，这是作用上的否定。作用上的否定就是庄子所说的“忘”，就是老子所说的“绝”。“以其心”，天地有心，复其见天地之心，这是正面说的实有层上的话。但是天地之心“普万物而无心”，它表现心的方式，是以无心的方式表现，这是作用上的话，把造作去掉。圣人也有情，“圣人之常，以其情顺万事而无情”。何晏、王弼争论圣人有情无情，何晏主无情，王弼就说你这样了解差，圣人当然也有情。但是圣人有情而不累于情，也就是无情之情。“以其情顺万事而无情”，无情是作用层上的话，这里边也有两层。一般人看到无情，就以为来自佛、老。圣人无有作好，无有作恶，《尚书》早就告诉我们“无情”了，但圣人也仍然还是有情，大家却忘掉了。

王阳明四句教说“无善无恶心之体”，他们最讨厌听这句话，一看到“无善无恶”就以为糟糕了，儒家就讲善恶，怎能无善无恶。无善无恶是说本心自体表现的状态，无善相、无恶相，王阳明自己说得很清楚，无善无恶是至善，是绝对的善，和与恶相对的那个善不同。绝对的善就是没有善相，恶相当然更没有了。

有一次，王阳明与两个大弟子王龙溪和钱绪山夜谈。王阳明说：“有心俱是幻，无心俱是实。”一有心通通都是幻象，无心的时候通通都是实的。但他又接着说：“有心俱是实，无心俱是幻。”[1]这两句不是与前两句冲突吗？一般人一看到这个话，又说这是佛、老，非圣人之道，圣人没讲过这种话。

这两种相反的话语，明明属于两层。“有心俱是幻，无心俱是实”，这是属于哪一层的？“有心俱是实，无心俱是幻”，这又属于哪一层呢？

“有心俱是实，无心俱是幻”，这是从实有层上讲。有心即肯定良知，良知是心，有良知的地方都是实的，没有良知的地方，则都是虚幻的。从有（being）变成非有（non-being），这是根据《中庸》的话讲的。《中庸》说：“诚者物之终始，不诚无物。”诚体所在才有物；诚体一被拿掉，万物就没有了。“有心”这是对良知本心的肯定，是实有层上的话，有良知在那儿贯穿，良知所到之处，一切都是实在的。把良知这个本体拿掉，一切都变成虚幻，就是无根、无本。这岂不与《中庸》言“不诚无物”一样吗？这是实有层上的话。

但他又说：“有心俱是幻，无心俱是实。”这是作用层次上的话。有造作之心，有意之心，都不是从良知发的，所以你讲的都是假的，这叫作“有心俱是幻”。对于“有心俱是幻”，那么，你最好是无心，这个无心并不是实有层次上对心的否定。这个无心就是“无有作好，无有作恶”的那个“无”，就是“以其心普万物而无心”的那个“无”。这就是老子说的“无”。

这里明明是两层，这是我们现在的讲法。当时钱绪山根本听

---

1 《阳明全书》卷三：“先生起行征思田，德洪与汝中追送严滩。汝中举佛家实相幻相之说。先生曰：‘有心俱是实，无心俱是幻；无心俱是实，有心俱是幻。’汝中曰：‘有心俱是实，无心俱是幻，是本体上说工夫。无心俱是实，有心俱是幻，是工夫上说本体。’先生然其言。洪于是时尚未了达，数年用功，始信本体工夫合一。”第二十六页，中华书局印行。汝中，即王龙溪；德洪，即钱绪山。

不懂，想了好久还是不懂。王龙溪聪明，他一下就领悟了。“有心俱是实，无心俱是幻”，王龙溪说这句话是“从本体说工夫”。“有心俱是幻，无心俱是实”，这是“从工夫说本体”，工夫不是作用吗？“从工夫说本体”就是老子的“正言若反”。

讲道家，主要是讲这三次。先讲道家主要的基本观念，然后讲道家是纵者横讲，就是上一次讲的。今天主要是说明作用层和实有层的不同。道家只有作用层，没有实有层。儒家两层都有，佛教也两层都有。道家只有一层，以作用层上所显示的“无”作为本体，两层不分，合而为一。因此，道家可以和佛教相通，显出一个共法，最有普遍性，大家都可以说。后来在这个地方成为一个禁忌，我们要把这个忌讳解掉，我们认为这并不妨碍圣人之道。

我们对道家大概就讲这三次。你们自己看看老、庄的书，消化一下，就可了解道家系统性格如何必须这样规定，这是一个很特别的智慧，讲“特质”，就要注意这些地方，如果当一个学问看，它就是一个境界形态的形而上学。这也需要对西方那些形而上学有一个了解，了解了就可看出它们之不同，这是一种鉴别，一种批判性的考查，这种功夫是需要的，要不然就是混滥。这种混滥会把中国哲学讲坏。

下一讲我们讲法家。

吴登台记录

第八讲

法家之兴起及其事业

在前几讲中我们已经说明先秦诸子都是针对周文疲敝而发，儒、道、墨三家均是如此。墨家在后来未起作用，因此重要的就只有道家和儒家。就周文疲敝是当时一政治、社会的客观问题来看，儒、道两家的态度大体是不中肯的，也就是不相应的，因此不能解答周文疲敝这个问题。虽然不能解答此一问题，但儒、道两家又启发出另一面的问题。

儒家在中国文化中所担当的是“立教”的责任，所以转而向教化方面发展，这就开出了儒家在中国文化中的地位。道家的层次与接触的问题与儒家相平行，但道家在中国文化中属于偏支。虽是偏支，但道家亦在人生之基本方向上有所决定，因此对后世亦有很大的影响。儒、道两家都能决定一个人生之基本方向，而其间的差别即在：儒家担当“教化”的责任，所以教的意味重；而道家教的意味不重。儒家在中国文化中的地位相当于基督教在西方文化中的地位，基督教是维持西方文化的最高纲脉，在这意思上，我们说儒家“教”的意味很重。佛家亦然，虽然佛教在印度未取得婆罗门教的地位，但一般地说，对人类的精神生活而言，它教的意味是很重的。道家则教的意味轻而哲学的意味重。

就中国的文化传统来说，中国的科学传统始自《尧典》所说的羲、和之官[1]。羲、和是天官，所掌管的乃是天文历律数等，演变而为后来的史官。《周礼》说史官有两方面的职责，即“掌官书以赞治，正岁年以叙事”[2]。“掌官书以赞治”就是掌管官书（官方的文献）以赞助政治。这就是后来中国“史”之传统的起源。此外史官还有“正岁年以叙事”的职责，即制造、改正历法以叙民事。在从前的农业社会中，人们都是按照季节来做事的，哪种季节做哪种事情都有详细的规定。史官之“正岁年以叙事”就是掌管天文历律数，这是真正的科学，中国以前在这方面并不差，这是中国的科学传统。“掌官书以赞治”则是中国史学的传统。道家和名家（名家详见第十讲）就代表中国的哲学传统。道家和名家就是哲学的意味重，教的意味轻；后来虽也有道教，但它教的意味甚弱，因此道家不能取得和儒家在中国文化中一样的地位。

同样是针对周文疲敝的问题，儒家向立教方面发展，而道家则变成玄理，此是由儒、道两家对人生的态度等基本方面有所决定而转成者。这当然就不切于当时的客观问题了。儒、道两家既然不能解答当时政治社会方面之客观问题，那么谁能呢？谁来解答呢？就是法家。由此，我们可以知道，同时针对周文疲敝，然而产生的态度有二：一是向着人生之基本问题方向发展；二是将周文疲敝视为一个政治社会之客观问题来处理。后者在当时是一个有迫切需要的问题，而前者之向人生之基本问题发展，就有普遍性、永恒性，故至今仍可应用。但既有普遍性、永恒性，则对当时之客观问题就不切，能切当时问题的只有法家。因此大家也要好好地正视这方面的问题，应对法家的用心及法家在当时所担当的事业有充分的了解。平常讲哲学史很少谈到这一方面，因为

---

1 《尚书·尧典》篇曰：“乃命羲和，钦若昊天，历象日月星辰，敬授民时。”

2 请参看牟宗三所著的《历史哲学》。

这不属于纯粹哲学的问题。但从中国文化的发展上讲，这是个重要的问题。

这问题是个政治的问题。一般青年学生虽也关心时代，但不一定懂得政治的问题，也不一定懂得中国的政治问题，关键原因在于没有政治意识。政治意识不必是青年人所能有的，有了也未见得好，所谓："天下有道，则庶人不议。"（《论语·季氏》篇）这种问题是很不容易了解的，必须通透，否则就成了"处士横议"[1]，那并不是好现象。若当政者不宽容，则于自己、国家都没有好处。春秋战国时处士横议的结果招来了秦始皇的焚书坑儒。王船山论及这类问题时都是极为痛切的。民国以来，由于中国出问题，一般人都注意政治问题，希冀由政治方面来解决，所以常搞学生运动，这都只是当时的反应，并不真能解决问题。因此这种问题也需要讲，我对这方面问题的疏解都集中在《历史哲学》及《政道与治道》两部书中。

中国人平常所说的法治和西方人所说的现代化的法治不同。在西方，如英国的民主政治，法治是由三权独立，顺着民主政治之保障自由、保障民权而来的；而中国人所说的"法治"是顺着法家的观念而来的，是相对于儒家的"礼治"或"德治"而言的。儒家讲德化的政治，重视"礼"，因此说："道之以政，齐之以刑，民免而无耻。道之以德，齐之以礼，有耻且格。"（《论语·为政》篇）儒家讲礼治，法家讲法治，而英美的民主政治讲司法独立，保障民权，并不用法治这个名词。中国的老习惯中所说的法治是照法家而讲的，所以，一提到这名词就令人害怕。因此我们亦应对当时法家的兴起有一个正确的了解。

先秦的法家是在发展中分段完成的。孔子很称赞管仲。假若

1 《孟子·滕文公下》篇有言："圣王不作，诸侯放恣，处士横议，杨朱、墨翟之言盈天下。"

确如后人之将管（仲）、商（鞅）、申（不害）、韩（非）并称法家，则孔子应不会称赞管仲。但子曰："微管仲，吾其被发左衽矣。""如其仁，如其仁。"（《论语·宪问》篇）孟子则是由最高的层次来看管仲，所以将管仲看得低[1]，那是另一个时代、另一层次的说法。管仲有其所以为管仲之处，并非一个可以低视的人物。由最高的道德理想视之，管仲当然不够。但政治就是政治，不能从最高的层次上来谈政治。假若知道政治与道德理想不属于同一层次，那么就可以了解到管仲是个大政治家，但不是法家，政治家与法家是不同的。管仲是个可欣赏的人，他很通达，是个由贵族社会中培养出来的很有教养的政治家。我们当从这方面来看管仲，否则，就不能了解孔子为何会称赞管仲。

春秋两百多年，实在是齐桓公和管仲两个人的天下。齐桓公之所以为齐桓公，之所以能成就霸业，就是靠管仲。齐桓公是个贵族，你可以说他生活奢侈，但事实上在此处不必多重视这一点。贵族有贵族的教养，当然他不是圣人，但是有相当的教养，即使他的私生活也不见得好。齐桓公与管仲就是春秋时代的贵族社会、文化传统所陶冶出的人物。《左传》充分表现了春秋时代高度的文化教养，而且文章典雅，所以从前有所谓的"左传癖"。由此应知我们不能轻视贵族社会。斯彭格勒（Spengler）就知道这个道理，他认为一切能形成大传统的文化都是贵族社会的文化。大传统（great tradition），就中国而言，就是夏、商、周，尤其是

---

1 《孟子·公孙丑上》篇曰："公孙丑问曰：'夫子当路于齐，管仲、晏子之功，可复许乎？'孟子曰：'子诚齐人也，知管仲、晏子而已矣。或问乎曾西曰："吾子与子路孰贤？"曾西蹴然曰："吾先子之所畏也。"曰："然则吾子与管仲孰贤？"曾西艴然不悦曰："尔何曾比予于管仲？管仲得君如彼其专也；行乎国政如彼其久也；功烈如彼其卑也；尔何曾比予于是？"'曰："管仲，曾西之所不为也，而子为我愿之乎？"

周的文化传统。贵族总有他所以为贵的地方，不能只看他有现实上的财富、高的阶级地位，还应由精神方面来看。贵族在道德、智慧各方面都有他所以为贵的地方。斯彭格勒所梦想的就是这种贵族的传统，尼采也梦想培养一种新贵族。

斯彭格勒的梦想起因自他反对十九、二十世纪以来到处是众暴寡、强凌弱，到处用多数来解决问题。以多数来解决问题是实行民主政治所用的一种不得已的方法，有些问题可以诉之于一般人的决定，但有些问题则不能。王船山讲庶民是“至愚”，但在另一方面，庶民又是“至神”。在这个意思上，至愚与至神间的分际是很不同的。由“天听自我民听，天视自我民视”来看，民是至神，对为政者的作为有一定的自然反应。但对某些特殊的问题或专门性的政策，一般老百姓就不能够知道，也就不能诉之于多数的投票。因此这个问题有两个层次，一方面要诉诸多数的民意，另一方面多数又不可靠。这里有个两难（dilemma），正好可用王船山说庶民“至愚而又至神”的话来表示。这种话是很难懂的。《易传·文言传》曰：“大人者与天地合其德，与日月合其明，与四时合其序，与鬼神合其吉凶。”此与“吉凶与民同患”[1]“天听自我民听，天视自我民视”的意味相同，这是圣人的感应之事；圣人的感应就和一般人民至神的感应一样，这是就一般政治的方向与措施所造成的结果而言的。由这方面来看，民是神。若由政治上某些专门性、特殊性的政策问题，或某些决定大方向的问题来看，严格地讲就不能诉之于多数的投票。法家讲“民可与乐成，不可与谋始”[2]，这说的是老实话。说这话是要犯众怒的，只有法家敢讲。专门性、特殊性的问题老百姓是不懂的。由这方面说，

1 语见《易传·系辞上》第十一章。

2 《史记·商君列传》引卫鞅语云：“民不可与虑始而可与乐成。论至德者不和于俗，成大功者不谋于众。”

“不可与谋始”的庶民就是至愚。《论语》也说：“民可使由之，不可使知之。”（《论语·泰伯》篇）由现代的民主政治来看，圣人这句话似乎不对，因此有些人千方百计地来解释，例如，说这句话应该是：“民可，使由之；不可，使知之。”实际上这问题有层次的不同，圣人为何不能说这话呢？这句话相当于法家所言的“不可与谋始”，及王船山谓庶民为至愚一面，为何不能讲？道理本有各层面，如何能拿一方面的道理来概括一切呢？

斯彭格勒就是看到十九、二十世纪以来的这层问题而向往创造大文化传统的贵族社会，尼采也是如此。尼采一方面反对基督教，另一方面反对泛民主主义。他不一定反对民主政治、自由民权（民主政治的基本精神是自由民权），但当民主主义到处泛滥的时候，就很令人讨厌了。尼采反对的是泛民主主义最后导致众暴寡，人只是庸众（mass），都成了 Heidegger（海德格尔）的存在哲学中所说的 das man（物性的人）。尼采是由这种价值观念上反对泛民主主义，但他也有非理性的地方，所以是浪漫的理想主义，并不是理性的理想主义。尼采向往的新贵族，由“超人”这个观念所代表。他讲“超人”就是要人做狮子，不要做绵羊。他反对基督教，因为基督教都令人成了绵羊。超人是诉之于自然生命的，在尼采看来，生命强的人就是道德高、智慧高的人；而这个世界就当由道德高、智慧高的人来统治，而不是由庸众来统治。这是尼采的基本思想。

尼采完全诉之于自然生命，这是不行的。因为事实上生命强的人不一定道德、智慧高，而道德、智慧高的人生命就一定强。此所谓的生命强，不是指肌肉的强健，而是指心灵力量（mind energy）强。既然不能说生命强的人就道德、智慧高，因此就不能由生命强来立道德、智慧的标准，而应从理性处决定，因此生命哲学是不行的。由于尼采如是说，以致有后来的希特勒。希特勒实行的不是黑格尔的哲学，而是尼采的哲学。希特勒认为犹太人、庸众就该被统治，这种极端的英雄主义是受尼采哲学的影响。

贵族社会确实能培养出大传统，各文化传统都是由贵族社会中培养出来的，因此不能轻视贵族社会。现代人的生命完全放肆，完全顺着自然生命而颓堕溃烂，就承担不起任何的责任。人的生命当由自然生命反上来，不能完全放肆。林语堂曾说："中世纪的文明是拘束的文明，近代的文明是解放的文明。"这里所谓解放，就是放肆。中世纪的人坐要正襟危坐，出门要整齐衣冠，就是几十年前的中国也仍是如此。这些是拘束，也是规矩，现在都没有了，这就是林语堂所谓的解放。现代人讲究的是生活的舒适，起初松一些未尝不可，拘束太甚当然令人讨厌。但一松就顺着松下去，一开端就成为生命的放肆，将所有的拘束都解开，如此一来，就不能有任何的承担。相当程度的拘束、克己复礼并不错。这是振拔自己的生命而能有所担当；完全松弛即放肆，就什么都不能承担了，这是很可怕的。拘束也有其重要性，我们在日常生活中稍作反省就可以知道。

由此也可以了解贵族社会为什么能创造文化。不要只从现实上着眼，看到贵族既富又贵，又居社会上的高位来统治人，就眼红，心不平。其实贵族有其所以为贵的地方。一般看相算命的人也知道贵和富是不同的。贵是属于精神的（spiritual），富是属于物质的（material），二者是不同的。例如，从前大皇帝富有天下、贵为天子，只可算是极富，而不可算是极贵。所以从前说天下有两家半的乡绅。一家是孔子的后人，书香门第是最贵的；一家是张天师，是道教；而那半家就指皇帝。这是中国传统的老价值标准。由此可知，贵是就精神而言，我们必须由此才能了解并说明贵族社会能创造出大的文化传统的原因。周公制礼作乐，礼就是 form

（形式），人必须有极大的精神力量才能把这个form顶起来而守礼、实践礼。春秋战国时代人才辈出，就是因为在那一个贵族社会中，能振拔生命、顶起形式而有所担当的人较多。当然也有腐败荒诞的一面，此不待言。

齐桓公和管仲就是这种贵族社会所培养出来的人物，而法家总起来就是司马迁的一句话："天资刻薄人也。"[1]管仲和齐桓公都不是这种人。齐国之所以能强，主要是因为齐国的传统风气，即"因""顺"的智慧。因、顺是现实政治上最高的诀窍，在因、顺中而巧妙地转化，在某一意义上，这来自道家，是一种智慧。管仲就有这种智慧。例如，齐桓公实欲伐楚、燕，而管仲却出之以正当的名号，因而能成功，这就是在因、顺中加以转化的智慧[2]。由此可知，管仲不是法家，而是大政治家，法家与政治家是不同的。

真正的法家从何时开始呢？即从何时起才有人着手解决周文疲敝所导致的政治经济各方面的客观问题呢？明显地说是始自商鞅。其实，并不是由商鞅才开始，从李克相魏、吴起相楚就开始了。这些人是在贵族社会的政治社会形态要转型的时候，针对这个客观问题来做事的。他们都是事业家，现实感很强。哲学家的现实感不够，所以不能做事情，因此常被批评为"迂阔"。

李克相魏文侯所做的事就是"尽地力之教"。所谓"尽地力之教"就是解放井田制的束缚，开辟耕地而增加农民的生产收入。法家的第一步工作，就政治而言，是废封建、立郡县；就经济而言，

1　《史记·商君列传》云："太史公曰：商君，其天资刻薄人也。"

2　《史记·管晏列传》云："其（管仲）为政也，善因祸而为福，转败而为功。贵轻重，慎权衡。桓公实怒少姬，南袭蔡，管仲因而伐楚，责包茅不入贡于周室。桓公实北征山戎，而管仲因而令燕修召公之政。于柯之会，桓公欲背曹沫之约，管仲因而信之。诸侯由是归齐。故曰：知与之为取，政之宝也。"

是废除井田制。井田制是夏、商、周以来的传统，土地不属于农民私有，而是一族人集体到某地去开垦。所谓“封建”是指“封侯建国”。例如，周公的后人封于鲁，姜太公的后人封于齐，封到哪里就到哪里去建国。建国就经济而言，就是集体开垦。这是“封建”的积极意义，周朝大一统就是如此维持的。此与西方所说的feudalism（封建）不同。西方所谓的“封建”是罗马大帝国崩溃后，原先统属于罗马帝国的势力就分散为各地方的势力；而中国所谓的“封建”则是向上集中于周天子的各地方势力。二者的意义是不同的。

在集体开垦的情形下，人民没有土地私有权，就井田制来说，这是很自然的。可是，这制度随着每个小侯国的滋长壮大、社会的繁荣、人口的增多，不能够永久维持。到了战国时代这个形态就要转变了。所以就政治上讲，废封建，立郡县是必然的。封建是天子把土地分封给诸侯，诸侯再分封给大夫，因此土地的所有权分别属于侯、大夫等，这些土地就成了他们的采邑。政治上的废封建就是把封建制度废去而将采地从贵族私有手里拖出来使之成为隶属于中央政府的郡、县。郡、县是客观的政治单位而不再是贵族的采邑。当时政治转型的第一步就是转采地为国家的政治单位。

废封建，立郡县是政治的转型，而废井田则是经济的转型。这简单的几句话，意义深远。贵族的制度发展到战国时代维持不住了，因此非转型不可，这也可说是自然的趋势。从人类的发展、觉醒上看，当然也有正面的价值。土地只是诸侯、大夫的采地，当然不合理，把不合理的制度废掉从中解放出来，当然有正面的价值。而将农民从诸侯的采邑中解放出来，当然有积极的意义。

在经济方面，井田制是跟着封建制度之集体开垦而来的，人民只有耕种权而没有土地的私有权，而且生活全都局限在井田的范围内，虽然三年一爰田，但分配、更换权在贵族手中，人民须将中间百亩之耕种所得缴给贵族，是实物贡献的方式，所缴大体是十分之一。

井田制废时，才成为赋税制。《春秋左传·宣公十五年》言：“初税亩，非礼也。”“税亩”就是按照所耕的田亩来纳税，是“履亩而税”[1]，这是井田制废除的一个开端。“非礼也”是说这不是夏、商、周三代所传之井田制的古礼。以前历来评春秋战国时代为“衰世”，虽是衰世，也并不是完全没有价值。就当时政治社会的转型是历史发展之必然来说，它有正面的价值与积极的意义。我们应先了解就何种意义而言，它是衰世，然后再把它视作一个客观的问题，则政治、社会、经济之要求转型，都有了积极的价值。如此我们才能说明历史的发展。

从宣公十五年“初税亩”起，社会就开始转型了，而担当此责任的就是李克、吴起、商鞅等人。李克相魏文侯，尽地力之教就是转型的开始，就逐渐要冲破井田制度。要废封建、废井田，当然会与贵族起冲突，但也没有经过革命才转型，乃是经过变法而转型，虽然吴起、商鞅不得其死。李克、吴起、商鞅是前期的法家，都是作事功的。他们提出“法”之观念，但没有提出一套 ideology 来，所以并不算坏。

做客观的事业不能没有“法”。就教化讲，礼是必要的。圣人站在教化的立场上讲话，所以重礼、重德，并不完全就着客观的事业来讲，而且孔子的时代，社会简单，客观事业也并不显明。到客观事业明显时，“法”的观念就应势而出，也成为必要的。尽管圣人所处的时代未出现“法”的观念，但是到了客观事业明显以后，针对后来的时代而言，圣人也要承认“法”。“法”是

1 《春秋公羊传·宣公十五年》有言：“初税亩，初者何？始也。税亩者何？履亩而税也。”

客观的标准，法律面前人人平等，这个意思圣人也不能反对，若反对，就也不能称之为圣人了。

社会愈简单，客观的事业就愈少，大体都是些直接的行为。直接行为大体都是主观性的，都是个人的主观性行为，即大都是你我个人的事情。而客观的事业则不属于个人，而是公共的事。公共的事就当有一个客观的标准，所以，当时提出“法”的观念来作为办事的客观标准是必要的，并不算坏。在井田制中，人民、土地都隶属贵族，都是主观的，由此解放出来就有了客观性，有客观性当然就得有法。但法必须执行才能有效。因此有所谓“信赏必罚”[1]，就有“法律面前人人平等”“王子犯法与庶民同罪”的观念出现。法家这种维持“法”之客观性的意思既然是必要的，不算坏，那么就是圣人也不能反对。前期法家做的就是这些事情，当然会与贵族冲突。譬如当时，王位世袭，太子是不能处之于刑法的，因此商鞅执法就刑之于太子师。所以秦孝公一死，太子即位就治他的罪，商鞅因此死得很惨。这就是牺牲。前期法家的事业并不算错，他们为了担当时代政治社会之要求转型的责任而牺牲，也值得同情。

历来对法家一直没有恰当的了解。法家是讲求“信赏必罚”的，若认为法家都是不对的，那么“信赏必罚”也不对了。如此就当是赏而不信，罚而不必。那么为何还要法？因此不能一概而论。又如有人认为诸葛亮也是法家。诸葛亮事必躬亲，怎能算是法家呢？法家的真正精神是按照法来办事，各人有各人的职责，何必事必躬亲呢？所以诸葛亮不是法家。两千多年来，只有明朝的张居正在本质上是欣赏法家的。他欣赏的是后期的法家，不是客观的，而是主观运用上的欣赏，因为明朝在庙堂之上还是尊崇儒

1　参阅《史记·商君列传》，商鞅所行乃“信赏必罚”之事。

家的。

先秦法家担当时代要转型的责任既然不算坏，那么，到什么时候法家才变成坏的呢？法家之令人起反感，申不害是一个转关。由申不害到李斯、韩非，这是后期的法家。前期的法家应社会之客观事业而提出“法”，所以没有人反对。但是当它形成一套ideology时，法家就变坏了，关键就在申不害提出“术”这个观念。商鞅有法而无术，所以死得很惨。申不害因此而有感于“术”的重要，所以提出“术”的观念来。以前人谓法家通道家，这不是由“法”之观念而通道家，而是由“术”之观念而通道家。“术”是运用“法”的，因此需要做道家的修养功夫。如此一来，道家也令人讨厌了。这是道家被法家利用为政治上的权术，而不是道家的本质。我们讲道家是取它的智慧、玄理，取它对人生态度上的贡献，这才是它的本质所在。道家被法家利用而成为权术始自申不害讲术。将法家与道家相连而言法术，是政治上的运用。

韩非子则主张法术兼备。法布在官府，术操之于皇帝。法是客观的，而术则是大皇帝一个人的运用，是秘密。这是个很坏的观念，绝对的尊君，以致大皇帝成了无限的存在，不受任何法律的限制。

作为无限存在的大皇帝，一方面要控制文武百官，另一方面要使客观的法有效，这就要靠术。要运用术，就需要一套大学问，因而就形成一套ideology。大皇帝运用术以控制文武百官并使客观的法有效，就客观的法而言，是“信赏必罚”。就控制文武百官而言，是喜怒不形于色，并随之以“赏罚不测”；“赏罚不测”是皇帝一心之运用，此与用之于客观之法上的“信赏必罚”并不冲突，是两层。所以皇帝运用术，主要在喜怒不形于色与赏罚不测。

中国人很有讲权术的智慧，而且成一传统，不过这不能登大雅之堂而只在暗地里运用。在庙堂之上的都是儒家的学问。以前所谓帝王之学指的就是权术,因此程伊川、朱子等以诚、正、修、齐、治、平等来教皇帝，结果不起作用。大皇帝也很少真正相信儒家，而都由道家或佛教中得些智慧。

针对统治天下而言,诚意、正心等只是个必要条件,是不够的。韩非子了解这点，所以注重“术”。运用术就得学道家，但道家一为法家所利用而成为权术，就变质令人讨厌了。荀子就反对此种术，《荀子·正论》篇曰：“主道……利宣不利周。”荀子站在儒家的立场上，所以主张要表露（“宣”）而不隐藏（“周”）。这与韩非的主张正相反，韩非认为皇帝应喜怒不形于色而保持隐秘，就是“周而不宣”。

与道家结合，法家就变坏了，韩非子就因此形成一套 ideology 而有了一套运用的原则。法与术结合，皇帝所运用的术不能公开,就成了“黑暗的秘窟”。以前做皇帝的很懂得这套权术。我曾说，论政治的智慧是英国人最高，论运用政治的权术，则中国人的智慧最高。所以英国这个民族不容轻视。中国是个老民族，经验丰富，所以运用权术的智慧最高。但政治家必须靠正面的智慧才能得正果，只有权术是不行的。严格地说，权术也不能称为智慧。

专讲哲学，我们可以不满意英国人的哲学，但是，也该知道英国人的哲学为什么一定要采取实在论的态度。Whitehead（怀特海）算是英国哲学家中比较注重 metaphysics（形而上学）、cosmology（宇宙论）的，但他仍保持原子性原则，即多元性原则。英国人就是讲玄学也一定落实到现实上肯定个体性，而不喜欢中国人常说的“浑然一体”。他们一听到浑然一体这种话就马上联想到混而为一，没有个体性。在他们来看，没有个体性是不行的。这是英国哲学的特点，在现实上也有作用。浑然一体当然有其玄妙之处，并不是错；但当我们讲中国哲学讲到天地万物一体时就要小心，要鉴别清楚。例如，当见到程明道说“仁者以天地万物为一体”[1]时，你自须承认这是最高的智慧，不能反对；但是你也须知此语的分际与层次，不可混同。分际、层次是最重要的。若分际、层次弄不清楚，则人就可以借口骂你到处都是绝对，都是集权主义，这当然是误解。但若自己弄不清楚，就也无辞以对。不仅洋人，许多中国人也有这种误解，这都是顺同一个思路而来的。这思路也并非全错，因此我们就必须随时检查、鉴别。他们所肯定的价值，例如自由、科学、尊重个性等，我都承认，也都不错。若根据这些来否定“仁者以天地万物为一体”、浑然一体，固然不对；但若漫无限制地讲浑然一体而不知它的分际、层次，一样是不对的。因此，必须头脑清楚，接触问题要辨清各分际、层次。有人见讲到绝对就认为是极权，其实并不如此。例如，上帝就是绝对，但上帝并不极权。absolute 和 totalitarian（绝对和极权）是两个不同的观念，要鉴别开，这就要针对问题而且也并不容易。但是若不讲清楚，中国的文化生命就不能通畅，所以在这个时代讲中国哲学非常困难，每一个观念都需要鉴别清楚，否则就是大混乱。

儒家常说“以天地万物为一体”，庄子也喜欢讲“天地与我并生，万物与我为一”。中国人常说这类话。德国人有时也讲，因此较易了解中国的学问；英美人就不容易了解，更讨厌这类说

1　《二程全书·遗书第二上·二先生语二上》曰：“医学言手足痿痹为不仁，此言最善名状。仁者以天地万物为一体，莫非己也。认得为己，何所不至？若不有诸己，自不与己相干。如手足不仁，气已不贯，皆不属己。故‘博施济众’乃圣人之功用。仁至难言，故止曰：己欲立而立人，己欲达而达人，能近取譬，可谓仁之方也已。欲令如是观仁，可以得仁之体。”（下注“明”，系明道先生语。）

法。这些词语的意义我们就必须弄清楚。儒家在客观方面肯定道，在主观方面肯定良知。道、良知都是绝对的，但儒家的基本精神不是 totalitarianism（集权主义）。儒家的基本精神在“物各付物”[1]，就是每个东西各归其自己，这正是极端的民主，极端的开明。这个事实为什么大家忘掉了呢？“仁者以天地万物为一体”固然是程明道的话，但“物各付物”也是他的话，大家为什么不注意呢？“物各付物”“老者安之，朋友信之，少者怀之”（《论语·公冶长》篇）“天地气象”[2]，这些都是儒家的词语；而“各得其所”“各遂其生，各适其性”，这些都是道家的词语。这明显不是 totalitarianism。庄子的《齐物论》亦不是 totalitarianism。齐物并不是要一切服从一个主观的是非标准，若如此，则必强人从己，互相对斥。“故有儒墨之是非，以是其所非而非其所是。欲是其所非而非其所是，则莫若以明。”（《庄子·齐物论》篇）庄子即由此“明”处开出他的“齐物论”。“齐物论”的主旨是每个东西都平摆着，通通都对，这是极端的个体主义。依庄子来看，纷争是起自以各人的主观为标准，如此，那么人、猴、鱼何者才真正知道有好的居处呢？若对，则通通都对；若不对，则通通都不对。这就是“齐物论”。由此可知，“齐物论”实是一个最开明、最解放的说法，当然不是 totalitarianism。由此可以确定：儒、道两家所讲的“绝对”都不是 totalitarianism。这都需要清楚地鉴别。

英国的政治就是多元论，肯定社会上的各社团的客观存在，都有合法性，任何人没有权力消灭它，这就是承认现象，是实在

---

1 《二程全书·遗书第六·二先生语六》曰：“致知在格物，物来则知起。物各付物，不役其知，则意诚不动。意诚自定则心正，始学之事也。”

2 《二程全书·遗书第二十二上·伊川先生语八上》曰：“用休问‘老者安之，少者怀之，朋友信之’。曰：‘此数句最好。先观子路、颜渊之言，后视圣人之言，分明圣人是天地气象。’”

论的态度。儒家也是如此：讲道德、做圣人是个人的事；讲王道、讲政治的时候，就要“衣食足而知荣辱”[1]“先富后教”[2]“内无怨女，外无旷夫”[3]，各得其所，各遂其生，各适其性。这就是王道，正好是 open society（开放的社会），这不是比附，儒家的基本精神正是如此。

法家到后来术的观念一出现，运用道而成就大皇帝的专制统治，就变坏了。大皇帝处，我们称之为“黑暗的秘窟”。为什么叫“黑暗的秘窟”？因为他的术来自道家。道家的“道”没有 moral content（道德的内容）。因此道家的学问尽管视为智慧，也仍是偏支，就因为它的“道”没有道德的内容，所以暗无光明。因此运用权术处也成了“黑暗的秘窟”，这是法家的罪恶。

今天所讲的是顺着战国时期政治经济要转型这一客观事业来分别前期法家与后期法家。令后人起反感的是后期法家，关键在于申不害与韩非。前期法家并不坏，他们尽了时代的使命，完成春秋战国的转型，而下开秦汉大一统的君主专制。由贵族政治进到君主专制，由君主专制再进到近代的民主政治，这是政治的三个形态。政治形态想要向前进一步非常困难，不是常常可以出花样的。君主专制固然不好，但也维持了两千多年，可见它也总有相当的适应性，不满意它而想转变还很不容易。现代是民主政治，那么将来是否还会出现其他的形态呢？据我的判断，只要人间不是天国（上帝王国），只要人间需要政治，则民主政治就是最后

1 《史记·管晏列传》曰：“管仲既任政相齐，以区区之齐在海滨，通货积财，富国强兵，与俗同好恶。故其称曰：‘仓廪实而知礼节，衣食足而知荣辱。’”

2 《论语·子路》篇曰：“子适卫，冉有仆。子曰：‘庶矣哉！’冉有曰：‘既庶矣，又何加焉？’曰：‘富之！’曰：‘既富矣，又何加焉？’曰：‘教之！’”由此见儒家讲“先富而后教”。

3 语见《孟子·梁惠王》篇。

一种形态；民主政治一旦出现，成一个政治体制，就有永恒性。将来的进步不再是政治体制的改变，而是社会内容的合理化。这二者也要分别开，因此我才能断定民主政治就是最后的政治形态。将来的进步是朝向社会内容的合理化、充实化而趋向理想。最高的理想就是康德所说的“目的王国”，进一步就是其所说的“上帝王国”，那时连政治也不需要了。但人间不能没有政治体制，办客观的事情也需要法，因此民主政治是最后的体制，将来的问题是社会内容、文化、教养的问题，而不是民主政治体制的问题。下一讲再讲废封建、立郡县、废除井田制所含的政治意义。

何淑静记录

第九讲

法家所开出的政治格局之意义

在上一讲中，我们说明了法家的主要工作及前后期法家的发展；这次再进一步来看法家的工作在政治上的影响，即法家所开出的政治格局（political frame）及其意义。在中国历史的发展中有三个关键：第一个是周公制礼作乐；第二个是法家的工作完成了春秋战国时代政治社会的转型；第三个是辛亥革命之后要求的民主建国。由此可知，法家的工作及其所开出的政治格局的意义是很重要的，因此需要仔细地了解。

法家所开出的政治格局就是由“废封建，立郡县”而完成“君主专制”的政体。大家不一定明白“君主专制”这政治格局的由来及其意义，这是法家配合春秋战国时代政治社会之要转型而完成的。法家人物的现实感很强，因此能够担当时代所需要的工作。当时政治社会的要求转型是自然的发展，法家正视这种转变，如是就顺其变而且完成其变，此即现实感强，故能相应。这不是依一定的理想而进行。儒家、道家对此问题所表现的是人生的理想，且现实感不够，因此就不相应于当时的实际需要，就转而向立教方面发展。由此也可以了解孔、孟在当时为何都不得志。

要想从事实际工作，做政治家，现实感就必须强，不能只讲些大道理。并不是那些道理错了，而是它与眼前的问题不相干，因此就不能解决问题。儒者常有这种毛病。例如，南宋孝宗时，政治上的主要课题在北伐，即恢复两京，而朱子对孝宗讲的是诚、正、修、齐、治、平的道理[1]。又如明末崇祯年间天灾人祸、内忧外患，有种种政治、财政、军事方面的问题，而刘蕺山还是对思宗（崇祯皇帝）谈些空泛的大道理，说什么“陛下心安则天下安矣”，因此遂使崇祯有“迂哉”之叹。他三起三废终于还是没有用[2]。这些大道理并不错，当然需要讲，但是针对一些特殊的、实际的政治问题就没有用，这就是迂阔、不相应。再明白些说，这些道理只是必要条件（necessary conditions），但不是充分条件（sufficient conditions）。充分不充分是就解决当时的特殊问题而说的，这需要有实际的办法，光讲道理是不够的。法家人物的现实感强，因此能相应于政治社会形态之要转型且进而完成之，这就是法家的工作，其所开出的政治格局就是“君主专制”。

但法家所开出的政治格局为何是君主专制呢？此政体的由来在当时固然是由于法家的工作，但直接地是由何种原因而形成这种政体呢？这仍应当由法家的工作来了解。法家的工作主要是“废封建，立郡县”，将贵族的采地变为郡县，用现代的话讲，就是变为国家的客观的政治单位。这步工作直接地打击贵族，把元首

1 参见《宋元学案》卷四十八《晦翁学案上》。其传中有：“是行也，有要之于路，以为正心诚意之论，上所厌闻，戒勿以为言。先生曰：吾生平所学，唯此四字，岂可隐默以欺吾君乎？”

2 参见《明儒学案》卷六十二《蕺山学案》。其传中有：“上顾温体仁曰：迂哉刘某之言也……有旨革职为民，然上终不忘先生，临朝而叹，谓大臣如刘宗周，清执敢言，廷臣莫及也。”

（国君）从贵族的束缚中解放出来，取得一个超然的客观地位。在贵族社会中，元首和贵族（公子、公孙）的关系太密切了；但元首不仅是一个家族或贵族的元首，他更是一国的元首。法家打击贵族就必含着“尊君”，将元首由贵族的血缘束缚纠缠中解脱出来，而取得超然的客观地位。这是元首的解放。

在此之前，各国的政治权大都掌握在贵族手里，因此是贵族政治（aristocracy）。现在法家的工作压制了贵族，那么由哪些人出来参与政治，帮助元首处理政治问题呢？这就要靠着“士”。“士”阶级的兴起是中国社会中的一大转关。在贵族社会中原已有士，但士只是公卿大夫的家臣，并不掌有政治权。士介于贵族与平民之间，而且有知识，是“知识分子”，到秦、汉以后形成“宰相系统”。士参与政治时，他们既不算贵族，也不属于元首的家族，因此地位较超然而客观。由于“士”阶级的兴起并参与政治，中国的政治才有了客观的意义，即政治之所以为政治。

“政治”不同于“吏治”，故至今仍有政务官与事务官的分别。政务官要参与决策，因而有政治的意义；事务官则不参与决策，只负责决策的执行，是所谓的官吏，亦即西方人所谓的“文官制度”（civil service），这代表吏治。中国以前虽然有士阶级兴起而参与政治，且后来演变成宰相系统，但政治与吏治的分别始终并不清楚。因此近代以来了解政治的人常说：从前中国在君主专制的政体下只有吏治而没有政治。宰相是政务官，要参与决策，原该有政治的意义，但因为“政治”的意义保不住，因而只成了“吏治”。为何保不住呢？虽说宰相应负责决策，实则决定权仍在大皇帝处，皇帝以下通通是吏，于是，就只有吏治而无政治。现在之所以能够明白区别政务官与事务官的不同，就是因为了解了政治的意义不同于吏治的意义。在现代社会，政务官经由选举而产生，而执行决策的事务官并不随便更动。

法家废除封建而压制了贵族，使元首得到解放，士兴起而参与政治，这就含有将政治客观化的意义。在贵族政治时代，元首和贵族的血缘关系太密切了，因此政治的客观性不显，即那时政治是在主观的状态中而隶属于血统的关系。士和元首没有血缘上的牵连，而靠着个人的知识、才能来参与政治，因而较易表现政治的客观性，也就是政治的意义。战国时代的贵族是“肉食者鄙”[1]，因此用士作为家臣来办事。到后来贵族没落，士直接参与政治，不再是贵族的家臣，士也就取得了客观的地位，这是“士”，即知识分子的解放。从此，中国社会上就有士、农、工、商四民的分别。

梁漱溟先生曾说中国两千多年来的社会是“伦理本位，职业殊途”[2]，这话说得很对。士农工商是职业的不同，而不是阶级的不同。“阶级”一词在西方、在印度都有一定的意义，大体分为僧侣、贵族、平民、贱民四阶级。中国的士、农、工、商四民则是职业的不同，一个家庭中的兄弟就可能分别从事士、农、工、商，因此并不是阶级的划分。中国社会中不论各行各业都以伦理为本位，此因受了儒家人文主义（humanism）的教化，故以伦常关系（ethical relation）为本，以此为社会的基础，在此基础上各人生活的道路不同，因而有士、农、工、商职业的不同。

士不再是贵族的家臣，而凭自己的知识才能在社会上得到一个客观的地位，影响到中国社会形成了士、农、工、商职业的区分，这是士的解放。元首不再纠缠于贵族的家族中而成为一国的元首，得到了超然的地位，这是元首的解放。这是由政治方面来说士与元首的解放，即是“废封建，立郡县”的意义。在此二者之外还

1 《左传·庄公十年》曰：“春，齐师伐我，公将战，曹刿请见。其乡人曰：‘肉食者谋之，又何间焉？’刿曰：‘肉食者鄙，未能远谋。乃入见。’”

2 参见梁漱溟先生著《中国文化要义》，第五章及第八章。

有人民，这要从井田制，即经济方面的生产系统来看。

法家在经济方面的工作是废除井田制。井田制虽不必如孟子所言的整齐[1]，也不一定很普遍，但大体也确是夏、商、周相传的传统的古制，《诗经》上也有“雨我公田，遂及我私”[2]之语。上讲已说明了井田制的意义，周初封侯建国的积极意义就是集体开垦。例如，周公的后人伯禽封于鲁，并不是伯禽一人去做官，而是带着许多氏族一起去当地开垦土地[3]，这就是所谓的“屯田”。一群人住在一起屯田而成一邨（村），这是邨（村）字的由来。因此初时土地一定是公有，由此集团的领袖分配给众人开垦种植，因此农民只有土地的耕种权，而没有土地的私有权。分配的制度大体就是井田制。私田（私种非私有）百亩的生产属私人所有，而将共同耕种的百亩所得缴给公家。这显然不能以希腊的奴隶制度相比附，井田制并不是奴隶制。在古代集体开垦的井田制之下，各家有百亩的收入，八家集居成一小村庄，有各种必要的设施，因此生活得很舒服[4]，故而历来总认为夏、商、周三代是王道。“鸡犬之声相闻，民至老死不相往来。”[5]这就是古代农业社会的写照。

---

1 《孟子·滕文公》篇曰：“诗云：‘雨我公田，遂及我私。’惟助为有公田，由此观之，虽周亦助也……方里而井，井九百亩，其中为公田。八家皆私百亩，同养公田。公事毕，然后敢治私事。”

2 《诗经·小雅·大田》篇。

3 《左传·定公四年》曰：“分鲁公以大路大旂，夏后氏之璜，封父之繁弱。殷民六族条氏徐氏萧氏索氏长勺氏尾勺氏，使帅其宗氏，辑其分族，将其类丑，以法则周公，用即命于周，是使之职事于鲁，以昭周公之明德。分之土田陪敦，祝宗卜史，备物典策，官司彝器，因商奄之民，命以伯禽，而封于少皞之虚。”

4 《孟子·滕文公》篇曰：“设为庠序学校以教之……乡田同井，出入相友，守望相助，疾病相扶持，则百姓亲睦。”

5 《老子》第八十章。

虽然井田制中人民的生活很舒适，但由精神生活的价值、历史的发展而言，农民终究还是被束缚在井田制中不得动转，这就是因为农民没有土地的所有权。虽因土地的好坏不同而有三年一“爰田”的办法，但分配权在贵族手中，农民仍没有动转的自由。当井田制持续久了，人口逐渐增多，社会逐渐复杂，就出现了“税亩”。税亩是废弃缴纳公田所得的办法，改为“履亩而税”，因此不合古礼[1]。出现“税亩”就表示井田制逐渐要转。这时公家（贵族）不再负责分配，而是农民在当地住久了，土地就归农民所有，如此逐渐转成私有制。私有制一起，井田制自然就废了。因此中国土地的私有制不是由斗争而来，而是自然的转化，这是“耕者有其田”，耕种久了自然地取得土地的私有权。

法家积极废除井田制就是要增加土地、开辟耕地。商鞅在秦时曾说“开阡陌”[2]，平常错解了“开阡陌”的意义，因此不了解井田制的实义。阡陌是井田间的界限，即堤坝，这就占去不少的土地，因此“开阡陌”之“开”意指“开除”，而不是“开设”。去除了作为界限的堤坝，就增加了许多耕地，也就能够增加生产。这“开阡陌”的讲法是钱宾四先生的发现[3]，钱先生把战国两百多年的历史讲得很清楚。

去除阡陌就是开辟土地，增加生产；再加上履亩而税，就形成了土地私有制，即土地成为农民的私有财产，农民因而得到了动转的自由，不再束缚于贵族的采地，而成为一个独立体。由此可再引申一义，即私有财产制不能全然废除。西方人尊重私有财

1　《春秋·宣公十五年》经曰：“初税亩。”《公羊传》曰：“初者何？始也。税亩者何？履亩而税也。”《左传》曰：“初税亩，非礼也。”

2　《史记·商君列传》曰：“为田‘开阡陌’封疆，而赋税平。”

3　参见钱穆先生著《国史大纲》，第五十九页。台湾商务印书馆，一九八〇年第五版。

产的观念很强，中国人对此就很淡薄，至少没有法理上的意识。自由经济的基础在于私有财产，没有私有财产就没有自由经济，因此不能废除私有财产。自由经济、私有财产不同于资本主义，虽然自由经济若不节制会变成资本主义，但它却并不必然要成为资本主义。不能因为反对资本主义的毛病就连带着反对私有财产、自由经济。何以故？因为私有财产是人格的防线，保障人格的尊严。自由不仅是教育或罢工的自由，也是生活方式、选择职业的自由，因此自由就是人的各种权利，表示人格的防线、人格的尊严。

农民享有土地私有权，就取得了动转的自由。在井田制中，农民的生活虽很舒服，但他只是潜伏于其中，没有客观的地位，只是“日出而作，日入而息，帝力何有于我哉”的羲皇上人。就精神的发展来讲，羲皇上人只是在潜伏的（potential）状态中，这是不够的，也是不合理的。农民一旦取得了动转的自由，就成为一个独立的个体，可以有自由的生活方式，如此在精神生活的发展上也算是一步解放。因此，废除井田制，农民也算取得了解放，在社会上有客观的地位，成为国家的一分子，而不再隶属于贵族的采地。这是农民的解放。

如是，在政治方面，元首成为一国的元首，代表政权，不再和贵族牵连在一起而取得解放。士兴起于社会，和元首没有家族的关系，由家臣的地位得到解放而直接参与政治，因而使政治的运用有了客观性。尽管以前只有吏治而无政治，但是吏治也有相当的客观性，因为虽然决策由大皇帝所决定，故是主观的（subjective），但当决策分至各省各县去执行时，也有相当的客观性。譬如，从前县长绝不由本县人出任，就避免了许多乡亲人情的麻烦。在经济方面，农民也由贵族的采地中解放出来而成为国家的一分子。元首、士、民三端得到解放而取得客观的地位，就是法家的工作所含的意义。

就精神的表现、历史的发展而言，这当然比贵族政治的形态要进步一些，不过直到现代才看出这层意义。以往总认为春秋战国时代是衰世，又笼统地反对法家，就是因为不了解法家工作的意义。上讲中已说过申不害、韩非的那套思想当然不对，但前期的法家并不错。由精神的表现来看，前期法家所完成的工作确是实现了一些客观的价值，精神的表现就是价值的实现。以前向往夏、商、周三代，因为那是王道，这自然有其道理；但另外我们也应该注意到精神表现、历史发展方面的意义。因此法家的工作所开出的政治格局的意义，在于使元首、士、民鼎立之三端都取得客观的地位，这是第一步的意义。

接着，我们应进而衡量这三者的客观地位是否能够充分地客观化（fully objectify）。由取得解放到能够充分地客观化，还有极大的距离。何谓“充分地客观化”？未达到充分客观化的客观性是何意义？这些问题就需要细密的考虑与衡量，因为这是了解中国历史的关键，也是了解君主专制政体的关键。

法家的工作压制贵族，这就含着尊君，使元首取得一个超然客观的地位，但这并不表示元首的地位能够充分地客观化。尊君的结果使得元首的地位成了无限制的（unlimited），由无限制的进而成为无限的（infinite），后世的大皇帝都是无限体（infinite being），这是绝对化而非充分地客观化。人间政治组织中任何一个存在若无按照政治法则（principle，law）而来的限制，则这存在就无客观性。客观之所以为客观，即在于服从一政治法则，而为此法则所限制。尊君的结果对皇帝没有一个安排，他就不服从任何政治法则，如此皇帝就成了绝对体，是arbitary will，随意挥洒，而不能客观化。如此，君虽由贵族社会中解放出来取得超然的地位，但结果仍落为主观状态的客观地位，成了没有限制的绝对体，这样就形成了君主专制政体。此中的关键在于将元首解放出来之后，未随之给予一安排、一回应，于是，君就成了主观状态中的绝对体。但政治中的元首不能是绝对体，只有上帝是绝对体，因此人间的组织中若有一个成分是无限的，那它就必是随意挥洒的，成为所谓的“在主观状态中的绝对体”。经过申不害、韩非的理论，君完全不受法律的限制，成了“黑暗的秘窟”，即主观状态中的绝对体，而不能客观化其自己，因此形成君主专制。

在政府组织中的每一级（rank）都是客观的，因套在一个组织中成为其中的一级而取得客观的地位，任一级都不能是无限体。黑格尔认为无限体就不能客观化，在他的哲学中，客观精神即指法律国家。国家不是绝对体，而是在相互间的对立限制中形成的。就儒家而言，义道是客观的，由尊尊处讲；仁道是主观的，由亲亲处讲。这些意义都需要注意。

元首是政治等级中的一级，本来是客观的，但法家将元首尊得超过了等级，就产生弊病，而成了君主专制。如此，虽然君由贵族中解放出来，却因不能充分地完成客观化，而没有客观性，即成为客观性的否定。法家开出的君主专制政体因而出现弊病，故后人总不满意君主专制，而向往三代的王道。这也是因为前人未了解废封建、废井田而由贵族社会向前进一步也有价值，其价值在于元首、士、民均由此解放而得客观的地位。法家的工作虽使得这三端得到解放，却未随之有一安排、回应，因而使此三端不能充分客观化，而形成自秦汉以来到辛亥革命这两千多年间的君主专制的政治形态。以上先说明了元首之未能充分地客观化。

再看士这方面。法家的工作使士不再是贵族的家臣而直接参与政治，因此使政治有了客观性，那么，士之地位能够充分客观化吗？它是否有充分的客观性？士后来演变为宰相系统，掌“治权”，当然有客观的地位，但其客观的地位与政治客观性都未能充分地客观化。关键在于皇帝是无限体，不受任何法律的限制，则士的客观地位与政治的客观性皆不得保障。宰相是大皇帝任用的，进退擢降之间并没有法理的基础，而全系于皇帝的意志。因此皇帝这端不能充分客观化，士这端就也不能充分客观化。

这是中国历史中高层次的问题，大家一定要了解。钱宾四先生一直主张中国以前不是君主专制[1]，但若是如此，辛亥革命就没有意义了。钱先生重视汉唐的宰相制度，而认为在这制度下皇帝并不专制。例如，唐代的三省宰相：中书省掌制诰、门下省掌封驳、尚书省掌执行，大体也是三权分立，因此皇帝并不专制。若不顾权源，只从治权上看，表面上是如此，事实上则不然。因为皇帝有无限的权力，可以随时撤换官员，宰相的地位就仍然没有保障。君主专制之下并不是没有好皇帝，但皇帝好坏是一回事，是否有限制、能否客观化是另一回事。宰相有客观的地位，并使得政治有所以为政治的客观性，这是一回事；而其客观性是否有充分的保障又是一回事。在君主专制体制下，宰相的客观地位、政治的客观性终究是没有保障的。

历来儒者都不满意于家天下，这问题在亡国时尤其明显，而一直得不到解决。君主专制虽由法家开出至秦汉大一统而完成，但在西汉两百多年间，家天下的君主专制仍未成定型，至少在舆论、一般人的意识中尚未成定型。例如，汉文帝初继大统时仍认有德者始应君天下[2]。至汉武帝用董仲舒复古更化以后，西汉思想家出现两派：一派主禅让，另一派主五德终始说。当时的儒生是很敢说话的。至汉光武以后，家天下的君主专制才确定，以后就

1 参见钱穆先生著《国史大纲》，引论第十三至十五页。

2 《史记·孝文本纪》曰："代王曰：'奉高帝宗庙，重事也。寡人不佞，不足以称宗庙。愿请楚王计宜者，寡人不敢当。'群臣皆伏固请。代王西乡让者三，南乡让者再……遂即天子位。"

不再讨论这问题。虽不讨论，但每至亡国时，尤其亡于异族时，这问题总会出现，因为家天下究竟是不合理的。讨论这种问题要靠理学家、思想家、文史家是不行的。一般历史学者是内在于历史考历史，其所了解的事实、材料等是第一序的问题。但家天下问题是高一层、第二序的问题，因此不容易了解。理学家于此有一个传统，例如，南宋亡于元、明亡于清时他们就一再接触、讨论这问题，反省自己的历史文化，一如现在我们反省中国的文化。以前曾屡屡次次反省，可见这是个高级的问题。

君主专制是政治体制的问题，若否认以前的中国是君主专制，辛亥革命就没有意义了；君主专制虽有不合理之处，但也维持了两千多年，可见也有相当的适应性，不满意于此而想改变还并不容易。理学家向往三代的王道，顾、黄、王批驳家天下，却又想不出更好的办法来，由此可见，政治形态想向前进一步是非常困难的。从尧、舜到夏、商、周三代是贵族政治，经过法家的工作而成为君主专制，一直维持到辛亥革命。

我们不能因为从前有宰相系统而说君主并不专制，主要是由于宰相只有治权，只是帮助皇帝治理天下，而政权却寄托在大皇帝处。因为政权不能客观化，所以宰相系统的治权也得不到客观化。因此政权和治权要分开，都要客观化。孙中山先生将这二者分开是很对的。战国时代的政权在诸侯手中，那时已有政权和治权的事实，虽然也许并没有这种观念。经过法家的转型而尊君，对代表政权的君没有一个安排，因此使得政权不能客观化。到秦汉大一统承继春秋战国时代之诸侯王国而形成君主专制，代表政权的大皇帝也就不能客观化。

自夏、商、周以来，在贵族社会中政权是世袭的。齐襄公复九世之仇而圣人称许之，此即春秋大义之“大复仇”。一般百姓复仇服从亲亲原则，故复仇不过五世；但国君世袭，代表一国政权之所在，故复仇“虽百世可也”[1]，服从的是尊尊原则，这表示政权不能断，不能亡人之国。亡人之国是大恶，应“兴灭国，继绝世”[2]。国家属于客观精神，尊尊是义道，就代表客观精神。

在贵族社会中，政权来自周天子的封侯建国，诸侯世袭即表示政权世袭。秦仍是战国时代的一个贵族，汉则是中国历史上的一个大转变。汉高祖以布衣取天下，是“亘古以来未有之奇变”。汉高祖创造了一个新的局面，即“打天下”。政权的取得是非理性的（irrational），因为凭借的是武力。取得天下后，“马上得之，不能马上治之”[3]，因而用士，即知识分子，来帮忙治天下。“帮忙”是客气的说法，其实是帮闲，因为士不能过问政权，政权是皇帝以武力打来的。

在君主专制下，政权是用武力打来的，不能客观化，因此治权随着也不能客观化，都在大皇帝的控制之下。中国知识分子两千多年都是处在这种状态之中，因此，中国古代知识分子是很苦的，由此也可进而了解中国知识分子有其自身的命运。政治客观化的问题不能解决，知识分子就不得解放，即不能正其命[4]，在现实上就有其自身的命运，由此可以推出许多结论。我们可以举几个显明的例子，大略地说一说。

1　《春秋·庄公四年》经曰：“纪侯大去其国。”《公羊传》曰：“大去者何？灭也。孰灭之？齐灭之。曷为不言齐灭之？为襄公讳也。《春秋》为贤者讳，何贤乎襄公？复仇也。何仇尔？远祖也……远祖者，几世乎？九世矣。九世犹可以复仇乎？虽百世可也。家亦可乎？曰不可。国何以可？国君一体也……国君何以为一体？国君以国为体，诸侯世，故国君为一体也。”

2　《论语·尧曰》篇。

3　《史记·郦生陆贾列传》曰：“陆生时时前说称诗书。高帝骂之曰：‘乃公居马上而得之，安事诗书。’陆生曰：‘居马上得之，宁可以马上治之乎？’”

4　《孟子·尽心》篇曰：“孟子曰：‘莫非命也，顺受其正，是故知命者，不立乎岩墙之下。尽其道而死者，正命也；桎梏死者，非正命也。’”

中国知识分子命运的第一幕是秦始皇焚书坑儒。除了申不害、韩非主张绝对的尊君，李斯又提出“以法为教，以吏为师”[1]。教应是教育，是以礼乐圣贤之道为教，以有德之人为师，而不是“以法为教，以吏为师”。古今中外没有人敢说这种话，这就是法家的罪恶。

“以法为教，以吏为师”就造成极端的专制，在此之下没有教育，也不能有教育。当时的儒生喜言尧舜三代、古圣先王，就被视为群言淆乱、借古讽今，因而导致秦始皇的焚书坑儒。故凡实行专制一定要斩断历史文化，他们的政策都是横剖面的，不是纵贯的，就是要斩断历史文化。秦始皇“焚书”就是烧掉历史。

第二幕是东汉末年的党锢之祸。这是知识分子参与政治结果完全失败而导致的大惨局。东汉两百年是知识分子与环绕着皇帝的几个集团的斗争史。皇帝的地位未客观化、理性化，因此围绕着皇帝的集团，如宗室、外戚、宦官，也都是非理性的。对宗室，皇帝向来有办法安排，虽然经常斗争得很惨，尤其是在初开国时宗室之间的争夺帝位，如曹丕、唐太宗、明成祖等。此外代表内朝的外戚、宦官（后来以宦官为主），和代表外朝的知识分子（宰相）相对立。外戚有时和宦官结合，有时和外朝结合。党锢之祸，知识分子在与宦官的斗争中失败，有极悲惨的遭遇。例如，为了追捕张俭，使“郡县为之残破”[2]；范滂

1 《史记·秦始皇本纪》曰：“丞相李斯言……百姓当家则力农工，士则学习法令辟禁……臣请史官非秦记皆烧之。非博士官所职，天下敢有藏诗书百家语者，悉诣守尉杂烧之。有敢偶语诗书者弃市。以古非今者族……所不去者，医药卜筮种树之书。若欲有学法令，以吏为师。制曰：‘可。’”

2 《后汉书·党锢列传·张俭传》曰：“笃因缘送俭出塞，以故得免。其所经历，伏重诛者以十数，宗亲并皆殄灭，郡县为之残破。”

就逮，情况也极感人[1]。张俭与范滂都是党锢之祸中的主要人物，也是当时的“气节之士”。

在君主专制之下，知识分子不是被杀就是被辱，而表现为气节之士。气节之士当然值得赞佩，但不是应当有的，而且是很可悲的。这并不表示一个人不应重视气节、道德，而是气节之士是在君主专制的特殊形态下才出现的人物，好像“家贫出孝子”“国乱见忠臣”，并不是孝子、忠臣不好，但谁愿意家贫、国乱呢？因此当家贫、国乱时才出现的孝子、忠臣，就多少有些不祥。在这层意义上，我们说那具有特殊性格的气节之士不是应当有的。魏晋时代的名士也很少能得善终。因此知识分子在君主专制之下想要保全自己，在出处进退之间是很困难的。在现代民主政治之下就不再出现这类气节之士，既可以避免这种悲剧，同时又免除了知识分子出处进退之间的恐惧。

唐末五代时朱温对付知识分子的办法也很残忍。他把代表“清流”的知识分子投入混浊的黄河之中，使“清流”变为“浊流”[2]。

宋朝对待知识分子最为客气，历来都称赞宋太祖仁德宽厚，因此，宋代国势虽弱，仍维持了三百多年。

明太祖朱元璋的政策是重士轻大夫，对做官的知识分子毫不客气，不仅曾杀宰相，而且还用“廷杖”的办法侮辱大臣，这完全违背了中国“士可杀不可辱”的传统。到明末又有党锢之祸的

1 《后汉书·党锢列传》曰：“其母就与之决。滂白母曰：‘仲博存敬，足以供养。滂从龙舒君归黄泉，存亡各得其所。惟大人割不可忍之恩，勿增感戚。’母曰：‘汝今得与李杜齐名，死亦何恨？既有令名，复求寿考，可兼得乎？’滂跪受教，再拜而辞。”

2 《资治通鉴·唐纪八十一·昭宣帝天佑二年》曰：“时全忠（朱温）聚枢等及朝士贬官者三十余人于白马驿，一夕尽杀之，投尸于河。初，李振屡举进士，竟不中第，故深疾缙绅之士，言于全忠曰：‘此辈常自谓清流，宜投之黄河，使为浊流。’全忠笑而从之。”

再版，即东林党。如高攀龙、顾宪成等人与宦官斗争，又死了许多人，这些也是所谓气节之士。东林党后来转而为复社，明亡之后完全被清朝压抑下去而消失了。

从此以后，知识分子不敢再谈政治，因而出现了乾嘉年间的考据之学。这是个很重要的标记（mark）。在此以前尽管有悲剧，但知识分子仍可以谈政治，这表示中国在君主专制的政体下，传统的知识分子仍有参与政治的愿望与抱负。到清朝统治中国之后就不能谈了，因而转向考据之学。乾隆就曾公然下诏谕说以往的士人无理，动不动说“以天下为己任”，若是如此，那么要皇帝做什么？他竟然会这样想。这把中国读书人的理想性完全压毁了。因此民族生命一受挫折，文化生命随之受到歪曲，故而出现乾嘉年间的考据，这是在歪曲之下的病态发展。从此，中国学问的传统、命脉就被斩断了。在此之前虽有悲剧，但读书人还有理想性，可承续学问的传统，至此之后传统就断了。演变到清末民初和西方接触时，面对种种大问题的挑战，中国的知识分子丧失了反应的能力，就是因为已丧失了学问的传统。没有学问就没有思想、思考力，因此也没有观念，更不会表现观念。只感性的、世俗的聪明是没有用的。

如此，士固然由贵族家臣的身份解放出来而得到客观的地位，但是，因为没有支持的力量，于是其客观的地位就没有保障，一切都操纵在大皇帝手中，因此政治也没有充分的客观性。大皇帝不能客观化，使得宰相系统也不能客观化。

现在再来看看人民这一端。人民由井田制中解放出来，成为整个社会的一分子，有独立的地位，但结果其地位也未能充分地客观化。中国人民向来很自由，但却是潜伏的（potential）自由，因此随时很自由也随时不自由。中国古代的百姓是在潜伏状态中的自由民，即是未法律化的自由民，用现代的名词来说，即不是有明确权利义务的公民。如是，人民在政治法律上没有地位，那么他们所有的自由只是放任的、没有保障的自由。由井田制中解放出来的人民，对之只有教化上的回应，没有国家政治法律上的回应，因此人民对国家的政治法律没有参与权，也就是未取得充分的客观化。因此对以前的社会，一方面你可以称赞向往，另一方面你也可以讥笑诟诋，关键就在于人民未能充分地客观化。

要了解中国历史这方面的意义，大家可以读读黑格尔的《历史哲学》。黑格尔虽然对中国所知不多，甚至只是一知半解，但他所讲的大体是不错的。他的历史哲学并不是泛泛地讲文学、艺术、哲学、科学等内容，而是以宪法、政治社会的形态为中心或焦点而说的。从这方面着眼，亦不需要知道很多的具体历史事实。他说中国古代的文化代表儿童时期，希腊代表青年期，罗马代表中年期，日耳曼世界（指广义的西欧）则是成熟、完满的老年期。详细些说，在儿童时期只知道一个人是自由的，古代中国的情形就是如此，只有大皇帝是自由的。黑格尔又进一步说，这样的自由并不是真正的自由，因为这是在主观状态中随意挥洒的自由，因此大皇帝是非理性的，没有理性化，因而没有客观的意义。没有理性化的自由可分两种形态：一种是软性的放纵恣肆，另一种是硬性的放纵恣肆。前者指比较柔和温厚的皇帝，即平常所谓的好皇帝，因为没有理性的限制，结果仍为情欲所支配，仍不是真正的自由。平常所谓的暴君就代表硬性的放纵恣肆。凡是没有理性化、不能“立于礼”的自由，都是放纵恣肆，我们就以“随意挥洒”来表示。

到希腊罗马时期一部分人是自由的（some men are free），因为希腊罗马仍承认有奴隶。在日耳曼世界则是一切人是自由的（all men are free），这是法国大革命的贡献，是西方自文艺复兴以后，获得法律保障的自由民主政治。

平常大家看到黑格尔这种说法都不服气，在情感上也不舒服，但大家要承认事实确是如此，否则为何有辛亥革命、为何要民主建国？民主建国就是要解决这个问题，从只有一个人是自由的进到所有的人是自由的。这是对历史的正当了解，大家应该注意。

黑格尔还有些名词，如说古代中国只有“理上的自由”（rational freedom）而没有“主观的自由”（subjective freedom），希腊代表“美的自由”（beautiful freedom）等，这些名词都很恰当，很有智慧，一般人不易了解，这需要仔细读读他的书。

就古代中国而言，何谓中国人只有“理上的自由”而没有“主观的自由”？“理上的自由”又称“实体性的自由”（substantial freedom），即自由在潜伏状态中、自由之在其自己（freedom in itself），而未通过每一个个体主观的自觉。由自由之在其自己、在潜伏的（potential）、实体的（substantial）状态，而成为现实的（actual），一定要通过自觉。若未通过个体的自觉，纵有自由也只是在潜伏的状态中的自由。自由平等的获得需要经过奋斗，奋斗要靠人人自觉是一个独立的个体，这步自觉就是主观的（subjective），即自由在主观的觉识中呈现，因此是主观的自由，这代表自觉。有此自觉而奋斗以争取自由，再通过法律的保障，才是“客观的自由”（objective freedom），这才是真正的自由。没有法律的保障，自觉就永远在斗争之中，这样也不行。要安顿下来就必须有条文的保障，确认明载的权利义务才行，这样才能有客观的自由。古代中国既然没有“主观的自由”，当然也没有“客观的自由”，因而只有 rational freedom，即 substantial freedom，也就是 freedom in itself、potential freedom，其实这时自由并没有显露出来。在古代中国，自由只是经过大皇帝在吏治方面将法律安排得很合理而表现，并没有通过主观自由而表现，这即是黑格尔所谓的“凡在我们这里（意即在西方）属于主观自由的，在此（意即在中国）则完全从国家这一面而进行”[1]。

若了解黑格尔的说法是针对政治形态而讲的，就可以知道他说得不错。当初我在学校读这部《历史哲学》时，一方面觉得黑格尔说得颇有道理，另一方面又想到中国自孔子立教起到后来的宋明理学家，一直重视慎独、涵养、察识，这不都是自觉吗？若不重视自觉怎么做实践的功夫呢？二者之间就成了两难（dilemma）。仔细衡量考虑之后，始知道黑格尔是就政治形态而讲；而孔孟以至理学家所讲的自觉、主观的自由不属于政治，而属于道德修养、圣贤功夫。因此，在中国一方面有许多圣贤，另一方面又有愚民、羲皇上人，这是中国文化的老毛病。如此就解开了这个两难：古代中国文化当然有其价值，但缺陷在于政治形态，因而黑格尔的说法也有道理。这样才能正视而且了解中国历史。此外，黑格尔这么重视主观的自由，因此不可能赞成集权，所以上回我们说希特勒实行的是尼采的哲学，而不是黑格尔的哲学。英美人不喜欢黑格尔，也是因为不了解他那套思想的意义。

理解了法家所开出之君主专制政体的意义，就可以随之理解在这形态下所出现的特殊情形，除了前面所提到的之外，还有一些问题。例如，宰相难处。政治形态的问题得不到解决，政治不能充分客观化，如是只有转而要求“圣君贤相”。而因为元首、士、民三端皆不能客观化，宰相就也得不到百姓的支持，一直处在这样的状态中，因而处境相当困难。还有，朝代的更替不能有合法的转移，因此不是篡夺就是革命，总是在一治一乱的循环中。这些都是中国历史中的毛病。因为有这些毛病，就逼使我们由君主专制向前进一步。

1　参看牟宗三《历史哲学》第一部第三章第二节。又所谓“理上的自由”犹如天台宗所谓“理即佛”，而“主观的自由”亦可意解为“觉上的自由”犹如天台宗所谓“观行即佛”。

我们以这两讲来说明法家的主要工作，前后期法家的发展，以及法家所开出的君主专制政体的意义。法家的工作顺着历史、时代的发展而进行，而不是按照理想而进行。现实的问题就要在现实中解决，要照察清楚，并时时将理想贯注进去。这是通识的问题，大家多读读顾、黄、王的书，读读朱子和陈同甫的争辩[1]，才能理解这类问题。

胡以娴记录

1 参见《政道与治道》第九章、第十章。台湾学生书局，一九八〇年出版。

第十讲

先秦名家之性格及其内容之概述

先秦名家不如儒、墨、道、法等家那么整饬而有系统，也不同于它们是针对周文疲敝而发，因此，名家本身与周文没有直接的关系。儒、墨、道、法等家都是针对周文疲敝而发，然一发出那些思想，就连带地引出名家所讨论的那些问题，所以名家是派生出来的，而其所以派生的机缘仍与周文疲敝有间接的关系，这现实的机缘即是孔了的“正名”。

周文发展到春秋战国时代，由于贵族生命的堕落和社会渐趋复杂而维持不住，即贵族们不能再维持周公所制作的那一套礼乐制度、名物度数。贵族的生命一堕落，就不免名实乖乱、名器乖乱。“名实乖乱”就是《论语》所说的“君不君，臣不臣，父不父，子不子”[1]。居君之位就有君之名，亦当有君之实即君之德。居君之位而无君之德，就是名、实不相应，也就是君不成其为君。臣、父、子也是如此。有“君”之“名”而无“君”之“实”，就是“名实乖乱”，顺此而有所谓的“名器乖乱”。

1 《论语·颜渊》篇曰：“齐景公问政于孔子。孔子对曰：‘君君，臣臣，父父，子子。’公曰：‘善哉！信如君不君，臣不臣，父不父，子不子，虽有粟，吾得而食诸？’”

在贵族社会里，自周天子以下，任何一个等级在社会组织中都有一定的身份，即“名”，跟着名而来，就有一套装饰，即庄严、文饰，就是“器”。各个等级所用的服饰、器皿都有一定的规定，不能僭越，就是要名器相符。到春秋战国时，大体这些名器都乖乱而无法维持了。孔子就是针对此而提出“正名”。名家的学问不是针对周文疲敝而有的反应，也未提出什么对治的办法，因此它是个派生物。但它派生的机缘仍是由于名实乖乱、名器乖乱。所以孔子的“正名”就是名家兴起的现实机缘，而不是它的本质。

历来讲述名家都从孔子的“正名”说起，但又都区别不开名家兴起的现实机缘与名家的本质，每每将二者纠缠在一起[1]。如此，名家既然是渊源于孔子的正名，那么孔子算不算是名家呢？从来没有人以孔子为名家。孔子既然不是名家，但讲名家又总始自正名，那么孔子与名家该如何区别呢？针对这个问题，我们首先必须将名家的本质与名家现实上兴起的机缘区别开来。名家的本质是一回事，派生出名家的现实机缘又是一回事。依此，孔子的“正名”只是名家兴起的一个现实机缘，并不是名家的本质，如此孔子不是名家，而我们也可以脱离孔子而独立地了解名家的本质。

一般学术史大体都以“苛察缴绕”与“琦辞怪说”这两句话来评价名家。司马谈《论六家要旨》说名家“苛察缴绕”[2]，这是个不好的估价。名家的人物都很精察，一些平常人注意不到的事，他们都注意到了，因此加个“苛”字而成“苛察”。“苛察”而

1　王启湘《公孙龙子校诠》一书（世界书局出版）之附录《公孙龙子形名发微》，不仅以名家出于孔子，且以坚白论亦出于孔子。详见牟宗三所著的《名家与荀子》一书，第七十八至七十九页。台湾学生书局出版。

2　司马谈《论六家要旨》云：“名家苛察缴绕，使人不得反其意，专决于名而失人情，故曰：‘使人俭而善失真。若夫控名责实，参伍不失，此不可不察也。’”

不必能如实，则缴绕烦琐徒乱人意。

名家人物大体是战国四大公子所养的士，即所谓的清客，公孙龙就是平原君所养的士。他们平时没事就可以闲谈，有时言不及义，但有时也可能想到一些平常人想不到的问题。在此情形下，有时候用一句很简单的话就可以直接表示出来的意思，他们却绕很多圈子来说，这就是“缴绕”。合起来就是“苛察缴绕”。一般人不会这么啰唆，所以“苛察缴绕”不能为一般人所接受，就一般人的感觉来讲，这是个坏的评估。

凡学问进入专门性时，都不是一般人所能接受的。“苛察缴绕”的“苛”字就是对着一般人的感觉、常识而说的。因此这个“苛”不一定是坏。察事要精当然就必须“苛”，“苛”是严格的意思。要求严格并不一定是坏，一般的专门学问都有这个特性，缴绕也是如此。康德的著作就是苛察缴绕，逻辑分析则更是苛察，此如有人对“if...then...”（如果……则……）就可以分析出好几万字来，康德还不到这种程度。一般而言，凡是专门的学问，不管是逻辑或哲学，都免不了苛察缴绕，由此看来，苛察缴绕也不一定是坏。

但是司马谈说的完全是坏的意思，因为司马谈并不是名家，他是照着一般人的感觉来说的。但再进一步客观地看，若苛察缴绕得有所当，就不必是劣义。比如康德以及逻辑分析家固然是苛察缴绕，但他们这些分析本身都很合逻辑，而且很有结构，一步步都很严谨细密。那么客观地讲，这种有所当的苛察缴绕就不算坏。但是假若分析得无所当，或者出奇的惊世骇俗，那么客观地讲，它就完全是坏的意思，就是“能服人之口，不能服人之心”[1]。司马谈评名家“苛察缴绕”也有这层意思。

---

1 《庄子·天下》篇云：“……辩者以此与惠施相应，终身无穷。桓团公孙龙辩者之徒，饰人之心，易人之意，能胜人之口，不能服人之心，辩者之囿也。惠施日以其知与人之辩，特与天下之辩者为怪。此其柢也。”

荀子评名家为“琦辞怪说”[1]，这也是个不好的评估。同样地，若名家真是无所当，那么这个琦辞怪说就是不好的意思；但若它之为琦辞怪说只是对着一般人而言，而客观地仍有所当，那么它之为琦辞怪说就不一定是坏。但荀子说“治怪说，玩琦辞”，就是对名家的坏的客观评价。

一般的学术史论名家都由孔子的“正名”说起，而对名家的批评又以“苟察缴绕”与“琦辞怪说”这两句话为准，因而掩蔽了名家的本质，名家的学问也因此传不下来。我们现在就要来重新检查。首先我们把名家的现实机缘——孔子的“正名”——与名家的本质分开，二者是不同的。其次要客观地检查名家的本质是否真的是劣义的“苛察缴绕、琦辞怪说”，即先秦名家究竟有没有客观的价值。我们这就必须进到名家的内部去考察它的文献。这步工作并不很容易，因为名家的文献不若儒、道等家那样清楚，而且也并不完备，故整饬性、系统性亦不若儒、道等家，但大体那些能让人联想到“苛察缴绕、琦辞怪说”的语句仍可以使之成为可理解的。

名家的文字不很通也不很容易了解，历来也没有人能完全弄得明白，因此必须下点文字的功夫，一句句地疏解出来。我们在这个时代讲中国的学问，有些地方不容易很快就弄明白，而需要经过长时期的研究。近代以来，讲名家的人很多，有些错误是不可免的，我们所讲的也许不一定都对，但至少比以前进步一些，而且我们经过前人长时期的错误、试验，渐渐地使之较可理解，因此我们可以讲得少犯错误且较近原意。

1　《荀子·非十二子》篇曰：“不法先王，不是礼义，而好治怪说，玩琦辞，甚察而不惠（惠当为急），辩而无用，多事而寡功，不可以为治纲纪。然而其持之有故，其言之成理，足以欺惑愚众。是惠施、邓析也。”“治怪说，玩琦辞”即所谓“琦辞怪说”。

名家大体分成两个学派：一派是惠施所代表的，另一派是公孙龙所代表的。这是两种不同的形态，但一般人往往将二者混同，都视之为做坚白同异之辩[1]。事实上，“离坚白”与“合同异”分别属于两个不同的形态，前者属公孙龙的思理，后者属惠施的思理，这是两种不同的思路。当然名家也不是只有这两个人。名家出现的现实机缘是孔子的“正名”。在此之前，有晋国的邓析，是个法律学家；在此之后，名家的中坚人物就是惠施与公孙龙。

《庄子·天下》篇详细地记载了惠施的“历物之意”，即“合同异”之说，那些话大体都可以讲得清楚。如：“大同而与小同异，此之谓小同异。万物毕同毕异，此之谓大同异。南方无穷而有穷，今日适越而昔来，连环可解也。我知天下之中央，燕之北，越之南是也。”[2]这些话不但有思理而且可理解，并不是“苛察缴绕、琦辞怪说”。

“至大无外，谓之大一……泛爱万物，天地一体也。”历来都对这段文献分成十条[3]，但依我看，应只有八条。所以有十条，是因为将“南方无穷而有穷，今日适越而昔来，连环可解也”这三句话看成独立的三条[4]。《天下》篇这段文字都是两三句合起来

1 《庄子》《史记》《四库全书·总目提要》及王启湘等即以公孙龙所作为“坚白同异之辩”。详见《名家与荀子》一书，第七十五至八十一页。

2 《庄子·天下》篇曰：“惠施多方，其书五车，其道舛驳，其言也不中，麻物之意曰：‘至大无外，谓之大一。至小无内，谓之小一。无厚不可积也，其大千里。天与地卑，山与泽平。日方中方睨，物方生方死。大同而与小同异，此之谓小同异。万物毕同毕异，此之谓大同异。南方无穷而有穷，今日适越而昔来，连环可解也。泛爱万物，天地一体也。’”

3 如冯友兰（《中国哲学史》）、范寿康（《中国哲学史纲要》）等，即分此段话为十条。

4 分此段话为三条者，如司马彪、成玄英、李颐、冯友兰等。详见《名家与荀子》，第二十一至二十三页。

表示一个意思，没有以一句为一条的。例如，“大同而与小同异，此之谓小同异。万物毕同毕异，此之谓大同异”这是两句合为一条。若“南方无穷而有穷，今日适越而昔来，连环可解也”是三条，那么“小同异”“大同异”那一条就当是两条而不是一条。在“南方无穷而有穷”之前并未有以一句为一条的，为什么单单这几句就当是一句一条呢？若是一句一条，则“日方中方睨，物方生方死”不也可以看成两条吗？那么全部就不止十条而是好几十条了。所以“南方无穷而有穷，今日适越而昔来，连环可解也”这三句话不能看成三条，这也和“日方中方睨，物方生方死”一样，也是两三句合起来为一条。顺此，《天下》篇所记的惠施之言都是可理解的，它的意思都可以清楚地讲出来。

“南方无穷而有穷，今日适越而昔来，连环可解也。”合为一条的意思就是：前两句表面的矛盾，事实上是可理解的。“连环可解也”并不是独立的一条，而是对前两句的提示。“连环”是副词，《天下》篇“其书虽瑰玮，连犿无伤也”语中的“连犿”，用字虽不同，但意思相同。“连犿无伤也”意为“婉转无妨碍”，“连环可解也”意为“圆转可理解”，也是个提示语，并不是独立的一条。把“连环可解也”当作独立的一条，就应是“解连环”。对此，我做了个小考据。“解连环”，先秦典籍中无此说，但有解“闭”之说。战国时有个人造了两个“闭”，其中一个是可以解开的活闭，一个是不能解开的死闭，以此来教于一般人，看是否解得开[1]。“解连环”是后人由解闭而联想成。但“闭”能不能解开是个事实问题。因此若“连环可解也”意为“解连环”，则亦是个事实问题而不是名理问题，那么说“连环可解也”就没有意义了。因此“连环可解也”不能看成独立的一条，而应是对上

1 牟宗三对“连环可解也”之考据详见《名家与荀子》，第六十六至七十页。

两句的提示。

“南方无穷而有穷，今日适越而昔来，连环可解也”就是把宇宙看成圆的。“我知天下之中央，燕之北，越之南是也”也是这个意思。燕是现在的河北，在中国的北方，“燕之北”就是由北方再往北。越是现在的浙江，即中国的南方，“越之南”就是由南方再往南。如此一来，“燕之北，越之南”不是背道而驰了吗？但又说“天下之中央”是“燕之北，越之南”，这很明显地是假定了“宇宙是圆的”。若依直线或欧氏几何，两个背道而驰的方向如何能相合而得出天下的中央呢？可见惠施于此有个洞见，即“宇宙是圆的”。唯有如此，向南直走或向北直走都会顺着宇宙之圆而相会于一处，那便是天下之中央。

“南方无穷而有穷”，若按照直线来思考，无穷永远不可能成为有穷，如此这句话就是个矛盾；但若按照圆形来思考，则无论向南或向北一直前进，终会回到原处，如此就没有矛盾，因此是“连环可解也”。物理学中的相对论主张宇宙是 boundless but finite（无边而有限）就是依据“宇宙是圆的”这个观念。因而“南方无穷而有穷”若真是“连环可解也”，则宇宙必是圆的，惠施的这句话就有这个洞见。

但惠施这句话中包含了一个错觉。“南方无穷而有穷”是从空间而言，而“今日适越而昔来”则是个时间的问题。惠施把时间的问题空间化而将时空混一。可是时间只有一个度（one dimension），不能和空间混同，如何可以随空间之圆而逆倒回来，而说“今日适越而昔来”亦“连环可解也”呢？因此说惠施在此有一错觉。对于这个问题，大家仔细想想就可以知道。

尽管惠施有此错觉，但我们也不能因此便抹杀掉他在此所表示的“宇宙是圆的”这个洞见。这洞见是可理解的，因此说“连环可解也”。“我知天下之中央，燕之北，越之南是也”也表示了这个洞见。由此可知，这段话表面上虽似矛盾而不可理解，但事实上是可理解的，这是一个名理的问题。由此，我们也可以确定《天下》篇中关于惠施之“合同异”的记载，实际上只有八条而不是一般所认为的十条，并且都是可理解的。

比如“物方生方死”这句话。什么是“生”“死”？“生”没有自性，因此“生”不能自成其为“生”，“死”亦不能自成其为“死”。好像高低，也不是一定的（“天与地卑，山与泽平”即是此意），“物方生方死”就是化除生死的对立差别。惠施把一些相异的观念皆予以化除，其目的就在于由此而达到“泛爱万物，天地一体也”（《天下》篇）的目标。

言“物方生方死”是将生与死的对立化除，此表示生与死的对偶性不能成立。庄子说：“彼是方生之说也。”（《庄子·齐物论》篇）庄子的“齐物论”要平齐是非就非冲破对偶性不可，是非、善恶、生死等都是对偶，而惠施的“方生之说”正表示生死的对偶性不能成立，所以庄子就利用惠施的“方生之说”来讲他的齐物论。他谓“物方生方死，方死方生，方可方不可，方不可方可”（《庄子·齐物论》篇）之意就发自惠施。

庄子的“齐物论”虽借用惠施的“方生之说”而从生死、可不可的对偶性不能成立来平齐万物，但庄子是从玄理的立场来谈的，而惠施谓“日方中方睨，物方生方死”则是名理地谈。名理地谈与玄理地谈不同，总括而言，惠施的“合同异”是“名理地谈”，而庄子的“合同异”则是“玄理地谈”。庄子谓：“天地与我并生，万物与我为一。”“天地一指也，万物一马也。”（《庄子·齐物论》篇）也是“合同异”，这就是玄理地谈。惠施名理地谈“合同异”有个最后的目标，即“泛爱万物而天地一体”。这最后一条“泛爱万物，天地一体也”，严格来说，是个结论，并不是独立的一条，这就是他“合同异”的最后目标、理想。庄子也说“天地与我并生，万物与我为一”，可见两人的目标也是相同的。这样表面看起来二者似乎差不多，但一是名理地谈，一是玄理地谈，因此实际上并不一样，我们就也不能完全根据庄子来解释惠施的“合同异”之说。冯友兰就是完全根据庄子的话来解释[1]，这虽不全错，但却没有分别开名理地谈与玄理地谈之不同。假若不能分别二者的不同，那么庄子也是“苛察缴绕”了。但庄子的辨析并不苛，所以区别名理地谈与玄理地谈“合同异”之不同是很重要的，这就必须仔细地了解二者的思路、本质与理境。

庄子不是名家，因此也不负名家的责任。他虽借用名家的论点来讲齐物论，但对名家所苛察的那些道理并不细加理会、辨析。比如他说“天地一指也，万物一马也”。指、马的问题来自公孙龙。公孙龙主张“物莫非指而（物）指非指”（《公孙龙子·指物论》篇）与“白马非马”（《公孙龙子·白马论》篇），这两句话都有确定的意义，他是名理地谈。可是庄子并不理会公孙龙所说的原意，而只是借用来谈玄理。指、马一经庄子借用而玄理地谈，就不再只是“能服人之口，不足以服人之心”的了，而成了大家觉得很顺适的道家玄理。

“天地一指也，万物一马也”就是庄子玄理地谈“合同异”，这与惠施名理地谈“合同异”不同。“大同而与小同异，此之谓小同异。万物毕同毕异，此之谓大同异。”照惠施的意思讲，“大同而与小同异”就是“大同”和“小同”之间有差别，这是“小同异”。“万物毕同毕异，此之谓大同异”就是：万物若说同，则通通是同；若说异，则通通是异，这是“大同异”。这是惠施直接就着同异来谈同异的问题。但是庄子讲“天地一指也，万物

1　冯友兰《中国哲学史》有言：“庄子之学说似受惠施之影响极大……然庄子思想既与惠施有契合者……吾人得此指示为线索，则知欲了解天下篇所述惠施十事，莫如在庄子书中寻其解释，此或可不致厚诬古人也。”

一马也”就把同异与物指的问题混同而做玄理地谈，并不理会惠施与公孙龙的原意。

虽然惠施的“合同异”也说“泛爱万物，天地一体也”，但他是以名理的方式达到这个结论，与庄子以玄理的方式所达到的结论，意义就完全不同。比如以休谟的分析与罗素的逻辑分析可以达到的结论，也可以用佛教的方式达到，但二者之间就有很大的不同。例如，僧肇的《物不迁论》，是从般若的立场即以《中论》的“缘起性空”为根据来谈不迁（不来不去）。而根据 Zeno（芝诺）的论证也一样可以达到这个结论。例如，乌龟和 Achilles（阿喀琉斯）赛跑的论证，只要乌龟先跑一步，那么 Achilles 就永远赶不上乌龟，关键不在于赶得上赶不上，而是要证明“运动根本不可能”。这也是“物不迁”。Zeno 的“物不迁”是“名理”地谈，僧肇则是“玄理”地谈。因此，我们不能以 Zeno 的方式来了解僧肇的《物不迁论》。Zeno 的方式正好是僧肇所反对的“释动以求静”，而僧肇的“物不迁”仍是“求静于诸动”。由此也可知，名理地谈不同于玄理地谈，因此也不应根据庄子的玄理来了解惠施的名理。

因此，名理与玄理虽可有相同的结论，但二者并不相同。至于二者究竟如何不同，那是进一步的问题，在此不能详细讲，诸位可以自己用心思考。

惠施的“合同异”之说还比较容易，真正难以了解的是他以这套名理和公孙龙及辩者之徒相辩时所留下的那些单辞孤义，《天下》篇列了二十一条。这二十一条的来源及其意义，历来没有人能完全了解。冯友兰将这二十一条划分在“合同异”与“离坚白”两个纲领下[1]，能划分得开，应该就增加了它们的表意性与可理解

1 见冯友兰著《中国哲学史》。

性，因为我们可以依据划分的原则来了解。但我仔细检查的结果是属于“合同异”的那几条，大体都不容易表示出“合同异”的意义来。比如“卵有毛”“白狗黑”等句，固然可以依据“合同异”模糊地想到一些，但是不能成义理，这就甚有问题，因为没有人知道这些单句的来源与意义，所以很难去了解它们。

惠施的“合同异”虽不是玄理，但却趋向玄理，是个形而上学的问题。此即是形而上学的名理。在西方哲学中，形而上学也是名理，所以，康德称之为transcendental Logic（超越的逻辑学）。庄子或佛家的玄理，则根本超乎西方形而上学的意义之上，不同于西方所谓的形而上学。这里所谓的“名理”是广义的。“合同异”是一套想法，它表示了一个意境。可是单单一句话，如“卵有毛”“白狗黑”等表示不出它的意境，所以不易了解。

属于“离坚白”的几条，大体可以按照“离坚白”的原则来了解，因为它们较易显出“离”的意义。首先我们必须了解公孙龙“离坚白”的意义。“坚”是个触觉的观念，“白”是个视觉的观念。“离坚白”就是《公孙龙子·坚白论》篇中的“坚白离”。依公孙龙的说法，对一块石头，我们看它是白颜色的，因此由视觉我们只能得到“白”这个观念，并不能得到“坚”这个观念；用手去摸它，所得的只是“坚”，并不能得到“白”。由此推知“坚”与“白”“离”，即坚与白两个观念不能同时并具于一个官觉中，因而也不能并存于石头中，因此说“离坚白”。又由“离”说“藏”。坚、白、石是三个观念，这三个观念我们不能于一个官觉中同时俱得，能同时俱得的只是“坚石”或“白石”，故说“坚白石”是“二”不是“三”[1]。这就是“藏三”，意为“三泯

1　《公孙龙子·坚白论》篇云：“‘坚白三，可乎？’曰：‘不可。’曰：‘二，可乎？’曰：‘可。’曰：‘何哉？’曰：‘无坚得白，其举也二。无白得坚，其举也二。’”

灭不可得”，因白与坚总是“离”。在“离”“藏”的观念中，公孙龙有个 ontological insight（存有论的洞见）：每个概念皆各自独立，各有自性，互不凌驾，因此他说“离也者，天下故（固）独而正”（《公孙龙子·坚白论》篇）。在“离坚白”中，公孙龙有两个主要的观点：一个是 ontological（存有论的），另一个是 epistemological（认识论的），虽然在他的文章中并未分别清楚。视觉得白不得坚，触觉得坚不得白，从认识论来看，可说是主观的观念论。但这仍可争辩，我在《名家与荀子》一书中都已提了出来[1]。公孙龙的思路很特别，属于抽象的思考，因此他的著作大体都可理解。所以，客观地看，它并不是“苛察缴绕、琦辞怪说”。我们可以再看看其他一些所谓的“怪说”。

“臧三耳”是“藏三”的误传。公孙龙的“藏三”是就坚、白不能同时存在于石而成为三个观念而说的，“藏三”被误为“藏三耳”，再误解“而已”之“耳”为“耳目”之“耳”，如此以讹传讹，将“藏三耳”说成“藏有三个耳朵”才成了个“怪说”，又引出许多无谓的辩论来[2]。

再如“鸡三足”也是个误传。一般人不仔细看看公孙龙的文献，就依据《庄子·天下》篇所认“鸡三足”来随便臆想，甚至有人解释第三只鸡足为神经，理由是没有神经不能走路[3]。但神经并不是足，这根本是乱讲。由这些例子可看出《天下》篇中的记载有许多是误传，再加上后人的随意解释，不仅掩蔽了名家的本质，更使名家的学问不能传续，这是很可惜的。

1　见《名家与荀子》，第一百八十一至一百八十九页。

2　公孙龙的“藏三”义如何被误传为“臧三耳”，详见《名家与荀子》，第一百六十二至一百六十四页。

3　持此种见解者，如谢无量（见其著之《中国哲学史》，第二十二页，台湾中华书局出版）、范寿康（见《中国哲学史纲要》，第九十六页）。

“鸡三足”应是“鸡足，三”。公孙龙在《通变论》篇中说：“谓鸡足，一；数足，二。二而一，故三。谓牛、羊足，一；数足，四。四而一，故五。牛、羊足，五；鸡足，三。故曰：牛合羊，非鸡。”他认为“谓鸡足”是“一”，“数鸡足”是“二”，一和二是“三”，所以从“鸡足”可以说到“三”；“谓牛、羊足”是“一”，“数牛、羊足”是“四”，一和四是“五”，所以从“牛、羊足”可以说到“五”。公孙龙只表示由“鸡足”可以说到“三”，并未说“鸡三足”，鸡足还是二不是三，牛、羊足还是四不是五。

“谓鸡足，是一”是指 foot in general，也就是“足一般”或“一般说的足”。这个意义的“足”是个抽象的概念，是笼统地说“足”这个概念本身，故是“一”；“数鸡足”是散开来而将“足”落实于具体的“鸡”上而去数一数鸡足的数目，这当然是“二”。说鸡足与数鸡足是两个不同层次上的事，这是种抽象的思考，很有逻辑性，能提出并且表达出这两层次的差别是很不容易的。虽然由此来区别鸡与牛、羊的不同，并没有多大的意义，只是个游戏（intellectual play），但仍可训练吾人的思考而使人了解“足”的概念与现实的鸡足数目不同，于牛羊足亦然，这就是名理。

“白马非马”主要在说明“白马”与“马”这两个概念不同，“非”是“不等”的意思。逻辑中“是”“非”有许多种意义。如“A 是 A”之“是”不是主谓关系，而是反身关系，代表同一律。“白马是马”的“是”，若内容地讲，是表示主谓关系；若外延地讲，是表示类属（class，sub-class）关系；而“牛羊是牛，牛羊是羊”的“是”又是另一种关系。一般逻辑分析中“是”共有四种意义[1]。公孙龙言“白马非马”之“非”是“异”“不等”的意思，表示“白马”与“马”这两个概念之内容外延不同，因此并不是“怪说”。但

1 参见牟宗三著的《理则学》或《名家与荀子》。

公孙龙只说了“白马非马”，而未说一般人所知道的“白马是马”。亚里士多德的逻辑就是要说明“白马是马”这个类属关系，即“白马”这个目（species）属于“马”这个纲（genus）。“白马非马”并不构成对“白马是马”的否定，二者并不冲突。可见公孙龙还不是健全的逻辑头脑，因此不周备，但并不是“怪说”。因此《白马论》篇可以疏解清楚。《名实论》篇也一样可以讲明白。此中有些句子很精当，并无怪说。

《通变论》篇主要在讨论“牛羊是牛，牛羊非牛；牛羊是羊，牛羊非羊”[1]，此与《墨子》所论的“而牛马非牛非马，无难”是同一问题，二者并不冲突。“牛羊是牛是羊”与“牛羊非牛非羊”都不是主谓命题，“牛羊”是个“积类”，“牛羊是牛是羊”是命题表示积类与部分的关系，“是”指“蕴含”（imply）。“牛羊非牛非羊”之“非”则是“不等”。二者意义不同，并不构成矛盾。

《通变论》篇的重点就在于讨论这个问题，从“左右，二”即数目二说起。罗素认为数目是类之类（class of classes），数目二就是一切偶类所成的类。偶类就是对偶，左右、上下、男女等都是对偶，这一切偶类所成的类就是数目二（number 2），而数目二中却没有男女、左右、上下。但公孙龙一开始并没有分辨清楚，他说：“……曰：左与右可谓二乎？曰：可。”若“二”指“两者”，即“左与右两者”，那么“二”中就“既有左也有右”，那就只是偶类中的一个类，而不是数目二。数目二乃是个高于左、右之上的抽象概念。他由此讨论到“牛羊含着牛并含着羊，牛羊不等

1　《公孙龙子·通变论》篇云：“羊与牛唯异：羊有齿，牛无齿；而羊牛之非羊也，之非牛也，未可。是不俱有，而或类马。”此中之“羊牛”即以“羊”与“牛”积而成一“积类”，故“羊牛之非羊也，之非牛也，未可”即示“牛羊是牛，牛羊是羊”。此“是”即“蕴含”义。详见《名家与荀子》，第一百二十八至一百三十八页。

于羊，不等于牛”的问题，这是个“积类”的问题，其实很简单。说“牛羊是牛”与“白马是马”，两个“是”字的意义显然不一样。《墨子》中没有“积类”的观念，但有“兼”的观念，“兼”意指“二者兼而有之”。

当初我写《公孙龙之名理》时，将《名实论》篇、《坚白论》篇、《白马论》篇、《通变论》篇四篇都疏解出来，只有《指物论》篇一直没有办法疏解。我参考了许多人的讲法，但仍然解释不通。例如，冯友兰加进一些观念，又分别“指”与“物”两个概念[1]，但仍不行。因为这篇文章本身的标识界线（mark）太少，不表意。要疏解就须更动文字，添加观念，但那得有根据才行，因此很难讲。

后来我看到陈癸淼君的《公孙龙子疏释》[2]，他的讲法大体是可从的，主要的关键在“物莫非指而指非指”一句上。他根据下文的“指与物非指”，将此句改为“物莫非指而物指非指”，这样就可以讲得通了，而且有根据。但在解释最后一段“且夫指固自为非指，奚待于物而乃与为指”时，就又混淆不清，而且前后冲突，还是讲不通。

后来，我又看到邝锦伦同学的《〈公孙龙子·指物论〉篇试释》[3]，开头一句他也改为“物莫非指而物（指）非指”，而且更清楚地区别了两种关系：一是认识论的关系，一是存有论的关系。“物莫非指”是认识论的问题，而“物指非指”是存有论的问题。这说法与公孙龙“离坚白”之“离”的观念相合，即合于公孙龙“每个概念皆独立自存”的主张。依此，“物指非指”中的“非”指“不等”，这是个存有论的概念。这样下面的文句就都可以讲通了。但到最后，又遇到了同样的困难，结果还是不行。

1　见冯友兰著《中国哲学史》。

2　陈癸淼著《公孙龙子疏释》，兰台书局出版。

3　此文刊于《幼狮月刊》第四十卷第五期。

他们所遭遇的困难，其实可以解决。我顺着他们二人前面的更动，再仔细看原文，发现只要顺着后面的理路补一个“非”字，将那段引起困难的话改为“且夫指固自为（非）非指（固自为指），奚待于物而乃与为指”，这样不必如一般学者的大事改动，《指物论》篇就可以疏解清楚了。因此我也不必再作疏释，只要指出这两点，大家自己就可以看明白了[1]。

惠施与公孙龙之外，荀子对名理也有贡献。荀子在《正名》篇里论述了正名的需要，他还讲到质名（qualitative term）与量名（quantitative term），但是没讲到关系名。能讲到关系名，程度就很高了。以上是先秦名家的发展。

现在，再综括地说一说。孔子的正名是名家兴起的现实机缘，在此之前有邓析，在此之后有真正的名家惠施与公孙龙，但他们所做的都还不是对逻辑本身的分析。惠施的“合同异”虽是“名理”，但却趋向人生的目标“泛爱万物，天地一体心”。公孙龙之“离坚白”也有其目标，他有存有论的洞见，可从“离”这个观念看出。这近乎西方人的思路，每个概念都定得住。顺着这个思路，可以对公孙龙作 Plato（柏拉图）、Husserl（胡塞尔）式的分析。Husserl 现象学的方法（phenomenological method）就是要让对象自己呈现，这是纯粹的客观主义。公孙龙主张每个概念各自独立自存，就有这个倾向，所以说他属于西方式的思路。中国人历来不习于这种思路，因此公孙龙显得很特别。魏晋时代嵇康的《声无哀乐论》也是个西方式的思路。嵇康是个境界很高的音乐理论家，他主张声音本身没有哀乐情感，只讲韵律的谐和之美；而哀乐之情感是主观的。这是论纯粹的客观主义之美，近乎柏拉图。这些都不属于中国式的思理，因此后来没有继续发展。

1　见《名家与荀子》序文。

惠施与公孙龙虽称为名家，但他们所讲的都只是名学的初步与预备，因为他们讨论的还不是逻辑本身的问题。后来名字的学问又断了，因此中国的名家始终没有发展到讨论逻辑本身问题的程度。

西方的逻辑始自亚里士多德，他已讲到逻辑本身。但照后来逻辑的发展来看，亚氏虽已达到充分的形式化（full formalization），但还提炼得不够精纯，因为还含有认识论与存有论的成分。现在符号逻辑（symbolic logic）就不掺杂这些，因此才能真正达到充分地形式化。但亚氏已达到逻辑本身。逻辑是只讲推理本身之结构的学问，讨论的是“推理自己”（inference itself），而不是关于任何内容、对象的推理。亚氏的三段论法讲的是大前提、小前提、结论的结构，这就是逻辑本身的呈现，达到了充分地形式化。中国名家没有达到这个程度，惠施、公孙龙都不是讲逻辑本身的，虽由此可进而达到逻辑本身，但仍只算名学的初步预备工作。就是这个名学的初步预备工作，也没能维持、发展下去，这是很可惜的。

由名学在中国没能发展出来，就可见中国人的抽象思考不大够。中国人喜欢的是具体的思维。具体不必指感觉对象的具体，玄理就是具体的，而且属于高级的具体思维，这就是真实。因此中国人擅长谈玄理，但对属于 understanding（知性）层面的抽象思考（abstract thinking）就不够，也可以说中国人缺乏这方面的兴趣。抽象的思考属于重智之学，在中国只有先秦名家曾昙花一现，以后就没有了。劳思光先生曾说：西方文化自希腊起就重智，而中国则自始就重德。严格地讲起来，中国并不是没有重智的一面，而是没有开展出来，昙花一现之后就枯萎了，这是非常可惜的。

中国思想史里面，有些不属于中国主流的思想，如先秦名家、魏晋时代嵇康的《声无哀乐论》，都注重抽象的思考，属于重智的思路。重智的思路是西方的主流，在中国一直没有开出来。中国自先秦以来，儒家、道家都发展到很高的程度，而名家、墨家、法家等都没有继续发展。此盖皆有个别的原因。魏、晋、隋、唐时又吸收了佛教。佛教为什么能盛行于中国呢？这是因为它在般若方面能与道家的玄理、玄智相合。佛教的思路介于西方与中国之间，其中属于印度的那些抽象概念，如讲逻辑的“因明”，中国人也不喜欢，所以因明在中国也没有继续发展，就是疏解因明的窥基也是烦琐且没有逻辑。但涅槃、佛性、般若等玄理，中国人却可以接受。中国把抽象的逻辑思考藏在具体的玄理里面，并不用抽象的头脑把它单提出来研究。

文化是有限制的，都是在民族性的限制中慢慢地开展出来的。重智的一面，抽象的逻辑思考，虽然中国过去没有开展出来，但若是需要，仍然可以开出来，因为中国以前也出现过这种思路。例如，名家、荀子。荀子的学问基本上属于重智的系统，重认识心。荀子不出怪说，很有逻辑头脑，他可以讲逻辑，但他没有达到亚氏之充分形式化的程度。因此，由中国的文化生命中充分发展出来的是儒、道两家，后来再加上佛家而成为儒、释、道三教。这是中国文化的主流，也是中国文化的特征。过去中国的名学、逻辑没有发展出来，这是受民族性的限制之故。过去没有，将来能发展出来，也是一样的。文化的内容不必要从开始就面面俱备。若认为西方文化中所含有的内容，中国传统文化中皆已有之，以这种心态来讲中国文化，那就不对了。

顺着以上所讲，大家可以了解名家的本质，也可以知道一般人对于名家的误传是什么，以及名家的真正论点是什么。名家的道理大多是可理解的，这样一来，就不是“苛察缴绕、琦辞怪说”，而也有客观的价值了。

何淑静记录

第十一讲

魏晋玄学的主要课题以及玄理之内容与价值

我这一系列的讲述是对于中国哲学各期的演变作一综括性的叙述，使得我们有一个基础的了解，然后才可以进一步谈从中国哲学中发展出来的新问题——或者是在这个时代中所应注意的问题，或者是和西方哲学相接触而引发的问题，这些都是纯粹哲学性的问题。中国哲学当然可有新的发展，但是随意凭空地讲并不能算是新发展。我们讲中国哲学虽是叙述前人已有的一些问题与观念，但是，若要提出新的解释，或引发出新的问题，就必须先入乎其内，先做客观的了解。不了解问题就没有连续性的发展，必须与前人已有的相贯通才能有新的发展，因此通过叙述有个基础了解是必要的。

黑格尔曾说哲学就是哲学史。一部西方哲学史就是一个问题接着一个问题，互相批评而成的，因此不懂哲学史就不能懂哲学。这种讲法或许有些言过其实，但大体是不错的。表面上看来，西方哲学家似乎喜于建造新系统，好像并不是叙述古人。其实那些问题都是原有的，只是再提出新的解答或解释，这就是发展，因此那些系统也不是凭空建造的。比如，罗素的哲学是承继英国经验主义的传统，他的逻辑则承自莱布尼茨以降而集其大成，在《数学原理》（*Principia Mathematica*）一书中系统而完整地表达出来。又如，康德的批判哲学（critical philosophy），他的书中极少引证旁人的话，好像完全是新的，其实他的问题大体是针对柏拉图、莱布尼茨、休谟而发的。柏拉图代表传统的古典哲学，莱布尼茨代表理性主义，休谟代表英国经验主义，康德就是针对这些哲学家原有的问题而发的。康德以逻辑的方式、问题的方式讲，而不是以考据、文献的方式讲，因此看起来好像完全是新的一套哲学。事实上由问题来看，他也是对以前的问题提出新的解释、新的解答，这就是发展。

中国哲学亦复如此。孔子之后，孟子深入孔子的基本观念而更进一步，因此是孔子的发展，因此孟子自承“私淑孔子”[1]而不说是“私淑老子”。庄子是老子的发展。宋明儒是先秦儒家的发展。一般人认为宋明儒来自佛、老，那是妄言。宋明儒深入原有的思想，了解了先秦儒家的经典——《论语》《孟子》《中庸》《易传》《大学》——中的基本观念而再向前推进，因此可以说是新的，但并不是凭空而讲的。宋明儒能够把握原有经典的要点，尽管有些地方讲得或许不很恰当，但并不全错。现代人重新读不见得能超过他们，因为一代代愈隔愈远，现代人对从前的学问没有存在的呼应，再加上一些乌七八糟的新观念，就更不易了解。了解与否的关键就在于是否有存在的呼应、有真实感。比如说宋初时，风气已转过来，因此周濂溪讲《中庸》《易传》，一讲就很中肯，这就是因为有真实感、有存在的呼应。

以上是先提醒大家注意：有了客观的相应的了解之后，才能讲新的问题、新的发展。

上次我们讲了名家，已述完了先秦时期的思想。先秦之后

1　《孟子·离娄》篇曰：“孟子曰：‘予未得为孔子徒也，予私淑诸人也。’”

是两汉。但两汉经学之中较少哲学问题，因此我们略过不提。这次讲魏晋玄学，主要是针对两个问题做一个综述：其一，玄学在魏晋时代主要的课题为何？其二，魏晋玄学主要的价值或贡献何在？我以前已讲过一年的魏晋玄学[1]，因此这次只就这两个问题，将魏晋玄学再做一个简要的综述。

魏晋时代的时间并不长，魏晋玄学的文献也不如佛教、宋明儒学那么多，但在中国思想史上仍代表一个重要的阶段。魏晋玄学弘扬的是道家，是道家的复兴；隋唐时代是吸收佛教、弘扬佛教；宋明时代是弘扬儒家；这些都代表中国思想史中的重要阶段。中国哲学的重点就在儒、释、道三教。

魏晋时代出现的特殊人物是“名士”[2]。先秦时代的主要人物是诸子百家，魏晋时代的特殊人物是名士，宋明儒者则被称为理学家，佛教中的主要人物则是僧侣、和尚。各时代主要人物的名称各有不同，都是顺其所讲的学问而规定的。

名士代表很特殊的一格，表现时代中的创造性，也很有趣味。在那个时代一定要出现这种人，因此名士也有真实性，以后就再也没有这种人了。虽然那些名士也不是什么了不起的人物，但这一种性格不是可以学得来的。

什么是名士呢？概括而且就其发展至今的主要姿态而言，首先，名士要会清谈。清谈并不是随意闲聊，而是有一定的内容的，即谈老、庄、易三玄。清谈的方式也有一定，并不是以研究学问的态度、学究的方式谈，用当时的词语说，是以“谈言微中”的方式谈。“谈言微中”是指用简单的几句话就能说得很中肯、很漂亮。清谈还有一定的姿态，名士清谈时大多喜欢执一柄尘尾（拂尘），这是讲究美的姿态与情调。由姿态还引申为后来所谓言谈

1 牟宗三曾在台大哲学系讲授“魏晋玄学”一年。

2 参见《才性与玄理》第三章第一节《名士一格之出现》。

吐属的高雅与否。言谈无味、面目可憎是名士所不能忍受的，因此他们也讲究美姿容，就是讲究美。清谈的内容、方式与谈时的姿态能合此标准，才能算是名士。

"名士"在当时尤其至东晋时为然，是个价值标准，有资格做名士的人才算是当时的贵族，也才能作为和当时的贵族交往与通婚的对象。不过名士只是个人的情调，是个人在社会上代表身份地位的价值标准。在那些名士的家庭中，家规、家风仍然严格地遵守儒家的礼教。如是这里就有个冲突：儒家的礼教以修身为基础，所谓"自天子以至于庶人，壹是皆以修身为本"[1]，但他自己不修身，如何能教他的家人修身呢？由此可知这些严格的家规、门风所遵守的，只是外在的礼俗，并不是儒家礼教的精神，即只遵守了礼制的文貌，而没有礼制的精神，当时的时代精神寄托于名士。这在根本上是个冲突，是个生命上的矛盾，但当时的情形就是如此。

从魏晋时代起，中国社会上出现了另一个新的观念，即所谓的"门第"，门第就代表贵族。这观念一直延续下去，甚至后来唐太宗贵为皇帝，仍不免在当时几个大家族的面前感觉自卑。在魏晋以前没有门第的观念。汉高祖以布衣得天下，用士是采取选举征辟的制度；魏晋时代天下乱了，因此改用九品中正，再由此逐渐演变出"门第"的观念，而形成新贵族。门第代表价值标准，名士、清谈也都代表一种价值观念。

我们可以再举个例来说明"谈言微中"。王衍尝问阮修："圣人讲名教，老庄讲自然，那么自然与名教有什么分别呢？"若是用研究学问的方式，举证论说地来回答，那就不是清谈。阮修回答曰："将无同"，简单的三个字说得很恰当，因此王衍大为高

1　见《大学》首章。

兴，立刻让他作“掾”，这就是“三语掾”的故事[1]。“将无同”三字的意思，一方面既不肯定自然与名教一定同，另一方面也不肯定二者一定不同，就是说自然与名教不一定相冲突。这种说法代表一种趣味，其中有一种暗示。这不是科学的语言或逻辑的语言，因此唐君毅先生称这类语言为“启发性的语言”（heuristic language），也就是暗示性的语言，这个名词很好。

自然与名教的问题，在魏晋时代由各人的表现来看，在某些人身上表现出二者是冲突的，而在另一些人身上则表现为并不冲突。例如，阮籍曰：“礼岂为我设邪？”[2]那就表示二者是冲突的。又如乐广谓：“名教内自有乐地，何必乃尔？”[3]那就表示二者并不冲突。“将无同”就暗示了后者的境界。以这种方式来清谈，才是名士，以后再也没有这一格了。清末民初以来自称为名士的人，其实都是假名士，比魏晋时代那些名士差得远了。

每个时代都有特殊的人物出现，所谓“江山代有才人出，各领风骚数百年”。在魏晋时代出现的就是名士，他们的境界虽不算很高，但有真实性，在他们的生命中似乎必然要如此。站在儒家的立场来看，并由人生的最终境界来看，名士的背后苍凉得很，都带有浓厚的悲剧性。人生并不是很简单平坦的，这些名士的下

1　见《世说新语·文学第四》曰：“阮宣子（修）有令闻，太尉王夷甫（衍）见而问曰：‘老庄与圣教同异？’对曰：‘将无同。’太尉善其言，辟之为掾。世谓三语掾。”另《晋书》作阮瞻与王戎，见《晋书》卷四十九《阮瞻传》：“戎问曰：‘圣人贵名教，老庄明自然，其旨同异？’瞻曰：‘将无同。’戎咨嗟良久，即命辟之，时人谓之三语掾。”

2　见《晋书》卷四十九《阮籍传》曰：“籍嫂尝归宁，籍相见与别，或讥之，籍曰：‘礼岂为我设邪？’”

3　见《晋书》卷四十三《乐广传》曰：“是时王澄、胡母辅之等，皆亦任放为达，或至裸体者等，广闻而笑曰：‘名教内自有乐地，何必乃尔？’”亦见《世说新语·德行第一》。

场都是悲剧，只有阮籍得以保住，其他的人物大半被杀而不得善终。王弼因为太年轻了，还没有卷进政治斗争的旋涡中，否则也很难逃同一命运。我常由此想到中国的知识分子有其自身的命运，这只有靠自己警觉、振作，才能保住自己的正命，善尽自己的本性，不能单单企求外来的原宥与宽容。

清谈的前身是东汉末年的清议。清谈和清议不同，这代表两个不同的时代。清议是读书人议论政治，代表舆论，后来由此引出“党锢之祸”，由于知识分子参与政治而导致党锢之祸，是故后来知识分子就不敢再批评时政，因此遂转而为以三玄为内容的清谈。我们现在暂不牵涉清谈对社会政治的影响这类外部的问题，而单看魏晋玄学本身主要的课题及其价值与贡献。

由客观的学术面来看，魏晋玄学在当时也有个主要的课题，那就是“会通孔老”的问题。魏晋是弘扬道家的时代，在那时讲道理是以老庄为标准。但当时的名士尽管弘扬道家，却也并不抹杀孔子的地位，即圣人的地位到那时已经确定了，没有人能否认。这就引出一个问题，即前面提过的自然与名教表面上有冲突的问题。老庄重视自然，儒家重视名教，因此这也就是儒、道二家是否冲突的问题。这是个学术史上的客观问题，那时的学术文化发展到这一阶段，出现了这个问题，就不能置之不理，因此如何会通孔老就成了那个时代的主要课题。

既然道理以老庄所讲的为标准，而圣人的地位又没有人能否认，那么圣人之所以为圣人该由何处见呢？依照一般的了解，圣人之所以为圣在于他能体现道。“圣人”是个尊称，是个德行人格之称；要能够将道体现于自己的生命中，达到所谓“天理流行”的境地，才算是圣人。那么圣人所体现的是什么“道”？魏晋人认为这道就是老庄所讲的道。如此一来就得到会通孔老冲突的一个契机，他们就从此处着眼。如是，圣人之所以为圣人，就在于他能把老庄所说的“道”，圆满而充尽地在生命中体现出来。

这样的会通首先发自王弼。裴徽尝问王弼：“道既然是无，为什么圣人不讲而老子却特别注重呢？”王弼回答得清楚而巧妙。王弼曰：“圣人体无，无又不可以训，故不说也。老子是有者也，故恒言其所不足。”[1]“圣人体无”是指圣人能在生命中将无体现出来。体是体现的意思，即身体力行、体而有之的体，后来佛教中所谓“体法空”之体也是顺此意的体而转出来的。“无”是要体现出来而不是可以语言来训解的，因此圣人不说。那么老子呢？王弼谓“老子是有者也”，是指老子是在“有”的境界中，还不能体现无。可见王弼对老子的评价远低于对圣人。老子只是会讲“无”，而且讲得很对，但就修行功夫而言，老子仍处在“有”的境界中，即还没有达到“化”的境界，所谓“大而化之之谓圣，圣而不可知之之谓神”[2]，到了“大而化之”时，就不复处在“有”的境界中了。

何谓“处在有的境界中”？庄子曰：“鱼相忘乎江湖，人相忘乎道术。”人的心灵在浑然相忘中才能表现出一些天机、天趣，因此庄子又曰：“其耆欲深者，其天机浅。”[3]不仅如此，心机重的人天机也浅。如果人在思考烦虑的自觉中，是很痛苦的，有时也要超脱一下，而达到超自觉的境地。超自觉不是不自觉，超自觉就是“化”的境地。没有达到化的境地就是还没有达到天机、天趣的境地，就不能相忘。从一个意义上来说，中国人人情味最

---

1 见《三国志》卷二十八《钟会传》附注引何邵《王弼传》曰：“徽……问弼曰：‘夫无者诚万物之所资也，然圣人莫肯致言，而老子申之无已者何？’弼曰：‘圣人体无，无又不可以训，故不说也，老子是有者也，故恒言其所不足。’”亦见《世说新语·文学第四》。

2 见《孟子·尽心》篇。

3 同上。

重、最不能相忘。人情味重固然使人觉得温暖，但有时也很麻烦。庄子就是认为若天下有道，人就可以相忘；而当天下无道时，人才要各寻其类、各结其党，那就不能相忘，而在痛苦之中。但如果说中国人人情味太重是麻烦，那么如西方人不讲究人情味，是否就是“相忘”呢？你如果这样认为，那也错了。这种类比是佛教中所谓的相似法流，是不对的。既然二者都不对，这就显出“人相忘乎道术”是个很高的境界。一般人有时偶尔也能表现一点儿，好像有道一般，但一有利害关系时马上就不能相忘，这就是“无明”。无明未断尽，就不能体现无，也就不能算是圣人。因此王弼谓“老子是有者也”，就是表示老子还没有断尽无明，还没有达到体无、相忘的境界，故而“恒言其所不足”。正因为不够，所以特别强调，这也是自然的人情之常。

王弼主要即以上述几句话来会通孔老。道是以老庄所讲的为标准，但只有圣人能体现之，因此圣人是第一等人。《汉书·古今人表》分历代人物为九等，圣人是第一等人，而老子列为第四等[1]，由此可证魏晋时代虽是弘扬道家，但也绝不抹杀圣人的地位，中国历来都这样看圣人。

由此进一步又引发出一个观念，即“圆教”的观念。圣人体现无，但又不说，那么如何体现呢？圣人就是在现实的日常生活中体现无，而并不是到深山中或闭门索居地体现。但每天的日常生活不是“有”吗？“无”在哪里呢？无就在其中，道就在其中。用当时的名词来表示，现实的日常生活是“迹”，而无是“本”，这就是“迹本论”。这是魏晋时提出的一个新观念。“迹本”的观念首先发自王弼，提出来后支配了很长的时间，一直下贯到南北朝时期。王弼就以此观念来会通儒家与道家的冲突。

1 《汉书》卷二十，《古今人表》卷八。

圣人的生命表面看亦全在迹中，如果有闭关离群的情形，那也只是在修行功夫中最初步的阶段，当达到真正的圣人境界时，他的生命就全部不离现实生活的迹。虽不离迹，但他能以无为本，因此能将现实生活安排得谐和妥当。全部生命不离迹而在迹中，就是道家所谓“无不为”，但“无不为”须以“无为”为本才可能，所谓“无为而无不为”，即现实生活的迹须以无为本。一般人只有迹而没有本，因此是凡夫俗子，而不是圣人。在这意义中就隐藏着“圆教”的观念，后来佛教中所谓的圆教，也是由此引发出来的，这叫“迹本圆”。郭象《庄子注》曰“迹冥”[1]，意义相同。

在郭象的《庄子注》中，谁代表迹冥圆融呢？就是尧[2]。尧代表圆教，是最高人格——圣人——的模型；许由、务光[3]等代表的并不是最高的境界。一般读《逍遥游》都认为庄子意在高抬许由，其实许由并不行，他只能算小乘，是偏至形态，只偏于冥的一面；尧才能代表圆教的境界。

又如《德充符》篇中提到“天刑”[4]的观念，而在《大宗师》篇中孔子又自称“天之戮民”[5]。“天刑之，安可解”是站在叔山无趾的立场来看孔子，叔山无趾即属道家的偏至形态。由此来说，庄子原意是否即以圆教模型来推尊圣人，尚难断定，但至少郭象的《庄子注》是推进了一步，提出圆教的观念和境界，这就是新的发展，开拓了新的理境。这步发展不能算错，也并不违背道家

1　见《庄子》郭象注。如“夫尧实冥矣，其迹则尧也。”

2　见《庄子·逍遥游》篇曰“尧让天下于许由”段，并郭象注。

3　《庄子·外物》篇曰：“尧与许由天下，许由逃之。汤与务光，务光怒之。”

4　《庄子·德充符》篇曰：“老聃曰：‘胡不直使彼以死生为一条，以可不可为一贯者，解其桎梏，其可乎？’无趾曰：‘天刑之，安可解？’”

5　《庄子·大宗师》篇曰：“子贡曰：‘然则夫子何方之依？’曰：‘丘，天之戮民也。虽然，吾与汝共之。’”

的原意，老子也有“和光同尘”[1]之语。中国的学问都是既超越而又内在的，超越内在通而为一，就是圆教的形态。

以“迹本论”及圆教的模型来会通孔老的冲突，就是魏晋时代的主要课题。在学术史上，当时的确出现了儒道二家是否冲突的问题，问题既然出现了，就不能不加理会，因此这成为那个时代学问思想所针对的主要课题。例如，南北朝、隋唐时代的主要课题在吸收佛教；宋明儒所针对的则是如何对抗佛老、弘扬儒家；而我们现在所面对的是如何会通中西文化的问题；这都是各个时代中学问的主要课题。

我们可由此再进一步看看魏晋玄学的贡献。玄学的内容是道家的玄理，进一步发挥道家的玄理，就是魏晋玄学的贡献。“玄理”在思想上代表很高的理境，要了解其贡献，必须先对之有恰当的了解，而要有恰当的了解，又必须先有审密的分析。

现代哲学喜言分析，但不论应用何种分析方法，都必须把握住两条基本原则：第一，不论是否赞同其意，先要将原意恰当而明确地分析出来，以期有恰当的了解；第二，如果那些问题并非全然虚妄，则分析的结果不能把问题分析掉了。一般英美研究分析哲学的学者并未遵守这两条原则，他们大多是把问题给分析掉了。

自维特根斯坦以来，在语言分析中喜分析唯我论（solipsism，以脑神经为中心的唯我主义），结论是唯我论没有意义，这就是把问题分析掉了。唯我论是否真的没有意义呢？罗素曾说一切的哲学都是“帽子底下的哲学”。我们所感觉的那些特殊的东西（particulars），都不能离开“自我中心”（ego-centric）。近代知识论就是以此为起点，着眼的问题在由自我中心所呈现的

1 见《道德经》第四章及第五十六章曰：“挫其锐，解其纷，和其光，同其尘。”

particulars 如何有客观性，如何能外在化、客观化。康德的知识论处理的也是这个问题，他讨论范畴（category），就是要使主观的表象（subjective representations）能够涉及对象。罗素的实在论也是由这个问题开始，这是知识论上很重要的问题。康德、罗素各有不同的分析，不同的解答，但并未把问题取消，即未将问题分析掉了。如果把问题分析掉了，那还要这种分析做什么？

中国哲学中的问题又不同于西方哲学所注重的思辨问题，思辨的问题还可能全错，而儒、释、道三教所讲的都是内容的真理（intensional truth），内容的真理是不会全错的。思辨的问题容易产生假象（illusion），例如，康德所批判的二律背反（antinomy）就是一些假象。但康德仍说这种假象是自然会有的，而且是不可避免的，因此随时需要批判的哲学来加以清理[1]。中国哲学中很少有这类 illusion。孔子讲的“仁”，老子讲的“无”，你可以说你完全不了解，但你不能说它是 illusion。因此分析这类问题，要首先予以客观而恰当的解析、规定，再者也不能把问题分析掉了。

我并不反对分析，而且我也赞成人人都该有一些这种训练，但不能只宣传分析、崇拜分析。分析是一种工作，是要做的，是要讨论问题、分析问题的。罗素的《数学原理》的确在处理问题，并不是宣传。分析并不容易，需要下扎实的功夫，到能恰当地运用分析时，对处理问题就很有帮助。最困难的分析是康德的批判的分析（critical analytic），罗素根据莱布尼茨的传统而重逻辑分析（logical analytic）还比较容易些。

英国人有这种传统，能够分析，而且很精致细密，这代表英国人的性格。这种分析的路数，我给它个名称叫“纤巧”。一方面从好处说，它确是精巧。这就好像细刀刻木，刻久了的确很细致，

---

1 见康德所著的《纯粹理性批判》，史密斯英译本，第二百九十九至三百页。

但不小心一碰就碎了、没有了。所以在另一方面，一成纤巧就出毛病。因此我宁愿不走这条路，而采取十八世纪康德式的分解，那种分解不会出毛病。

分析哲学的学者虽说分析只是个方法，不代表任何主张，但事实上它就是个主张，背后有个限制，那就是他们的主张（teaching，doctrine），因此往往分析的结果不是歪曲原意，就是把问题分析掉了。他们通常分析黑格尔的几句话，以黑格尔的话为讥讽的对象。但黑格尔的话是否真的无意义呢？这种态度就不对，不先做客观的了解，反而先断定人家无意义，把自己主观的不了解当成客观的无意义，这根本就是“不逻辑的”（illogical），根本就不是“分解的”（analytic）。维特根斯坦的思想仍是纤巧，于逻辑方面有天才，于哲学方面直觉力很强，时有精要语，但究非大家气象。可是，这种分析哲学也有吸引人的地方，因此陷溺进去还不容易出来，但能深入地训练一下也是好的、应该的。

现代的风气所表现的都是纤巧，哲学若要领导时代的风会，就不能顺之而滚，而要看出其中的毛病，且有所纠正。中国哲学要有新的发展必须通过恰当地了解；要恰当地了解就需要彻底地分析，但不能将问题分析掉。如此一步步地做下去，自然会引发出新的问题，新发展、新问题都不是可以凭空讲的。

对于玄理，我们第一步应先了解何谓玄理，再进而理解玄理在哲学中代表哪一层面的问题，即这种问题担负了何种作用，由此以了解其贡献。玄理是客观地讲，主观地讲就是玄智。玄理玄智二者合一而不可分，在玄理中所呈现的智慧就是玄智，此即道家的特殊贡献。由此我们可以再进一步来看会通孔老的问题。

前面提过，乐广谓：“名教内自有乐地，何必乃尔？”此说似乎已调和会通了自然与名教的冲突，但再深一步内容看，它实际上并不能会通，这仍藏有一个矛盾。“将无同”也是如此。因为“无”是共通的，各家都可以说，因此以无来会通虽不算错，但仍不尽。圣人也说：“天何言哉？四时行焉，百物生焉，天何言哉？”[1]又说：“毋意，毋必，毋固，毋我。”[2]《尚书》曰：“无偏无陂……无有作好……无有作恶……无偏无党，王道荡荡；无党无偏，王道平平。”[3]《诗经》曰：“上天之载，无声无臭。”[4]可见儒家也可说“无”，但“无”不足以尽圣人之道。既然都可说，因此我用佛教的名词说“无”是“共法”。上帝也可以无说之，但上帝不只是无；儒家也可说无，但儒家并不以无为本体；不仅如此，就是如来藏、梵天也同样可用无来说明。由此可见，“无”没有特殊的规定，不能有所决定，因此是公共的（common），故称之为“共法”。

儒家的本体是“仁”，无是体现仁的一个境界。这显然是两个层次的问题。“仁”属于实有层，“无”属于作用层，这两个层次不能相混。道家所擅长的就在作用层，充分发挥了这层面上的义理而不牵涉其他的问题，就以此成家，成为其学派的特色。因此我常说在某个意义上道家哲学的意味重而教的意味轻。哲学注重普遍性，道家所对的问题就有这种普遍性，因此说它的哲学意味重。但既然是普遍的、共通的，就不能以此来会通孔老，因为如此并未解决问题。

由此，已显出这其中有两层的问题：存有论的问题是经，作用层的问题是纬。儒家两层兼备；而道家只有作用层即纬的问题，玄理玄智都在作用层上表现。存有层上的问题不能“玄”，

---

1 《论语·阳货》篇曰：“子曰：‘予欲无言。’子贡曰：‘子如不言，则小子何述焉？’子曰：‘天何言哉？四时行焉，百物生焉，天何言哉。’”

2 《论语·子罕》篇曰：“子绝四：毋意，毋必，毋固，毋我。”

3 见《尚书·洪范》篇。

4 见《诗经·大雅·文王》篇。

即不能有“吊诡”[1]，因为存有层讲实理，伊川、朱子皆说“天下无实于理者”，吊诡所代表的玄理玄智都在作用层上表现。佛教禅宗的话头儿，两层皆可表现。如“即心是佛”指实有层，而“无心为道”就代表作用层，表示般若。佛教中的吊诡都表现于般若。佛教的“空理”本身并不是玄理，但表现般若智的理路是玄理。道家独重玄理玄智这一面，其主要贡献也就在提出作用层上的境界。诡词所表现的玄理充分见于庄子，即所谓“谬悠之说，荒唐之言，无端崖之辞”[2]这类描述的词语所表现的理境。佛教中的般若智也以诡词表现，也属于这一层面的理境。般若是大、小乘都必须承认的共法，而有境界程度的高低不同。就此意义而言，道家所特别表现的玄理玄智也是个共法。因此经过魏晋玄学弘扬道家，接着就立刻能够接受佛教，而首先接受的即是般若的玄理玄智。

玄理玄智与般若，自其表现的方式而言，皆是共法，属于“无心为道”的作用层，用魏晋时代的词语说，就是“迹冥圆”，“冥”是“无为”的一面，“无不为”的一面是“迹”。用《般若经》的话语说，则是“不坏假名而说诸法实相”[3]，实相是“冥”，而“不坏假名”就是“迹”。道家的贡献就在于充分发挥了这“迹冥”的圆融，这一面的作用与贡献也需要正视，这样就能超过传统的态度了。理学家不能正视这圆融的玄理玄智，当然也反对佛教的般若，因而视之为异端。现在我们若能正视魏晋玄学的贡献，即道家之贡献，我们就不必再如此想。（关于两层的问题当重看第七讲）

---

1 《庄子·齐物论》篇曰：“丘也与女皆梦也。予谓汝梦，亦梦也。是其言也。其名为吊诡。”

2 见《庄子·天下》篇。

3 见《摩诃般若经·散华品》卷二十九。

由道家玄理玄智与佛教般若智慧之表达方式，又可引发出一个新的问题，即“分解说与非分解说”的问题。要分析中国哲学，也要先了解这个问题。一般言之，西方哲学都在分析方面表现，不论何种分析——批判的分析、逻辑分析抑或语言分析。西方哲学自柏拉图起即重分解（analytic），很少有甚至几乎没有我这里所说的“非分解”这一面。正式暗示分解说与非分解说之问题的，在中国是道家的庄子。老子大体仍属于分解的方式。在佛教中，释迦牟尼佛开始说法大多用分解的方式，称为分别说或差别说；但到相当时候，亦须用非分别的方式来说法，因此佛教正式地提出分别说与非分别说的问题来，这是佛教的贡献。西方哲学中根本没有像庄子、佛教这种非分解的表达方式，因此中国哲学对这方面的贡献大，而西方哲学是在分解方面的贡献大。黑格尔虽用辩证的方式而不采分解的方式，但他展示辩证的历程仍是用分解的方式表达，这和庄子或般若所表示的非分解仍大不相同。黑格尔的辩证法也需要正视，也很有意义。但要将“分解说与非分解说”当作正式的客观问题以充分研究时，就必须透过中国哲学，如此才能彻底了解这一个大理境，这个问题就是在现代讲述传统学问时所引发出的新问题。

要了解这一方面的理境，就必须正视《庄子》和《般若经》中那些吊诡之词，不能随便将之取消，但也不能轻易地说它们仍属于逻辑范围之内。例如，“般若非般若，是之谓般若”[1]这一句话。如果你认为这一句指的是两个命题，在这两个命题中“般若”有不同的意义，因此并不相冲突矛盾，即并不违反逻辑，于是断定这类诡词并不外乎逻辑。如果这样想，那就错了，因为“般若非般若，是之谓般若”根本不是命题，不能以命题来解释。命

1 《金刚经》有言：“佛说般若波罗蜜，即非般若波罗蜜，是名般若波罗蜜。”

题有命题的范围与意义，分析哲学家在这方面弄得很清楚。命题的世界就是科学的世界，因此凡是可用命题表示的，都可以清楚地陈述出来。人生的价值与意义不能用命题来表示，不属于命题世界而在此世界之外。这是维特根斯坦的主张，也很有意义，很suggestive。逻辑既然属于命题范围之内，那么照康德、黑格尔的讲法，逻辑即属于知性的范围。上帝就不在知性范围内，他的知性也与人类不同，而是divine understanding。当然就逻辑的普遍性和涵盖性而言，上帝也不能违背逻辑，他不创造罪恶，也不创造矛盾；但由另一方面来说，上帝才是最普遍、最超越的。那么这"普遍"显然和逻辑的普遍性不同，于是也显出分解与非分解要分别讨论。

能够正视分解说与非分解说二者不同的问题，就可以解除以前理学家的忌讳。儒家其实也可以讲无的一面，不能因为王阳明有这方面的话头就指他是佛老，这是不对的，也是不公平的。非分解说的一层是共法，大家都可以说。例如，程明道谓"天地之常，以其心普万物而无心。圣人之常，以其情顺万事而无情"[1]，这是诡词，但也是圣人之道所含有的。"天地之常"是存有论的问题，"普万物而无心"就是"无心为道"，两层合言而成个吊诡。不能一看到这种诡词就指为来自佛老，儒家一样可以接触这一大片理境。

魏晋玄学主要即在训练人重视非分解的这一面理境，这并不容易。黑格尔的辩证法已不易了解，何况再进一步像道家或般若所讲的这种玄理，就更不易了解，但这又很重要，因此需要大家用点心思来领会。

我们在这一讲中叙述了两个问题：一是魏晋玄学在时代中的

1 见《二程全书·明道文集》卷三，《答横渠先生定性书》。

课题；二是魏晋玄学本身内容的价值。由此了解进去，即可以知道从中国哲学中能引发出一些什么新的问题，这于中西方哲学将来的发展都会有所贡献。

胡以娴记录

第十二讲

略说魏晋梁朝非主流的思想并略论佛教“缘起性空”一义所牵连到的诸哲学理境与问题

上次我们叙述了魏晋玄学的主要课题及玄理之作用与价值。在魏晋时代下赅南北朝之梁朝，除了作为主流的玄学与佛教之外，还有三个不同于中国传统的问题，即裴颀的《崇有论》、嵇康的《声无哀乐论》及梁朝范缜的《神灭论》。这三个问题不属于中国传统思想的形态，因此很特别，但其中也有思理。本讲先就此略加说明，然后再讲佛教。

裴颀的《崇有论》系直接针对道家的“无”而发，其论点很有启发性，但不合乎中国思想的形态。道家如老子虽强调“无”，但《道德经》中也讲“有”，不过却不同于裴颀所论的有。裴颀所论的“有”类乎西方哲学中的being，特别类乎现象学式的being。西方自柏拉图以降，直到近代的胡塞尔、海德格尔等人，都重视being，这是西方思想的主要形态。中国思想不注重这个观念，老子虽有“无名天地之始，有名万物之母”“天下万物生于有，有生于无”[1]之类的语句，但这“有”属另一种形态，不能直接解释为西方式的being。大家可以读读《崇有论》，自己体会其说与道家所论之“有”的差别以及其所论之“有”并不足以对治道家之“无”[2]。

嵇康能持论，他有好几篇“论”式的文章，其中一篇是《养生论》。在此先谈谈这个问题。“养生”是道家本有的问题，目的在成真人。依照中国思想来说，儒家肯定“人皆可以为尧舜”[3]，佛教肯定众生皆可成佛，那么道家虽未明讲，但也应当承认人人皆可以成真人。从成真人的观念后来发展而为由养生、炼丹等以求成仙。嵇康在《养生论》中认为神仙不是人人可能的[4]，这种看法是承继汉人的观点。两汉人认为是否能成圣、成神仙，带有先天性。例如，他们认为孔子是“天纵之圣”[5]，并不是人人可以通过修养而达到的，这就表示成圣人带有先天性。

但视孔子为“天纵之圣”仍不同于基督教之看耶稣。在基督教中耶稣是上帝差遣下来的，而不是人人通过修养或道德实践所可达到的，因此耶稣仍有神的身份。虽然有人会由“天纵之圣”而将孔子与耶稣相比附，但“上帝所差遣”这种思想不合乎中国人的头脑，中国人不喜欢这种思想，两汉人也不以为孔子是上帝差遣下来的。那么两汉人究竟如何了解“天纵之圣”这句话呢？他们就是认为能否成圣人带有先天性，并不是人人可学而能的。

1　前语见《道德经》第一章，后语见第四十章。

2　参见《才性与玄理》第十章第二节。

3　《孟子·告子》篇曰：“曹交问曰：‘人皆可以为尧舜，有诸？’孟子曰：‘然。’”

4　嵇康《养生论》曰：“夫神仙……似特受异气，禀之自然，非积学所能致也。”参见《才性与玄理》第九章第二节。

5　《论语·子罕》篇曰：“太宰问于子贡曰：‘夫子圣者与？何其多能也？’子贡曰：‘固天纵之将圣，又多能也。’”

带有先天性，因此笼统地就以“天纵”来表示，但“天纵”并不是指上帝差遣。依两汉人的理解，这先天性就由“才性”来决定。才性属于气，而不属于理。由理上讲，人人皆可以为圣人，这是理想的说法。但事实上并未人人皆是圣人，这是因为现实上有个限制原则（principle of limitation），即“气”。

儒家的学问兼含理想与现实两面。儒家在理想面肯定人人皆可以成圣，因此主张性善，即宋明儒所谓的“义理之性”，这是普遍的，在这方面人人相同。个性（individuality）、差别性是从气上见。气仍是个普泛的观念，落实到人身上就是个性、才性，也就是“气质之性”。由才性来看，就人人不同，多姿多彩，而有先天性，并有所谓的天才；从理上讲，则没有天才。孔子亦谓“唯上智与下愚不移”[1]，而在中间的一般人都有可塑性，是可以变更的。就气而言，现实上确有天才，也有白痴。当然天才也需要努力才行，但若没有某方面的天才，要在这方面有特殊的成就，终究比较困难。白痴也并不是由理上决定的，例如，佛教既然肯定众生皆可成佛，那么，白痴应该也可以成佛，因此佛教也讲来生，经过几世几劫的修行以至终成佛。就是鸽子都可以成佛[2]，何况白痴？因此由理上言，白痴亦可成圣人，但就现实上言，白痴今生不可能成圣，这就是所谓的先天性。因此先天性不由理上讲，而由气上讲，生而为白痴是气的问题。因为禀受的气太浊了，而成为白痴；气太浊则心窍不能开，于是理就不能呈现。气、心、理是三层的观念。

两汉人不了解儒家理想的一面，以后由魏晋、南北朝直到隋唐都是如此，因此在这长时期中，不能了解孟、荀等先秦儒家所说的“人人皆可以成圣”，因而也不重视这方面，而重视“气”。

1　见《论语·阳货》篇。

2　见《大智度论》卷十一。

圣人是个德行人格，如同西方斯多葛学派（Stoics）重视德行，圣人的最高理想是圣（此圣不必同于斯多葛学派所说的圣），但必须从进德修业做起。先秦儒家早有这个观念，孟子、荀子都直接而明白地有这种话语。荀子所谓“涂之人可以为禹”[1]就是“人皆可以为尧舜”，都表示人人皆可成圣人。不过仔细分辨起来，孟子和荀子的说法仍有不同。孟子所谓的“可以”的根据强，不只有逻辑的可能性（logical possibility），而且有真实的可能性（real possibility）。荀子的说法就只有逻辑上的可能性，因为他主张性恶。性恶与“涂之人可以为禹”虽并不冲突，但作为根据的可能性就弱了，因此说只有逻辑上的可能性。

从两汉直到隋唐都不了解也不重视理想这面，而重视气这面。宋儒出来复兴儒家，才真正了解“理”的观念，而且是自觉而亲切地了解。程伊川谓“大贤以上即不论才”[2]，“大贤以上”即指圣贤，此语表示圣贤不以才论。这并不是说圣人不需要才，而是成圣贤的主要关键在德而不在才。一般人当然并非不需要做道德实践的功夫，但其理想性或说精神的强度并不集中于此，而是落在现实生活中的谋生或突出某种事业，因此就需要“才”。《人物志》主要就是说明才性，目的在衡量人的才性看其适合于做何种事。

《人物志》中也有圣人的标准，即所谓“中和之才”[3]。“中和”是借用《中庸》的词语，但并不是《中庸》的本义[4]。《中庸》所

1　见《荀子·性恶》篇。

2　《二程全书·遗书第十八·伊川先生语四》曰：“盖大贤以下即论才，大贤以上即不论才。圣人与天地合德，日月合明。六尺之躯能有多少技艺？人有身，须用才。圣人忘己，更不论才也。”

3　刘卲《人物志·九征第一》曰：“凡人之质量，中和最贵矣……是故兼德而至，谓之中庸，中庸也者，圣人之目也。”

4　如“中也者，天下之大本也；和也者，天下之达道也。致中和，天地位焉，万物育焉”。

谓之中和是由理上说，而《人物志》讲中和是就气而论，属于才性。圣人不是没有才，而是成圣本质的关键在德行、智能，而不是知识、技术、才能等。科学技术同样不能使人有智慧，因此专家与圣贤也是两回事。“大贤以上不论才”是自觉地通过先秦儒家的理想而说出的话。两汉魏晋人的道德意识不够，因此总不能了解儒家理想的一面。

因此“才”与“德”是两个不同的观念。圣贤之所以为圣贤不在他有哪方面的才能，而是在他的“德”。但再进一步细想，为什么圣人将“德”表现得如此之好，而普通人都不行呢？这就又牵涉圣人有能够完善地表现“德”的“才”。一般人这种“才”不够，因而此处就有限制，这是由“材质”“气”方面讲；从理上而言，就不如此，人人皆可成圣成佛；再长远些说，今生不能成圣成佛还可期望来生，如此问题就转至更深远。

讲道理一定要理与气两面兼备才完整，才不会出毛病。否则只注重气，就一定会演成“强凌弱，众暴寡”的结果。例如，尼采的思想就有此种弊病。尼采特重生命，主张超人，而不能正视德行的观念。尼采以为生命强的人道德智慧一定也高。若从最高的圆融境界来说，道德高的人生命必强，例如，孔子、耶稣都是如此。但这时的“生命强”已不是平常所说的自然生命强，更不是所谓身强体健的强。平常所谓的强完全由生命、由气来规定，由此分析不出“德”的观念，因此二者意义不同，不能只重视一面。柏拉图所主张的哲人王（philosopher–king）是属于金质的，若从这一面说，哲王也是先天的，奴隶也是先天的，这便不行。对此儒家就比较通达（reasonable），成圣成贤是就道德而言，不就政治而言。尽管现实上尧、舜、禹、汤、文、武都是圣王，但自孔子以后二者就分开了。按照儒家的基本原理，二者是要分开，政治是政治，道德是道德，二者应在社会文化上相合，而不是集中于一人身上。若集中于一人，就会导致集权专制，儒家的基本精神并不是如此。

如是，才、德两面一定要兼备才完整，儒家便是如此。由德、由理的方面就一定肯定性善，这是义理之性，天下人都相同，这只有普遍性。但只有这一面又不能说明限制、说明差别，因此也一定有才性、气的一面。气有两个作用，一方面是消极的限制原则；另一方面也有积极的作用，即它是实现理的工具。汉朝以来的人只重视气，因此嵇康的《养生论》中主张神仙不是人人可做到的。这虽不合儒、释、道三家的基本精神，但仍可算是中国自两汉以来的老观点。

嵇康另一篇《声无哀乐论》，就不是中国正统理解音乐的思路。嵇康不仅懂得乐理，他也是个优秀的音乐家。嵇康就音乐来了解音乐，且境界很高。中国正统之观点重视音乐的教化作用，如《乐记》所载。嵇康已超过这个程度，而就音乐本身来谈美。如此了解的美，是美的观念的纯净化，将美的观念从实用或教化中解脱出来，各种艺术均应达到这种境界。就以音乐为例，若认为音乐之美没有一定的标准，完全视主观的感受而定，或视音乐只有道德教化的意义，这都只是最初步的看法。嵇康的《声无哀乐论》就是由主观的感受中解脱出来，而认为音乐本身没有所谓喜怒哀乐之情，情是听者在听到音乐以后，由主观方面的感受所引发出的。他这说法是客观主义的讲法，近乎柏拉图的思路，不属于中国传统的思想，因此十分独特。柏拉图主张欣赏形式之美（beauty of form），而形式是客观的，因此是客观主义。音乐之美在于它本身的结构、韵律之形式，这就是柏拉图式的实在论（Platonic realism）。将主观方面的联想感觉完全去掉，单欣赏音乐自身的和声之美，这才真代表美，才是纯粹的音乐。如此论音乐、论美，境界就相当高了[1]。

相传阮籍也有一篇《乐论》，不过我怀疑那篇是否真是阮籍做的，因为其中所持的论点仍是传统《乐记》的老观点。若确是出自阮籍之手，说阮籍一方面反对圣人之礼，且有“礼岂为我设邪？”之语；另一方面论乐时，又肯定圣人之教，这就前后不一致，因为依传统的观点，不懂礼也不能懂乐，礼乐总是连在一起讲，因此那篇《乐论》很可能不是阮籍做的[2]。

第三个问题是范缜的《神灭论》。这是佛教传入后，为对抗佛教而有的唯物论思想。《神灭论》针对的是轮回，是阿赖耶识永久不灭的识之流。若神灭则哪有轮回、哪有来生呢？但阿赖耶识这不灭的识之流仍不同于西方基督教所谓的灵魂不灭（immortality of soul）。依佛教的观点，阿赖耶识虽不灭，但可以转化，即要“转识成智”；虽然将识转化为智，但“神”“心灵”仍永恒常在。中国没有个体灵魂不灭的观念，佛教如此，儒家也如此。陆、王以来讲心，是讲普遍恒在的心，即“良心”，而不是灵魂不灭，因此仍与西方不同。这表示中国没有个体灵魂（individual soul）灭或不灭的问题。

范缜的主张接近自然主义，是顺着道家讲自然所引申出来的，并不是道家言自然的本义。范缜和王充都受道家的影响，但王充的思想也不是道家式的自然主义，反而类乎西方人所说的naturalism。老子所说的自然，是超越意义的自然（in transcendental sense），不从气上讲，因此不能以西方的自然主义来了解老子。顺王充的自然主义思路，气是可变化的，其中并没有常住不灭的神。范缜借刃与刀的关系来说明神与气的关系[3]，这

1　《声无哀乐论》参见《才性与玄理》第九章第四节。

2　参见《才性与玄理》第八章第三节。

3　范缜《神灭论》，见《梁书》卷四十八《范缜传》。

当然是唯物论的思想。

裴颀的《崇有论》、嵇康的《声无哀乐论》与范缜的《神灭论》这三个问题不是反传统，而是非传统，中国的心灵（Chinese mentality）不喜欢这种思想，因此大家不大注意，也不大能了解，但它们本身仍有思路，也有意义。例如，《崇有论》的“有”类乎西方自柏拉图以来所重视的being，而不同于老子所言的“有”。老子所言的“有”非常高妙，它落实、落定了才成为裴颀所论的“有”，而成为类乎西方的思路。上述三个问题都值得仔细看看。（关于神灭不灭的问题是当时的一个大争论，文献俱见《弘明集》以及《广弘明集》）

魏晋时代以玄学为主流，此外还有上述三个不属于中国传统思想的重要问题。魏晋之后接着是南北朝、隋唐，在这个长时期里，中国文化发展的着重点，或谓民族文化生命的主要流向，是在吸收佛教、消化佛教。这是个长时期的工作。要了解、消化另一个民族的文化系统，都要靠长时期的努力，短时间是不行的。现在中西方文化交流，就整体的客观了解而言，西方汉学家了解中国文化，不如中国人了解西方思想来得多、来得虚心。因为中国的民族性较宽大开阔，因此中国人在客观的了解上固执少、障碍少。例如，日本民族自己的创发性不够，而以吸收其他民族的文化为主，好像没有自己的文化，其实并非如此。譬如，在明治维新以前它主要吸收中国文化，包括儒、释、道三家，但吸收消化的结果却往往不合于儒、释、道三家的本义，这就表示它那民族才性的底子非常顽固。这并不是有意的，而是自然的，它本有一种特别的情调，这就影响它所做的客观了解。就这方面而言，中国人在客观地了解上较宽、较恰当。这并不表示现实上中国人已了解较多，而是指在可能的方向上，中国人了解西方较西方人了解中国，在才性方面所受的限制、障碍较少。由此可知，吸收另一个文化不容易，一定需要长期的努力。

再如，有些人喜欢讲“佛教中国化”“中国的佛教”，好像中国的佛教不同于印度的佛教似的。但若仔细考察一下，究竟此处说的“化”是什么意义？怎么“化”法？“化”到什么程度？仔细体会了解之后就知道这种说法是不对的。佛教只有一个，所谓在中国的发展，都是佛经中所原含有的义理进一步发挥，并没有变质而成为不同于印度的“中国”佛教。

下面要接着讲魏晋以后，南北朝、隋唐这一段长时期中的主要问题——佛教。佛教的内容特别丰富复杂，我们仍是总括地叙述其中的基本观念与主要含义。如此是将佛教当作哲学来讲，这是基层的了解；这层明白了之后，可以再一步步实际地去修行而进入宗教的范围。就哲学而言，佛教的启发性最大，开发的新理境最多，所牵涉的层面也最广。我们现在不细讲大乘、小乘各宗的复杂内容，而是一方面提示佛教中的主要基本观念，另一方面就所牵涉的观念内容指出其中的问题。即是对佛教做一个反省的综述，这是第二序的讨论，而不是基础内容的叙述。

首先要了解的是“缘起性空”的观念，这是佛教大、小乘各宗所共同承认的基本观念。佛教最初讲“十二缘生”[1]，现实的一切都在因缘之中，自无明始，无明缘行，行缘识等，十二个阶段轮转不断。因“十二缘生”故说“诸行无常，诸法无我”[2]。“缘起性空”的观念就是释迦牟尼佛说十二缘生、诸行无常、诸法无我等义的普遍化，而成为一个普遍的原则（general

1　亦曰十二缘起、十二因缘。即无明、行、识、名色、六入、触、受、爱、取、有、生、老死。

2　如《大智度论》卷二十二曰：“佛法印有三种。一者一切有为法念念生灭皆无常。二者一切法无我。三者寂灭涅槃。”如《大般涅槃经》卷下：“诸行无常，是生灭法，生灭灭已，寂灭为乐。”

principle,universal principle）。这是大小乘的共法，若不了解“缘起性空”就不能谈佛教。

“缘起性空”从缘起方面说是个普遍的观念，就是一般所说的因果性（causality）。西方哲学、科学中也喜言因果，但并没有“缘起性空”的观念，可见思路大不相同。佛教讲“缘起”就必然含着“性空”，而西方人讲因果性却正好要证明“性不空”。科学中的自然法则、自然因果（natural law，natural causality）之作为法则，是为了要使自然现象可理解（intelligible）、可说明；而“缘起性空”是由“空”来看因果律，正是要说明世界不可理解。例如，“生”的观念就不可理解，现象世界都不可理解，故谓“如幻如化”[1]。“诸法不自生，亦不自他生，不共不无因，是故知无生。”[2]这表示“生”不可理解，也就是“无生法忍”[3]“体法空”[4]这些词语的意义。西方人着实了来看 causality，因此从没有“如幻如化”之类的话语。这两种思路以及其文化背景显然很不相同。

对此不同，我曾有两句判语。一般的世间哲学——以西方哲学、西方传统为代表——都是“为实有而奋斗”（struggle for being）。西方的科学、哲学、宗教都是如此。实有就是自性，就是性不空。自柏拉图开始就强调实有，直到最近海德格尔仍不断地讲 being，可见 being 是很难把握的。把握实有是个大智慧。佛教正好与此相反，正是“为去掉实有而奋斗”（struggle for non-

1 如《大般若经》卷四百九十九曰：“……善现答曰：我于今者，不但说我乃至菩提如幻如化如梦所见，亦说涅槃如幻如化如梦所见。”

2 见龙树《中论》。

3 如《大智度论》卷七十三曰：“无生忍者，乃至微细法不可得，何况大，是名无生，得此无生法，不作不起诸业行，是名得无生法忍。”

4 如谛观《天台四教仪》卷三曰：“一切不实，一切实亦不实，一切非实非不实，佛于此四句，广说第一义悉檀。《中论》明此四句，皆名诸法之实相，即通教明，正因缘法如梦幻响化水月镜像，体法即空之句也。”

being）。去掉实有就是所谓“性空”，就是“诸法无自性”“诸行无常，诸法无我”。无常无我就是无自性，无自性就是空。但说“空”并不表示没有万法，万法仍是“有”，但它无自性，故“空”。为什么万法无自性呢？因为它是依因待缘而生。缘生就含着无自性，无自性就含着空，因此“缘起性空”是个分析命题（analytical proposition），也就是 identical proposition（自同的命题），缘起就是性空。这也是个大智慧。being 固然不易把握、不易了解，“空”同样也很难把握与理解。我们天天讲“我”，就是肯定自我；若把“我”的自性或就人而言的人格性（personality）去掉，那么个体的灵魂、灵魂不灭当然就更不能讲了。肯定实有与肯定性空都是大智慧，即由此智慧见人类之可敬可贵。

以上是由“缘起性空”这个观念所直接引发出来的问题，这是个很有意义的哲学问题，也是在这个时代所应开拓出来的新理境、所应正视的不同想法。开发新理境就是中国哲学的发展。诸位要好好用功，有了严格的思想训练，才能使义理、理境再向前推进一步。

西方哲学是为实有而奋斗，佛教是为去掉实有而奋斗，那么儒家和道家呢？儒家仍然肯定实有，也是“为实有而奋斗”，但它是由道德处讲，因此仍与西方不同。道家就很特别，不属于以上任一种形态，因此我曾用庄子的一句话来表示，这些话有些滑头，但却恰好能表现出道家的趣味。庄子谓“材与不材之间”[1]，这就是道家的形态，既不同于西方传统之肯定实有，亦不同于佛教之谓无自性，还不同于儒家之由道德确立实有，而是个居于三者之间的形态。这是深入了解各家的系统性格之后，才反省、散

1 《庄子·山木》篇曰：“弟子问于庄子曰：‘昨日山中之木，以不材得终其天年，今主人之雁，以不材死，先生将何处？’庄子笑曰：‘周将处乎材与不材之间。’”

发出的哲学问题，因此是高一层的。至于基础的了解，仍需要大家仔细去读原典。

由“缘起性空”还可引出许多其他的观念。“缘起”即如其为缘起而观之，即 causal occasioning、causal happening as such 来看，也就是说“不增不减”[1]地来看，它就是性空。有所增益即成执着而落入常见，有所减损即成断灭而落入断见，这都不是中道。依佛教，“为实有而奋斗”就是求常，是增益见；若认为完全是空无，一无所有，就是减损见。常见、断见均是邪执，不合中道，这正是缘起性空之观念的精彩之处。

既然是“缘起性空”，那么“常”在哪里呢？佛教原初讲无常、苦、空、无我等，但大乘佛教中“涅槃法身”的理想境界，也讲“常乐我净”。涅槃法身就是常、就是大自在、就是“真我”。但此“真我”并非个体之灵魂，而是“无我相之我”（non-ego form self）。这是个诡词，但也正是佛的境界，这就是“常”。只有达到了这个意义的“常”，缘起性空、如幻如化的诸法才能通通保得住。西方哲学由因果法则的观念向后追问第一因（first cause）、充足理由（sufficient reason），最后提出上帝的创造，由创造来保证万法的存在。佛教由涅槃法身的“常”来保住缘起之万法，而缘起仍如其为缘起而观之，不增不减，仍是性空。如此，两种思路的结果不是一样吗？

此外，康德也有个想法。康德先不提出上帝，而将缘起（causality）的观念吸收到知性（understanding）中来了解，且停于知性中而暂不涉及理性（reason）。只在知性这层次上，康德也说一切的表象、现象（appearances，phenomena）只是一些关系（mere relation）。一切事物当呈现在我们面前而为对象时，

1　如《般若心经》曰：“是诸法空相，不生不灭，不垢不净，不增不减。”

就已在关系之中；我们所了解的现象是通过这些关系来了解，即事物只有在关系中才能成为我们的对象。至于表象、关系之支持点（supporting point），即物自身（thing-in-itself），我们却不能知道。这表示康德认为物自身不在关系之中，而现象只是一些关系。

“现象只是些关系”这句话是可以引起问题的。英国哲学家布拉德利（Bradley）在《现象与真实》（*Appearance and Reality*）一书中就正式辩驳这个问题。布拉德利认为若现象只是些关系，则关系本身就不可能。关系（relation）必须有发生关系的关系者（relata），例如，AB 二者构成一个关系，AB 本身是关系者而不是关系。若一切事物都是关系，那么关系者是什么？若还是一些关系，则又预设一些关系者，如是一个事物就永远自身分裂，而不能停住自身以成其为一个物项（term），即永远没有一个最后的关系者。如此，康德虽以关系说明现象，实际并未能说明，而关系本身不可理解。不过，布拉德利如此辩驳的并不是关系范畴，而是范畴所决定的那些对象方面的关系，如量范畴所决定的对象之量等，因为依布拉德利的说明，这些关系都不可理解。

布拉德利既然不同意康德之以关系说明对象，那么，他如何解决这个问题呢？布拉德利规定现象（appearance）的意义就是自身矛盾、不可理解，然则矛盾又如何解消呢？他并不像莱布尼茨肯定有一个 monad（单子）来作为最后的关系者，这种说法已为康德所驳斥。布拉德利是所谓的新黑格尔学派（neo-Hegelian），他顺着黑格尔的思路而发展，主张这些矛盾的现象都消融到“当下的这个”（the immediate this），这就是“真实”（reality），而那些矛盾的现象就都成了这个“真实”的丰富内容。the immediate this 就是绝对。

布拉德利的讲法仍不同于黑格尔。黑格尔是由绝对实有（absolute being）开始，绝对实有就是空无所有（empty）。这绝对实有经过辩证的发展（dialectical development）一步步地充实自己，这种方式是扩展的辩证（expansive dialectic）。而布拉德利的方式我们可名之曰消融的辩证（reconciliatory dialectic），一切矛盾、冲突的现象，当消融到 the immediate this 中，这 immediate this 即成了 reality，矛盾就没有了，而且更反过来充实 the immediate this，成为其丰富的内容。这种消融的辩证方式很有意义。

其实康德也可以答复布拉德利的辩驳。布拉德利认为冲突矛盾的东西叫现象，这个意义的现象等于康德所说的辩证（dialectic）、假象（illusion），但康德并不说表象、现象是假象，那么，表象现象本身就不应是矛盾的。依康德的思路，若限于知性的层次而言，现象是由范畴所决定，且仅对着人类而显现，因而在上帝面前没有现象。如是一说"现象的关系"，关系之可能即由感性的形式即时空来表象，以及由知性之法则性的纯粹概念即范畴来决定。如此，对象就是对人之感性而显现出的一些现象，这些现象不过就是以时空为其形式由范畴等法则性的概念所决定的一些关系，关系由时空与范畴来保住，这样不就没有问题了吗？而且仍可以说明科学知识。若依照布拉德利的想法，现象都是矛盾的，那么科学不也就不可能了吗？他没有照顾到如何安排科学知识。康德的解释却可以说明科学知识。至于再进一步，如何将现象世界整体地（as a whole）加以安排，就需要进入理性（reason），理性提供理念（idea），顺着 causality 这个范畴向后追问无条件者（the unconditional），那就成了另一层次属于理性范围的问题。讨论现象可暂停于知性，不牵涉理性，这样已能说明知识，暂时也足够了。

庄子也有类似布拉德利所谓的关系者自身停立不住的想法，此即《齐物论》的“彼是方生之说”。庄子曰：“物方生方死，方死方生，方可方不可，方不可方可……彼是莫得其偶，是谓道枢。”“彼是莫得其偶”正表示对偶性（duality）不能成立。因此庄子又说：“彼亦一是非，此亦一是非……是亦一无穷，非亦一无穷。”[1]彼是都无穷地分裂，都停立不住。彼之偶是此，此之偶是彼，彼此既皆停立不住，则无偶可得，此即冲破对偶性原则。这是《齐物论》的本义。《齐物论》的正文就是这一大段，极富哲学性，而且非常难讲。在逻辑上，彼是可表示为“A，–A”，代表对偶性原则（principle of duality）。A 不能自足成立为 A，你谓它为 A，它又自身破裂为 –A，永远无法停住；–A 亦复如此。因此谓“是亦一无穷，非亦一无穷”。

庄子“彼是方生之说”是借用惠施的论点，但不同于惠施的名理。庄子之言方生就是方死，方可就是方不可，表示生死、可不可两端均站立不住，因此不能讲对偶性（duality）。没有对偶，一切的逻辑、数学均不可能；逻辑、数学就是靠对偶性原则而建立的，因此有双重否定（double negation）等于肯定的规定。于此有一个重要的哲学问题，即逻辑、数学、科学都在对偶性原则的范围之内，而庄子正是要冲破此对偶性以达到绝对。不冲破对偶性原则就不能达到绝对。庄子当然不是从知识而是从平齐、是非、善恶、美丑等来冲破对偶性，因此波澜壮阔且活泼透脱，这是中国人的思想。布拉德利的想法虽类乎庄子，却显得诡辩而不洒脱。

如是，由“缘起性空”的观念已分别开出三系不同的说法：佛教一系，康德一系，布拉德利和庄子一系，这不是个很重要的

1　以上引文俱见《庄子·齐物论》篇。

哲学问题吗？

对偶性原则是逻辑中最基本的问题。有对偶性原则才有同一律、矛盾律、排中律这三个思想律。现代符号逻辑以及逻辑分析的学者并不重视这方面，只将对偶性当作一个预设（postulate）或是方便约定（convention），若只限于形式主义（formalism）本身，而将逻辑做纯技术的处理，这样虽也可以，但如此并不能满足哲学性的思考。逻辑也可向哲学方面发展，也可以讲逻辑哲学，这也是逻辑的正当方向。

对偶性原则既然如此重要，而庄子之“彼是方生之说”冲破对偶性又很有道理，这就又引出另一个问题，即在何种情形下我们要冲破对偶性，在何种情形下我们又要保住对偶性。因若不保住对偶性，则逻辑、数学、科学均不可能。以前没有这个问题，庄子本人也不会想到，但在现代讲哲学就要正视并解决这个问题。解决这个问题不需要歪曲庄子的原意，而又能将逻辑数学科学作一安排，这就需要诸位运用哲学思考了。

就佛教本身而言，“缘起性空”就是缘起如其为缘起而观之，不增不减。佛教虽未肯定康德的讲法，但康德那些时空、范畴等意思佛教中也有，那就是“不相应行法”，也叫“分位假法”[1]。“行”就是“色受想行识”中的行蕴，不是我们现在所谓的“行动”，而是取心理学的意义，属于“思”，意指迫使人不由自主地顺之而滚。将此义之“思”特别提出来而名之曰“行”，即“诸行无常”之行。在佛教中，“不相应行法”是假立之法，假不必指真假之假，而是指有所凭借而施设的，即是“分位假法”。当然，这也不是真实的，因此仍是“执着”，属于“遍计所执”，因此“转识成智”时都要化去。但科学知识正好寄托在这些假立的“不相应行

1　如《大乘五蕴经》曰：“云何心不相应行：谓依色心心法分位但假建立，不可施设决定异性及不异性。”

法”上，顺着康德的思路这些正是使经验可能的形式条件（formal conditions），因此在现代弘扬佛教而要说明科学知识，就必须肯定这方面也有价值。这并非肯定执着，而是有些执着确有相当的谛性，例如，科学就有谛性，是真正的俗谛。如是，在此意义上佛教可以容纳康德，与康德并不冲突。

布拉德利的思想仍与此不同。因此他所说的 immediate this 还不是佛教的“如”，他仍是新黑格尔学派讲辩证法的思路。黑格尔正反合式的辩证是很初步的方法，布拉德利仍以此为基础。但庄子之冲破对偶性以及佛教的“八不缘起”却与此不同。例如，讲“不二法门”。若照黑格尔以相对之二之综合统一（synthetical unity）的方式达到不二，虽有强度性（intensity），但其实只能算个过程，这不是真正的不二。因此在《维摩诘经》中对于“不二法门”先列有各种讲法，都是由二以达不二，这统不行。至文殊师利说“不说就是不二”，而维摩诘居士却当下默然，实际表现出不二，连“不说就是不二”都不说了[1]，这不是很美吗？完全没有虚假相，这就是最美、最圆、最平、最实的境界。庄子也是如此。至终一定要将紧张性化去而归于平平、轻松，才是最高的境界。

由此，我常想到中国人的思想没有假象、幻象（illusion）。西方人的思考虽然逻辑性概念性强，但有幻象，因为思想观念本身就是有限制的，因而显紧张相、奋斗相。但若稍不明彻，一失分际，就有假象、幻象产生。康德所批判的就是这些失分际的假象，但顺西方的思想这些假象是自然会有的，因此康德

1　《维摩诘经》卷中《入不二法门品第九》曰：“文殊师利曰：如我意者，于一切法无言无说，无示无识，离诸问答，是为入不二法门。于是文殊师利问维摩诘，我等各自说已，仁者当说，何等是菩萨入不二法门。时维摩诘默然无言。文殊师利叹曰：善哉善哉，乃至无有文字语言，是真入不二法门。”

称 dialectic 为不可免的而且是自然会有的，所以需要不断地予以批判。中国思想中没有这些假象固然很好，但缺少概念的间架却也有毛病。因此现在各方面要求现代化，就是要建立概念的架构。现代化当然不是最高的境界，而是中层，但却是必要的（necessary），就如同科学并非最高境界，但也是必要的。

以上我们开头先大略叙述了魏晋下赅梁朝时代不属于玄学主流的三个重要问题，这些问题类乎西方的思路，因此很特别。不过这不是本讲的要点，是顺上讲而附带一提。本讲的着重点是在继魏晋玄学而过转到佛教，我们先就佛教中的基本观念“缘起性空”而说与此观念有关的诸哲学思理以及由此所引发出的一些想法与问题。这只是一个开端，以后各讲将顺佛教的发展来说其主要的理境以及由此理境所引发出的问题。这将是大有贡献于中西哲学之向前发展的。

胡以娴记录

第十三讲

二谛与三性：如何安排科学知识？是不是主观主义？

在上一讲中，我们讨论了佛教的一个主要基本观念——“缘起性空”，及由此观念所牵连到的一些哲学问题，如康德、布拉德利等的想法。佛教的教理最复杂、启发性最大、所牵涉的哲学问题也极多。除“缘起性空”外，还有几个重要问题，我们将陆续讨论。此次先顺“缘起性空”的观念，来看二谛与三性的问题。

空宗讲二谛，《中论》谓“诸佛依二谛为众生说法”，又颂云“众因缘生法，我说即是空，亦为是假名，亦是中道义”，此亦是说的真、俗二谛[1]。由“缘起性空”即直接可说真、俗二谛。唯识宗建立系统，就缘起法说法之特性，而有三性之说，即“依他起性”“遍计执性”与“圆成实性”[2]。三性其实就是二谛的另一种说法，此义将顺下文说明。

《中论》直接就缘起性空，没有任何执着，而说真俗二谛。

1　见《中论·观四谛品》。天台宗据此颂亦言三观，即三谛。如智者大师《摩诃止观》卷五上云：“若一法一切法，即是因缘所生法，是为假名，假观也。若一切法即一法，我说即是空，空观也。若非一非一切者，即是中道观。”

2　此依玄奘译。如《唯识三十论颂》，《成唯识论》卷八，《解深密经》等。

一切的生、灭、常、断、一、异、来、去都是定相。就佛教言，凡是定相都是执着，因此《中论》开首即由反面说“不生亦不灭，不常亦不断，不一亦不异，不来亦不出(去)”，这就是“八不缘起”，亦即“证无生法忍”。能以体法空证无生法忍，才是菩萨道。因此《中论》所观的缘起法，是观去执后的缘起法，而不是西方所谓的因果性（causality）。这并不表示《中论》不知道俗情有执着，俗情当然有执着，且有执着方可言去执着。当《中论》就着“缘起性空”而说二谛时，即是预设了执着且已将此执着化去。因此若由唯识宗的立场视之，《中论》的二谛就只是二性，即“依他起性”与“圆成实性”，而并未正面表示出第三性（遍计执性）来。“依他起”就是缘起，“圆成实”就是“真实”，即“性空”的观念。《中论》虽未正面表示出“遍计执”，但它化去的就是这个执，正因为有才需要破除。如此，它去执后而言的二谛，实际上就只是一谛，即真谛，亦曰“第一义谛”，总括而言即“缘起性空”这个观念。由“缘起”视之，即是俗谛；由“性空”视之，即是真谛。因此“缘起性空”这个语句是个分析命题，而真、俗二谛，实际上要表示的是“真俗不二”。真谛、俗谛其实是一回事，即“缘起性空”，因此可说真俗不二。僧肇作《不真空论》亦在发挥此义。

唯识宗除了与二谛相应的二性外，还正面表示了“遍计执性”，故言三性。《中论》虽不言执着，但它所讲的“八不缘起”是已破去了执着的缘起，这表示在未去除执着前是有执着的，即必先已假定了执着的存在。如此，二谛与三性的不同并不能决定空宗与唯识宗的差别，因为二谛与三性所表示的是同一个意思。

空宗虽强调“真俗不二”，但对一般人而言却真俗是二，因此三论宗的嘉祥吉藏针对一般人的看法而说“于真谛、于俗谛”[1]。

1　见吉藏著《二谛义》。

“于”是对于的“于”，对一般人而言为真的是“于俗谛”；对菩萨、佛而言为真的是“于真谛”。对菩萨为真的，一般世俗的人或许反认为是虚妄的；而世俗人以为真的，在菩萨眼中却是执着。例如，科学知识就是“于俗谛”，世俗之人很肯定地认此为真，至于佛菩萨所承认的“于真谛”，自科学的立场却视为妄想，如此真、俗显然是二，即“于真谛”与“于俗谛”是二不是一。

就空宗本身而言，破除执着而言“缘起性空”，就是“真俗不二”。佛菩萨无执着，就着空而观缘起法，就着缘起法无自性而说空，因此真俗二谛在佛菩萨眼中就只是真谛一谛，亦即“众因缘生法，我说即是空，亦为是假名，亦是中道义”的中道第一义谛。但如此真俗不二既然只是一真谛，那么俗谛，尤其是对一般人而言为真的“于俗谛”，就没有独立的意义。若如上所说，科学知识是“于俗谛”，那么，是否科学知识也当没有独立的意义？若否，那么代表科学知识的“于俗谛”应如何安排？

言“真俗不二”，而俗谛、于俗谛没有独立的意义，这是佛教内传统的讲法，不仅空宗如此，唯识宗亦是如此[1]。唯识宗仍就着缘起法而说三性，同样是将缘起即“如其为缘起而观之，不增不减”就是空。但唯识宗与空宗当说缘起法时，二者的系统背景并不相同。空宗是泛说缘起法，没有任何的规定，而视“缘起性空”为一普遍的原则，且并未表示出缘起法的归摄处。而唯识宗言缘起法是将缘起法集中收摄于“识”，由此对一切法的存在有一个

1　空宗如《中论·观四谛品》言二谛，又曰：“若人不能知，非别于二谛，则于深佛法，不知真实义。若不依俗谛，不得第一义；不得第一义，则不得涅槃。”唯识宗如《成唯识论》卷九：“……谓唯识性略有二种，一者虚妄为遍计所执，二者真实谓圆成实性，为简虚妄说实性。言复有二性，一者世俗谓依他起，二者胜义谓圆成实，为简世俗故说实性。”是皆言“真俗不二”之义。

根源的说明（original interpretation）。第八识阿赖耶识即是一切法的根源[1]。阿赖耶识与第七识、第六识及前五识的总和就是一个完整的识的系统，识的流转变化就成一切缘起法。就此缘起法而说法之特性，有三性之说。

三性首先是“依他起性”。“依他起”指有所依待而生起，即是缘起。其次是“遍计执性”。此词玄奘译为“遍计所执性”，一般亦简称“遍计执性”。说“遍计执性”是偏就识之“能”而言；说“遍计所执性”是偏重于所执着的相而言。既有所执着的相，当然也有能执着的识，因此二说意义其实相同。在依他而起的缘起法上加以执着，即是“遍计执性”。遍是周遍、遍一切处；计是计量筹度。遍一切缘起法，我们的思考计量都跟上去且加以执着，即成“遍计执”。“遍计执”系就“缘起法”而表现，故先说“依他起性”，一切法都是依他而起，就在这依他而起上自然而有遍计所执性。“遍计所执”是就依他起而执着成的那些定相而说的，如生相、灭相、常相、断相等都是定相，唯识宗称之为“遍计所执”，即是普遍的思量筹度执着“缘起法”而成的相。第三性是“圆成实性”。一切摄归于阿赖耶识上的“缘起法”都有“圆成实性”，就是真实性。玄奘译为“圆成实性”，真谛译为“真实性”[2]，二义亦同。真实性就是“缘起性空”所表示的“如性”，将缘起即“如其为缘起而观之，不增不减”，就是无自性、性空，此为一切法的“如性”，也就是“如相”，至此一切法方能圆满、成就、真实。这是一切“缘起法”的“圆成实性”，亦即真实性。“缘

---

1 参看《唯识三十论颂》，并《成唯识论》卷三、卷七等。并《佛性与般若》第二部，第二、第三、第四章。

2 三性名，真谛所译不同。如《三无性论》卷上云：“一切诸法不出三性，一分别性，二依他起，三真实性……次约此三性说三无性……分别性以无相为性……依他性以无生为性……真实性以无性为性。”

起法”的“圆成实性”如何才能表现呢？若有“遍计执”所执成的定相，当然就不能见圆成实，因此要就着“缘起法”之依他起，去除“遍计执”，即显圆成实。三性可总括地以此一句话来表示。

不论译“圆成实性”或“真实性”，对此两名词都要特别注意，绝不能将之视为实体字（substantial term）以为等同于西方哲学中的reality。西方人分解地表示的reality是有所肯定的，是针对着现象而说的。因此reality是个实体字，实指一个与现象相对的“真实”。例如，柏拉图认为idea才是真实，而sensible world（感性世界）不是真实。依康德的说法，noumena才是超绝的reality（不过不是知识的对象而已），而phenomena则只是appearances。到近代布拉德利、怀特海等人说reality时，仍各有所实指。但佛教所说的“圆成实性”“真实性”却不是如此。真实性就是“缘起法”的实性，就是“实相”“如相”。一讲reality就令人想到有一个本体，其实实相、如相不是本体。佛教是不讲本体的。

“如”是佛教中一个很特别的观念。布拉德利所说的the immediate this好像近乎“如”，其实仍不是“如”。the immediate this尚未被任何谓词（predicate）分化，即尚未加上判断，但仍是个实体字且有所实指。“如”不是个实体字，“如”就是实相、就是空。佛教“如”“空”这些名词，我称作“抒义字”，它们是“抒缘起法之义（significance）”的，而不是实体字。“如”不是reality，若要翻译成英文，最好用suchness或as such来表示。缘起即“如其为缘起而观之，不增不减”，就是“如”。因此《般若经》言：“实相一相，所谓无相，即是如相。”若如此来理解“缘起法”，才能得圆满、成就、真实之“缘起法”，即得法之“圆成实性”。

如此说的“缘起法”代表佛教很特殊的思路，平常很难这样了解。一般人往往想得太多，以为“缘起法”定有其自身的定相或定性，或后面定有个第一因或上帝或天道为其根据，由佛教视之，这些都是“常见”“增益见”。一般人或者又认为“缘起法”既无其自身之定性定相，又不以第一因或上帝或天道为根据，则一切法无定准，又没有安排处，就成了空无所有，而落入虚无主义，这又成了“断见”“减损见”。佛教讲“缘起法”是缘起即“如其为缘起而观之，不增不减”，就是“如”、就是“真实性”。这是个很特别的思路，我们首先要把这层意义鉴别清楚。

其次，我们要说明唯识宗正式提出“遍计执性”，有很重要的意义。空宗的立场是预设了执，但又已将此执着化去，故只言二谛，而不特别标显执着。唯识宗正面表示了执着而明说三性，这也需要仔细地鉴别与理解。

首先看“依他起性”。“依他起性”是正面地说，唯识宗又反面地解释“依他起性”为“生无自性性”[1]，即一切“缘起法”的生起显现都没有自性。《中论》言“诸法不自生，亦不自他生，不共不无因，是故知无生”也是破“生”，也表示“生”这个观念悖理、不可理解。反观平常我们由经验立场所说的“生”，“生”这个观念所指为何？“生”其实是指不出来的。借用罗素的名词来说，“生”不是个“指示词”（denoting term）[2]。一般的观念如牛、马等是指示词，可以实指出一个对象。虽然我们可以在思想中形构成一个“生”的观念，但在现实世界中，“生”不能如

1　《成唯识论》卷九云：“谓依此初遍计所执立相无性……依次依他立生无性……依后圆成实立胜义无性。”又如《解深密经·无自性相品》云：“……当知我依三种无自性性，密意说一切诸法皆无自性：所谓相无自性性，生无自性性，胜义无自性性……云何诸法相无自性性？谓诸法遍计所执相……云何诸法生无自性性？谓诸法依他起相……复有诸法圆成实相，亦名胜义无自性性。”

2　此词并本段参看罗素所著的《数学原理》第一部第四、第五章。

牛马般实指出一个对象。生是个状态，是在时间的演化过程中的一种状态，此种表示状态的观念我们仍可借用罗素的词语说它是“不完整的符号”（incomplete symbol）。完整符号即是指示词，可用 A、B、C、D 等符号来代替，但不能取消。不完整符号则表示它是可以化去的。我们形成“生”这个观念的背景其实是描述的（descriptive），我们将某种状态描述出来以形成一个观念，因而有“生”这个观念。若“生”是个有自性的概念，就是个完整的符号，是有所实指的指示词，那就不能化去。但“生”是描述一种状态、为不完整的符号，因此可以化掉，如此“生”就没有自性，故曰“生无自性性”。“依他起性”即指“因缘生起”，故直接就“生”而言。一切法既是有所依待而生起，就破除了“生”的观念，故“依他起性”即是“生无自性性”。

其次是“遍计执性”。反面说的“遍计执性”是“相无自性性”。“相”也不是实体字，因此不能理解成 mode 或 form 之类的实字。其实“相”就是康德所谓的“决定”（determination）。康德由范畴处说决定，范畴应用到感性（sensibility）上，对感性所给予的对象加以决定，这就是范畴的“超越的决定”（transcendental determination）。每一个超越的决定就成一个“相”，即佛教所说的相。例如，实体范畴（category of substance）应用至感性所给的对象上，其超越的决定作用所决定的相就是常住相（permanence），用佛教的名词来表示就是“常相”。再如用因果范畴（category of causality）来做超越的决定，则所成的相就是因果相（cause and effect）。又如将交互范畴（category of community）运用到对象上，所决定出的就是共在相（co-existence）。共在相不同于因果相。共在相是横的，如我与你共在、我们与世界共在。有共在相我们才能将全部现象视为一个整体而形成“世界”的观念。因果相是纵贯的。康德由十二个范畴作超越的决定所显示的那些相，在佛教中就是由“遍计执”所执成的相。康德所说的感触直觉的先验形式即时间、空间也都是执成的相。这并不是比附，其义理是如此。相既然来自“遍计执”，当然是虚妄的，因此没有谛性，故“遍计执性”即是“相无自性性”。

当然康德并不称感性的先验形式即时间、空间与知性的法则性概念即范畴为执着，因为他承认科学知识，并且要使现实世界、科学知识可说明、可理解。但依佛教言，科学知识就是执着，由执着而成。以前的学问总是两种知识相对照，在儒家亦有德行之知与见闻之知的分别，见闻之知就是经验知识，德行之知才能完全没有执着。莱布尼茨也承认有 confused perception 与 clear perception 两种知识。前者是与时间、空间、物质成分等相连的经验知识、科学知识，其作用在表象世界；后者则指数学等纯粹的形式知识，其作用在表象上帝。confused 意为混浊或混暗，因为其中含有物质成分（material elements）。康德顺十七、十八世纪之发展而只承认科学知识。当然他也提出了智的直觉（intellectual intuition）与感触直觉（sensible intuition）相对，但他又说智的直觉只属于上帝，因此我们人类就只有一种知识，即科学知识。康德在此没有想到科学知识其实是执着。当科学知识和智的直觉相对比时，科学知识就是执着。顺西方的传统他们并不将科学知识和智的直觉相对比，因此也不会想到执着这类词语。但依中国的佛教传统，这种知识正是执着，是遍计执所成。因此在三性中，“依他起性”不可去，因一切法皆是因缘生起；“圆成实性”是“胜义无自性性”，即是空、如、实相，当然更不可去；要去除的只有“遍计执性”，因为顺传统的观点视“遍计执”完全为虚妄而无谛性，故三性即是二谛，而非三谛。

但我们已说过，科学知识即属“遍计执”，而科学知识也有相当的真理性、谛性，如此，则“遍计执”亦不应完全只是虚妄，也应有相当的谛性。这是我们在现代有进于传统的看法。三论宗的“于俗谛”没有独立的意义，如此就无法安排科学知识。当然传统佛教也无意说明科学知识，因其目的在求解脱，而不在说明知识；但我们在现代就需要重新考虑“遍计执”是否也有相当的谛性这个问题。这并不是说所有的“遍计执”都有谛性，而是说有一些执确是有相当的谛性，如科学知识。例如，康德认为范畴的超越决定所决定的相，都是成就经验、科学知识，使经验、科学知识可能的条件，若这些确属“遍计执”的范围，那么“遍计执性”不是也应有相当的谛性吗？

“遍计执”属于识的范围，“依他起”也属于识的范围，这是指染依他。在唯识宗中有两种“依他起”，即染污依他与清净依他。人生而即有的感性、知性就是属于识而非属于智者的。识本身就是染污的，即所谓的“染八识”。但唯识宗又言识要转化，转识成智后所呈现的是清净依他，由智而言的识亦转成了“净八识”。“依他起”仍是“依他起”，仍是性空，因佛教言“除病不除法”，即除去的是执着，而如幻如化的法一个也未去除。如此，则未转识成智前，识是染污的，识即是执着。感性、知性及其所成就的科学知识均属此“染八识”的范围。

有人不赞成我说科学知识是执着，但科学知识为什么不能是执着呢？知识就是知识，当然无所谓执着。但若知凡属于识的范围者都是执着，则科学知识当然也是如此。例如依康德，数学知识的成立也要依靠范畴，前两类范畴（质 quality，量 quantity）康德称为“数学的”（mathematical），为的是要成立数学。后两类范畴（关系 relation，程态 modality）是“力学的”（dynamical），属于物理学的范围[1]。不要以为科学知识是客观的，因此不是执着；

1　参看康德所著的《纯粹理性批判》，史密斯英译本，第一百一十六页、一百九十六页及以下。

其实科学知识的化质归量就是执着。比如现代的医学也要化质归量，才能使用科学的方法来测量检验。这种方法当然也有效，因为人有躯体（physical body），躯体属于物质面（matter），当然可有量的一面。暂时不把人当一个人格看，只当作一台机器看。而只就量的方面来检验施手术，不就是化质归量吗？这是一种抽象作用（abstraction），抽象作用就是执着。科学知识的成立既然需要范畴的决定，需要抽象的作用，当然就都是执着。

也许你想到科学知识没有情绪的成分掺杂在内，例如，演算数学或医生治病施手术时不能感情用事，在此意义上，你认为科学知识不应属于执着。这是将执着限定于心理学的（psychological）意义，指执着会引起烦恼。佛家原初讲执着，确是以泛心理学的意义为背景来说烦恼，因此"染八识"之"依他起""偏计执"就会引起烦恼执着，这是由主观心理方面而说烦恼。但是如《中论》的"八不缘起"是要破除执着，若不去执而反过来执这些生灭、常断、一异、来去等定相（这也是执着），则这种执着就不只限于心理学的意义了。康德的十二范畴也不属于心理学的范围而是属于逻辑的（logical），因此康德称讨论范畴的部分为"超越的逻辑学"（transcendental logic）。附带一提，超越的逻辑学不同于一般所说的形式逻辑（formal logic），一般形式逻辑不涉及对象，而康德的超越的逻辑学要涉及对象，且要说明对象如何可能。若执着只限于心理学的意义，则那些定相当然不是执着。但佛教正是说这些相也属于执着，因此才说"遍计所执性"就是"相无自性性"。唯识宗还有个名词叫"不相应行法"，也叫"分位假法"，既然是假立施设的，当然就是执着。

何谓"不相应行法"[1]？"行"属于思，思取心理学的意义，

1　本段参看《佛性与般若》第一部第三章。

而非逻辑的意义。思是个“心所”，“心所”指为心所有，与心相应和合为一，即西方哲学中所言之 mentalstate。既有“心所”，当也有“物所”，但佛教没有这个名词；虽然没有，我们仍可依佛教的名相类比地说“色所”。“心所”“色所”之“所”非指地方，而系“所有”之简称，指所有的状态或特性。“色所”即是物所有的状态，与物（matter）和合而不可分。比方洛克所说的初性（primary qualities）就可称“色所”。在佛教中，与物相应，和合为一而不可分，可称为“色所”的只有广延性（extension）、量等而已。“心所”指心理活动、心理现象，如喜怒哀乐的情绪、思考、想象等都是。这些心理的活动与心相应，和合而不可分，就是与心相应的“心所”。此外还有一些属于思所发却是不相应的，即它既不能与心和合为一而不可分，也不能与物和合为一而不可分。佛教中列举了二十四种，仔细看看，康德所说的感性之形式即时间空间与知性之法则性概念即范畴等都包括在内。相应的“心所”能和心建立起同一的关系，相应的“色所”也能和物建立起同一的关系；但不相应行法却不能和心或物建立起同或异的关系。若说它完全异于心，但它又为思所发，思亦是个心所。若说它完全同于心，但又不能与心和合为一。例如，数目、时间、空间（数、时、方）都属于不相应行法。数目是抽象的，莱布尼茨也说数目不完全属于心，而是半心理的（semi-mental）。罗素认为数目属逻辑域，既非 physical，亦非 psychological。康德认为时空是表象一切现象所必需的纯粹形式（pure form）。由此可知数目与时间、空间都不是与心相应的“心所”。既不与心相应，是否可为和物相应之“色所”呢？显然也不是，因为数目、时间、空间等虽可与物相连，但却不是物所有的特性。这些“不相应行法”其实就是康德所谓的感性之形式即时间空间以及法则性的概念即范畴。这些形式与法则性的概念都是先验的，依佛家，属于思而不与心相应，故非“心所”，故曰“不相应行法”。以这些概念来说明科学知识，如是则科学知识不就也是“执”吗？从前中国人少有逻辑与抽象的训练，因此碰到“不相应行法”这类名词就很难了解，其实这些名词很有意义，也极富启发性。

以上是说明“执”有两种，一种是心理学上的意义，指引起烦恼痛苦等情绪；另一种是逻辑意义的执。逻辑意义的执相等于西方哲学中所说的置定（positing）。费希特就常喜欢用这个名词。例如，八不缘起所破除的那些相就不是心理学意义的烦恼执着，而是逻辑性的置定（logical positing）。由此可知执着不只限于心理学的意义，而也有逻辑意义的执着。一般常将执着译为attachment，这主要是取心理学的意义，这译出了大部分的意思，因佛教原初是以此为主。但当说到“不相应行法”时，就是逻辑意义的执，是形式的（formal），而心理学意义的执是材质的（material）。

西方人不说执着，因为他们只承认一种知识。一定要两种知识相对照，才能用“执着”这类有颜色的词语。康德虽承认有感触直觉与智的直觉分别所成的两种知识，但康德又认为我们人类只有感触直觉，而智的直觉属于上帝，于是将两个主体错开。中国思想则不然，两个主体都在我身上，我有识，但也可以转识成智，如此识与智两种知识相对翻（contraopposed）的对立性才能建立，两两相对，且两面都清楚。因此严格地说，康德虽处处提到现象与物自身之超越的区分（transcendental distinction），但其实他在著作中并不能充分地证成（fully justify）之，就是因为他将两个主体错开了。当然他也很一致，因此取消极的意义而说物自身不可知，因为物自身不能对我们呈现，我们只能逻辑推论（by logical inference）地设想一些。但是若依儒、释、道三教说物自身，它就能呈现，了如指掌，绝不是推论地设想。只有如此，现象与物自身的相对翻才能建立，两面皆清楚，如此则二者的超越区分才能建立，也才有意义。我在《现象与物自身》一书中重新处理了这个问题。

以上是说明在重新处理下所说的二谛与三性不同于传统的说法。以前说二谛，其实只是一真谛，因此说真俗不二。但在我们现在重新衡量之下，真俗是二，即“于俗谛”有相当的独立性，而科学知识所代表的执着，也有相当的谛性。

再进一步还有一个问题：既然确有真、俗二种谛，且科学知识属于俗谛，也有相当的谛性，则执着所建立的俗谛是否有必然性？且此真俗二种谛的关系如何？

传统的佛教认为遍计所执都是虚妄的，没有谛性，因此一定要去除；但顺我们以上的讨论，遍计所执也有相当的谛性，既有谛性就应当保存，那么在佛教中是否保存得住呢？例如，站在佛教的立场，是否可以保住科学知识？再以现代的医学为例，现在的佛教徒生病也需要找西医，那么就不能说它全是虚妄，这可用佛教的名词称之为“方便”。既然需要，就应该保存；而在这需要保存上，它就有必然性。科学知识亦是如此。佛教的教理中也有个观念可以说明并保障这类方便，此即“菩萨道”。当然达至菩萨的境界时，可以用显神通的方式将疾病化去，而不需要西医。但是菩萨为了顺俗过现实生活，也可以找西医而不用神通。因为菩萨不能完全离众异俗，若完全离众异俗就不能度众生。因此菩萨是方便地保住科学知识，是由菩萨的“大悲心”来保住科学知识的必然性（necessity）。此种必然性不是逻辑的，而是辩证的（dialectical），即是辩证的必然性（dialectical necessity）。前面我们虽然说菩萨、佛之法身可显神通而不用西医，但这是分解地、抽象地讲，并不是最终的境界。到圆佛的境界时，佛的大悲心一定需要这些科学、经验知识，这就保障了它的必然性。

佛菩萨发动大悲心而需要有谛性的执着，就要从法身处落下来，做一个“自我坎陷”（self-negation），以顺俗同众，如此才能救度众生。举例来说，做圣人不同于做总统，圣人若要做总统，也必须离开圣人的身份而遵守做总统办政事的规则法度，这就是圣人的“自我坎陷”。同样，佛为度众生而需要科学知识，于是“自我坎陷”以成就科学知识，并保障科学知识的必然性，这种保障方式就是辩证的，而不是逻辑的。因此其必然性是辩证的必然性，而以大悲心作为其超越的根据（transcendental ground）。

由圆佛的圆实境而言，一切法一体平铺，只能转化而不能取消，则一切法（包括科学知识中的执相）就有永恒的必然性。但就某个意义单从佛法讲，它虽然由大悲心保障了科学知识的必然性，但当不需要时亦可将之取消化去，如此它仍是个权、是个方便。视之为权、为方便虽然不是圆教的境界，但中国传统的儒、释、道三教也都含有这层意义。就科学知识是权而言，可以肯定其必然性，也可以将之取消，这就是我所谓的“有而能无，无而能有”，来去自在。科学知识在中国传统的学问中是如此，但依西方基督教传统却不能如此。在基督教的传统中，科学知识是“有者不能无，无者不能有”。“有者不能无”之“有者”指人类而言，科学是人类的成就，虽然至近代才发展出来，但一旦有即成定有，不能再将之取消。“无者不能有”之“无者”指上帝，上帝一眼就看明白了，神不需要科学知识，也不使用范畴。依康德，上帝所有的是智的直觉，而此智的直觉不能成就科学知识。在佛教，般若智本身的意义中也没有科学知识或范畴，因而科学知识是由般若智的辩证发展而成，是菩萨道所需要的。中国传统儒、释、道三教的重点不在科学知识，因此没有发展出西方近代的科学，但是在现代我们需要科学知识，就仍可以吸收学习，所以是“无而能有”。有了之后，从成圣成佛的修养工夫而言，仍可以将科学取消化去，因此又是“有而能无”。西方的传统不能取消科学知识，即不能进退转动、来去自如，因此有泛科学主义、泛科技主义，而将人类带向毁灭的途径，这正是现代文明的趋势。佛教讲转识成智，就是要将识的执着化去而成智，因此，执与科学知识是可取消的。但若佛自觉地要求科学知识的执着，则亦可由智的地位“自我坎陷”而落为识，那么这时的识所表现的无明就是“明的无明”，这是个诡辞，轻松些说即是所谓的“难得糊涂”。众生凡夫所表现的无明乃是“无明的无明”。这两个层次仍然不同[1]。

佛教中除了“缘起性空”及二谛与三性的问题外，还有几个主要的哲学问题。下次先讲“一心开二门”的问题。“一心开二门”的问题是《大乘起信论》之所说，这是比阿赖耶识系统更进一步的如来藏系统。这个“一心开二门”的义理格局很有意义，可对治西方哲学中许多哲学问题。最直接相关的是康德的 noumena 与 phenomena 的区分，此格局可以消化康德且使之更进一步。最后还有圆教的问题。西方哲学中没有圆教的观念，因此这个问题很特别，也极有意义。圆教的问题又含着“分别说”与“非分别说”这个纲领性的问题以及“色心不二”的问题。“色心不二”的问题也可以对治西方的许多哲学主张。再有就是圆善，即西方哲学中“最高善”（summum bonum，highest good）的问题，要达到圆教的境地才能解决最高善的问题。这些问题将于后逐次讨论。

胡以娴记录

1　以上诸段请参看《现象与物自身》一书。

第十四讲

《大乘起信论》之“一心开二门”

今天，我们再从唯识宗阿赖耶识系统往前推进，来看看佛教的发展。在佛教教义的发展过程中，唯识宗并非最终之理境。顺着唯识宗的思想再往前发展，则是《大乘起信论》的系统。这个系统主要讲“如来藏”[1]，即“如来藏自性清净心”。简单地说，《大乘起信论》的思想即是“真常心”之系统。

依唯识宗所说之阿赖耶识，乃是一虚妄的生灭识（传统虽说它是无覆无记，其实仍是昏沉无明），如同瀑流一般[2]，永远往下流。因此，就阿赖耶识之为虚妄的而言，它是不清净的，所以不是“真心”；而就其好比一个瀑流而言，则可以柏拉图《对话录》

1　所谓“如来藏”，即指如来之藏，亦即是指一切众生贪瞋烦恼中所隐覆的清净如来法身而言。如《大方等如来藏经》所说的：“我以佛眼观一切众生贪欲恚痴诸烦恼中，有如来智如来眼如来身，结加趺坐，俨然不动。善男子，一切众生，虽在诸趣烦恼身中，有如来藏常无染污，德相备足，如我无异。”又如《大般涅槃经·第七》亦曾谓：“佛言，善男子！我者即是如来藏义。一切众生皆有佛性，即是我义。”而《胜鬘夫人经·法身章》亦谓：“如是如来法身，不离烦恼藏，名如来藏。”

2　《解深密经》有云：“阿陀那识（阿赖耶识之别名）甚深细，一切种子如瀑流，我于凡愚不开演，恐彼分别执为我。”

中所提到的“不断地流”（constant flux）来比喻，它既是条水流，则必定刹那生灭，而非常住不变。所以唯识宗所讲的阿赖耶识只是生灭的“识心”，而非真常的“智心”——清净心。

至于《大乘起信论》所提出之如来藏系统，则是讲“如来藏自性清净心”。自性既是清净，则非虚妄染污，所以是属真常心。真是真实不虚，常是恒常不变。依佛教而言，此即是“智心”。而“智心”乃是由“识心”对翻而来的，所以由唯识宗的阿赖耶识系统推进至《大乘起信论》的真常心系统，这种推进乃是佛教内部教义的发展中必然要出现的一种推进。因为顺着阿赖耶识系统中问题的展现，自然会逼显出“如来藏自性清净心”的思想系统。

这个思想发展的变迁过程，我们可以就两个问题来加以说明。第一个问题乃是为了说明一切法[1]的依止或一切法的根源问题而逼显出来的。真常心系统[2]以“如来藏自性清净心”为一切法的依止，比之唯识宗以阿赖耶识为一切法之依止较为圆满。依唯识宗，一切法根源于阿赖耶识，依止于阿赖耶识；然而阿赖耶识只是虚妄的识心，所以顺着阿赖耶识下来，只能说明一切法的生死流转，而生死流转即是生灭法。但是一切法不只是生死流转的染污法，还有清净的功德法。如此一来，我们可以追问唯识宗，清净功德法的根源又是什么呢？亦即我们如何说明一切清净法的依止问题呢？

1　见《大智度论》卷二曰：“一切法身略说有三种：一者有为法，二者无为法，三者不可说法，此已摄一切法。”又卷四十四：“佛告须菩提：一切法者，善法不善法，记法不记法，世间出世间法，有漏法无漏法，有为法无为法，共法不共法。须菩提！是名一切法。”

2　印顺法师在其《印度之佛教》一书中，将大乘佛教的宗派和义理分为“性空唯名论”“虚妄唯识论”以及“真常唯心论”三系。

当然，唯识宗可以说清净功德法是由“无漏种”而来，所以它对“无漏种”亦有个说明[1]；然而，唯识宗所说的“无漏种”本身亦有问题，因此对于清净功德法之说明即显得不够圆满、彻底。因为照唯识宗之说法，“无漏种”乃是经由后天的正闻熏习而成[2]。假定无漏种完全是由后天熏习而成，而“无漏种”又是一切清净功德法的根源，则很显然的，一切清净法的根源必落入后天的、经验的（empirical）；此一根源既然是后天经验的，则自然没有先天必然性。因此，由“无漏种”所起现的清净法亦无必然性可言。

顺着第一个问题，我们再往前推进一步，提出第二个问题，亦即提出“成佛有无必然的保障”的问题。前面，我们已指出唯识宗乃是以“无漏种”作为一切清净功德法的根源，此亦即是以“无漏种”作为众生成佛的根据。然而，“无漏种”既然是由后天正闻熏习而成，则众生赖以成佛的根据亦必落入后天的、经验的，既是后天经验的，则此成佛的根据无必然的保障。因为众生所以能成佛，不仅要靠后天熏习，而且要碰机会[3]，那么何时能证道成佛，根本无法肯定。如此一来，以“无漏种”作为成佛的根据，

1 见《成唯识论》卷二曰：“有诸有情无始时来有无漏种，不用熏习法尔成就。后胜进位熏令增长，无漏法起以此为因，无漏起时复熏成种。”又依《摄大乘论》卷三所说，净心种子是“从最清净法界等流正闻熏习种子所生”。《成唯识论》虽说有“本有无漏种”，然此并不等于超越的真心。“本有”亦无用。关此可参看《佛性与般若》第二部第二章第三节。

2 见《成唯识论》卷二曰：“然本有种亦由熏习，令其增盛，方能得果。故说内种定有熏习。其闻熏习非唯有漏，闻正法时，亦熏本有无漏种子，令渐增盛，展转乃至生出世心，故亦名闻熏习。”

3 见《摄大乘论》卷三曰：“此中谁能悟入所应知相？大乘闻熏习相续，已得逢事诸佛出现于世，已得一向决定胜解，已善积集诸善根故，善备福智资粮菩萨。”

则显力量不够。

顺此问题，必然要往前推进一步，寻找一个先天的根据，而且是超越的（transcendental）而非经验的根据；亦即必然要逼显出“如来藏自性清净心”，才能彻底解决成佛的根据问题。此种发展，就好比康德讲“因果性”（causality）一样，因为依照休谟（David Hume）所说的因果性，无法说明科学知识，而康德顺此问题之逼迫，非得把因果性看成先验的（a priori）不可。所以就佛教内部教义的发展，顺着问题之逼迫，必须往前推进，肯定有一个超越的真常心，作为众生成佛的超越根据。因为一旦肯定有一个超越的真常心作为成佛的根据，则我们的生命中，先天地蕴含一种超脱的力量，能够自然发动，而非完全靠后天经验的熏习。如果必须完全靠后天经验的熏习，则遇见佛时，可能成佛，若未遇见佛，岂非永无证道成佛之日？

顺着以上两个问题的逼迫，佛教的发展必然要提出“真常心”的系统。而这个系统可以《大乘起信论》的思想作为代表。在佛教史的考据方面，有人说《大乘起信论》是中国人伪造的，是假的[1]，而不是从印度的梵文翻译过来的。然而，尽管考据上可以如此说，但是《大乘起信论》的思想并不假。它的思想乃是根据印度佛教后期的发展而来的，亦即是根据印度后期的“真常经”而说的；它所依据的经有《胜鬘夫人经》《楞伽经》《大般涅槃经》，以及其他一些有关“如来藏”之经典。这些真常经并不是中国人所伪造的，是印度原来即有的。

依照印度大乘佛教之发展，首先出现空宗，以龙树菩萨为代表。继空宗之后出现的是唯识宗，以无着、世亲为代表。这两派

1 关于《大乘起信论》之真伪问题，可参看《〈大乘起信论〉真伪辨》，此书已编入大乘文化出版社的《现代佛教学术丛刊 35》，书名为《〈大乘起信论〉与〈楞严经〉考辨》。亦可参看张心澄所著《伪书通考》。

思想在当时，可说是印度佛教之显学。此二宗皆以论典为主。当然它们也依据经典，如空宗所依之经为《大般若经》，而唯识宗主要依据的则是《解深密经》。但是它们成为一个学派的义理根据，则全部蕴含在其所依据之论典中。所以我们可以说，这两个宗派的思想，都是以论为主。如空宗所依据之论典，有龙树菩萨所造的《中论》《百论》《十二门论》以及《大智度论》。学空宗的人可以不念《大般若经》，但是他一定得念这四部论。同样地，研究唯识宗的人，亦必须熟悉它所依据之论典，如《瑜伽师地论》《摄大乘论》《成唯识论》《辩中边论》以及《庄严经论》等。所以这两大宗派在一般学习上，都是“重论不重经”的，如后来嘉祥吉藏所创之“三论宗”，即直接依《中论》《百论》以及《十二门论》成一宗派，而不依《大般若经》。

至于唯识宗之重视论典，比之空宗更甚。不仅其所重视之论典繁多、名相烦琐，即使其所依据之《解深密经》亦不像部经，而是像部论。因为一般而言，经大体上含有许多颂扬的铺排，神话成分很大，不如论典那么有系统性和理论性；而《解深密经》不仅含有许多概念、理论，而且非常系统，与一般论典差不多。所以研究唯识宗的人，大多是看重论典而不太读经的。印顺法师就曾批评唯识宗这种“重论不重经”的毛病。

其实，学佛的人，是应当多读经的。因为经是佛所说的，经所代表的是具体、活泼、舒朗而开阔的心胸；而论则是菩萨所造，目的在于阐明佛经之义理，故理论性较强。然而，正因为理论性较大较强，一旦陷在其中，就好比陷入天罗地网之中，常闹不明白。所以干脆多读经，反可使人的心思较活泼、开朗。由此，我想到天台宗智者大师的《维摩经玄疏》，其中有一段话说，一般人都以为论丰富、经贫乏，其实并不如此；还是经丰富，经比起论来较舒朗，所以启发性亦大。“是入道正因，轻经重论甚可伤也。”[1]智者大师这段话，的确发自真切实感，虽然这段话在天台系统中并不很重要，平常大家也都不太注意，但这类话头儿虽看似不相干，却必是有真切实感的人才说得出来，所以也不能不注意。

这就好比现在的人之所以轻视《论语》，其道理是相同的。西方人一向最不能了解《论语》，以前有一个英国人就一直不能了解为什么《论语》在中国的地位如此崇高，好像《圣经》一样。他们认为《论语》中如“子曰：学而时习之，不亦说乎？有朋自远方来，不亦乐乎？人不知而不愠，不亦君子乎？”这些话语，根本与哲学不相干；整部《论语》，不但没有什么定义（definition）、系统，更没有什么推理。西方人如此看《论语》，这只表示其头脑之简单。他们以为一定要有定义、概念、原则与系统，才过瘾；而像《论语》里面这样的简单的话语，他们便以为没有多大的价值。

由于文化与思想背景的不同，西方人可以有这样的看法，然中国历来的传统，却没有人敢下如此评断。不但是尊崇儒家思想的人，即便是学“佛”修“道”者，也不敢轻视《论语》的价值。

所以像天台智者大师所说的话，就是要令后来的人，明了经比论丰富。因为论只是充足地表现一些概念而已，你以为论很丰富，实际上却是贫乏的。这也就好比西方的神学家所著的论述一般，看似很丰富、很精彩，而相对地，《圣经》却似乎很简单、很贫乏；然而《圣经》对后世之启发性是多么大！不论是相信还是不相信基督教，读过《四福音书》的人，都会深受感动的。因

1 见智者大师所著《维摩经玄义》卷三曰：“问曰：‘四教遍通众经，何得的用通此经也。’答曰：‘今撰四教义遍同诸经别有大本。略撮其要，通此经文者，正言此经具明四教入道，故须知大意也。但诸师多采经通论，致令晚生，皆谓论富经贫。今采经论通经意，欲令后生知经富而论贫也。敬重大乘真佛所说功德无量，是入道正因，轻经重论甚可伤也。’”

为《四福音书》带有戏剧性，也是代表圣人的形态之一，值得大家读一读。反之，你若读圣多玛的《神学总论》却不会有太大的感动。又如亚里士多德的哲学，分析过来，分析过去。又如斯宾诺莎的伦理学，是以几何学的方式写成的，但这对一个人的信仰又有什么帮助呢？所以这些只能代表理论，而《论语》《圣经》之类，则代表智慧。由此，我们可以得知，唯识宗发展至后来的只读论不读经，是不对的。

以上，我们已略微说明了印度早期大乘佛教之发展情形，至于后期之“真常经”思想，虽然出现得晚一些，然却是一个“辩证的发展”（dialectical development）。亦即先有空宗思想之出现，然后有唯识宗思想，而顺着唯识宗之思想，再往前推进一步，则为真常心之系统。在印度晚期虽出现“真常经”，然却没有造出论来，也因为没有论典，所以不为一般重视理论性推理的人所注意。可是佛教传到中国来之后，许是中国人的智慧高，也可能是中国人对于理论性的兴趣不很高，虽然也可以读论，然兴趣却不在论上。所以唯识宗传到中国之后，由唐玄奘至窥基，传了两代就衰微了。而现代的人，读唯识宗的论典，乃是由于西方哲学的刺激，这是缘于哲学的兴趣，亦即以哲学为出发点。然而一般人学佛，则不是当哲学看，他出家当和尚或潜心修道，就是要相信佛之教导；所以就宗教的兴趣而言，则是重经不重论。中国人这种态度是对的，而且也是应当的。中国人对于理论的兴趣不强，分析性也不够，这可以说是中国人的缺点，但同时也是优点。也由于中国人的这种心态，吸收佛教以后，一直都是重视经典，主张直接读佛经。所以真常系的思想，虽然没有什么论典，但传入中国之后，却最能为中国人所接受。

中国人之所以特别喜欢“真常经”，是因为真常经所蕴含的义理，很合乎中国人的心态。中国人对于“真常经”所主张之“一切众生悉有佛性”[1]或“一切众生皆可成佛”的思想，很容易了解，因为孟子一开始即强调“人人皆可以为尧舜”[2]，同时更指出“人人皆有圣性”。孟子所说的性善之“性”，是指“圣性”，乃是通过道德实践而呈现的，而道德实践之最高境界即是成圣人。在此，“圣性”并非仅属于圣人之性，而是指成圣可能之根据。如果我们将“佛性”模拟于“圣性”，则人人悉有佛性之“佛性”，亦不仅属于佛一个人之性，而是成佛所以可能之根据。由于此种心态之相类似，所以中国人较欣赏印度后期发展出来的“真常经”，也因此，“如来藏真常经”的思想，在中国产生了很大的影响。

前面，我们曾提及有人说《大乘起信论》是中国人伪造的；也有人说此论出现在中国，是在中国造的，其实这些说法均很笼统。因为若说中国人伪造的，那究竟是哪个人所造的呢？至于说是在中国造的，则不必然说是中国人伪造的，亦即“在中国造的”与“中国人伪造的”是不相同的，因为在中国的不一定都是中国人。依我个人的推断，其实就是真谛三藏所造的。真谛三藏是梁大同年间从印度来的僧人，在中国弘扬唯识思想。《大乘起信论》被标为马鸣菩萨所造。其实这是假托菩萨之名，以增加论典之权威性。至于被标为真谛译，其实据我看就是真谛所造；当然不一定是真谛一个人所造，也许有许多中国和尚帮他的忙[3]。何以能推测《大乘起信论》为真谛三藏所造？因为真谛三藏的思想就是想融摄阿赖耶识于如来藏的，而《大乘起信论》正是这种融摄之充

1　见《大般涅槃经》。

2　见《孟子·滕文公》篇曰：“滕文公为世子，将之楚，过宋而见孟子。孟子道性善，言必称尧舜。”又《告子》篇曹交问曰：“人皆可以为尧舜，有诸？”孟子曰：“然。”

3　参见《佛性与般若》上册，第二百八十页。

分展示。

所以尽管有许多人说《大乘起信论》不是印度原有的，是中国伪造的，但仍然有许多人重视《大乘起信论》，欣赏这部论所蕴含之义理。欧阳大师拼命地攻击《大乘起信论》，吕秋逸、王恩洋等人对《大乘起信论》的态度尤其恶劣[1]。但《大乘起信论》在佛教中，仍占有重要的地位，是不能动摇的。因为顺着佛教问题的发展，必然要出现《大乘起信论》所主张之思想义理。换言之，针对问题之症结所在，我们不得不重视《大乘起信论》之思想架构。

《大乘起信论》的义理主要根据《胜鬘夫人经》以及《楞伽经》而来。因此，要了解《大乘起信论》的思想，可以先从这两部经读起。《楞伽经》的义理不甚清楚，编纂和翻译[2]也不太好；至于《胜鬘夫人经》则翻译得较流畅，有些话头儿亦说得很清楚明白。依据这些"真常经"所造成的《大乘起信论》，最主要的是提出"一心开二门"的观念，也就是先肯定有一个超越的真常心，由此真常再开出"真如"与"生灭"二门[3]。假定我们不肯定有一个超越的真常心，而只是用阿赖耶识来说明一切法，则我们的生命原来本有的只是阿赖耶识，至于清净无漏种则是后起的，是经由后天的正闻熏习而成的。所以，天台宗批评唯识宗说："那得发头据阿赖耶生一切法？"[4]。"那得"就是不得、何得的意思。因为若一开始即用阿赖耶识来说明一切法，而阿赖耶识只是妄识，则由此识心所生出的只是杂染的生死流转法，此只能说是"一心

1 见《〈大乘起信论〉真伪辩》。

2 《楞伽经》有三种译本：一是刘宋求那跋陀罗译；二是元魏菩提流支译；三是唐实叉难陀译。

3 《大乘起信论》有云："依一心法有二种门。云何为二？一者心真如门，二者心生灭门。是二种门皆各总摄一切法。"

4 见智者大师《法华玄义》卷第五下。

开一门”；而关于无漏种清净法的一门却开不出来。所以唯识宗阿赖耶识系统所说明的，只是生死流转法一门。

至于《大乘起信论》所提出之“心”乃是超越的真常心，此真常心是一切法的依止。所谓一切法，乃是包括生死流转的一切法，以及清净无漏的一切法。这一切法的两面，都依止于“如来藏自性清净心”，“依”是依靠的依，“止”就好像说“止于至善”的那个止。一切法都依止于“如来藏自性清净心”。就表示由“如来藏自性清净心”可以开出二门，一是生灭门，指的是生死流转的现象，有生有灭，刹那变化，所谓“诸行无常、诸法无我”[1]；另一则是真如门，即开出清净法界门。“真如”[2]是针对无漏清净法而讲的。如此一来，“一心开二门”的架构也就撑开来了，这是哲学思想上一个很重要的格局。这个格局非常有贡献，不能只把它看作佛教内的一套说法。我们可以把它视为一个公共的模型，有普遍的适用性，可以拿它来对治一个很重要的哲学问题。这也是我这几年反复思考才看出来的。

在此，我们先说说“一心开二门”，所谓“一心”就是指“如来藏自性清净心”，也就是指超越的真常心；由此自性清净心直接说明的法乃是清净无漏法，所以我们可以说一切清净法依止于“如来藏自性清净心”。然而，我们的真心其自性虽本来清净，可是我们的现实生命都是流转于生死之流，即表示我们的生命同

1　此即是佛教“三法印”中所说的“一切行无常，一切法无我，涅槃寂灭。”见《杂阿含经·第十》。

2　见《大乘起信论》曰：“一切法从本已来，离言说相，离名字相，离心缘相，毕竟平等，无有变异，不可破坏，唯是一心，故名真如。以一切言说假名无实，但随妄念，不可得故。言真如者，亦无有相。谓言说之极，因言遣言，此真如体无有可遣，以一切法悉皆真故。亦无可立，以一切法皆同如故。当知一切法不可说不可念故，名为真如。”

时有生灭法。生死流转的染污法、烦恼法如何能依止于“如来藏自性清净心”呢？如何能与无漏清净法同样地根源于“如来藏自性清净心”呢？我们似乎可以追问：自性既然清净，为什么又忽然不清净了呢？依照形式逻辑的头脑，是可以这样问难的。所以有人说“如来藏自性清净心”与阿赖耶识两个系统都有麻烦，因为依阿赖耶识系统，由识心直接生出的是生死流转的染污法，要说明这一方面的生灭变化是很容易的；但是由染污识如何生出无漏清净法，则不太容易说明。同样地，“如来藏自性清净心”所直接生出的是无漏清净法，何以又会出现生死流转的染污法呢？这和唯识宗阿赖耶识系统所遭遇的困难根本是一样的，只是不同面向而已。

如此机械的推理态度是不对的，表面上两个系统的问题似乎一样，实际上不然。印顺法师就把这问题看得很严重[1]，他认为“如来藏自性清净心”系统与唯识宗之阿赖耶识系统，都有其自身所遭遇的困难；他引用《胜鬘夫人经》所说之“世尊！然有烦恼，有烦恼染心，自性清净心而有染者，难可了知”来说明如来藏系统之吊诡（paradox），这“不染而染，染而不染”使人糊涂不解。他认为这种难题是“难可了知”，唯有佛才能了解。实际上，如来藏系统并没有什么困难，这个难题其实也是很容易了解的，印顺法师只是夸大了这个难题而已。至于佛经，自然是推崇佛陀的神通广大，因为佛有修持，道行高，所以这种“不染而染、染而不染”的问题，唯有佛能了知，这是很神秘的（mystic）。印顺法师根据《胜鬘夫人经》这段经文，认为如来藏系统要从“不染而染”来说明染污的生灭法，是不太容易而且不太可理解的。若照他这种看法，根本就是被《胜鬘夫人经》那句话给唬住了，根

1 见印顺法师所著《以佛法研究佛法》一书，有关“如来藏之研究”部分。

本没有真正了解“如来藏自性清净心”之思想。

所谓“一心开二门”，开生灭门和开清净门是不同的，必须用两种方式加以说明，这在唯识宗的阿赖耶识系统也是如此。譬如，由阿赖耶识直接可以开出生灭门，但是要开清净门，则不是直接可以开出来的，必须经过一个曲折的过程才行。依唯识宗所说，“无漏种”乃是从另一个根源而来，它不是从阿赖耶识直接生出，而是经由正闻熏习所成的；如《摄大乘论》所说，正闻是要听闻佛法[1]。我们天天用耳朵所听到的并不是正闻，所以无法熏成无漏种，也因此不能成佛。我们必须听闻佛法，诵读佛经，才能由正闻熏习成“无漏种”。可见这些无漏种的根源并不在阿赖耶识，而在于正闻，只是由正闻而熏习，熏成种以后，此种即寄存于阿赖耶识中，这中间即有一曲折。所以阿赖耶识系统所说的清净法与染污法，其来源是不同的。阿赖耶识系统对清净法虽也有所说明，但却说明得不够健全、圆满与彻底。而且此种说法有一种坏影响，此即使得“一切众生皆可成佛”这句话无法充分地被证成。

接下来，我们来看看“如来藏自性清净心”的系统，如何说明“一心开二门”。顺着“如来藏自性清净心”直接生出的当然是无漏清净法，那么它又是如何说明有漏染污的生灭法呢？由“如来藏自性清净心”说明清净法其方式是直接的方式，对于有漏染污的生灭变化，则非直接的方式就可以说明，此必须经过一个曲折、跌宕。这个曲折，即是无明的插入，也就是《大乘起信论》所说的：“所谓不生不灭与生灭和合，非一非异，名为阿赖耶识。”不生不灭是针对自性清净心这一面讲的，而生灭则指的是生死流转法；不生不灭与生灭两者和合起来，不一不异，就叫作阿赖耶识。

---

1 《摄大乘论》卷三：“……谓世尊说依他言音及内各别如理作意，由此为因，正见得生。”

在此即把阿赖耶识系统融摄进来，所以阿赖耶识是两头通的。所谓阿赖耶识两头通，乃是指阿赖耶识有其超越的性格（transcendent character），亦有其内在的性格（immanent character），此即表示阿赖耶识具有双重性（double character）。《楞伽经》在说明如来藏时，即曾指出阿赖耶识之双重性[1]，而日本铃木大拙讲《楞伽经》时，也是用“双重性”（double character）这个名词。依唯识宗阿赖耶识系统，阿赖耶识只有一性，即虚妄的染污性，而没有超越的清净性。但是在大乘起信论中，阿赖耶识被套进来，被说成“不生不灭与生灭和合，非一非异”，则其具有双重性甚显。就阿赖耶和合识如实观之，它现实的本性（内在的性格）是生灭染污的，但它同时也具有不生不灭的超越性格，虽然在现实中尚未显现出来，却是一直在隐伏着，所以我们说阿赖耶识是两头通的。

此种思想，很明显的是将阿赖耶识系统吸收进来，亦即以如来藏系统来统摄阿赖耶识系统。经过此一曲折、跌宕，阿赖耶识在“如来藏自性清净心”系统的状态，就好比我们身上血脉不通时血管凸起的状态，也好比我们肌肉抽缩时的痉挛现象。我们也可以说阿赖耶识之于“如来藏自性清净心”，就好比“平地起土堆”[2]，平地忽然起了土堆，就凹凸不平。平而实是对着清净法说，不平不实则是对着染污法说。我们的真心其自性本来是清净的（不生不灭），何以又有染污法（生灭）呢？这中间的曲折、跌宕是

1　见《楞伽经》卷四。

2　见《象山全集》卷三十四之《语录》曰：“释氏立教本欲脱离生死，惟主于成其私耳，此其病根也。且如世界如此，忽然生一个谓之禅，已自是无风起浪，平地起土堆了。”

如何产生的呢？这完全是由无明的插入，即所谓的“无明风动”[1]所导致的。因为我们的真心虽然本来清净，但只要一昏沉，只要一念忽然不觉，随即堕入无明。而无明是无根的，亦没有一实体，它只是我们于忽然一念不觉时所呈现出来的一种昏沉相。《大乘起信论》将无明比作风，无明风一吹动，平静的心湖就会兴起波浪。波浪并不是水的本性，波浪之兴源于风吹水动，然而风是没有根的，只是空气的振动，所以风一停止，波浪也就随之消失。

至于我们为什么忽然一念不觉就有无明，这无明风是从何而来的呢？我们可以说空气的流动会产生风，风吹水动，所以有波浪；但是我们却不能说无明是空气的振动所产生的。这种问题在以前的确很难理解，所以《胜鬘夫人经》说它是“难可了知”。但现在我们可以采用一些新名词来说明，则较易理解。这个问题，在康德哲学里是很容易答复的。依康德所说，我们的意志（will）不是神圣意志（holy will），而我们的格言（maxim）与道德法则（moral law）亦常不能相合，这是为什么呢？这是因为我们有感性（sensibility）。因为我们有感性，所以常为物欲所牵引，因而有无明，有昏沉，这即表示人是有限的存在，所以人的意志不是神圣的意志。至于上帝则无感性，上帝的意志是神圣的，上帝是毫无阻碍的。

在此，康德所说的“感性”，照儒家讲，则是人的私欲，如王阳明所说的“随躯壳起念”。我们平常都顺着我们的躯壳起念，而非顺着良知起念。本来我们若顺着良知起心动念，则无一念昏沉的无明，亦不会有“平地起土堆”的情形。可是我们有躯壳，我们有感性私欲，所以才有无明昏沉。这种问题只能如此说明，也只能分析至此。假定有人追问：人为什么有感性、有私欲呢？

1 《大乘起信论》有云：“如是众生自性清净心，因无明风动，心与无明俱无形相，不相舍离。而心非动性，若无明灭，相续则灭，智性不坏故。”

这种问题是不成其为问题的，否则真是“难可了知”了。

“如来藏自性清净心”系统经过如此的一个曲折，将无明（阿赖耶识）引进来，因此即可说明生死流转法。如此一来，生死流转之依止于“如来藏自性清净心”乃是间接地依止，而非直接地依止。因为自性清净心本身是一种真常心，既然是心则有活动（动而无动之动）；一起心动念（动而动），马上就转成了阿赖耶识，如此即生无明。顺此一面说，阿赖耶识与真常心虽不一，然亦不异，就其不异而言，亦可说是同质的（homogeneous），以其同质，所以由阿赖耶识直接起现之生灭法才能通到真常心，也就是依止于“如来藏自性清净心”。

我们可以借用“水波”做喻，来说明这种依止关系。波浪虽然不是水，然而却必须凭借水才能起现。若换作木板，风怎么吹，也吹不起波浪来的。可见波浪必须以水做底子，才能兴起波浪。又好比小麦成熟了，长得很高，麦穗都转成金黄色，风一吹动，小麦随风翻动，形成了生动的浪潮，煞是好看，所以名之曰“麦浪”。麦浪与波浪虽同是浪，但是风吹水面，到底是无法兴起麦浪的，因为它们的性质不同。所以波浪必须凭借同质的水才能起现，而生死流转法之所以必须依止于“如来藏自性清净心”，也是同样的道理。

因此，我们说生死流转法依止于如来藏自性清净心，是一种间接的依止关系，其中有一段曲折（假定我们通过实践的话）。此一曲折，依黑格尔的说法即是一个辩证的（dialectical）过程。因此生死流转法往上统摄于“如来藏自性清净心”时，本身即是一种辩证的过程，必须进一步说到菩萨道的实践时，才能说明其中辩证发展的过程。假定，从“如来藏自性清净心”通过实践，我们自觉地要生死流转法，这中间也是一种辩证的过程。这就好比菩萨道的“留惑润生”。惑本是迷惑、烦恼，菩萨早已可断除迷惑，不再烦恼，但他保留这个惑（当然是自觉地要保留），为的是要润泽众生。因为若是菩萨太清净了，也就不能有“难得糊涂”了。这好比“水清则无鱼”。如果菩萨太清净了，不能和众生一起过生活，如何能度众生呢？所以唯有菩萨的慈悲心怀，才能自觉地留惑润生，这是智慧、理论，同时也是实践。这也就是我说过的“自我坎陷”（self – negation）[1]，是一种自觉的陷落，亦即是自觉的自我否定。

因此，由一心开出二门，有两种方式：说无漏清净法是直接的方式，此比较容易说明；而说有漏杂染法，则是间接地说，亦即一切生死流转法是间接地依止于“如来藏自性清净心”。这个如来藏作为生灭法的根据（ground）是什么意义的根据呢？依佛教之说法，如来藏直接生起清净法，即名之为“生因”[2]。但是对着有漏生灭法则非“生因”，亦非“了因”，而是“凭依因”。也就是说，生灭染污法只是凭依如来藏起现，并非从清净的如来藏直接生起。如此，“自性清净心何以会生出染污法”的问题，就不复存在了，因为“如来藏自性清净心”只是生灭法的凭依因而非生因，生灭法必须凭依如来藏而起现。

生灭法与如来藏的凭依关系，可举一例来加以说明。譬如，以前的大富人家，都有许多仆人。当你要拜见达官贵人时，必须先通过家仆这一关。这些家仆首先向你要红包，你必须贿赂他，否则，他就与你多方刁难，所谓的“阎王易见，小鬼难缠”。所以旧时官场中的豪奴恶仆，就假借他主人的名义出去做坏事。坏事当然不是主人做的，可是账却都算在主人身上。同样地，阿赖耶识凭借“如来藏自性清净心”，起现生死流转法，但是账却算

1　参见《现象与物自身》第一百二十三页。

2　依佛教因明之分析，“因”有好多种，“生因”就好比谷种之能生稻米，还有一种叫“了因”，譬如灯光可以照明见物，即为了因。

在如来藏上，必须由“如来藏自性清净心”来负责任。可见“如来藏自性清净心”只是凭依因，而非生因。而且，由此一心开出二门，是经由两种方式开出，如果明白这个道理，也就没有什么问题是“难可了知”的了。

顺着《大乘起信论》“一心开二门”之提出，我们今天主要说明的，是这个“一心开二门”的架构在哲学思想上的重要性。因为就哲学发展的究极领域而言，这个架构有其独特的意义。我们可以把它看成一个有普遍性的共同模型，可以适用于儒释道三教，甚至亦可笼罩及康德的系统。若将其当作形而上学的问题看，则此种问题即属于“实践的形而上学”（practical metaphysics），而不属于平常的“理论的（知解的）形而上学”（theoretical metaphysics）。依照康德的说法。形而上学可分为“内在的形而上学”（immanent metaphysics）与“超绝的形而上学”（transcendent metaphysics）两种[1]。所谓内在的形而上学指的是康德哲学中的超越的分解[2]，也就是指具有客观有效性的先验综合知识而言。而超绝的形而上学则是指理性所提供的理念（ideas），比如“超越的辩证”[3]中，理性的心理学所提到的“灵魂不灭”即属于超绝的形而上学，另外有宇宙论方面的理念，如“第一因”（first cause）“有限”“无限”以及“上帝存在”等，这些均是理性所提供的理念。当然这些理念在思辨理性中是毫无客观真实性可言，它只是个空理，因为这些理念所指的对象在思辨理性中无法证实。但是理性可提供这些理念，而这些理念对着思辨理性而言，即是超绝的形而上学。此种超绝的形而上学必须经由实践理性才能得

1　见康德所著的《纯粹理性批判》第三章《纯粹理性的建筑》，史密斯英译本，第六百六十二页。

2　见康德所著的《纯粹理性批判·超越的分解》部分。

3　见康德所著的《纯粹理性批判·超越的辩证》部分。

到客观的真实性。

在此，超绝的形而上学经由实践理性发展至最后，即是康德所谓的“道德的神学”（moral theology），此道德的神学相当于儒家的“道德的形而上学”，所谓的“道德的形而上学”，并非是“形而上学的道德学”（metaphysical ethics）。就好比康德只承认道德的神学，而并不承认“神学的道德学”（theological ethics）；儒家亦只承认道德的形而上学，而并不承认形而上学的道德学。道德不能以形而上学为基础，只能说形而上学以道德为基础。同样地，康德亦强调神学须以道德或实践理性为基础，而不是我们的道德以神学或上帝为基础。因为如果照上帝的意旨讲道德，依照康德的说法，这种道德是属于“他律”（heteronomy）的，是有条件的。

经过以上的互相对照，我们知道《大乘起信论》的“一心开二门”属于道德的形而上学或超绝的形而上学的层次。因此，此架构亦唯有在道德的形而上学或超绝的形而上学中才有意义，才有贡献。所谓有意义、有贡献，当然是针对康德的哲学体系而言。依照康德哲学，“自由”“灵魂”“上帝”等理念，在实践理性中虽有其实在性，然仍只是“预设”（postulate），我们的知识是无法达到它们的，其实在性仍只是实践的，而非知解的。因为我们对于这些理念，没有直觉(intuition)，所以无法令这些理念“呈现”。康德的问题，在于他虽强调人的实践理性，却未肯定人有“智”的直觉。他不承认人具有《大乘起信论》所肯定的“如来藏自性清净心”或如王阳明所说的良知意义的心，甚至如陆象山根据孟子所说的“本心”。正因为康德不承认人有真常心，所以他所说的“自由”等理念只是个“预设”，是无法具体呈现的。但他在实践理性中，又将“自由”归属于“智思界”（intelligible world），而依照自由或自律的法则所发动的行动（action）则属于“感触界”（sensible world）。可见他亦承认感触界中的行动，其原因属于智思界，而此两世界是分开为二的。这可模拟《大乘起信论》中的阿赖耶识，因为阿赖耶识是“不生不灭与生灭和合，非一非异”所形成的，所以它具有超越与现实的双重性，而也因为这双重性，所以才得以由一心开出二门。照理，依康德的哲学体系，尽管他所说的“自由”只是个预设，也可以开出二门的。因为康德虽然说行动（或结果）属于感触界，须服从自然因果性（natural causality），依佛教即属于生灭门，但是行动之“原因”则属于智思界。既然如此，则行动本身亦可以上通清净门，但此层意思康德却漏掉了。

我们且举一例来说明，如果我要抽烟，抽烟这个行动当然属于感触界的现象，然而抽烟这个行动有没有“物自身”的意义呢？这个问题康德并未加以说明。严格地说，既然有“现象”，相对地就当有“物自身”，现象与物自身只是一物的两面，只是两种不同的呈现而已。所以我们的行动，有时是现象，有时亦可以是物自身。那么康德所说的“行动”的物自身的意义在哪里呢？他一说行动，就把行动归属现象，却忘掉行动本身除了有现象的身份外，同时也有物自身的身份。在此，他说得太快，一下就滑过去了。

我们不能说我们的行动本身是现象，而此行动的超越根据，如“自由意志”（free will），便是它的物自身的意义，因为这是不通的。物自身是一物之在其自己，不是此物所以被产生的那超越的根据。一个行动若有物自身的意义，此意义便是此行动的清净相、如相，而不是此行动所以被产生的那超越根据。康德把自由意志当作原因（属于智思界的一个“智思物”noumenon）[1]，

1 参见《现象与物自身》，第四十一页。

把行为（或行动）当作结果。这种因果性，康德称之为“特种因果性”（special causality），亦叫“自由的因果性”（causality of freedom）[1]，这与“自然因果性”（causality of nature）是完全不同的。在特种因果性中，原因属于智思界，而结果则属于感触界。因此，作为结果的行动本身，只有现象意义，而无物自身的意义。由此可以看出康德一说到行动，一下就滑到现象界。也因此，他的哲学体系只能说是“一心开一门”，他只开出感触界的生灭门，却没有开出智思界的清净门。

事实上，行为本身既然是个“物”（thing），则理当有其为“物自身”（thing in itself）的身份。假定，针对抽烟这个行动，你意识到抽烟本身不只是个现象，同时也有物自身的意义，则佛教所说的“一心开二门”的格局在此便可被开出来。依照中国哲学，不论是儒家（从孟子下贯至王阳明的心学）、佛家还是道家，都不把事事物物只当现象看，因为一草一木既然是物，自然就有其为物自身之意义；那么我们对于眼前的行动，不但可以视其为现象（对着我们的感性或知性，它即是现象），同时亦可将其当作物自身看待。因为，不只是物理世界的现象物或山河大地，即便是行动本身亦可以视作感触直觉（sensible intuition）的对象即现象。既可视作现象，自亦可视作物自身。如果我们在此能找出事物的物自身的意义，则佛教“一心开二门”的义理，也就显出其独特的意义；也就是我们可以拿“一心开二门”的架构来消化康德的哲学系统。由此，即可看出中国哲学对西方哲学的贡献。这些均是扣紧一个个哲学问题自然逼到的，并非随便泛泛地瞎比附。

康德的哲学并非可以随便批评。若依西方哲学传统及基督教传统，康德的说法也许是最恰当的了。只有依据中国的传统，始

1 见康德所著的《纯粹理性批判·纯粹理性的第三个背反》，史密斯英译本，第四百零九页。

能看出康德哲学的不圆满、不究竟之处。我们希望能透过中国哲学的智慧，给予一种适度的消化与提升。依佛教看，“行动”对着什么样的主体，才有物自身的意义呢？它若对着“般若智”或“自性清净心”时，即是物自身的意义，因为就“般若智”或“自性清净心”说，行动本身就是无漏清净法；但若只把识心当现象看，则自然是有漏生灭法。如此即是由一心开出二门。

在此，我们自然亦可追问：中国人之所以如此说法，是因为中国人肯定人有“般若智”“自性清净心”，而康德却不肯定人有这种智（智的直觉）。不错，康德虽然没有肯定人有智的直觉，但却超越地假定人有自由意志，并且认为自由意志是一种预设，那么，我们为什么不能说面对自由意志这个预设，行动本身即是物自身呢？

或许问题就在于康德把“自由意志”这个理念只当作预设看。既然是预设，则不能被直觉，也无法呈现。所谓直觉，在康德哲学中的意义，与我们一般所了解的意义不同。因为依康德的说法，直觉是一种“呈现原则”（principle of presentation），它可以把事物给予人，可以将事物当作一个对象，亦即有直觉的地方，事物即呈现在那儿。所以在知识上，我们一定要说“感触直觉”。但是，感触直觉却不能用于智思界的智思物，必须是智的直觉才能直觉智思物。可是康德不承认人有智的直觉，所以“自由意志”等理念遂只是预设而非呈现。

既然自由意志是预设而非给予，所以他在讲实践理性时，是从“道德法则是理性的事实”说起，而不能从自由说起。他是说完了道德法则才逼显出自由，肯定自由。虽然实际上此两者可以是一回事，但他分析道德时，却认为不可从自由那一面说起，因为自由不是我们所有的“给予”（given），不是我们可以由之以开始说话的“与料”（data）。自由必须接受批判的考察（critical examination），所以只是一种“预设”。而实践理性则是其本身即可实践的，本身就可以给予我们道德法则。这是分析的，是无须批判而必须承认的事实，所以康德说“道德法则是理性的事实”。

而中国哲学，如王阳明所说的良知，本身即是一种呈现。又如孟子所说之“四端之心”[1]，它也是当下即可呈现的，所以王学中的王龙溪喜欢说“当下良知”。如果良知只是一种预设、一种假定，而不能当下呈现，那么讲一大套道德法则，根本就毫无影响力可言。所以中国人讲道德实践，一定从“性即理”讲到“心即理”，如儒家从孟子到陆象山、王阳明均强调“良知”“本心”；而佛教则必定从阿赖耶识讲到自性清净心。依儒、释、道三教的看法，我们人是有智的直觉的，因此，我们的良知、本心或“如来藏自性清净心”，都是当下可以呈现的。（智的直觉即是良知、本心、自性清净心的妙用。此妙用用于良知等本身，良知等即呈现，用于照物即见物自身）如果这些理念只是个假定，永远无法呈现，那么道德实践的力量是非常微弱的，而一大套的道德理论不等于落空了吗？

因此，康德哲学的最后结果，若严格地追问起来，必是：在世间根本就无法实现无条件的道德法则。这也就等于说没有真正的道德出现过。所以，依康德哲学，我们只能把依无条件的道德法则而行当作一个理想，逐渐向它接近。而个人的“格言”（maxim）终究是无法与道德法则完全合一，随时都可能违背道德法则。因为人的意志不是神圣意志，人的意志是上下摇摆不定的。真正的道德实践必须完全依照“定然的律令”（categorical imperative）而行，但是在康德哲学系统中，这种道德行动可以说

1　《孟子·公孙丑》篇曰：“恻隐之心，仁之端也。羞恶之心，义之端也。辞让之心，礼之端也。是非之心，智之端也。人之有是四端也，犹其有四体也。有是四端而自谓不能者，自贼者也。谓其君不能者，贼其君者也。”

根本没有出现过，或许偶尔出现一些，或者今天出现一下，明天又不出现了。如此一来，虽讲了一大套的道德理论，而真正的道德却落空了。这就表示康德哲学中，道德实践的力量不够，所以在此不能不重视“心”的问题。中国哲学所强调的良知、本心，以及佛家所说的自性清净心，是很重要的。康德哲学中，讲“心”讲得不够，他的讲法与理学家朱子的讲法差不多。依照中国哲学，肯定人有智的直觉，不论是良知或自性清净心都是个“给予”，而且是可以当下呈现的，如此人人才能成圣成佛。否则，若良知、本心或自性清净心不能当下呈现，则永远无法成圣成佛，只能把成圣成佛当作一个理想；因为现实上是没有佛的，我们只能向佛凑合，却永远达不到。这不是佛家所能许可的，亦非儒家所能许可。

依“一心开二门”的格局而言，行动本身不只是现象。行动若直接由良知、本心或自性清净心发动，则在良知、本心与自性清净心面前，它就不是现象的身份，它本身即是物自身的身份。依康德的说法，一下就把行动说成是现象，如此就把行动定死了。康德在《实践理性批判》中曾说，面对上帝是没有现象的，因为上帝只创造“物自身”，而不创造“现象”。所以现象不是天造地设的，只有物自身才是天造地设。既然现象不是上帝所创造的，而只是对着人而显现的（是可有可无的东西），则现象就好像是平地起土堆，是对着感性（sensibility）或知性（understanding）的主体而显现成的扭曲状态，亦即是把物自身扭曲为现象，这也就是我所谓的“绉起来”。透过这种分辨，我们才能了解康德所说的现象（此“现象”不同于通常所说之现象）与物自身的意义。

由以上之分辨，我们可以看出，康德所说的“人的知性为自然立法”是可理解的，而且是很通顺的。康德哲学中，有些道理表面上看起来似乎很悖理（absurd）、很可怀疑，而实际上却是一定的，是不容怀疑与反对的。好比我们一般人，一听到康德所说的“知性为自然立法”，就觉得很可怕。有些英美学者，甚至德国人，始终不能了解康德，认为康德所说的“知性为自然立法”太主观了，大家无法接受康德的主观主义。但是，就康德所说的现象而言，那些说法其实是很合理的。要了解这些道理并不容易，我们也是经过艰难困苦才体会到的。一般人大体是顺着英美实在论或洛克（Locke）和莱布尼茨（Leibniz）的想法，去了解康德哲学。一般而言，洛克和莱布尼茨的想法最符合普通人的常识，所以一般人不了解康德的哲学思想。

读康德哲学，光是顺着《纯粹理性批判》是不易把握其思想要义的，因为康德从感性往里说起，一步一句似乎都可疑，似乎都可争辩。难怪有一位英国人认为康德所说的几乎每一句都有错误，实际上是他根本不了解康德。我也是看到康德在《实践理性批判》中，说上帝只创造物自身，不创造现象时，才豁然开朗，才透悟出来。

至于康德把智的直觉放在上帝那儿，中国一向没有这种观念；中国人认为有良知、本心或自性清净心就足够了，在此之外，不需要另外肯定一个上帝的存在。依佛教的教义，自性清净心所缘生的一切法，也就等于上帝所创造的一切法，如此一来，一心开二门的义理就很容易了解。所以，就中国哲学的立场而言。在良知、本心或自性清净心之前，一切事物均是物自身的身份。这种思想可以用一些现成语句来加以说明。如佛教的“一色一香无非中道”，在这里，“色”“香”是物自身意义的色香。又如佛教中所说的“不增不减，如是如是”的“如”，亦是物自身意义的“如”，并非抽象的“空”，“空”当然是就看法而言，法的物自身之意义即是“空如相”，这即是《般若经》所说的“实相一相，所谓无相，即是如相”。物之实相，即是物之在其自己。

这种思想在道家中表现得更显明，如“逍遥”“自在”“独化”

等，均是指精神境界。既然是逍遥自在，自然是物之在其自己。

由以上之相互比照，我们可以看出康德所说的物自身是对应“智”的主体而言，具有提升作用，所以它不是事实的概念，而是具有价值意味的概念（此不同于价值学上所说的价值概念，所以只能说是价值意味的概念）。依照康德所说，通过时间、空间来表象的，以及通过范畴来决定的就是“现象”。若把时间、空间以及范畴都撤掉，不对应于感性知性主体，而回到物本身（return to thing itself），则为“物自身”。这对于中国人来说是很容易了解的，犹如家常便饭，口头上天天都说，但在康德哲学中则不易了解。

中国人在过年节时贴门对儿，就有“万物静观皆自得，四时佳兴与人同”的说语，此中实已蕴含了无限的哲学义理。“万物静观皆自得”不正指的是物之在其自己吗？这并非指现象，亦非指科学知识。孟子曾说：“君子所性，仁、义、理、智根于心，其生色也睟然见于面，盎于背，施于四体，四体不言而喻[1]。”从其“生色也睟然见于面，盎于背”，则身体的整个气象就完全不同了。此时的四肢百体不只是现象，而同时也是物自身。

王学泰州派的罗近溪亦曾谓：“扬眉瞬目，浑全只是知体着见。”而《泰州学案》里，王艮的儿子王东崖亦喜欢说些漂亮的话头儿，如：“鸟啼花落，山峙川流，饥食渴饮，夏葛冬裘，至道无余蕴矣。充拓得开，则天地变化草木蕃。充拓不去，则天地闭贤人隐。”他这里所说的山川花鸟，不能只当作自然现象看，而要当作物之在其自己看。这些话头儿在以前都是一些妙语，看似玩弄光景，实则蕴含了很深的哲理。

因此，对着良知、本心或自性清净心直接呈现的，是事物之

1　见《孟子·尽心》篇。

在其自己；而当它一旦面对感性与知性主体时，则转成现象，这些现象可以透过时空形式来表象，亦可经由范畴来决定，它们是属于“自然因果性”所决定的。这种两种面向的呈现，不就等于佛教所说的“一心开二门”吗？这个意思并未违背康德的说法，相反地，却足以消化康德哲学中的不圆满与不足之处。但是若我们要将康德哲学中所说的“预设”转变成“呈现”（presentation），则很可能引起争论，因为依康德的哲学系统，是不承认人有当下良知或自性清净心的。

不过尽管如此，我们却必须承认，在这一点上，东西哲学是可以相互比照甚至争论，以显出义理所具之特色。东方哲学必须肯定“一心开二门”的架构，否则前面所引的那些话都只是空话。虽然依康德的看法，这些都只是“幻想”（fantasy），然从实际的道理来看，就当照中国哲学所肯定的义理来说，这个哲学理境的确有进于康德处。

就西方哲学理境的发展，康德哲学确实使西方哲学往前推进了一步，可是若要使康德哲学再往前推进，则必须与中国哲学互相摩荡，互相结合。同时，要使得中国哲学更充实，更往前推进，亦必须与西方康德哲学相接头，如此才能往下传续。这种文化的交流，正显出佛教“一心开二门”这一架构的重要性。

今天我就讲到这里。

尤惠贞记录

第十五讲

佛教中圆教的意义

上一讲，我们已说明如来藏系统的“一心开二门”，我们可以把这个架构看成一个有普遍性的共同模型，用它来消化康德哲学中的一些问题，这在哲学上是一个很大的贡献。然而依天台宗的判教而言，如来藏系统仍属别教。我们前面所说的几个问题，大体上是按照佛教的发展而说，譬如对应着唯识宗系统，我们主要是说三性与二谛的问题；而对应着如来藏系统，则说一心开二门之重要，这些均属于大乘别教。

今天，我们再进一步地谈圆教的意义与圆教的观念。依照天台宗的判教，最高的标准是圆教，修行的最高境界亦是圆教。而其所以能判定其他教派是小乘抑或是大乘，是大乘通教抑或是大乘别教，乃是因为其背后有一个圆教的标准在。那么，何谓圆教？何谓非圆教？何以前面所说的只是别教而非圆教？这圆不圆实在是个很有趣的大问题，而这个问题，在西方哲学中，是不曾出现的。西方哲学史中有好多系统、好多宗派，但是从来没有“圆教”这个观念，也没有圆教与非圆教的问题。所以圆教观念，可以说是佛教在中国的发展过程中提出的一个新观念。

当然，我们并不是说西方哲学史中没有“圆满”的观念。“圆满”这个观念很普通，大家随时都可以用，但“圆满”并不一定表示佛家所说的“圆教”的意义。光就圆教的字面上来看，它当然是含有圆满的意义，不圆就不满，而不圆满自然就不是圆教。但我们用西方哲学中“圆满”（perfect or perfection）的意义，也很难确切地表示佛家所说的圆教意义。

现在很多西方人士将佛教翻译成英文，一看到“圆教”就译成 round teaching。若译成 round teaching，好像另外还有个 square teaching 与之相对似的。实际上，round 只表示一个圆圈，圆圈自然是圆满无缺，但是 square 难道就不圆满了吗？所以这种翻译是不大谛当的。

其实，perfect 并不是不可以用，只是照西方哲学所说 perfect 的意思，并不能完全表示佛教的圆教意义。在西方哲学中，柏拉图所说的 idea 可以说是最圆满、最真实的了。另外，理性主义在说明何谓“道德的善”（moral good）时，则是根据一种存有论的圆满（ontological perfect）来讲善；此有别于快乐主义或功利主义由经验中的幸福来规定善。顺此存有论的圆满再往上推，推至上帝时，上帝本身即是最圆满的。所以在西方哲学中，perfect 可以说是一个专词，它指的是柏拉图所说的 idea 或上帝的存在。

柏拉图所说的圆满的 idea 是怎么出现的呢？他所谓的 idea 是通过我们的分解，把感触界（sensible world）的事物都剔除，单显一个至高的标准，此即是圆满的 idea。但这是就 idea 本身说圆满，与佛家的圆教意义并不相同。因为尽管 idea 是最圆满的，但却把经验界、感触界的事物通通剔除，单显 idea 做圆满的至高标准，这不是佛教所强调的圆教精神。

若根据一个超越的意识来肯定上帝，说上帝是最圆满的存在，而认为现实的事物都是有限的，都是被创造的，其自身不能自主，只有无限的上帝是自主的存在，它创造了一切，那么依照这种说法，上帝本身可以是最圆满的，但这个圆满也不等同于圆教的意义。因为尽管上帝本身是最圆满、最真实的存在，但这种独显一个无限的存在的讲法，终究不同于佛家所说的圆教意义。

除了 perfect 以外，西方哲学中还有 complete 这个词，此词是完整义。能完整起来者，也含有圆满的意义。譬如，康德在纯粹理性的背反中，指出不论是正题（thesis）或是反题（antithesis），都肯定事物的条件的串系（series of conditions）可以完整起来。因为任何东西或事件，都有其存在或产生的原因，顺着原因追问其条件，则原因更有原因，条件更有条件，如此下去，这个条件的串系根本无法完整起来。但是我们的理性总想把它给圆满起来，那么，如何才能达到完整圆满呢？从正面的正题说，必须肯定一个“第一因”（first cause）或是“上帝”，这个条件串系才能完整起来。在此，世界在时间和空间方面都是有限的（finite），而反面的反题则主张世界没有第一因，它是无始的；而在空间方面它亦无所限制，这个世界是无限的（infinite），而其中之条件的串系亦是无限的。既然肯定它是无限的，那么它本身自然也可以是完整的。因此，不论是正题还是反题，所肯定的系列（series）都可以完整起来。但是这样地完整起来，不能是圆教，因为这样的“完整”其本身就有问题。第一其证明有问题；第二假定其证明无问题，何以又有背反？

由上述来看，西方哲学大体是顺着分解的路子，来说明什么是圆满或完整。柏拉图所说的 idea 是通过一个超越的分解显出来的，它不是经验可以看到的。柏拉图所用的分解方式，目的在显出一个 idea 来，我们称其为超越的分解（transcendental analytic），或者称其为超绝的分解（transcendent analytic）也未尝不可。柏拉图的超绝的路子不是从主体方面讲，而是从客体方面讲，为的是要特显一个 idea；而康德所说的超越的分解，则是从主体方面讲，目的在于显出一个先验的范畴（a priori category），显出一个纯粹的概念（pure concept）。这是两个不同的路子，但通通是分解的路子，而且通通是超越分解的路子。为什么说是超越的分解呢？因为从客体方面，我们肯定一个先在的事物，譬如 idea 是本来有的，是先在的；而从 understanding 方面讲，则肯定一个 a priori category 或 pure concept，也就是说透过某种方式我们可以发现一个知性自身所提供的概念。唯有这种分解才叫作超越的分解。假定我们不采超越的分解，而用经验的分解，就无法发现先在的东西。像莱布尼茨、罗素等强调逻辑分析（logical analysis），他们就不一定要肯定一个先在的东西；当然他们也可以肯定，但那种肯定也只是一种逻辑的肯定。

一般说分析，有经验的分析、逻辑的分析和超越的分析（超越的分析说成超越的分解，也是可以的）。譬如就 idea 说圆满，所用的方法即是超越的分解。另外，我们肯定有一个超越的、无限的存在，就是上帝，就上帝本身说圆满，而把有限的被造物暂时撇开，这就是一个超越意识，也是宗教意识。由此种宗教意识来肯定一个上帝，其背后的思路，还是一个超越分解的路子。就其为一个宗教而言，仍必须透过一个分解的思路，才能显出上帝的高高在上，显出他的超越而无限，以及无所不知、无所不能和无所不在。但这不是圆教。

至于说系列完整亦复如此，是顺着我们 understanding 的因果性（causality）范畴说的。从经验世界开始，一层层往上追问，最后追问到有一个 first cause 或没有 first cause；这两种说法都是顺着一条线儿上去，所以构成的条件串系（series of conditions）都可以完整起来。但这种完整也不是圆教。这些教路之所以不是圆教，是因为它们都是透过分解的表示，分解地确定一个概念如何可能与如何不可能。譬如说，顺着 series of conditions，正题方面我们如何能肯定一个 first cause 呢？而反题方面则认为这种肯定是没有根据的，我们不能肯定有个 first cause。这两个理论是相冲突的，但都各有理由，而且无形之中都肯定这个 series of conditions 可以完整起来。然而这种完整并不表示佛家圆教的意思。

佛教所说的圆教的意思，是很特别的，它不能依照西方所说的 perfect 或 complete 来理解。假定我们以 perfect 或 complete 来理解佛教所谓的圆教，那么唯识宗的阿赖耶识系统本身也很圆满，何以又只是别教呢？又依如来藏系统，它也可以说是肯定有一个 first cause，因为一切法都依止于“如来藏自性清净心”，而且由此一心开二门；从如来藏这里，不但可以说明生死流转的生灭法，而且可以说明涅槃还灭的清净法。这不也是很圆满了吗？那为什么一定要判它是别教呢？所以一个系统光是圆满地完整起来，并不能说是圆教。譬如，《摄大乘论》一开始时引了《阿毗达摩大乘经》的一首偈：“无始时来界，一切法等依，由此有诸趣，及涅槃证得。”在此偈中，既然说“无始时来界，一切法等依”，那不就等于康德所说的 series of conditions 已经完整起来了吗？“界”在阿赖耶识系统指阿赖耶识，至如来藏系统则指“如来藏自性清净心”，在这两个系统中，“界”本身都可以完整起来，亦即两个系列都是完整的。但不论是阿赖耶识或“如来藏自性清净心”系统，照天台宗的判教立场来看，仍属别教而非圆教。

那么，何谓圆教呢？用 perfect 或 complete 当然也可以表意，只是并不能完全表示佛教的圆教意义。因为佛教所说的圆教意义，在西方哲学中没有出现过，无论是柏拉图的哲学系统，还是宗教里所肯定的上帝，都不是佛教所说的圆教。至于康德所批判的背反中条件串系的完整问题，我们也可以通过阿赖耶识或如来藏系统来说明系列的完整，但这都不是圆教，都只是别教。虽然我们说佛教的圆教有其意义，或是追问圆教的概念与圆教的问题如何产生，但是西方哲学家未曾想到此，这种问题在西方哲学中未曾出现。所以一般人很难了解圆教的意义。虽然我们随时都用圆满的观念，我批评你不圆满，你也批评我不圆满，大家都可以用，但这都不是圆教的意义。所以圆教的概念看似很容易了解，其实是很难确切地把握其意义。因此，佛教依判教而显出圆教，这是值得我们将其当作一个哲学问题来重新考虑的。它既然是圆教，当然也是一种教法，而教是可以讲，可以思考的。既然可以讲，我们就可以依照一个路数、一个方式，把圆教的意义确切地表达出来。

释迦牟尼佛说种种的教法，先说小乘教，然后进一步说大乘教。说教的方式有顿、渐、秘密、不定等方式，这是就说法的方式来区分，此名曰“化仪”。而所说的法则是属于内容的，名曰“化法”。因此，有化法四教与化仪四教之别。说法为的是教化众生，而化法四教即是教化众生的过程中所说的教义道理；至于所用的方式，则有顿、渐、秘密、不定化仪四教，这是教化时所用的方法样式。所以只要是教，即可透过语言文字把它确定地表达出来。而什么是不可说的呢？就是禅宗所说的“宗乘”，也叫作“上上宗乘”。所谓的宗乘是不可说的，就是“教外别传，不立文字”。由此，即表示凡属于教内的，是可说的；而教义以外的，则为不可说。教是可说的，而教外别传，则为不可说，既不可说，故不立文字。可见教不能不立文字，而圆教仍是一种教训（teaching），是可以确定而明白地说明的，这仍属 theoretical。但对于教义不只是要了解，更要去实行。假使我们确实地实践，或存在地实践，那就是观行。禅亦在观行中，禅而至极，成为宗乘，那就是禅宗，到此即是教外别传，故只是实践而不立文字。因此，圆教既然可以说，我们即可将圆教的教义当作一个哲学问题来思考，而这类问题是西方哲学中所没有的。

在某种意义下，圆教也可以用 perfect teaching 来翻译，就当作“圆满教”来理解；纵然如此，前面所说的阿赖耶识与如来藏系统，仍然不是圆满教。好比西方哲学说 idea 或上帝圆满，是说 idea 和上帝本身圆满；但是若用实践或思考来表示上帝或 idea，则可以有各种方式。例如，基督教、伊斯兰教、天主教等都讲上帝，但是上帝本身圆满是一回事，而我们通过一种实践、思考或理论来表示上帝本身为圆满又是一回事。佛教所说的圆教，并不像西方哲学或宗教从上帝本身说圆教，而是从表示“上帝本身圆满”的教义上来看它圆不圆满。上帝本身并不是宗教，而通过理论思考或实践来表示上帝的圆满才是宗教。所谓的宗教，必须有教主、教义与必守的原则。所以有些传教士最怕中国人说基督教是洋教，他们常辩解说基督教是普世的，这句话说得振振有词，其实是有漏洞的。上帝是普世的，然而基督教则不一定是普世的。基督教只是在历史的发展过程中出现的一个特定方式，它受制于历史、文化等条件。如果说耶稣讲道不单单对着犹太人讲，那么，我们孔老夫子讲道理也不单单对着山东人讲。他可是对着全世界的人类讲。道理都是普遍的，但一套在不同的历史与文化系统中，就显出个别的特殊性，这个特殊性适合于此，不一定适合于彼。所以光说上帝本身圆满并不能说是圆教，必须从表达上帝的方式上来判其圆不圆满。

而任何透过语言文字的方式来表达的系统，都不是圆教，因为各种说法都对立不一，如基督教有一套，伊斯兰教也有一套。既然各有一套，则通通不是终究之圆教。所以我们可以说西方人未考虑圆教的问题，西方人光想建立各自的系统，并且坚守自己的一套而排斥其他的宗教（凡是宗教，总是排他）。假定一个宗教有很多套，那么这每一套所表示的宗教都不是圆教。西方的哲学或宗教都没有想到圆不圆的问题。但佛教却注重圆教之问题，无论大小乘所有众生都想成佛，都想证涅槃，但证涅槃本身并不表示就是圆教。因为小乘也证涅槃，既然证涅槃，何以只是小乘？而大乘也证涅槃，何以又有各种不同的系统？照佛教之判教，这些表示证涅槃的大小乘各种路数，都不是最究竟的。因此，圆教所以为圆不是从涅槃本身说，而是从表达涅槃的方式圆不圆来判定。

那么，什么是圆呢？小乘自认证悟涅槃时，在涅槃本身之内，就是圆满，如阿罗汉即为圆满。而大乘之证道成佛，如通教、别教等，亦有各种方式，均可到达涅槃，但这些只能说是通别教中的涅槃，而非圆教。所以不是从涅槃本身说圆不圆满，而是从表达涅槃的方式来判圆不圆满。因为既然有好多 alternative system（对立的套数）互相更替，则非终究之圆教。对西方人言，他们很了解 alternative system，如柏拉图的系统、康德的系统、罗素的系统。因为他们会造系统，所以对系统的观念很清楚。他们对于自己所建立的系统，都认为很自足（self-sufficient）、很合逻辑，所以是圆满。其实这只是系统本身的圆满，但并不表示这些系统就是圆教。因为只要有许多 alternative system 互相对立，就不是圆教。在此西方人并未进一步考虑“何种系统才是究竟圆教”这一问题。而佛教之所以提出圆教的观念，就是针对前面大小乘各种不同的系统所说的，其目的在于说明大、小乘各个系统何以不是圆教，并由此透出圆教的意义。圆教虽然也是教，但并不是一个 alternative system，假定它也是一个 alternative system，那它本身就不是圆教，而成为自我否定。

所以关于圆教问题，在西方哲学家中，像康德思想如此严谨的人也没考虑到，他只考虑他的纯粹理性批判的系统本身如何建立的问题。也许他所建立的系统很圆满，然而仍属于 alternative system，仍然不是佛教所说的圆教。又如罗素的逻辑头脑与分析，什么 logical possibility、logical impossibility，这些话常挂在嘴边，他可以谦虚地承认其他系统有 logical possibility，但他不一定赞成。他至多承认你也是个系统，譬如说 pragmatism（实用主义）也是一种说法、一种系统，是一个 logical possibility，但他并未再进一步地追问圆不圆满的问题，“因为要求一个绝对圆满是不可能的”，他至多如此地答复你。当然，只要是一个 alternative system，就不可能是绝对圆满。假定是个 alternative system，又认为自身是绝对圆满，这种说法就算不是独断，也自相矛盾（self-contradiction），因为既然是 alternative system，就不可能是最究竟而绝对的圆满。

所以在这里，我把这个问题提出来，让大家注意思考，它的确是个哲学问题，而且是个高级的哲学问题。两千多年来哲学上没有这个问题，此问题之提出，不是往前推进了一步吗？它可以用现代的哲学和逻辑知识来处理，也需要用高度的科技来处理这个非科技的问题。

说到这个地方，照圆教的词语讲，翻译成 perfect teaching 也是可以的，但为什么译者不用呢？因为翻译的人不了解圆教的内容与意义，只是望文生义，照字面的意思翻译成 round teaching。当然说 round teaching 也可以表意，也不是完全错。也就是说翻译成 perfect teaching 和 round teaching 都可以，那为什么有这两可呢？当用 round teaching 来翻译时，它对应的圆教是什么意义呢？也许用 round 来翻译不是很中肯，不是很 essential，但一般人对圆教的了解本来就模糊而不中肯，那么顺此来了解他们用 round teaching 来翻译圆教，他们心中是对应什么意义而说的呢？用 round 来说圆教，是就看《大般若经》里所说的般若的意义而说，也就是说 round teaching 是相应于圆通无碍而说。圆通无碍是般若的妙用。如果 round teaching 对应这个意思讲，则是恰当的。照《大般若经》所讲，般若精神是“应无所住而生其心”[1]，是“佛说般若波罗蜜，即非般若波罗蜜，是名般若波罗蜜”[2]。般若是一法不立，是无知亦无得，是不坏假名而说诸法实相，它就是圆，所以圆通无碍说的是般若，而照这个意义说圆，即可翻译成 round。

但是圆有两个意义，一方面是指般若的圆通无碍，另一方面则是指华严宗所说的“圆满无尽，主伴俱足”。照华严宗所说的圆，不但是圆通（或圆融）无碍，而且也是圆满无尽。所以它的圆具有圆通与圆满两层意义。圆满无尽就是 perfect，而圆通无碍则可以翻译成 round。所以凡是说圆通无碍，是就般若说的。又如华严宗所说的十玄门、一即一切、一切即一等，凡说到“即”“摄”的，都是指圆融无碍的般若精神。至于圆满无尽则是就着十法门而说的，《华严经》说法门必定说十法门，而说佛亦必说十身佛，因为“十”是最圆满的。在此，“十”不是一个随意数目，而是表示一个有必然性的义理。其所列举的内容可以是随意的，可以是变动的，但一定要是十个法门，这是必然的。因为唯有说十法门，才能表示“圆满无尽，主伴俱足”。“十”并不只是数目的“十”，而是代表无穷、无尽，也就是表示任何一个法都是无限。所以“圆满无尽，主伴俱足”是就着如来藏恒沙佛法佛性而说的。假定我们照“圆满无尽，主伴俱足”来了解圆教，则翻译成 perfect teaching 是恰当的，而且这个意思正好是圆教的 essential meaning。因为圆教所以为圆教，是从“圆满无尽，主伴俱足”处来说的，所以这是它的 essential meaning。当然在“圆满无尽，主伴俱足”之中，也都是圆通无碍的，但这并非圆教的 essential meaning。

1 见《金刚般若波罗蜜经》。

2 同上。

何以圆通无碍不是圆教的 essential meaning 呢？因为般若精神是个共法，是 common element，它是共通的，小乘有小乘的般若，而大乘也有大乘的般若。大、小乘之分，并非般若所能决定。大之所以为大与小之所以为小，必顺依佛性来决定。小乘虽小，也可以表现它般若精神的圆通无碍。这就好像《庄子·逍遥游》篇中所说的，大鹏鸟“抟扶摇而上者九万里”，这可以说是逍遥自在、圆通无碍了。可是蜩与鸠在树林中跳来跳去，也是圆通无碍，它一样可以逍遥自在！从这个意思上来讲，可以看出一般人所了解的都是很表面很肤浅的，所以他们用 round teaching 来翻译圆教，并不是很谛当，倒是用 perfect 这个字较恰当。由此，我们知道“圆教”这个词有两层意思，圆通无碍的般若精神是通大小乘的，它是个共法；而佛性之“圆满无尽，主伴俱足”才是决定大小乘圆不圆的关键。

不过佛性之所以“圆满无尽，主伴俱足”，并不是由分解的方式得来。所谓“无始时来界，一切法等依”，把一切法等依之于阿赖耶识或等依之于如来藏，好像只要整个 series 完整起来，就是圆满了。如果真是如此，阿赖耶识和如来藏系统都是很完整的，但为什么仍然属于别教而非圆教呢？所以光是系统完整，并不表示就是圆教的意义。

照“圆满无尽，主伴俱足”而说，则圆教中实已蕴含了无限的意义，而这种无限是“现实的无限”（actual infinite）。这种现实的无限，康德是不承认的，因为他只承认有 potential infinite。而现在数学上所讲的有限论，就是根据康德而来的。因为“无限”不能肯定，我们无法客观地肯定世界就是无限，我们毫无根据可言。至于罗素则是肯定无限，因为他用无限类（infinite class）来规定无限数（infinite number），这种无限之讲法是“现实的无限论”，也叫作“实在论的无限论”。但是以罗素之聪明，他当然知道这种无限的肯定只是一种假定，是无法证明的。既然是一种假定，那么也就没有什么好反对的了。

但是佛教里面所说的圆教，它所蕴含的无限是现实的无限，是从如来藏恒沙佛法佛性而来，它不是一种假定，也不是像罗素所说的逻辑意义的假定。如来藏恒沙佛法佛性的“圆满无尽，主伴俱足”是一种 ontological infinite，而且可以确实呈现。就表面的意义而言，只要如来藏恒沙佛法佛性呈现，成佛就有可能性。但如果往里追问，成佛如何可能？如来藏恒沙佛法佛性何以能呈现呢？它当然就不是一个假定，也不是一个逻辑的假定。因为假定我们说佛只是个理想，我们永远无法达到，那么 actual infinite 就不是个呈现，而只是如康德所说的 postulate。但是佛教不会承认这种思想，佛教认为现实上是有佛的，而且过去、现在、未来三世诸佛，随时可以呈现。也就是说如来藏恒沙佛法佛性随时可以呈现，所以现实上是有佛的。如此一来，所谓的 actual infinite 或 ontological infinite 就不只是个假定，亦不只是罗素所说的 logical assumption。

要答复这个问题，关键在于“智的直觉”（intellectual intuition）的肯定。当然佛教并没有这个名词，这是借用康德的词语。我们不能只是肯定有佛，必须实际上真正可能有佛才行。而这个所以可能有佛的关键即在于肯定人有智的直觉。不仅佛教，儒道二家亦须肯定智的直觉。儒家认为现实上有圣人，人人可以成为圣人，这个可以成圣的根据就是智的直觉。因此，儒、释、道三教均共同肯定人有智的直觉，也因为此种共同肯定，所以它所呈现的“圆满无尽，主伴俱足”的无限，才能成为 ontological infinite，而且是 actual infinite。

顺着以上的分别，我们知道圆教有两种意义：从 round 方面说圆通无碍，而从 perfect 方面说“圆满无尽，主伴俱足”，后者才是圆教所以为圆的 essential meaning。所以西方人用 round teaching 来翻译圆教并不是很中肯。那只是说般若的圆通无碍，可是般若并不能真正代表圆教。假定圆通无碍的般若就是圆教，那么天台宗不就等于是空宗了吗？何以还要另开一个天台宗以彰显圆教呢？圆教之所以为圆教，是决定于如来藏恒沙佛法佛性的圆满无尽与主伴俱足，而非决定于般若的圆通无碍。所以天台宗和空宗终究是不同的，是不可以相混淆的。中国和尚也有好多不了解这个差别，他们重视《般若经》，认为《般若经》已经非常圆满了，但却不了解《般若经》的特殊性格。所以要谈判教，必先了解《般若经》的性格。

《般若经》的性格非常特别，我们要先了解《般若经》的性格，才能判此判彼。一般人看重《般若经》，认为《般若经》已经这么圆了，为什么还不是圆教？何以要另立一个圆教？《般若经》这个圆是个什么意义的圆呢？它的圆只是圆通的圆（翻译成 round 是可以的），是我所说的般若智作用的圆。譬如说般若具足一切法，即是作用地具足一切法。般若波罗蜜可以成就一切法，不论是忍辱、布施、持戒、精进或禅定，都要靠般若智来成就。六度万行必须靠般若活智来参透，才能免于执着、迷惑。所以般若波罗蜜成就一切法，是靠般若智的妙用，而此种圆就是般若智作用的圆。但是，圆教之所以为圆的关键不在此，因为《般若经》尚未接触到佛性的“圆满无尽，主伴俱足”的问题。从佛性之“圆满无尽，主伴俱足”处说圆教，这不是《般若经》作用的圆，而是存有论的圆（ontological perfect）。这是就法的存在来说，也就是从如来藏恒沙佛法佛性说圆满无尽。从此意义，我们可以看出空宗与天台宗之不同，也可显出天台宗判教的意义来。

在此我提个观念来帮助你们了解圆教的圆满义（perfect），这个观念就是康德哲学中所说的 highest good，拉丁文为 sumum bonum[1]，这个 sumum bonum 照康德的说法，有两种意义：一是最高的，二是最圆满的。因此现在英文翻译成 highest good 也不甚恰当，因为康德说 sumum bonum 主要是取其圆满之义。而何谓最高善呢？我们可以就道德本身说最高善，凡是依照无条件的命令而行的就是最高善。我们可以说所谓最高善就是就最纯粹的道德性而言，就好像孟子所说的"今人乍见孺子将入于井，皆有怵惕恻隐之心，非所以内交于孺子之父母也，非所以要誉于乡党朋友也，非恶其声而然也[2]"。由此所发动的恻隐之心，即是最高善。这是道德本身之为最高善，但是康德所说的最高善不取这个意义，他一定主张德与福相合，也就是 virtue 与 happiness 两方面相配合在一起。

当然也有人说德就是福，凡事只要心安理得即是福。这种说法，是把福等同于德，由德即可以分析出福来。这是分析命题，斯多葛学派就主张这种论调。儒家立教在初步的扭转使人向上时，也有而且重视这个意思，如主张"杀身成仁就是福"。杀身成仁是很壮烈的牺牲，具有强烈的悲剧意识。我们并不希望我们的人生都是如此，所以这种说法悲剧意味太强了，英雄气也太重了。

康德则不这样讲，他认为如此讲德福的关系，就没有福的意义了。所以康德所说的德福的关系不是分析命题，而是综合命题。康德所说的最高善是拿圆满来决定，不是从分析立场上偏于一面来说的最高善。所谓最高善由圆满来决定是指德福综合起来而言，这就可以和圆教所说的"圆满无尽，主伴俱足"的意思相通。在康德的哲学系统中，要能保证德与福的配称关系，而达到圆满之境，只有靠上帝来保障。在此即肯定上帝的存在，因为康德认为，

1　康德论最高善主要见于《实践理性批判》的第一部第二卷，即《纯粹理性的辩证论》。

2　见《孟子·公孙丑》篇。

只有上帝才能保障德福之间的圆满关系。假定我们只服从道德法则就是最高善，我们也可以不必顾及福不福的问题，因此也不必肯定有上帝的存在。但如此一来，德与福之间的关系是分析的，福无独立的意义。但德福关系必须是综合的，因此必须肯定上帝以保障德福之恰当的配称关系。也因此我们不可以将德福的关系翻译成德福一致，因为德福一致是分析的；但是康德所说的德与福是综合的关系，两者之间有一个比例，有一个配称的关系存在。

中国人常说有德必有福，这是没有必然性的。但是人生在世，我们总希望做好事有好报，就算眼前没有，也期待来世有些福报。德与福之间的配称关系，谁能知道呢？照康德的说法，这只有靠上帝来保障、安排。因为幸福必从现实世界肯定，所以我们除了道德以外，同时要肯定幸福是可能实现的。幸福必须寄托于现实世界与 physical body，而现实世界的一切并不是我们的道德所能掌握的，只有上帝才能掌握。所以我们必须肯定上帝的存在，以保障德福之间的圆满关系。

儒家实践的第一关对于德福的看法，和斯多葛学派一样，都采取分析的态度，认为有德就有福。这是德行第一，福不福绝不顾及。但这不是最高之境，照儒家本身说这也不是最高的境界，这只是在扭转我们的感性生命上的第一关。后来理学家发展至最高峰，也没有停滞于此境。只不过儒家对这方面的问题并不大讲，也不十分正视。至佛教提出圆教，福德的观念才顿时清楚起来。在此，福有独立的意义；不过虽有独立意义，却并非离开德，而仍是隶属于德。也就是说德与福之间是一种配称的综合关系。我们透过佛教的圆教观念来看康德所说的 sumum bonum，最好是翻译成圆善，而不要翻译成最高善，至少我们可以知道他是以圆满说最高善，而不是由德行一面之无条件说最高善。

在此我们可以提出一个问题：康德肯定上帝的存在以保障圆

善，那么康德哲学是不是就是圆教呢？不是。康德哲学仍然不是圆教，因为他只是提出一个概念。光提出一个概念，不能就算是圆教。他只是分解地讲明这个概念而已，照天台宗之判教，这仍然不是圆教。这个问题值得大家重视与思考，我们要仔细考虑，到底用什么特殊的模式（pattern）来规定圆教。今天我就给大家提供这些观念与材料，让大家好好去思考。下次，我们再继续探讨天台宗所说的圆教的意义。而要了解这个问题，如我前面已经提过的，必须先了解《般若经》的特殊性格，也就是必须先了解分别说与非分别说的观念，才能确实把握住圆教之意义。

尤惠贞记录

第十六讲

分别说与非分别说以及“表达圆教”之模式

上一讲，我们提到要了解天台宗所说圆教的意义，必须先了解《般若经》的特殊性格，也就是说，必须先了解分别说与非分别说的观念。分别说与非分别说这个问题，西方哲学并未考虑过，它是从佛教启发出来的。以前的人吸取了佛教这个观念，要清楚地表示出来，也不是很容易的。因为用以前的那些词语，是可以将某些意思表达出来的，但是要真正了解并且充分地表达出来，对前人而言并不是很容易。至于现代的人，则比较容易将这问题所蕴含的意思表达出来。这些表达的语句以及一些基本观念，大都收在我所写的《佛性与般若》这部书里边，只是散见各处，并不是集中在某一部分，有时重重复复就是那么几句话。例如，讲《般若经》或讲《中论》时，对于这些观念我曾做概略的综述，以后正式讲到天台宗时也提到这些观念，当然评判华严宗时也时时提到。因此，这些观念是散见各处，而不是当一个专门问题来讨论。在《佛性与般若》的最后有一个附录，那可以说是一个综括的述说。那段文字本来是想当作《佛性与般若》的引论，但是那种写法，当作引论似乎不太像，也不太好，所以我就没有放在前边，而放在后边当作附录。这附录的题目就叫作《分别说与非分别说》[1]。《分别说与非分别说》虽是附录，但我们若想了解圆教的意义，首先就要了解什么是分别说与非分别说。

“分别说”与“非分别说”是佛教的词语，或称差别说与非差别说，若用现代西方的说法，则是分解地说与非分解地说。提到这个问题，我觉得人类的思考历程，大体都可以概括在分别说与非分别说之下。所以我常认为现在英美哲学家讲分析哲学，似乎分析哲学只属于他们这一些人，其他人所说的则是非分析的，这根本是误解。就广义的分别说而言，西方哲学家从古代到现代，大体都是走分解的路子，如柏拉图、亚里士多德、莱布尼茨与康德都是走分解的路子。并不仅是现在英美所流行的逻辑分析或语言分析才是分析哲学，其他哲学家也可以用分析的表示法。在西方哲学家中，只有黑格尔不是采取分析的路子，他所采取的是辩证的（dialectic）方式。所谓辩证的方式，就是消化分别说所建立的那些观念，然后用辩证的方法把它统而为一。不过在他表示辩证的统而为一的过程中，他也随时有分别的解说。综合来说，所谓辩证的统一，乃是预先假定（presuppose）了一些分析的说法。所以读西方哲学，要读黑格尔的哲学思想的话，得先读康德的哲学，或是读康德之前的哲学，如柏拉图、亚里士多德、莱布尼茨等人之思想；也就是说先得把分别说的概念弄清楚，才能进一步地谈辩证的统一所处理的问题。黑格尔讲辩证的统一之前，已经预先假定了分析的概念，而且在他进入辩证的统一的过程中，他也随时有他自己分析的解说，只是他不单独提出来做孤立而分解的说明。像康德或一般的哲学家，大抵都是把一些概念独立地提出来加以解说。至于黑格尔的哲学则是以辩证的综合做一个笼罩的形态，而那些分解的说法只是在辩证的综合过程中随时被提到

1　参看《佛性与般若》下册，第一千一百八十七至一千二百一十四页。

或用来做补充。

关于非分解地说，除了黑格尔的哲学以外，还有另一种形态，就是西方哲学中所说的神秘主义（mysticism）。神秘主义当然没有分别说，不但没有分别说，而且所谓“神秘”根本是不可说。可是神秘主义在西方哲学中并不能成一个正式的系统，只是有这么一个境界而已，没有人把它当作一个独立的成气候的系统来看。然而这种境界在东方哲学里，可以得到正视，可以独立地展示出来，而且东方哲学大部分的工夫都放在这上面。那么，是否还能用西方“神秘主义”这个词语来表示东方的这种思想，是有点问题的。西方的 mysticism，它是存在于西方哲学传统中的一个不成气候的动相（moment），它也没有独立的地位。神秘主义可以说是不为西方人所重视的一种思想，西方哲学家对它的评价并不很高。因此，假定西方哲学在特别姿态下所呈现的神秘主义，在东方的思想中可以得到正视，并且可以完全展现出来，那么在此情况下，我们是否还可以用 mysticism 来说它就成问题。东方的哲学思想，你要说它是神秘，它也可以是神秘的。“神秘”这种含义在佛教经典中到处出现，譬如说三德秘密藏、一念三千不思议境、心行路绝、言语道断等，这类的话语都含有神秘之意味，而这类的话，你是否可以用西方的 mysticism 来解说呢？

冯友兰的《中国哲学史》即以神秘主义来概括孟子[1]、庄子[2]与《中庸》《易传》之思想，当时我们看到这里就觉得很不妥当。因为孟子的思想有头有尾、有始有终，思想很清楚地呈现出来，怎么可以用“神秘主义”一句话就把它给定住了呢？这种说法是很不妥当的。所以西方的“mysticism”一词，并不适合于中国哲学。

1 参看冯友兰《中国哲学史》。

2 同上书。

譬如孟子说："万物皆备于我矣。反身而诚，乐莫大焉。"[1]这句话表面上看起来，好像有点神秘主义的意味。又如"大而化之之谓圣，圣而不可知之之谓神"[2]这种话头儿单独地从字面上来看，是有些神秘的意味。但假定我们了解孟子何以讲这句话，你就不能孤立地看它。在"大而化之之谓圣，圣而不可知之之谓神"之前还有一些话[3]，而"万物皆备于我矣。反身而诚，乐莫大焉"亦不是凭空说出来的一句话。它本身自然构成一个前后连贯的系统，若用神秘主义来扣它，概括它，是很不公平的。你说它是神秘主义，可是照中国人说起来这才是真正的理性；那么你说它究竟是理性主义呢还是神秘主义呢，这就很成问题。

现在西方人所说的理性，大抵是用 logic 做标准来界定理性，这即是所谓的 logical reason。但是梁漱溟先生早就明白中国人说理性不从这个地方说，中国人说理性是从孔子所说的"仁"处讲。孔子所说的"仁"才是真正代表理性，从"仁"开出了好多境界。但冯友兰却用神秘主义一下子就把它给扣住了，这与梁漱溟先生的看法有很大的差异，由此即显出一些问题来。我之所以提出这些问题，为的是表示西方的神秘主义并不很清楚，同时西方的神秘主义也并未受到正视，而且也并未充分地被开展出来。但是这种思想在中国却可以被正视和充分地开展，所以不能再用神秘主义来概括。梁漱溟先生指出这不是神秘主义而是真正的理性所在，如此一来，理性的意义提高了，这是很有启发性的一个观念。

---

1 见《孟子·尽心》篇。

2 同上。

3 同上。浩生不害问曰："乐正子何人也？"孟子曰："善人也，信人也。""何谓善？何谓信？"曰："可欲之谓善，有诸己之谓信，充实之谓美，充实而有光辉之谓大，大而化之之谓圣，圣而不可知之之谓神。乐正子二之中，四之下也。"

由此可知，好多事物我们可以用现在共通的词语和范畴（category）来表达，而有些则不能够随便借用。所以我们必须了解各种理境的分际，不可以随便瞎比附。譬如，康德在《实践理性批判》中讲道德时曾批评神秘主义，康德自谓：我这个说法，一方面防治经验主义，另一方面防治神秘主义。但虽然一箭双雕，可是就着建立道德法则而言，经验主义是最有害、最要不得的；而神秘主义与道德的本性并不冲突，彼此尚能够相融洽，而且神秘主义也从来没有成为一个流行的思维模式或持久的思想状态。康德认为我们对于超绝世界（transcendent world）没有直觉能力，所以批评神秘主义的毛病在于其肯定我们对超绝世界有直觉。本来现象世界只能当作超绝世界的一种象征或符号（symbol）、一种 typic，而神秘主义却认为我们对于超绝世界有直觉，并进一步把符号转成图式（schema）。所谓 schema，就是把超绝世界图像化，活灵活现而且很具体地呈现在眼前。康德指出我们不可以把超绝世界的事物具象化，而不能具象化即表示我们对超绝世界不能有直觉。所以康德批评神秘主义之所以为神秘，在于它承认人们对超绝世界有直觉。这是康德对于西方思想传统中所表现的神秘主义的了解。

假定照康德所了解的神秘主义讲，我们可以说在中国思想中，有些是肯定我们对超绝世界可以有直觉的。既然可以有直觉，那么此处是否仍可以用 schema 来说明，就成问题。康德批评神秘主义时是用模拟的想法，模拟于我们讲范畴时有 schema。但是，假定我们对超绝方面有直觉，在这种时候，是否还需要说 schema，则有问题。在东方哲学中，以儒家之思想来与康德思想相比照，儒家思想是以道德为主，所以梁漱溟先生说儒家以仁为主，仁是理性；那么由仁所充分展开之理境，是否还可以用西方之神秘主义（包括康德所批评之神秘主义）来解说，似乎很成问题。

同样地，我们现在谈圆教的问题，说到分别说与非分别说的观念，就是要正视以上所提出的问题，使其能充分地展现出来，而康德在这方面并未详细考虑。在西方哲学中，除了黑格尔的辩证方式与神秘主义的方式是非分别说，其他的都是分别说。但照中国佛教的表达方式，神秘主义中的一些观念，可以用分别说的方式表达，也可以用非分别说的方式表达。照康德所了解与规定的神秘主义，是用分解的方式说，还不是真正的非分别说；用分解的方式，就是告诉我们什么是神秘主义，一告诉我们“……是什么”，通通是用分别的方式，这还不是圆教里边所说的非分别说的方式。至于黑格尔的辩证的方式，对着所有的分别说它是个非分别说；但是假定我们提出什么是辩证（What is dialectic?）、辩证如何可能（How is it possible?）、辩证在哪一层面上有意义（On which level is dialectic meaningful?）这三个问题，并且加以考虑，那么就是对于辩证法的一个分别说。对辩证法做分别的解说，是叫我们了解“辩证”这个概念，但是辩证本身是一个曲线式的呈现，当我们视辩证为一种曲线式的呈现，而不是视为可以用辩解的思考去了解的一个对象时，那么在我们了解辩证时所用的一切概念、解说，都通通化掉了。此即是辩证的非分别说，这就好比禅宗所表示的方式一样。

神秘主义的情形也是如此，本来神秘主义是不可说的，但当我们问什么是神秘主义时，康德亦可以分别地解说什么是神秘主义，这就是分别说的神秘主义。所以任何事物都可以透过分别说与非分别说加以表示。

现在英美所流行的分析哲学，是很狭义的分析哲学。讲分析哲学的人，最讨厌有所立，亦即反对建立一些不变的原则或主张（teaching 或 doctrine）。所以讲分析哲学的人，常说他们所说的只是一个方法（method），而不是一种主张。你一逼问他们，他们一定如此答复。实际上，他们不自觉地有一个主张，而这套分析哲学也不只是个方法，他们有个圈套或括号在他们的背后，而这个括号就是他们的主张。当然你追问他们时，他们只是往后退，并且强调自己所说的只是个方法，所以才标榜自己所说的是分析哲学。殊不知他们自己标榜的分析哲学实际上就是一个主张。

譬如说他们所举的例，他们最喜欢举黑格尔的话头，但是他们举黑格尔的话头，并不是想了解黑格尔的思想，而是将黑格尔当作一个讥讽的对象。既然视黑格尔为讥讽的对象，那么他们所谓的分析哲学就不只是一个方法，而变成一个圈套，有一个主张在其背后。假定分析哲学只是一个方法，那么不管赞成或不赞成，都应该先把某句话解释清楚才是，为什么一开始就把他们当作讥讽的对象呢？

又譬如提到理性（reason），我们当然可以用分析哲学（如语言分析或逻辑分析）来加以分析。但“理性”也是我们日常语言使用中的一个词，它不只是哲学的语言（philosophical language）。在通常的语言（ordinary language）中，我们也常用到“理性”一词。所以面对“理性”，当然可以加以分析，把它各层的意义表现出来，而不可以抱着成见来分析理性。他们将理性还原成语言（reduce reason to language），还原成一种句法或句法的规则（reduce to syntax or rule of syntax）。如此一来，理性的神秘意味就没有了。理性是什么东西呢？它是看不见也摸不着的东西。就好像我们说公道一般，你说你公道，我说我公道，公道不公道，只有天知道。分析哲学家认为“理性”是个玄学名词，所以要把它还原成语言，还原成句法。

在此，分析哲学家们如何看出 syntax 就是 reason 呢？他们认为句法（syntax）有构成之规律（rule of formation），也有转型之规律（rule of transformation）。如何构成一个句法？如“凡

S是P”这个命题如何构成？就需要“构成之规律”。又假定“M是P，又S是M”，所以“S是P”这三段论法，三句之间的关系，如何从前面两个命题转到结论，这种关系就需要一种“转型之规律”。这种三段论法就是逻辑的推理，而逻辑的推理也就见于此。静态地讲是一种推断（inference），而动态地讲则是推理思维的过程（reasoning process）。无论静态或动态，传统所讲的理性就从此处讲。你说清楚不清楚，它已经很清楚了；你若说它不清楚，那么转个名词，用“转型之规律”来说明“若M是P，S是M，则S是P”的过转关系，此是把理性还原成“转型之规律”，这是从语言的分析上讲，即是语言的形式化与规律化。当分析哲学家们如此讲时，他必然有一个立场，而此即是他的主张。很显然，他们不喜欢“理性”一词，所以要把它变成语言句法。但是在句法中我们一样可以要求理性，比如句子的文法错误时，不但要改正，而且要说明理由（give one’s reason）。此处的理由是根据文法来判断何者为对，何者为错，此亦是一种理性的判断与推理。

逻辑或语言分析者不喜欢“理性”一词，而把它语言化，视之为可以摆出来的，这是近代人的思考方式。所以我常说现代人的头脑是无理、无力、无体。按照相对论的物理学以及休谟的哲学，他们都不喜欢“力”（force）和“本体”（substance）的观念。同时也不喜欢“理性”（reason），所以是无理、无力与无体。相对论的物理学不需要“力”这个观念，休谟的哲学认为“力”是不能证明的。罗素大肆宣传这种思想，遂将“力”（force）拉掉。分析家认为“力”是一个形而上学的臆断（metaphysical assumption）。这种思想影响了现代人的心思。聪明纤巧的知识分子遂致轻飘飘的，没有力量。此外，因为不喜欢本体（substance）这个观念，所以现代人可说是无体，所以无法落实。他们这种说法，你能说它只是一个方法吗？它也是一个teaching或doctrine，他们背后有个偏见在。而照他们的说法，最后必导致无理、无力、无体。

我们不能完全拿着语言分析来取消理性、力或本体。讲科学知识或某一个问题，你可以不管理性与力等，但不能马上站在一个立场或根据一个原则就把这些观念视为无意义（meaningless）或形而上学的臆断，并加以去除，这种态度是不对的。在某些方面，理性、力和本体等观念有其重要性，是不可一概抹杀的，可见逻辑分析者是有其偏见在。而这种偏见中实已隐含了一个主张（teaching 或 doctrine）。换句话说，它就是含有一个圈套，一般是看不出来的。所以我们必须了解他们这些思想是怎么来的，他们讲些什么问题以及在哪一个范围讲。我也不是说他们这种说法一定错，他们自然有他们的道理，但是我不喜欢的是他们背后的圈套。要避免上圈套，就必须了解某些词语的来源，以及它们是依着什么问题而来的。

在某一个意思上讲，佛教也是无理、无力、无体，所以理学家黄梨洲分判儒、佛就在“天理”二字，天理也是理性。儒家肯定天理，而佛教却没有“天理”这个观念，其他尽管有许多相通之处，而此处则是决然不同。所以佛教主张一切法无自性，如幻如化，所谓“诸法不自生，亦不从他生，不共不无因，是故知无生”[1]，这在某一层意义上，与休谟用分析的方式来批判因果性，是可以相通的。佛教说无生法忍，是说“生”这个观念不可理解，所以说“诸法不自生，亦不从他生，不共不无因，是故知无生”。顺此下去，也可去掉“力”这个观念。因为若把“力”当作一个独立有自体的观念，那么在缘生的过程中，“力”这观念也是不可理解的。在某一个意义上，缘生可以有力有气，但一说不常不

1　见龙树菩萨所著的《中论·观因缘品》。

断、不生不灭、不来不去时，即表示缘生法之无理、无力与无体。因为“常”即等于康德所说的经由本体范畴而决定成的“常体”。常体，恒常不变，而因缘所生法哪里有恒常不变的呢？

但佛教也不一定完全是无理、无力、无体。就缘生法可以说其无理、无力、无体，但是讲如来藏自性清净心、涅槃法身以及般若时，你说它是神秘，而它却是真正理性之所在。照西方人说，这是神秘，可是照佛教讲，这才是真正的理性。这个时候我们的生命最清明，这难道不是理性吗？西方所说的理性都是在识的烦恼中，而佛教所说之清净心才是最清明之理性，怎么可以说它是神秘主义呢？这种评论，佛教是不会承认的。而从这个层次上讲，你要说有理，它也可以有理。所以《大乘起信论》说“真如有熏习力”[1]，熏习不一定是后天的熏习，真如本身也有一种力量，此即是有理、有力、有体。此外，讲到般若、解脱、法身以及涅槃法身之常乐我净，这都是佛教之有理、有力、有体。这些说法是不可以随便瞎比附的。以前汤用彤先生研究佛法，一看到“缘起性空”，他就认为佛法与休谟、斯宾诺莎的思想最好，三者可以合而为一，这是对各种思想之分际闹不清楚，以至于产生了误解。所以我在前面提过，在某一个意思上，我们可以借用休谟的思想来了解佛教的“缘起性空”，但是佛教所说的“缘起性空”，和休谟用分析的方式把因果性批驳掉是根本不同的。因此，我们对于一个学说，应该从头到尾仔细地了解其思路之来龙去脉，千万不可胡乱混淆。

1　见《大乘起信论》，论云：“云何熏习起净法不断？所谓以有真如法故，能熏习无明；以熏习因缘力故，则令妄心厌生死苦、乐求涅槃……真如熏习有二种，云何为二？一者自体相熏习，二者用熏习。自体相熏习者，从无始世来，具无漏法，备有不思议业，作境界之性。依此二义，恒常熏习，以有力故。能令众生厌生死苦，乐求涅槃，自信己身有真如法，发心修行。”

所以，现在英美的分析哲学只是最狭义的分析哲学，他们认为他们说的只是一种方法，不代表任何主张，但事实上它不只是一种方法，它本身就是个主张或圈套。而坏也就坏在他们的主张（teaching，doctrine）上，因为如果把分析哲学只当作方法看，那么就没有任何色彩，这我是赞成的。但是分析哲学家们喜欢说他们所说的道理是诉诸普通语言（ordinary language）的，我常问什么是普通语言？什么不是普通语言？语言是随着个人的生活而表现的，所以幼儿园的小孩有他们之间沟通的儿语，而我们经常听不懂。如禅宗的法师平常在挑水、砍柴时所说的话，你说它只是禅师的语言，难道它就不是普通的语言吗？禅师们日常生活中用的就是这些语言，为什么不是普通语言呢？

或则你说我们现在说的话是哲学语言，但这也是我们的生活，我们总得用它，你能说它不是普通语言吗？那么什么是普通语言呢？这是很难划界限的，既然难以划分，那又为什么一定要限定在此呢？好比你说"上帝"神秘得很，这属于神学，但是牧师和教徒天天都提到上帝，这到底属不属于普通语言的范围呢？所以我们对某些层次的语言，不可以存着偏见，轻易就把它化掉，必须完全敞开地加以分析，才能确实把握住真正的含义。

有些人说后期的维特根斯坦已经有这种开朗的气象，他承认每一种语言都有它的意义，此种看法，比他早期的思想较为开明、宽容。如此一来，他们也承认教徒在祈祷上帝时，"上帝"本身有其意义，而不只是一个毫无意义的词语。但维特根斯坦只是宽容地承认，他并没有积极地对宗教做正面的建立。而康德对于宗教的态度是：他不但承认宗教，而且还要进一步从学问或理性上肯定宗教、建立宗教。维特根斯坦则没有，他只是宽容地承认宗教，但这有什么意义呢？

由此可知分析哲学家所说的事实上是最狭义的分析，他们并没有把分析只当作一个方法来表现。假定纯粹当方法表现时，不管你用的是什么语言，一样都可以分析。老子所说的“道可道，非常道”也是一种语言，你先不管赞成或不赞成，至少要把这句话讲清楚，好让人明白什么叫“道可道，非常道”。因为这也是一个句子，一种语言，应该先把这个语言的意义表示清楚，然后再来下判断。自己还没弄清楚，马上就下判断，动不动就说人家meaningless，或说人家没有表达清楚。其实并不是人家表达不清楚，而是你自己没有确实了解，没有弄清楚人家所说的。

现在讲分析哲学的人，常常犯这种毛病，也就是把主观方面的不了解，当作客观方面的不清楚，这是不公平的。譬如，有些分析哲学家引用黑格尔的一些话，他们根本没了解黑格尔所说的意义，就说黑格尔的学说是模糊不清的（ambiguous）。其实这也是很糊涂的判断。还有一些研究历史考据的，最讨厌黑格尔的历史哲学；他们认为历史这么复杂，怎么能用三句话语就概括了呢？黑格尔说希腊、罗马时代的文化是“一部分人是自由的”（some men are free）；而中国文化则是“一人是自由的”（one man is free），只有皇帝一个人是自由的；最后到了日耳曼时代，则是“一切人是自由的”（all men are free）。但研究历史考据者则认为，历史这么复杂，怎么能用这三句话就概括了呢？所以认为黑格尔所说的没什么道理。其实先不要说这三句话能不能概括，先看这三句话的意义你到底明不明白。如果能了解这三句话的意义，那么用这三句话来概括也没什么不可以。所以用“美的自由”（beautiful freedom）或“主观自由”（subjective freedom）来概括某一阶段的文化程度，也是可以的，并不见得完全没意义，这与历史的复杂性有什么妨碍呢？

所以，把分析真正只当作方法来看，是分析的解放，也就是从逻辑分析、语言分析等分析哲学中解放出来。而我现在所说的分别说与非分别说，就是解放意义下的分别说与非分别说，这是广义的分析哲学。广义的分析是指一种方法而不是任何立场，如果要讲立场则是决定于讲佛性、般若或是讲上帝之处。但是，不论讲什么立场，首先必须把字义分析清楚，这只是一种分析的方法，而不含有任何立场，这就是解放出来的、广义的分析方法。

从最狭义的逻辑分析往上看，西方哲学中，柏拉图、亚里士多德、莱布尼茨以及康德的系统，都是分析的。因为要有所说，就要用分析的方式来解说，若不用分析的方式，就无法告诉我们一个概念是什么。必须先告诉我们这个概念是什么，才能进一步告诉我们这个概念如何可能；假定是可能，是在什么层面上为可能；假定不可能，又是在什么层面上为不可能。关于这些问题的解答，都是分别说，它可以立教，可以告诉我们一些教义。简单地说，凡是关于"是什么"的问题，都是分别说，譬如什么是仁、义、礼、智、信等。儒家可以分别告诉我们这些义理，因为儒家在这方面有"是什么"的问题。而道家在这方面则没有"是什么"的问题，只有"如何"的问题，也就是只有"如何可能"的问题。虽然道家在这方面只告诉我们如何可能的问题，但它仍然只是分别说。

西方哲学家中，莱布尼茨与罗素均强调逻辑分析（logical analysis）；莱布尼茨用逻辑分析正好成就了欧洲大陆的理性主义，而罗素所注重的逻辑分析，则成为英国经验主义的实在论。他们两者用的方法都是逻辑分析，而所成就之思想却有很大的差别，可见其背后有着不同的立场。此外，像洛克（Locke）与休谟（Hume）所用的则是经验的分析（empirical analysis），这便形成了西方哲学中的经验主义。

进一步，我们再扩大地说分析。在中国，圣人立教就是分别说，因为不用分别的方式，就不能立教。好比《论语》所强调之智、仁、勇三达德，以及其中所包含之零零散散的观念，本身就是分别说；也因为是分别说，我们才能知道圣人所立之教，并为我们自己的生命决定一个方向，立下一些规范。道家老子的《道德经》虽与儒家所用之方式不同，但仍然是分别说。譬如说："道可道，非常道。名可名，非常名。"即是分别地解说什么是可道之道，什么是可名之名，什么是不可道之道，什么是不可名之名。他也告诉我们什么叫作无，什么叫作有，故云："无名天地之始，有名万物之母。……此两者同出而异名。同谓之玄。玄之又玄，众妙之门。"[1]所以老子在《道德经》中，仍然是分别地告诉我们什么是道，什么是德，什么是无，什么是有，什么是玄……这就是分别说。在此所指的是解放意义下的分别说，不可用一般所讲的逻辑分析或语言分析来了解。

又有些人讨厌讲分析，认为讲分析的结果是支离破碎，这种态度也是不对的。分析方法是不能反对的，圣人立教也讲分析。至于分析得琐碎不琐碎是另一回事，如果与问题相干而且中肯，那么就是分析得琐碎一些，又有什么关系呢？讲分析时，琐碎不琐碎是没有一定的，你也可以简单化。所以不能因为有些分析琐碎支离，就因此厌弃分析方法。

照我刚才的解说，凡是有所立教，就是分别说。因此，先秦儒家是分别说，老子《道德经》也是分别说；释迦牟尼佛之说三法印、苦集灭道四圣谛、五蕴以及八正道[2]等，还是分别说；而宋明儒之有所立、有所说更是分别说。那么，在中国思想家中，有没有非分别说呢？有的话，哪一个人用的是非分别说呢？

佛教是印度传进来的，这个我们先不说，纯就中国本有的思想，严格地讲，哪一个是非分别说呢？这是要仔细看才看得出来，

1　见《道德经》第一章。

2　八正道指一正见；二正思维；三正语；四正业；五正命；六正精进；七正念；八正定。

而且有着相当的限制。就着某种境界说是分别说，而就着另一种境界则是非分别说。比如庄子的思想，在某一层意思上来说，它就是非分别说。庄子用的寓言、重言、卮言，这三种说话的方式，严格来讲，就是非分别说。《庄子·天下篇》曾谓："……庄周闻其风而悦之，以谬悠之说，荒唐之言，无端崖之辞，时恣纵而不傥，不以觭见之也。以天下为沈浊，不可与庄语，以卮言为曼衍，以重言为真，以寓言为广。独与天地精神往来而不敖倪于万物，不谴是非，以与世俗处。……"这就是非分别说。庄子自谓其表达道理时，用的是寓言、重言与卮言。寓言是将道理隐藏在话语中，并不正面说某一个道理。重言则是借重古圣先贤所说之话，以加重所说道理之可信。而卮言曼衍，卮言就好像一个漏斗一样，随时随处可以起，也随时随处可以停，完全随顺方便而转变，道理、意境也就在此处呈现出来，这种方式就是非分别说的方式。

用非分别的方式把道理、意境呈现出来，以表示这些道理、意境，这不是用概念或分析可以讲的；用概念或分析讲，只是一个线索，一个引路。照道理或意境本身如实地（as such）看，它就是一种呈现、一种展示，而庄子在某一层面所表现的思想正是如此。譬如庄子讲天籁时，用的就是非分别说，他并未正面地告诉我们什么是天籁[1]，他只是暗示。而讲逍遥游时，亦复如此。所以照庄子自己所用的话语，如寓言、重言、卮言，又如谬悠之说、荒唐之言、无端崖之辞，来看庄子的思想，他所呈现的就是非分别说。他是把老子分别说的一些基本概念，透过主体而加以呈现出来，用寓言等方式将其点示出来；而所呈现所点示的事理，则不可以用概念分解的方式去讲解，这已然到了最高的境界。当然《庄子》有些篇的思想也用分别说，并不完全都是非分别说，这

1 见《庄子·齐物论》篇。

是需要仔细分清层次与界限的。

庄子之后的思想家，还有哪个是用非分别说的呢？周濂溪、张横渠用的都是分解的路子，程明道则不大用分解的路子讲理学，所以有人说他是禅，当然他有些时候还是用分别的方式说。宋明儒中最典型的分解路子，是程伊川与朱子所走的路子。至于陆象山，在某一方面，走的是非分别的路子，所以朱子说他是禅。实际上，陆象山并不是禅，他所说的内容不是禅，所用的方式也不完全是禅。假定我们说禅宗用的是非分别的方式，而陆象山在某一方面亦用非分别的方式说理学，就马上说陆象山是禅宗，这是不对的，是有所误解的。因为陆象山虽然也用非分别的方式，可是他并不全用非分别说，这与禅宗还是有差别的。所以，我们不可以笼统地说陆象山用的就是禅宗的方式。在此，我们要考虑一下，到底他是在哪一方面采用非分别的方式，以至于使朱子联想到他是禅。当然，朱子批评陆象山是禅，并不正确，但在某一层意义上，朱子的联想也不完全没道理。不过，联想总归是联想，究竟不是事实。如果我们说陆象山所用的是禅宗的方式，内容是儒家，那么这种分辨仍然是不够的。因为陆象山虽然在某一方面用非分解的方式，可是在另一方面，用的仍然是分解的方式，这与禅宗所用的方式还是不同。

因此，我们必须知道陆象山的学问是在什么机缘下用非分解的方式。这与禅宗的方式不一样。因为陆象山学问之基础是《孟子》[1]，他的基本教义与基本原则通通在《孟子》中。他已经肯定了孟子所说的道理，所以他认为要分别见道或不见道，只要确实去读《孟子》，而不需要再重复说一套。平常我们说继承某某人

1　参看牟宗三所著的《从陆象山到刘蕺山》，第三至五页，又见第七至八页，《〈语录〉选录》第四十一："阜民尝问：'先生之学亦有所受乎？'曰：'因读孟子而自得之。'"

的学问，用分别说的方式来继承也可以；或者不再重新建立，只要去读，确实地了解，这也是一种继承的方式。照陆象山看来，孟子已经把许多道理说得很清楚了，他根本不需要再用许多言语另说一套。所以在此，孟子的分析就是他的分析，孟子那些分别说，就是陆象山所肯定的分别说。由此看来，陆象山也可以说是有分别说。譬如说，先立其大，什么叫作大？什么叫小？又什么是本心、性善、仁义内在、浩然之气，这些在《孟子》里，不是都讲得很明白很清楚了吗？陆象山即假定这些为他的基本思想，而从此处说，就是他的分别说，而这也正是他超群不凡之处。一般人总认为孔子、孟子讲得不够，一定要重新讲才行，可是结果讲得也不一定比孔、孟清楚，而且还可能讲错。

那么，陆象山是在什么机缘下用非分解的方式说呢？他是在"对朱子之歧出而欲扭转之"这个特殊机缘下才用非分解的方式来说。他认为朱子所走的路子根本不对，所以要将其扭转过来，使其回归到孟子，所以他分别见道或不见道，是很明确的。能了解孟子，就叫见道，不能了解孟子，岔出去或歧出就是不见道。所以他认为，朱子尽管讲得那么多、那么玄，还是不能算见道。孟子所讲的道，也不是泛泛地讲形而上学的太极。说实了，就好像康德所说的，能够了解意志的自律，就算是见道；假定不能了解意志的自律，纵然讲一大套柏拉图哲学、讲上帝、讲经验主义或功利主义，通通都不见道，这不是很明确吗？换句话说，要能了解道德法则（moral law）怎么建立起来的，才能算是见道。假定你不能了解这些，而认为道德是建基于上帝或建基于形而上学的圆满（metaphysical perfection）或建基于幸福（happiness），这若依照康德的说法，通通算是他律道德。他律道德就是歧出，而歧出就是支离，这就是陆象山说朱子的学问为支离之意。

一般由支离而说零散琐碎，那是引申义，而非支离的本义。

支离的意思，好比一个骨干不会有支离，旁支才会岔出去，只有支（branches）才会有歧出。所以说支离，不是琐碎不琐碎的问题，而是中肯不中肯、歧出不歧出的问题。如果从上帝、幸福或形而上学的圆满处来决定道德法则，通通是支离，这也就是康德所说的意志的他律，而照陆象山说就是不见道。

依照孟子所说的性善或先立其大，这就是见道，而天天讲形而上学的道体，不一定就能见道。朱子重视形而上学的太极。《太极图说》之争辩，陆象山是失败的，但就算失败了，他仍然是见道。他认为朱子讲太极，讲得这么好，但仍然不见道。他这种判断，算不算独断呢？这并不能算是独断，因为照圣人之立教，所传下来的道理即是如此，这是实理实事。而朱子那些，只是闲谈、玩弄光景，不能算见道。在此，陆象山一下子就将朱子之支离扭转过来，使吾人能回归于孟子。这个扭转过程，必须交代清楚，一点也不可以笼统，要不然朱子讲统体一太极、物物一太极，已经讲得非常玄妙，你说他不见道，他是不服气的。同样，如果不了解陆象山所说的道理，那么对于陆象山批评朱子为不见道的话，也不会服气。假定能确实了解，则不能不服气于陆象山之批评。

陆象山心中，对于道是非常清楚的，他认为道就在孔子所说的"仁"处，也在孟子所说的"本心""性善"与"仁义内在"处[1]，所以他批评朱子所说的那一大套只是"粘牙嚼舌"[2]。他认为孔孟是圣人，对于圣人之教义，为什么不好好用心呢？所以陆象山是对着朱子的思想，而想加以扭转，使其归到孟子。同时他

1 参看牟宗三所著的《从陆象山到刘蕺山》，第六至八页，《〈语录〉选录》第七："夫子以仁发明斯道，其言浑无罅缝。孟子十字打开，更无隐遁，盖时不同也。"

2 同上书，见第七十页，《〈语录〉选录》第二十三："先生云：后世言道理者，终是粘牙嚼舌。吾之言道，坦然明白，全无粘牙嚼舌处，此所以易知易行。"

认为，既然回归到孟子，那么只要老老实实去读《孟子》，就足够了，也无须再多讲些什么了。他对于朱子所说的一大套，非常地清楚，他认为那只是粘牙嚼舌，是平地起土堆，都是另起一个炉灶。举个例子，朱子注《论语》时，谓圣人本来无所不知，然入太庙时，每事问，此即表示圣人敬慎之至。陆象山认为朱子在此又来了一个说法，这是讥讽朱子有一大堆说法。所以我常说，儒家讲伦常，君君臣臣，父父子子，这不是 theory，也不是 dogma，这些是实事实理，并不是一个随便的说法。圣人所以无所不知，是无所不知于天理，对于经验中之事物，怎能无所不知呢？知之为知之，不知为不知，既然不知就要问，这就是天理，圣人所知的也就是这些先天的道理。所以陆象山批评朱子喜欢另起炉灶、另立一个说法，实无异于平地起土堆。总体来说，这就是粘牙嚼舌，而说得典雅一些，就叫作“议论之途”。

照陆象山之分辨，学问之道可分为议论与朴实两途[1]：一有议论就不平实，好比平地起土堆；本来实事实理是很平实的，一有议论，就好比无风起浪，庸人自扰。陆象山在批评朱子之学问为议论之途时，仍然是分别说，目的在于区分何者为议论之途，何者为朴实之途。但真要讲儒家内圣之教或道德实践的学问，则不能走议论之途，那是歧出、支离，是不见道。而陆象山所说之朴实，亦非泛泛之朴实，而是就着见道之问题，顺孟子所说之道而来的实事实理说朴实，此即是“坦然明白”，所以陆象山强调易

1　参看牟宗三所著的《从陆象山到刘蕺山》，第三十五至三十六页，傅季鲁云：“先生居山，多告学者云：‘汝耳自聪，目自明，事父自能孝，事兄自能弟，本无少缺，不必他求，在乎自立而已。’学者于此多兴起。有立议论者，先生云：‘此是虚说，此是时文之见。’常曰：‘今天下学者有两途，惟朴实与议论耳。’”

简工夫[1]。这个实事实理不是经验科学的实事实理，而是指道德实践中的实事实理。对于道德必须能笃行、实践，所以叫作朴实之途。个人生命不落于议论或闲磕牙之中，即为陆象山所说之朴实，这个朴实，我给它立个名字叫作“胜义朴实”[2]，这是借用佛教胜义谛的“胜义”来形容朴实。

由此，我即想到乾嘉年间所流行的考据之学，他们自称为“朴学”，那才真正是不朴之学，彻底是议论之途。他们自认为是朴学，而批评宋明理学是不朴之学，空疏得很。在某一层面而言，宋明理学也可以说是空疏，因为它没有《说文》《尔雅》等一大堆闲磕牙。因此，一般人就以为只有乾嘉年间的考据之学，才是真正的学问、真正的朴学，并因此形成了一个普遍判断标准。这根本就是忘掉了陆象山早就说过的“朴实之途”这种话。他说的这话，大家平时未予以注意，以至于被乾嘉年间的朴学所吸引。平心而论，从实事实理，从人生真正存在上论，陆象山所说的朴实，才真正是朴学；而《说文》《尔雅》只能增加许多文字知识，怎能算是真正的朴学呢？这只能说是老子所谓的“为学日益”之学而已，而宋明理学所说的是为道，所以必然是“为道日损”。因此，陆象山要讲简易，简易不是到处可以说的，要看讲的是什么问题；康德也讲简易，所以康德有句话讲得很明确，我看了很高兴。他说过，假定一个人依据自律原则而行，何者当为，何者不当为，人人都知道，连愚夫愚妇也都清楚，这是坦然明白的；假定是依照他律原则，则必须依赖对于世界之有所认识，如此，何者当为，何

1　参看牟宗三所著的《从陆象山到刘蕺山》，见第三十一至三十二页，陆象山在鹅湖之会上，曾作一诗以和其兄。诗云：“墟墓兴哀宗庙钦，斯人千古不磨心。涓流积至沧溟水，拳石崇成泰华岑。易简工夫终久大，支离事业竟浮沉。欲知自下升高处，真伪先须辨古今。”

2　同上书，见第三十六至三十七页。

者不当为，非但愚夫愚妇不能知，虽圣人也有所不能知[1]。康德这个意思，正好就是陆象山所说的简易，所以简易并不止陆象山一个人说，康德在说道德实践时，亦主张简易。我们借着康德所说的话，可以进一步了解陆象山所说的简易，否则说得那么笼统，并不容易了解。

陆象山批评朱子的学问为议论之途，而他在扭转议论之途以归于孟子的过程中，并未做分解的说明，他用的是类乎棒喝的"挥斥"这种非分解的方式，其目的在于扭转朱子之学问方向。对于此扭转过程中所用的非分解的方式，朱子即误认为禅，他认为陆象山用的是禅宗"不说破"与"棒喝"的方式。所以有人问朱子何以说陆象山是禅，朱子回答："子静（指陆象山）说话，常是两头明，中间暗。或问暗是如何？曰：他是那不说破处。他所以不说破，便是禅。"[2]朱子认为陆象山的话是两头明，中间暗；而中间所以是暗，是因为他不说破，这便是禅。至于"两头明"则是指孟子见道的这一头与朱子不见道的那一头。朱子也承认陆象山对他的批评，所以他认为陆象山批评他的那一面，以及今人所归到的那一面都很清楚，这就是他所谓的两头明。但朱子觉得陆象山在扭转的过程中，并没有讲清楚，所以是中间暗。不过，依陆象山的立场却认为孟子已经讲得很清楚，只要确实去读就得了。因此，在此种机缘下，朱子批评陆象山是禅，陆象山当然不会服气。他主要目的在于扭转朱子的毛病，而朱子既然已经承认不对，那就行了，其他的讲不讲都是没一定的；要能见道，就要确确实实地读《论语》《孟子》。关于此，朱子当然也可以反驳说："我是天天读《论语》《孟子》呀！'四书'我不是都加注了吗？"朱子的"四书注"，在陆象山看来，通通是不中肯的，必须放弃

1　参看牟宗三所著的《从陆象山到刘蕺山》第八至九页。

2　同上书，见第五十六页或第一百九十六页。

那些注，收回到自家的心性上来，用存在的路数来谈《论语》《孟子》，自然就能见道了。

顺着以上所说，我们客观地分析，朱子批评陆象山是禅，并不中肯。只是陆象山在此用非分解的方式，可以使朱子有错误的联想，既然是联想，就不是很严格、很准确的判断。严格地说，陆象山所用的非分解的方式，还不是禅宗的非分别说。而且他有所立教，他仍然属于分别说。他先立下什么是道，什么是见道，什么是不见道，也就是先把标准确立，然后再去扭转不见道以归于见道。所以中国的思想家中，很典型的非分别说者，并不很多，只有庄子所用的方法，含有很强的非分别的意味。这些分判，必须把每个思想家的思想彻底弄明白，重要的句子都要理解一下才行。这不是凭空想象出来的瞎比附。因此，我们经过仔细的理解，再做如此分判，大体上是中肯的，也不算过分。

真正自觉地提出分别说与非分别说，至佛教才有。儒家传统的思想，很少接触这个问题。我们刚才所说的，是就着以往的事实，把它加以划分。到了佛教，才自觉地提出分别说与非分别说之分。释迦牟尼佛原初之说法，即是分别说，但他也有非分别说。释氏成道以后，说法共四十九年，可分成五时说法[1]，而此五时说法中，第四时说般若，即是非分别说。佛于第一时、第二时、第三时及第五时说法，都是分别说，只有第四时说般若时，是用非分别说。所以，以前大和尚要判教，首先就得了解《般若经》的特殊性格；了解此特殊性格，才能进一步判教。

1 五时说法，即（一）华严时，说《华严经》；（二）鹿苑时，说《四阿含经》；（三）方等时，说诸方等大乘经，如“维摩”“思益”“楞伽”“密严”“三昧”“金光明”“胜鬘夫人”等经；（四）般若时，说诸般若经；（五）法华涅槃时，说《法华经》与《涅槃经》。参看《佛性与般若》下册第一章第三节《五时八教》。

般若的性格是“融通淘汰”，是将以前分别说的法，加以消化。这种消化，不同于黑格尔所做的消化；黑格尔所做的消化，是把分别说者予以辩证地综合，这是积极的消化。而般若的消化，并不是把分别建立的法，综合起来；它用的方式是融通淘汰，所以是无所建立。它不是如黑格尔那样，经过辩证的统一而成立一个大系统；它的融通，为的是去除执着，所以是一种消极的态度。融是融化，通是通达，融通不是代表统一，而是要化除执着、封限。因为，凡是分别说所建立的概念，都有所限（limitation），一有所限，人就顺此限制而有所执着，此即是封限，这就好比《庄子·齐物论》篇中所说的“夫道未始有封，言未始有常”之封。淘汰即去掉执着。所以融通淘汰即是化除封限，去掉执着。而去掉执着，即是去掉众生之病。所以融通淘汰的目的，是要归于诸法实相，而不是综合起来成一个大系统，所以这与黑格尔的辩证思想是不同的，这就是《般若经》的特殊性格。

同样地，要了解庄子的思想，亦复如此。庄子从“是非相对”，达到“超是非”，并不是说有一个甲，一个乙，然后再把它们综合起来[1]。所以东方的思想，有其特殊性格，不能因其也讲消化、辩证，就用黑格尔那一套辩证思想来概括。

前面说般若之融通淘汰，为的是荡相遣执，令归诸法实相。那么什么是实相呢？实相一相，所谓无相，即是如相。般若对于分别说的法并未去除，只是把对于法的执着化除掉；执着一除，每一法当体即如，每一法皆是实相，所以《法华经》说：“唯佛与佛，乃能究尽诸法实相。”如此，《般若经》所说的是一无所

1　参看《庄子·齐物论》篇。论有云：“物无非彼，物无非是……是亦彼也，彼亦是也。彼亦一是非，此亦一是非，果且有彼是乎哉？果且无彼是乎哉？彼是莫得其偶，谓之道枢。枢始得其环中，以应无穷。是亦一无穷，非亦一无穷也。故曰莫若以明。”

有，它无所说，亦无所建立，所以《般若经》谓："无一法可得。"因为站在般若的立场，确是无一法可得；若站在分别说的立场，则有许多法与系统，此自是不同于般若之精神。佛曾说："说法四十九年，而无一法可说。"前者指的是分别说大小乘诸经典，而后者则指般若融通淘汰的精神。所以佛用"说法四十九年，而无一法可说"的诡辞，将分别说与非分别说都暗示出来。

佛教《般若经》是以异法门说[1]，此异有特异、殊异之意。此即表示佛说《般若经》的方法，不同于说其他大小乘经典者，而且不只不同，还有其特殊之处。佛说其他大小乘诸经典可以用一法门、二法门、三法门，乃至无量法门说。譬如说四谛即用四法门说，而说五蕴、六波罗蜜、八正道以及十二因缘等，皆用同数之法门说，这些均是分别说。照龙树菩萨《大智度论》所说，这些分别说的法，都是可诤法。既是可诤法，所以没有逻辑的必然性，都只是权法、方便法，这也是释迦牟尼佛智慧之微妙活转处。至于说《般若经》，则是无所说，一法不立，其目的只是令以前所说之方便法，皆归于实相；而实相一相，所谓无相，即是如相。如此所说之法即是不诤法，是无可争辩的，所以有逻辑必然性，因此它就不是权说的方便法。而所谓异法门，实即是非分别说的法门。所以佛说《般若经》即是用非分别说的法门，也因此才显出《般若经》的特色。

般若本来是一种呈现，是无法用概念来说明的，所以佛用非分别的方式，将般若智慧呈现出来，此与庄子所用的方式差不多。假定我们问："什么是般若？"佛在《般若经》中并不从"是什么"

1　见龙树菩萨所著《大智度论》卷一，论云："复次有二种说法，一者诤处，二者不诤处，诤处如余经中已说。今欲说无诤处故，说《般若波罗蜜经》……复次余经中佛说五众无常苦空无我相，今欲以异法门说五众故，说《般若波罗蜜经》。"

（what）的立场来回答，他是用辩证的诡辞方式来表示，所以经云："佛说般若波罗蜜，即非般若波罗蜜，是名般若波罗蜜。"[1] 这个方式，不是分解的方式，而是一种否定的展示。这种表示法，即是辩证的诡辞；而此种诡辞即指示我们，般若是我们真实生命中的智慧，它必须从主体方面，通过存在的实感而被呈现或被展示，这是不能用语言或概念加以分析的。因为，假定告诉我们什么是般若，那么般若只是一个概念，而顺着这个概念，我们很容易地就会执着这个概念，而想入非非。一旦落入执着、妄想，般若智慧就永远无法展现。

所以，《般若经》虽然是"无一法可得，无一法可立"，但是佛可以用他的智慧，用非分别说的方式，把真实的般若展现出来，而此亦即是"实相般若"。佛用此异法门来说，是第二层序上之说，是以非分别的方式，展示实相般若；而实相般若是无相且一无所有的。所以，佛说般若的目的，在于化除众生的执着，令归诸法实相。因此，若明了佛说《般若经》之用意，那么所说的那些话，也就可以通通化掉了。这就好比过河拆桥一样，一过了河，桥也就没用了。从高一层次的立场看《般若经》的说法，般若亦是教，但一明白诸法之实相，这个教法也就化掉了，所以这种非分别说与分别立教的说法是不同的，这就好像庄子在《齐物论》篇中所说的"既已为一矣，且得有言乎"，既然已经是一，还能有话吗？此时已经无言了。同时"既已谓之一矣，且得无言乎"，这就表示：我既然说它是一，这就是一种语言，如此，还能无言吗？"是一"是从客观的实相方面说，"谓之一"是从主观的语言方面讲。主观的语言，没有独立的意义，其作用是为了要了解客观的实相；既然了解客观的实相，那么语言也就可以化

1　见《金刚般若波罗蜜经》。

掉了。此种化除，并不是主观的统一，不可以与黑格尔的辩证的统一相混同。

因此，用非分别说的方式，所展示的实相般若，就是不诤法，它不是一个由分别说所建立的概念，它是诸法的如、实相，并非我们观念中的如与实相，它必须以智慧实证，这是生命中的如是如是。此“如是如是”必须用存在主义的“存在之路”来呈现，而不是用理论的方式来思辨。

顺着以上所说，我们知道《般若经》的特殊性格，是非分别说的不诤法，但光是般若的不诤法，还不是天台宗所说的圆教。所以我在《佛性与般若》中，屡次提到般若波罗蜜也具备一切法，但那基本上是般若智“作用地具足一切法”，就此说圆，只能说是作用的圆。这也是我上一讲中提到的，西方人翻译圆教为round teaching的round，此圆是指圆通无碍的圆，这还不是真正的圆教。般若之圆通无碍只是个共法，无论大小乘，都要说般若。所以天台宗在般若空宗以外，另外分判一个圆教，因为天台宗与空宗究竟是不同的。天台圆教不是从主观的般若上说，而是从客观的法上说；主观的般若是个作用，所谓“运用之妙，存乎一心”，此般若智当然可以说是圆通无碍，天台圆教并不就此处说圆。般若智只能算是圆教的“纬”，而天台圆教所以为圆，是定在“经”与“纲”上，也就是定在一切法的存在问题上。

讲圆教不可以从主观的般若智的妙用讲，因为这是大小乘共通的，我们必须从法的存在这客观面来讲圆教之所以为圆。这也就是顺着佛性的观念，以说明一切法的存在。为什么从佛性上讲呢？因为在修行的过程中，我们所关心的是到底以什么方式成佛，所成的佛又是什么境界的佛。像小乘自了汉所证成的佛，并未涵盖其他一切众生的一切法，也就是说，其他的一切法并没有进到自了汉的佛格内；而没有进到佛格内，即表示没有进到佛性之中，因此，此佛性就没有包括其他的那些法。所以从小乘要进一步讲大乘，大乘佛是以一切众生得度为条件，大乘佛必须不离其他一切众生的一切法，而将一切法完全吸收于其佛格、佛性之中。不过尽管如此，大乘佛仍有许多说法，有龙树菩萨通教的说法（大乘通教不同于般若共法），有阿赖耶识与如来藏系统的说法。这些都是大乘佛法，都是以一切众生得度为条件，此不同于小乘之自了。但照天台宗之判教，仍然不是究竟圆教。

天台宗判大乘通教所说的法的存在，只限于三界[1]以内，也就是说龙树菩萨所说之教，除般若以外，关于法的存在或佛性的问题，有其特殊的限定，而此限定即显出其共通于小乘之处，这不是从般若说，而是从佛性上说。龙树菩萨所说之教，只限于三界以内，此即是指其所说之法的存在，只限于第六识，至于第七识及第八识则未说明。由此即显出其所说之法的限度，而此限度与小乘之限度相同，故称其为通教，即通于小乘教之意。

由通教进到第七、第八之阿赖耶识系统，法的存在进至三界外，虽然进至三界外，但却只能详细地说明生死流转法，至于说明清净法，则不够圆满；而且这用的是心理分析的方式来说明，也就是走经验分析的路子。凡是用分解的方式说，即非圆教，尽管已进至界外，仍非究竟圆教。

由此再进到“如来藏自性清净心”的系统，此系统不但对于生灭流转法能详细说明，对于清净法也能清楚地交代，这可以说是很圆满了。但天台宗仍判其为大乘别教而非圆教，因为如来藏系统仍然是分析的路子，也就是用超越的分解（transcendental analytic）说一切法的存在问题。尽管它是超越的分解，但只要用分解的方式说一切法，就不是圆教，因为对于法的存在问题，一

1 三界指欲界、色界、无色界。参看《佛性与般若》下册，第四章第八节。

用分解的方式说，就是个特定的系统；既然是一个特定的系统，就有一个系统的限定相。所以不管是阿赖耶识系统或如来藏系统，都有其限定相。也正因为既用分解的方式说，又有系统的限定相，所以天台宗批评大乘别教为“曲径纡回，所因处拙”[1]；既然纡回、笨拙，自然就不是圆教了。

所以，要真正表示圆教，一定要用非分解的方式来说。用非分解的方式就着法的存在说圆教，并不同于佛用非分别的方式说般若。既然就法的存在说，它便是有所说，因此它仍是个教，既然是一个教，就是个系统，但它却没有系统相。其所以是个系统，因为它是就着佛性与法的存在说；但它用的是非分解的方式，所以无有系统的限定相。既然是个系统又无系统相，此即成了一个诡辞。正因其是系统而无系统相，所以显出纲上的圆教意义[2]。此圆教是就着《法华经》开出来的。《法华经》与《般若经》都有其特殊的性格。就《法华经》本身而言，并没有什么特殊的内容，经文非常简单，没有包含分别说的法。那么，《法华经》到底有什么特殊之处呢？《法华经》主要的问题在于“权实问题”之处理。凡是分解说的都是权，而非分解说的才是实。如何处理权实的问题呢？照《法华经》所说，即是“开权显实”，开是开决，决了畅通之义，此可类比于《般若经》之融通淘汰而实不同。“决了”，照康德的话说，就是一种批判的考察（critical examination）；而

1 《法华玄义》卷五上有云：“通诸位论粗妙者……中草（二乘）虽复动出，智不穷源，恩不及物……大树（别教）实事，同缘中道，皆破无明，俱有界外功用，故此位为妙。而别教从方便门，曲径纡回，所因处拙，其位亦粗。圆教真门，是故为妙。”关于别教所以为“曲径纡回，所因处拙”，请参看《佛性与般若》上册，第五六〇至五六一页。

2 天台宗以《法华经》为圆教的大纲。《法华玄义》卷第十有云：“当知此经唯论如来设教大纲，不委微细纲目。”

照佛教词语就是一种“抉择”，也就是将以前所说的一切法，做一个评判、抉择，这不就是批判的考察吗？

因此，“决了”就是要使我们能抉择通达。好比佛说小乘法只是个方便，一个权说，不可停滞或执着于此，否则永远只是小乘。因为佛说小乘法，并不是叫众生只做个阿罗汉就完了；所以众生对于小乘法，若能决了畅通，即知当下就是佛法[1]。这小乘法也是成佛的一个法门，所以佛教才有“一切法皆是佛法”的说法。所有的法，如数学、医学、科学等，皆可以通达于佛，每一法皆是通于佛的一个门，所以叫作法门。这是“决了”以后的理境，若不“决了”，那么数学只是一种形式科学（formal science），与成佛何关？物理学只是一种自然科学（physical science），与成佛何关？

所以，“决了”为的是化除众生的执着与封闭，执着一除，小乘法就是佛法，而且是“低头举手皆成佛道”[2]。权既然开决了，那么当下即是实，所以说“开权显实”。如此一来，行住坐卧都是佛法。此“开权显实”即是佛的“本怀”，所以天台宗讲《法华经》是佛教的大纲，此大纲是就着佛之“本怀”与“开权显实”说的；照现在的词语，就属于第二层序（second order），其他分别说的法，则属于第一层序（first order）或属于基层（basic order）。如此一来，不只小乘法需要开决，阿赖耶识系统和如来藏系统，也都需要开决。

天台宗将诸大小乘开决以后，即以“一念三千”来说明一切法的存在。“一念三千”不是用分别的方式说，这句话对于法的存在等于没有说明，但却表示了法的存在，而不是表示般若，

1　《法华经》卷四《法师品》有偈云：“若闻是深经，决了声闻法，是诸经之王，闻已谛思惟，当知此人等，近于佛智慧。”

2　参看《佛性与般若》下册，第五百九十八页。

所以天台宗不同于空宗。“一念三千”是开决了界内的小乘教与通教，以及界外之阿赖耶识与如来藏系统以后所说的。所以天台宗这句话，与大小乘诸教并不在同一层次上，它是高一层次的说法，它是非分别说，而且对于法的存在等于没有说明；而低一层次的说法，则是用分别说的方式说一切法之存在。天台宗用非分别的方式开决了分别说的一切法，并使一切法通畅。如此，每一法都得以保住，没有一法可以去掉，所以说一低头一举手，都是佛法。因此，成佛必即于九法界[1]而成佛，不可离开任何一法而成佛，如此即保住了一切法之存在。此种非分别说的说法，可以说是一种 tautology；它是用非分别的方式说一切法，所以是系统而无系统相。以其无系统相，所以不可争辩，也因此成其为圆教。至此圆教境界，所有的法都是一体平铺，所有权教所形成的大小土堆，至此都化为平地。此种圆教，不再是另一交替可能的系统（alternative system），它不再有特定的系统相，所以是不可争辩的。这个不可争辩是就着《法华经》讲，这属于圆教的纲；将《般若经》的不净法，加上《法华经》的不净法，一经一纬，两个不净法合在一起就是圆教。

由此可见，天台宗规定圆教有一个特别的模式（special pattern），这个思考方式非常微妙。因为，假定落在一个分解方式的系统里边，是比较容易说话的，而在此种特别的模式中，则不容易说。这种问题，需要大家仔细地思考一下。先了解什么叫作“系统”，如果对“系统”能有一个明确的理解，那么“系统而无系统相”的道理，就自然显现出来了。

天台宗所说的圆教是不离权教，所谓的“醍醐不离前四味”[2]，

1 九法界指地狱、饿鬼、畜生、阿修罗、人、天六道，以及声闻、缘觉和菩萨三圣。

2 前四味指的是乳、酪、生稣、熟稣，醍醐之味不能离此四味而独显。

就是用前四味来显出醍醐味；同样地，圆教是不离前三教的。所以成佛是即九法界的众生而成佛，没有任何一法可以去掉。如此，佛性把一切法的存在保住了，可见不达到圆教，法的存在是无法保住的，而从保住法的存在这一点来看，我给它规定一个名词，叫作“佛教式的存有论”（Buddhistic ontology）。本来佛教讲无自性，要去掉“存有”（being），根本不能讲存有论；但是就着佛性把法的存在保住，法的存在有必然性而言，那么就成就了佛教式的存有论。这个意思假定可以讲，那么就类似于康德所讲的上帝王国中的自由与自然之和谐。此处所说的法的存在，即属于自然，而佛就属于自由。在此，这马上就暗示我们一个问题，也就是康德所说的“圆善”（summum bonum，highest good）的问题，“圆善”在康德哲学中，是不能呈现的，康德只有肯定上帝来保障，才能使圆善成为可能。但是，在佛教的圆教中，对于圆善可有清楚的观念，完全了如指掌。此种圆教境界即超过康德哲学的理境，你能说这是神秘主义乎？而依照康德的哲学，却说此种思想为神秘主义。他认为我们对上帝的王国没有直觉，所以我们不能把上帝的王国直觉化、具象化，我们这个自然世界，只能说是上帝王国的 symbol，而不是 schema。事实上，如果我们对圆教的意思能通透了解，那么康德所说的 schema 根本就不能用在此处。

照圆教讲，康德关于圆善的那些猜测语都不是究竟的，因为既然即九法界而成佛，也就是即着地狱、饿鬼、畜生等而成佛，甚至即着一低头、一举手而成佛，在此种境界中，所有的法都是一体平铺，而佛也就在此呈现。就佛而言，德（virtue）之所在，即是福（happiness）之所在。因为在圆教中，佛的本身是德，而法的存在就是福，这两者永远是合在一起的。到此，若再说德与福是综合关系，那就很有问题了。因为在圆教的境界中，综合关系已经没有了，只有分析的关系。

所以佛教提出圆教这个问题，很有启发性。康德虽然也注意到德福之间的问题，但他那种说法，若照佛教的分判，只能说是别教的方式，而非圆教的方式。这个问题，只有在天台宗的圆教中才能有清楚的理解，在康德哲学中尚无法有清楚的了解。

我今天就讲到此，下一讲再就此圆教问题做进一步的解释。

尤惠贞记录

第十七讲

圆教与圆善

上一讲我们谈分别说与非分别说[1]，以了解说法的两个方式。我们由分析哲学的“分析”（analysis）一层一层往上讲，探究到广义的“分解”。不但西方哲学重视分解，就是中国哲学和印度哲学也都重视分解。不分解便不能有所肯定与否定，不能立教。这样，我们便可以把这个“分解”的问题由分析哲学（像现在英、美哲学所表现的）里面解脱出来，不为它所专用。我们首先把这个意思放在心中，常加思考，才能了解佛教中《般若经》的特殊性格，了解《般若经》的非分别说，了解天台宗的圆教是从《法华经》这里说的。

《法华经》当然和《般若经》不同，但是它也有一个非分别说的性格。以前的人了解，《法华经》里面是没有内容的，而《般若经》也没有内容，因为它无所说，当然没有内容。但是他们又说《法华经》是“如来设教大纲”[2]，主要在明“佛之

1 请参阅牟宗三所著的《佛性与般若》（台北学生书局）附录《分别说与非分别说》一文。

2 智者大师《法华玄义》卷十上云：“当知此经唯论如来设教大纲，不委微细网目。”

本怀”[1]。“如来设教大纲”这个话是从前天台宗讲《法华经》的，不是我们现代所说的“大纲”。我们现在也常说“大纲”，这“大纲”是指一门学问的纲要。天台宗所说的“大纲”是指佛的本怀，不是指分别地说的这个法或那个法。这后者以前被他们叫作“网脉”，像一个网一样，除纲领外，还有一些网之脉络。而“网脉”是《法华经》所没有的，这等于没有内容。所以，现在你若翻开《法华经》看，除了神话以外，并没有分别地说的任何法，是很贫乏的一部经。这很奇怪。天台宗为什么要以这么贫乏的一部经为宗呢？其他的大经有丰富的内容，他们为什么单单找上这部经呢？这便使我们注意到“如来设教大纲”这个话。其他的一切网脉它都置之不论，因为这在其他的经中都已经说过了。而所谓的“大纲”，就是佛的本怀，也就是佛心中本来的愿望，而不是从这愿望发出来的分别地说的种种法。这种种法全都已经说完了——第一时说华严，第二时说小乘，第三时说方等大乘，第四时说般若——现在到第五时才说法华、涅槃，以《法华经》为主，点出“佛之本怀”。这是以往的名词，但是我们现在一看，很容易想到《法华经》和其他的经不同，不在同一个层次上。其他一切经属于分别说，属于有网脉、有内容的经，我们叫作第一序（first order）的；《法华经》则属于另一层次，叫作第二序（second order）的。这是我们现代的名词，较容易表达这个意思，而且显豁。

《般若经》以“异法门”[2]说无诤法；它无所说，无所建立。

---

1 《法华玄义》卷一上云：“今经正直舍不融，但说于融，令一座席，同一道味，乃畅如来出世本怀。”

2 龙树菩萨《大智度论》卷一云：“复次，余经中佛说五众无常苦空无我相。今欲以异法门说五众故，说《般若波罗蜜经》。”所谓“异法门”，即指“不同于分解方式”的法门。请参阅《佛性与般若》第一部第一章第一节。

它也和那些分别说、有所建立的经不一样，它的精神在于融通、淘汰、消化。但是《般若经》和《法华经》也不同。假如就消化说，它也属于第二序，不属于第一序。但它这第二序是从主体方面显智慧，显实相般若；《法华经》则是从法的存在上讲圆教。所以这两者各有特殊的性格，一横一纵，合在一起，便是天台宗所说的圆教。而且这一横一纵，还是以纵为主。圆教或非圆教，不定在横上，而定在纵上。"纵"是纲领，是经，"横"是纬，是作用。

我们先了解分别说和非分别说，然后再进一步了解——圆教的表达必然有一个特殊的模式，这个问题是西方人所没有的。在判教时，圆教是最高的境界。但是我们要将第一序和第二序分开：前者表达法的内容和系统，以分别说来表示；后者表达圆教，以非分别说来表示。这两种方式完全不同。这样，圆教的表达才成个问题。这是我们上次所说的，诸位再参考《佛性与般若》这部书，多注意一下。这是现代人的思考，用来讲中国的学问，在表达、思考方式上比较能推进一步；对于它原来的意思也没有歪曲，不增一点，也不减一点。这完全是解释方式的问题。

照佛教的判教说，最高的境界是圆教。照哲学思考说，与圆教问题相对应的一个问题就是"圆善"问题。照西方哲学思考的发展看，圆善问题大概是最后、最高的问题。"圆善"就是康德所说的 highest good 或 Summun bonum，一般译作"最高善"[1]。我们这样两面平行地看，就中国哲学说，是判教问题；就西方哲学来说，是哲学问题的思考进程。我们平常看不出这样的关联，而只是顺着西方哲学思考的发展往前看，觉得这"最高善"好像没有多大的意义，可有可无。不但现代人根本不谈它，就是康德在当时也有这样的感慨：古希腊哲学谈，斯多葛派谈，伊壁鸠鲁

1　康德之论最高善，主要见于《实践理性批判》第一部第二卷《纯粹实践理性的辩证论》。

派也谈，但现在的人却不谈了[1]。因此康德重新提出来，解决这个问题。现在的西方哲学，不管是英、美方面，或是欧陆方面，更不谈了。我们平常对于“最高善”，觉得好像在哲学史里面，在某个范围之内，有这么一个概念。至于这个概念究竟代表什么问题，除了康德仔细考虑之外，以后就没有人注意了。

我们也可以纯粹从西方哲学的进程看这个问题。但如果我们重新考虑中国当年吸收佛教的过程，而对圆教有个恰当的了解，那么我们便可知道：西方哲学思考的进程所接触到的“最高善”问题——假定这是个真正的、有意义的问题，而不可忽略——是其发展的最高峰。因为最高善和圆教是相应的。你若要郑重地正视并讨论“圆善”这个概念（康德便能正视它），进而把这个问题具体地呈现出来，使之有意义，那么只有通过“圆教”的概念，才能使它豁然开朗。假如你真正明白了“圆教”的概念，“圆善”的概念自然会豁然呈现在你眼前。当初我也没想到这么多，单单把最高善当作西方哲学中的问题。但后来我把圆教讲明白了，圆善的概念也豁然开朗了。这两个问题是相应的，必须同时解决。假如我们要以非分别说来消化分别说，最后一定要讲到圆教才能完成；而西方哲学思考的发展必须到圆善才能完成。这样一来，便使一般人所忽视或仅视为属于某一范围的问题有了意义。反之，便是不了解哲学思考的历程，不了解最高善。因此，佛教的判教是很有意义的，而圆教也不是可有可无的，也不只是许多系统中的一个系统而已。佛的说法到最后非往这里走不可，到这里才能彻底完成，才能顺适调畅，这是必然的。所以判教是随时要有的，并不是判一次就完了。以前的人判，后来的人还要判，就好像圆善必须随时讲一样，这样可以随时提醒我们要将方向定在那里。

1 康德说：“对于今人，最高善的问题似乎已失去用处，或至少已成为仅仅无关紧要之事。”（《实践理性批判》第一部第一卷第二章）

圆教有其所以为圆教的独特方式，和其他的说法方式不一样。假如我们对于这个问题有清楚的了解，把方向定住，便可以知道修行的最高目标何在。佛教修行的最高目标当然是成佛，但是小乘行者想成佛，大乘行者也想成佛，而大乘之中又有各种不同的教路与系统，因此产生各种系统所限定的佛格。你要成的究竟是怎样的佛呢？假如没有判教，便只好各佛其佛，那么我们的最高目标在哪里呢？所以这个问题必须随时点醒、随时讲。尽管所讲的东西还是一样，表达圆教的独特模式还是一样，但仍然要随时讲。这就是克尔凯郭尔（S.A.Kierkegaard）所谓的“重复即创造”。表面上看起来是重复，但仍要随时予以精诚的新的诠释，这就是创造——创发性的新思想。这说明在中国判教以圆教为最高峰、最后的境界，也就是佛教所谓的“究竟、了义”。

就西方哲学而言，从古希腊开始，直到现在，这全部进程的最高问题在于“圆善”这观念（不管你觉到与否，也不管你达到与否）。这个观念与圆教相应合。我们研究西方哲学，对于最高善，首先要正视它，其次要使它豁然开朗。假如我们轻忽它（不能正视便是轻忽），或者即使能正视，也只是把它当作道德学上的一个概念而已，那么在这种情形之下，这个问题仍不能豁然开朗。要使之豁然开朗，就必须了解圆教，知道圆教是必然的，非往这里发展不可。能表达圆教，即表示此前的诸教不圆，不圆当然是向着圆走，而且非往这里走不可，这是必然的。但是在西方哲学中，几乎没有人告诉我们一个必然的方向（如最高善）。像罗素，他就不讲最高善，不但不讲最高善，一般的善他也不讲。对于讲分析哲学的人而言，根本就没有这个观念，也没有这个问题。就是不讲分析哲学的人，也很少接触这个问题。刚才我们就说过，康德曾发感慨道，自从古希腊人谈过这个问题以后，就没有人再谈了，他那时（十八世纪）的人也不谈了。十八世纪是欧洲哲学鼎盛的时候，尚不免如此，谁又知道最高善有必然性呢？

可是在中国，佛教的判教以圆教为最高境界，此前的小乘教、通教、别教都是权教。权者不实。权、实乃相对而言。权就是方便、不究竟、非了义，它必然向着圆实处发展。进言之，表达这圆实还有一个独特的模式，并不是各圆其圆，你说你圆，我说我圆。假如我们了解表达圆教的独特模式，便知道圆教只有一个，无二无三。这并不是独断。独断是说我圆你不圆，这还是各圆其圆；那么反过来，你也可以说你圆我不圆。这便不行。所以我们必须了解这独特的方式。就好像《大智度论》中说，佛以异法门说《般若经》。异法门就是特异的法门，因为特异，所以它是无诤法。说无诤法，是有独特的方式，和其他分别说的方式不一样。假如你不了解这个方式，心中还是想着分别说的方式，那么怎么能无诤呢？凡分别说都是可诤的。即便像康德所建立的系统，那么周到，枝枝相对，叶叶相当，仍然是可诤的。这在逻辑上非如此不可。康德也不敢说他的系统是无诤的，不容许讨论。不容许讨论就是独断，这不是圆教。因此，我们必须正视这独特的方式，先了解分别说与非分别说，再了解《般若经》的特殊性格，然后了解《法华经》的特殊性格。这些观念在平常的哲学中都没有，不但西方哲学没有，中国的儒家也没有，因此值得注意，切不可将其当作佛教的神话看。假如我们能正视最高善，进而使它豁然开朗，使人知道往这里发展是必然的，便可以挑破西方人之“蔽”，这等于替他们另开新生面。至此，这个问题便成了一个普遍的问题，无所谓东方，也无所谓西方。这样一来，对中国哲学来说也是个进步。

我们说过，在西方，一般人并不注意这个问题，到康德才正视它。他比古希腊的斯多葛派和伊壁鸠鲁派更进了一步。古希腊人所说的最高善，其实并不是最高善。这两派都只说了一面，另一面则被吞没掉了。斯多葛派以德行做主，德之所在即福之所在。这样一来，只成就德的这一面，福的那一面则被吞没了，没有独立的意义。最高善一定包含德行和幸福两面，两者有隶属关系，但不能以一者化掉另一者。斯多葛派便是把幸福——康德把它当作圆善的第二个成分——化掉了。伊壁鸠鲁派则是以幸福做主，有福就有德。这样，德行——圆善的第一个成分——就失去了独立的意义。所以，依这两派的看法，表示最高善的词语是分析命题（analytical proposition）。斯多葛派认为，只要分析德行的概念，便可以知道幸福。但照康德的看法，这不是分析命题；光是分析德行的概念，不一定能得出幸福来。这很容易了解，儒家也有这个意思。有天爵不一定就有人爵。天爵和人爵便是最高善的两个成分。孟子说："古之人修其天爵，而人爵从之。"（《孟子·告子上》篇）。"古之人"是个特定的范围，因此孟子可以方便地这样说。但若完全从理上来看，修其天爵，人爵不一定能从之。这就是说，从天爵这里分析不出人爵来。天爵、人爵两者合在一起，才是最高的善、圆满的善。这两者一定是综合关系（synthetical relation）。伊壁鸠鲁派的看法更荒谬，他们以幸福作为实践的决定原则。但幸福不能作为决定意志的原则，亦即不能作为道德原则。而他们是以幸福做主，有福就有德。这当然更不对。有幸福的人不一定有德行，而且幸福也不能作为道德原则。但他们却只肯定了一个成分，而以分析命题来表示最高善。

所以，照康德的看法，不管是斯多葛派或伊壁鸠鲁派，他们讲最高善时虽然提到德行和幸福两面，但是结果却只剩下一面。那就是说，他们没有了解到这关系是综合关系，不是分析关系。而在这里，康德不但正视了这个问题，并且把它推进了一步，指出这关系是综合关系；进言之，虽然是综合关系，但却不是平列的、无本末之分的——在这里，一定是以德为本，福则隶属于德；

这隶属是综合的隶属，不是分析的隶属。这是个大进步。他能将这问题讲到这个程度，已经很不错了；基本观念也分析得很清楚。

在中国，孟子也曾提到这个观念（天爵、人爵），但说得疏，没有详细地分析。也许现代人会想到，康德告诉我们这是个综合关系，有天爵不一定有人爵，那么孟子为什么说“古之人修其天爵，而人爵从之”？还有，《中庸》为什么说“大德必得其位，必得其禄，必得其名，必得其寿”？如何能说“必”呢？大德之人不一定有其寿，如颜渊短命而死。大德之人也不一定有其位，如孔子是圣人，其德可谓大矣，却不得其位。这些话如照现代人的看法，都不可靠。孟子还说得客气点。他加个“古之人”，而且没有说“必”。但《中庸》的说法似乎就很有问题了。你当然可以这样去思考，但却不能认定你的说法超过了古人，认为《中庸》《孟子》的话没有意义。但是你可以提出这个观念，仔细加以分析。因为过去圣贤讲道，并不像现在这样仔细地做逻辑分析。孟子那句话是特指“古之人”，如尧、舜、禹、汤、文、武、周公等人。在这几人身上，很可能是“修其天爵，而人爵从之”，但没有必然性。所以是个综合关系。而“今之人修其天爵，以要人爵”，这情形又不同了。“古之人修其天爵，而人爵从之”是有特指的，这并不排斥其他的可能。在古之人中，也许有人修其天爵，而人爵并未从之，因为他没有说“必”。而今之人修其天爵，是为了求富贵。人爵便是指富贵。但这样也不错，虽然动机不纯，但如果能贯彻到底，还是不错的。然而连这也做不到，所以“既得人爵，而弃其天爵”。这些当然是劝诫的话，但我们也可以把它当个问题来看，而问：所谓的“修其天爵，而人爵从之”，这个“从”字究竟是综合的还是分析的呢？这样进一步去讨论是可以的，孟子也不会反对。但尽管你这样讨论，孟子还是可以说：“今之人修其天爵，以要人爵；既得人爵，而弃其天爵。”“今之人”

这话永远可用：不但指他那个时代，也可以指现在这个时代，还可以指无尽的未来。所以，康德在这里使我们在概念上有明确的了解，其贡献极大。

尽管如此，那些康德专家并不一定能真正了解这个问题，也不能了解我们的哲学思考必然要向这里发展，而发展到这里即是最高点。譬如说贝克（Lewis White Beck），他除了翻译康德的《实践理性批判》之外，还为这本书作了一个疏解[1]。他在这疏解中提到这个问题时就说，康德讲最高善，假定上帝的存在，这根本是一个“实践的独断形而上学”（a practical-dogmatic metaphysics）[2]。儒家也可以有一个“道德的形而上学”（moral metaphysics）。康德以上帝的存在来保证最高善，这种证明即道德的证明（moral proof）；而一般地说即是“道德的形而上学”。对于这个形而上学，贝克却加上“独断的”这个形容词，称之为“实践的（道德的）独断形而上学”。康德这一个步骤的目的是要满足实践理性的目的，贝克却视之为独断的。因为贝克认为最高善并非实践理性的对象[3]。这句话就有问题，康德不会承认。因为康德明明说，最高善是我们意志的必然对象（necessary object）[4]。当然贝克这样说，也不是完全没有来历。因为实践理性本身也可以决定一个最高善，但这最高善是从道德本身来说的。也就是说，依照无条件的命令而行就是最高善（因此，“最高善”这名词有

1 此书即 *A Commentary on Kant's Critique of Practical Reason*.The University of Chicago Press, Chicago, 1960.

2 同上。

3 贝克说：“最高善的概念绝不是一个实践的概念，而是理性的一个辩证的理想。”（同上，第 245 页。）

4 康德说：“最高善的促进是我们意志的一个先天必然的对象，并且与道德法则相关联而不可分离，因此最高善的不可能也必定证明道德法则的错误。”（《实践理性批判》第一部第二卷第二章第一节）

歧义，所以我们最好不要这样翻译它）。这样，我们又何必要求幸福和德行的协和呢？这种要求早已离开了道德本身，也就是离开了实践理性本身，而牵涉幸福的问题。这样说的“实践理性”是狭义的，把实践理性缩小了，所以贝克才说，最高善不是实践理性的对象。但是康德明明说，它不但是实践理性的对象，而且是其必然的对象，也就是意志的必然对象，意志要求它。但这要求是间接的，不是直接的。意志的对象是善，这也就是儒家所谓的“好善恶恶”。而什么是善呢？依照无条件的命令而行就是善，违反这命令就是恶。所以善恶不是首出的观念，而是依违不违道德法则来决定。这是个根本的扭转。

在西方，一般人讲道德，往往先讨论什么是“善”，因为他们认为道德学是讨论“善”的。例如，英国的摩尔（G.E.Moore）写了一本《伦理学原理》（*Principia Ethica*），就是在分析“善”。这本书很受重视，写得也很认真。但他还是以“善”的观念为首出，分析的结论是：“善”不能下定义。既然不能下定义，那怎么办呢？只有不了了之。英国人就是这样，他们专会做这种工作。摩尔当年写这部书时，他也没有读懂康德的书。康德就是要把问题转过来。摩尔为什么要分析“善”呢？他是要先把“善”分析明白，再决定我们的行为；一件事情是好的，我们才做。这种看法是有问题的，因为他是把“善”当作首出的，从外面来决定我们的行为，这就是他律（heteronomy）。所以我们不能以“善”为首出的观念，而须以道德法则为首出的观念。道德法则决定我们的行为，依照道德法则而行就是善，反之就是恶。这正合乎儒家的精神。贝克所说的“善”就是这个意义的“善”，这并不包括德福相协和的最高善，这后者是外加的。所以他说，这不是实践理性的对象。这不是缩回去了吗？但康德明明说，德福相协和的最高善是意志的必然对象，意志必然要求它。尽管我们可以说，这要求是间接的——我们先依照道德法则决定什么是善，再进一步要求德福之间的协和——但它还是意志的必然对象。不过康德在这里说得松泛，所以有的人就不喜欢他这个“最高善”的观念。道德哪里还需要顾及幸福呢？董仲舒也说：“正其谊不谋其利，明其道不计其功。”这已经说得很高了，何必再要求幸福呢？从这个观点讲的“最高善”是纯德意义的最高善，不是康德所说的最高善。这样讲道德，也可以说得很响亮，要停在这里也可以。但其结果就成了斯多葛派的路子，以德之所在为福。文天祥杀身成仁就是德，也就是福。这样讲，太悲壮了，非人情之所能安。所以幸福也是实践理性的必然要求，在这里不能不过问。

然而康德只说最高善是意志的必然对象，而未加以说明。但这个观念不是自明的，因为一般人可以说：我不要幸福，“正其谊不谋其利”不就可以了吗？所以康德在这里说明得不够。我当初看到这里，觉得康德的说明总是弱了一点。他讲道德原则，譬如定言令式（categorical imperative），总是说得很强、很足够，但讲最高善是意志的必然对象时，却不能使人完全了解，所以总令人怀疑。

在另一方面，若就判教说，判至圆教是必然的发展。到了圆教，圆善的观念自会豁然开朗；没达到圆教，此观念便不能豁然开朗。在权教里，不管是小乘或大乘，此观念都不能说。就佛教说，权教不能保住法的存在。在此，法的存在没有必然性。而幸福的观念寄托在法的存在上。法的存在就是现实世界的存在。现实的自然生命要肯定得住才行。假如现实世界保不住，其存在无必然性，那么幸福要寄托在哪里呢？因此，就判教说，权教（非圆教）不能保住法的存在，法的存在于此无必然性；既无必然性，则幸福的观念也没有寄托，也保不住；这样一来，我们如何能要求幸福呢？当然，依道德本身说，我们可以不要求幸福，但这样一来，也不能发展到最高善了。就判教说，权教不能保住法的存在，那就不圆满。所以，只有到了圆教，法的存在才有必然性；法的存在有必然性，那么问题就解决了。因此幸福是寄托于法的存在上，法的存在有必然性，幸福才有寄托。所谓“有必然性”，就是说非如此不可，非如此就不能成佛——否则，即使成佛也不算，因为所修的德行不尽。所以，如果法的存在肯定得住，而且非在这里成佛不可，那么德（主观方面的存心）在这里呈现，福也在这里呈现，两者必然合一。但如果保不住法的存在，那么德与福未必能合一，这便是权教。譬如天台宗批评华严宗是“缘理断九”[1]。在这个境界中，当然佛法身很有德，它全副是清净无漏功德。但是断离了其他九法界，法的存在没有保证，那么幸福在哪里呢？照佛教的说法，幸福是寄托在“色法”上。既然是缘理断九，那么“色法”就没有了，而只剩“心”——清净无漏功德心。“心”是指“德”这一面。但是“色法”没有了，怎么能讲幸福呢？怎么能讲德福一致呢？所以，这最高善保不住。《大乘起信论》亦讲“色心不二”[2]，但在此别教内，这“色心不二”是综合命题，不是分析命题。这不是真正的“不二”，而是可以为二的。所以，圆教的观念豁然开朗之后，圆善（最高善）才有必然性。如果成佛必须如此去成，进而在这“必须”之下法的存在有必然性，那我们才可以说：德福一致是实践理性的必然对象。这不是很通吗？但是如果达不到圆教，则德福一致的观念——只是用康德的名词

1 关于《缘理断九》之含义，请参阅《佛性与般若》第三部分第一至第三章及《智的直觉与中国哲学》（台北，商务印书馆）第二十章《天台宗之圆教：从无住本立一切法》。

2 《大乘起信论》云：“即此法身是色体故，能现于色。所谓从本已来，色心不二；以色性即智故，无体无形，说名智身；以智性即色故，说名法身遍一切处。”

来说——是或然的（problematic），而非必然的（apodictic）[1]。只有这样，才能充分说明最高善的观念。

在这种情形下，提出上帝来做保障，也是合法的。因为圆教表示绝对的圆满，而绝对的圆满在西方哲学的传统中是靠上帝来保障的。上帝保障法的存在，因为上帝创造了世界，而你我却无法创造。在我们自己性分之内的事是德，即孟子所说："求则得之，舍则失之；是求有益于得也，求在我者也。"至于我的德能得多少福，什么时候能得福，这完全不是我所能掌握的，即孟子所说："求之有道，得之有命；是求无益于得也，求在外者也。"所以我所能掌握的，只是德行这一面。从现实上来看，有德的人很可能没有幸福，而且似乎越是有德，就越没有幸福。一般人很容易因此发牢骚。也许有人会说："你不要悲观，你总会有幸福的。"但什么时候有幸福呢？如果说今生没有，可待来生。那来生在哪里呢？我怎能等到来生呢？这表示这不是我所能掌握的，是在我的能力之外。那么谁有这个能力呢？在西方哲学中，很自然地会推到上帝，而肯定上帝的存在。这叫作"道德的证明"，属于"道德的神学"。所以康德只承认道德的神学是可能的，其他的都不能成立[2]。这是很对的。只有上帝才能使德福之间有个恰当的比例（proportionate）或恰当的谐和。而从现实上看，我们人类做不到这点。只有在德行这一面我们能尽心尽性，能掌握得住。至于幸福——在从前属于"命"的观念——则不是我们所能掌握的。如果能掌握，就不叫"命"了。所以说："求之有道，得之有命，是求无益于得也。"求了也不一定有好处，对于得不得没有什么

1 Problematic 与 Possible、Apodictic 与 Necessary 间有一点精微的差别，可参阅《现象与物自身》第四十八页。

2 康德在《纯粹理性批判》一书的《超越辩证论》中检讨各种经由思辨理性发明上帝存在的论证，断定其不可能，故我们唯有转而建立道德的神学。

帮助。若得不到，求也没有用。所以俗语说：“命中八尺，难求一丈。”若是命中注定，即使只差两尺，也求不到。依基督教的立场，从上帝这里说当然最方便，也最清楚。既然上帝创造了世界，他当然知道德福之间该如何配合。所以我们不要悲观，他不会冤枉我们。只要我们行善，总会有幸福的。至于幸福什么时候会来，那可不必管，因为上帝早已安排好了。今生得不到，来生总会得到。所以康德必须假定灵魂不灭，否则就无来生可言。这样，上帝存在和灵魂不灭就同时得到肯定了。

但是我们也可以不必这样说。因为这样说，也许只是如此相信而已。就佛教来看，这是戏论，所以现代人就不理会这一套了。可是我们也可以换个说法。在东方，佛教把这个问题表达得最好，这就是圆教问题。圆教就把十法界包括在内了。若是缘理断九，还是不圆。十法界即是天、人、阿修罗、地狱、饿鬼、畜生这六界及声闻、缘觉、菩萨、佛这四界，每一界代表一个法类。这十法界是总说，往下还可以分成三种世间，即国土世间、众生世间和五阴世间。国土世间是我们所处的地理环境；众生世间指有情（living beings）说；五阴世间则指色、受、想、行、识说。这三种世间便概括了一切法。这“一切”不只是逻辑的，还是存有论的（ontological），上帝所创造的全部世界都在内。有人说，上帝只创造了现实世界，他还有许多未创造的世界。但依天台宗，只要是上帝所创造的，都包括在这三种世间里。照莱布尼茨的说法，上帝有许多可能的世界，选了最好可能的（the best possible）给我们，此外还有许多可能的世界没有创造出来。这是西方人的想法，照佛教看，都是戏论。对上帝而言，无所谓“可能”，因为他是无限的。我们不能说：上帝可以创造这个世界或那个世界，也可以不创造。照基督教的说法，上帝为我们人类创造了最好的世界，如果人类瞎闹，他也可以毁了它。这个讲法不行，上帝并没有这种可能或不可能的问题。这些都是戏论，是不入理的。

凡是上帝所造的，都包括在十法界中。在圆教下讲成佛，是十法界互融而成佛。每一法界都含十法界。佛法界中含有六道众生、声闻、缘觉、菩萨。地狱这一法界也包含天、人、阿修罗、饿鬼、畜生、声闻、缘觉、菩萨、佛在内。十界互融，每一界具十界，总成百法界。每一法界具十如是，遂成“百界千如”[1]。百法界再配上三十种世间，所以说“一念三千”[2]。其实所说就是一切法。就佛法界而言，若要成佛，便要即九法界而成佛，不能离开六道众生、声闻、缘觉、菩萨而成佛。照平常的说法，佛可以化身为地狱、饿鬼，但他不是地狱、饿鬼。地狱、饿鬼只是他的化身。他不但可以化身为观音菩萨，还可以化身为大象、狮子、天龙八部、童男童女。但这样的说法并不是圆教。化身是显神通，佛需要神通时才显，不需要时就不显。这不是圆教，而是权教。照圆教的说法，九法界中没有任何一个法界可以去掉，成佛非就这里成不可。这样岂不是能保住地狱等法界的存在，而使之有必然性吗？若是化身，则没有必然性，要显就显，不显就不存在了。圆教所代表的，是上帝那个层次，这里就是绝对。在此，法的存在之必然性整个给保住了。但是，上帝的事与我们不相干，所以康德始终肯定德与福间的关系是综合关系。所谓“综合”，是对我

---

1 《法华经·方便品》云：“唯佛与佛，乃能究尽诸法实相。所谓诸法如是相、如是性、如是体、如是力、如是作、如是因、如是缘、如是果、如是报、如是本末究竟等。”此即所谓“十如是”。智者大师《法华玄义》卷二上云：“此一法界具十如是，十法界具百如是，又一法界具九法界，则有百法界、千如是。”

2 智者大师《摩诃止观》卷五上云：“夫一心具十法界，一法界又具十法界，百法界，一界具三十种世间，百法界即具三千种世间。此三千在一念心。若无心而已，介尔有心，即具三千。”

们人类而言。德福一致的观念在我们的现实人生中根本不能呈现，其可能性只有靠上帝的存在来保障。我们的实践理性只是要求它，其必然性只是要求上的必然性。我们根本不能呈现它，只有上帝才能。这样就把人与上帝分开了。如果德福一致的保障放在上帝那里，那么它们的关系永远是综合的。但这是从我们人类的立场来看。若是从上帝的立场，从“神眼”（divine eye）来看，这关系却是分析的，因为上帝有智的直觉（intellectual intuition）。但上帝是上帝，与我们人类不相干。人类没有智的直觉，故对于人类的思考而言，德福之间的关系是综合的。这样一来，这最高善虽然有意义，但却不能豁然开朗。

然而，如果我们不把法的存在之保障放在上帝，而放在“圆佛”（perfect buddha），把上帝化掉而转为圆佛，那就不同了。因为一切众生皆可成佛。并且成佛不仅有逻辑的可能，还有真实的可能。因此，不管我们眼前能不能成佛——照禅宗讲，我们当下就能成佛，当下就能呈现圆善；但即使不像禅宗这样说，而照着圆教这个思路去想——圆善还是能豁然开朗。这与将保证放在上帝那里不同。保证若在上帝那里，那是上帝的事：若在佛法身这里，则是我们的事。所以圆教中的德福一致并非综合命题，而是分析命题。因为“即九法界而成佛”的“即”是必然的。我们平常认为地狱、饿鬼、畜生是很苦的，哪有幸福呢？但圆佛是即地狱、饿鬼、畜生而为佛，在地狱、饿鬼、畜生这里就是德，同时也就是福。佛不是地狱，地狱里没有福，但是当他即地狱这个法界而成佛时，就佛的立场看，地狱就是他的德（佛教称为“功德”），同时也就是他的福，因为他的功德是即地狱而为功德。这时德福才能一致，而这一致是分析的一致。所以，由此而说的“色心不二”是真正的不二。这“不二”是分析的“不二”，不是综合的“不二”。

在康德哲学中，这个观念最好不要直接说成“德福一致”，因为康德并非说这两者一致，而是说这两者间有个恰当的比例。英文本是用“proportionate”这个词而不是用“consistent”这个词；后者才是一致的意思。一说“一致”，我们很容易就想到分析的关系，这就不对了。可是在圆教所表现的圆佛里，德福的关系却是分析的[1]。圆佛的法身、化身、报身三身是一。圆佛法身即三德秘密藏。三德是法身、般若、解脱。般若就是智的直觉。到此，德福一致的观念不是豁然开朗了吗？

但是佛教只有判教，而没有最高善的观念。讲道德，才有最高善的观念。佛教讲到圆教就停止了，但儒家必须讨论什么是善。善不能从外面的对象上看，所以儒家讲性善，以性善做标准。性善决定一切东西的善或不善——首先决定我们的言行，康德把这种言行当作广义的对象来看，也就是善的东西。在这里，儒家的说法同康德一样。康德将方向扭转过来，也就是向儒家的路子走。所以胡五峰在《知言》中引述其父胡安国的话说：“孟子道性善云者，叹美之辞，不与恶对。”[2]实际上性无善恶，“善”“恶”这两个谓词（predicates）都加不上。因为性是判断其他事物的善恶之标准，这标准不能再根据另一个标准来说它是善是恶，它就是最后的标准。所以，凡可以用“善”“恶”这两个谓词去形容的东西（如行为），都是相对的、有善有恶的；而性之善却是绝

1　按：牟师曾告余曰：“此处几句话有问题，一致不一定是分析的，圆教下是否可说是分析的亦有问题。”详见《圆善论》第六章（台北学生书局）。

2　见《四库全书》本《知言》卷四。明程敏政刊本于《知言》六卷后附朱子《知言疑义》一卷及《附录》一卷，而删其正文中见于《知言疑义》之重文。故在程本及同一系统之朝鲜本和刻本中，此言均不见于正文，而见于所附《知言疑义》中。《四库全书》所收《知言》六卷、《附录》一卷系采永乐大典本，为宋刊原本。《知言疑义》亦见于《宋元学案·五峰学案》及《朱文公文集》卷七十三。

对的，因此“无善相”“无恶相”这两个谓词都加不上。所以王阳明说：“无善无恶心之体”[1]，也就是这个意思。无善无恶，是谓至善。至善就是绝对善。

照佛家的判教说，圆教是最高峰。从儒家的立场讲善恶问题，它也有一个圆教，并且其模式也一样——尽管其内容不一样，因为儒家有一套道德哲学。就西方哲学思考的进程说，圆善是最高峰。依康德的说法，全部哲学包括两层立法：就知识一层来说，是知性为自然立法；就道德这一层来说，是意志为自我立法。这两层立法是全部哲学的规模。这也近乎康德所说的哲学之“宇宙性的概念”（cosmic concept）。康德说，我们一般所说的哲学概念都是“学院性的概念”（scholastic concept）。但除了这种哲学概念外，还有一种“宇宙性的概念”[2]。所谓“宇宙性的”意指“完整的”。完整意义的哲学包含两层立法，而以善为最高目的。所以西方哲学是以康德这个模型为代表，其他一切片面的、特殊的哲学都可收进这两层立法中。而最高善的概念如果要有必然性，而不只是任意的概念，便只有在圆教所说的圆佛中才能照察出来，这在西方哲学本身是照察不出来的。

我们在佛教的部分提出了一些重要的问题，这些都是真正的哲学问题，必须当作哲学问题看。即使是语言分析，也必须针对问题去决定问题，而不只是训诂字句。譬如，他们对语言加以分析，决定什么有意义、什么没有意义，这些都是大问题。尽管他们说自己的哲学是小哲学，别人的是大哲学，其实他们的问题并不小。我们不能说这些不是哲学问题，凡是当作一个问题看的，无所谓

1　阳明四教句云：“无善无恶心之体，有善有恶意之动，知善知恶是良知，为善去恶是格物。”见阳明《传习录》卷三及《年谱》嘉靖六年九月条下。

2　“宇宙性的概念”“学院性的概念”见《纯粹理性批判》中《超越方法论》第三章。

大小。若说大，通通都大。只有单单训诂字句，那才算小，那根本不是当作哲学问题来看。若是小的，就不能称为概念了。这个“概”字就概括了许多对象。所以，分析哲学家说黑格尔哲学没有意义，这就很难说了。他们说知识才有意义，但知识的范围也不小。关于最高善，我将来想写一部书。这是近年来才想到且透出的，在《现象与物自身》中还说得不够，还没有解决这个问题；那还只是一般性的思考。也许这部书就叫作《圆善论》，到时候会写得比较清楚。

李明辉记录

第十八讲

宋明儒学概述

我写过一册书，是讲魏晋时代的哲学的，又以两册书来讲南北朝、隋、唐的佛教，还以四册书来讲宋明理学，其量最多。首先写成的是关于魏晋玄学的部分，就是《才性与玄理》这本书。然后再写宋明这个阶段的哲学，大体花了十年工夫。那时我在香港大学，没有事做，很清闲，所以可以完全把心思收回来，凝聚住，关起门来，好好想一想以前的学问，于是便写了《心体与性体》，共三册，一气写成。这三册大体具备了宋明理学的规模和思路。还剩下一册，最近才写成，此即是《从陆象山到刘蕺山》一书。

那三册书处理北宋的周濂溪、张横渠、程明道、程伊川及南宋的胡五峰、朱子，共六人。这不是写哲学史，而是单讲宋明理学，若是写哲学史，有些前后过节之处就要连贯起来，有些不相干之处也要写。譬如说邵尧夫，在哲学史中也该有一章。但是我们专讲宋明理学时，邵尧夫就不在内了。尽管他在当时很有地位，二程和他也很熟，时有来往，但他们讲学问并不在一条路上。邵尧夫的学问并不在这个系统之内。

虽然就时间上来说，宋明理学涵盖了宋明六百多年，但是实际上只有一个课题，所牵连到而可以做主干的人物只有九个人。

从周濂溪开始，连同张横渠、程明道、程伊川，北宋一共有四家。当然二程门下还有很多人，但都是隶属的，不是做主干的。南渡以后，首先消化北宋四家的是胡五峰。他是胡安国的儿子。他那一派在当时称为湖湘学派，因为他住在湖南衡山。这是当时很重要的一个学派，那时朱子还没有出头。后来湖湘学派被朱子压倒、掩盖，所以一般人讲这一段学问，都不太知道胡五峰这个人，事实上，《宋元学案》中也有《五峰学案》，底下还列有很多人。但是大家都把他忽略了，不很注意他。其实这个人很重要，但被朱子的权威给掩盖住了，所以大家只注意朱子，事实上，朱子是不是能够掩盖住他，是很有问题的。

胡五峰首先消化北宋四家的学问。朱子一出，也继续做这种消化的工作，可是朱子并不能真正消化这四家的学问，事实上他只能消化一家，也就是程伊川。他以程伊川之一程来概括二程，把程明道收到程伊川里面，成为一程。其实，二程是以程明道做主，程明道在理学家之中有崇高显赫的地位，但是朱子的消化工作却不能显出程明道的地位。朱子以程伊川来概括二程，但程伊川却不能概括他哥哥程明道，因为他们兄弟俩的讲法并不一样。朱子只能欣赏程伊川，而且了解得很好、很恰当，他们两人之间没有距离，没有大分别，其心态相应、气味相投。但是朱子对于程明道就不十分能欣赏，既不了解他，又不好意思批评他，因为他的地位太高。程明道有这么高的地位，而朱子却不能相应于其地位而说出他的学问来，所以程明道在朱子的心目中是隐形的。

朱子以一程概括二程，再以二程作中心，来概括周濂溪和张横渠，以此方式消化这四家。因此，就表面上来看，大家都以为朱子是宋儒的正宗，是正统派，是所谓的道学家。在《宋史》里有《道学传》，其中有所谓的“濂、洛、关、闽”，共五人。陆象山不在《道学传》里面，这是《宋史》作者的偏见[1]。那表示说，宋儒的学问以濂、洛、关、闽为正宗。“濂”指周濂溪，“洛”指二程，“关”指张横渠，“闽”便是指朱子，因此以他所传的为正宗。可是朱子在北宋四家中只能传程伊川。他虽然大谈周濂溪的《太极图说》，篇幅很多，所费的工夫也很大；但是他的了解并不恰当，也不能相应于周濂溪所体会的道体。因为他是以程伊川的方式来了解周濂溪。他对张横渠了解得更差。张横渠本身当然也有些驳杂，但是其真实的意义不可掩。虽然他的文字表达不太好，其意义却很明显。而朱子却不能了解张横渠。张横渠在朱子的心目中只是二程的辅佐，并未得到充分挺立的地位，有时候他可以把张横渠的几句漂亮话头拿出来讲一讲，但是一两句话并不能代表张横渠的全部学问。就张横渠的全部学问来看，朱子是不了解的。

因此，这样看起来，所谓“濂、洛、关、闽”的传承，所谓“朱子继承宋儒的正宗”，事实上全是假象，朱子只继承了程伊川一家，而程伊川也不能代表他老哥程明道，就是把程伊川和程明道两人合起来，也不能代表张横渠和周濂溪。朱子很重视、推尊周濂溪，但对他不够了解，也不能了解张横渠和程明道。这些都是社会上一般人所看不透的，所以你们要下功夫，仔细去了解。而下功夫的唯一根据就是文献，要对文献做恰当的了解。朱子在文献方面所下的功夫也很深，但他了解得恰当不恰当，却是另一个问题。要了解得恰当，是很不容易的。他了解得恰当的地方我们也承认，譬如他对程伊川的了解就很恰当，没有问题，但他了解得不恰当的地方我们也要看出来，不要把它们混在一起，朱子之继承北宋诸儒，就是这种情形。

胡五峰消化北宋四家，大体是以张横渠的一个重要观念——

---

1 陆象山见于《儒林传》。

尽心成性——做主。这个观念是由张横渠开始提出的，而朱子向来不重视它，可见了解一个观念并不容易。“尽心成性”这个观念牵连到对于“心”的看法，对于“性”的看法，乃至于对“道体”“工夫”的看法。在“尽心成性”这句话中，“尽”和“成”代表工夫，除了工夫以外，这句话也包括本体在内。本体是指什么而言呢？就是“心体”“性体”，再由“性体”通到“道体”。这些重要的观念通通在这句话里面。所以，胡五峰消化北宋诸儒，是以张横渠这句话做中心；他所了解的心体、性体、道体，大体还是通于周濂溪、张横渠的了解。因此，他通过这句话来吸收、概括周濂溪、张横渠是可以的，也比较恰当。他不传程伊川的学问，他所传的是另一套，这一套合乎北宋前三家——周濂溪、张横渠和程明道，而与程伊川不相合。朱子所消化的，与程伊川相合，却与前三家不相合。所以朱子和胡五峰谈不来。

胡五峰的作品不是很多，但很精。他的作品有《知言》，就是借用孟子的话：“我知言，我善养吾浩然之气。”朱子对《知言》批评得很厉害，提出八点疑难[1]。事实上，这八点中没有一点是对的。他不了解胡五峰，因为他们的系统不同、不相应，在这里，我们需要下功夫重新检讨一下。

当初我也不了解胡五峰，不知道他说些什么，因为大家都不提他，大家所提的是周濂溪、张横渠、二程、朱子这些大师。至于胡五峰，就没有人知道了。有一次我问唐（君毅）先生，胡五峰讲些什么。他想了想，讲了几句话，但也没有说清楚。于是我就把胡五峰的资料拿来仔细看一看，这才了解他有一套想法，有一个重要的观念——“尽心成性”。这个观念虽然朱子不讲，但却很重要。“尽心”一词见于《孟子》。《孟子》中说：“尽其

1　见朱子《知言疑义》。

心者，如其性也；知其性，则知天矣。”（《孟子·尽心上》篇）。“成性”一词张横渠首先讲到，胡五峰也讲，后来刘蕺山也讲。这样一来，这个观念便代表一个特别的间架，所承传的学问与伊川、朱子不同，与王阳明也不同。通过这个观念，可以消化北宋前三家——周濂溪、张横渠和程明道。

所以我在《心体与性体》中把宋明理学分为三系：伊川、朱子是一系，陆、王是一系，胡五峰、刘蕺山是一系。这最后一系就是继承周濂溪、张横渠、程明道。严格来说，北宋诸儒的关系应当是这一系，而不是程伊川、朱子这一系，也不是陆、王这一系。陆、王是直接继承孟子。伊川、朱子则继承《大学》，以《大学》做中心。从伊川开始，才特别讲《大学》，照普通的理解，也就是讲格物穷理。但这是照朱子的讲法，而不是照王阳明的讲法。伊川在讲工夫的时候，才开始讲《大学》。朱子对《大学》最有兴趣，所以拼命讲格物穷理。我们仔细看看北宋前三家——周濂溪、张横渠和程明道的文献，他们讲工夫不从《大学》这里讲。他们三个人很少讲《大学》。程明道在讲工夫时，偶尔会提到几句《大学》里的话。程伊川讲《大学》，是后来的事，他们兄弟俩只差一岁。但程明道五十几岁就死了，程伊川则活到七十几岁，程伊川在他老哥死后的二十多年中，才能独立讲学，这才代表他的学问。他老哥在世时，他不能独立讲学，他只是顺着他老哥讲。宋儒对于《论语》《孟子》《中庸》《易传》等先秦经典所提出的重要观念、话头，都是由程明道开始的，所以他是个大家，有显赫的地位，朱子对于这样的大家，却不能了解，而以程伊川来概括他，这当然有问题。

程伊川是不是完全与他老哥相同呢？如果完全相同，当然可以他作代表，但事实上不相同。无论讲工夫或讲本体，他和他老哥的体悟都不一样。最显明的例子是程明道从“万物一体”说

“仁”[1]，又从“觉”说“仁”[2]，“觉”和“仁”这两个观念是相连的。但程伊川就是不喜欢以“觉”说“仁”，所以，后来朱子继承程伊川，拼命批驳“以觉说仁”；再进一步，又批驳以“万物一体”说“仁”。在朱子的“仁说”里，这是个很重要的问题，而且从这个问题能牵连到很多其他的问题，可见程伊川和他老哥的想法不一样。当然，笼统地说，他们都讲儒家的学问，都差不多。但是这样一来，不但二程差不多，我刚才所举的九个人也都差不多，都属一个系统。因此我们不能这样看，他们之间是有不同的。

北宋前三家讲工夫不由《大学》讲，这很特别，平常人都不了解，现代人更不了解。现代人根本不讲工夫，但宋明儒学问，讲本体必讲工夫，本体、工夫一定两面讲。这在西方哲学中就差了。西方哲学当哲学看，重视理论的分解，而不重视工夫，工夫就是所谓的“实践”。因此，他们在这里不谈实践。但在这个地方，东方的学问就不同了。我们为什么讲心体、性体、道体这些东西呢？这些都是理论。我们之所以如此讲，是因为我们有工夫，而在工夫中能了解这些道理。所以，讲道体就含着工夫，讲工夫就印证道体，这两面一定是相应的。不光儒家如此，道家和佛家也是如此。

西方人讲道德哲学，很少人讲工夫。譬如康德的《实践理性批判》也照着《纯粹理性批判》的方式来讲，分为“元素论”和“方法论”。这是模拟逻辑中的元素论和方法论（旧的逻辑是如此讲法）。《实践理性批判》中的“方法论”其实就是讲

1　程明道云：“仁者以天地万物为一体。莫非己也。”又云：“仁者浑然与物同体。”（《二程全书·遗书第二上·二先生语二上》）

2　程明道云：“医家以不认痛痒谓之不仁。人以不知觉、不认义理为不仁。譬最近。”（《二程全书·遗书第二上·二先生语二上》）此条未注明为伊川抑或明道语，牟宗三断为明道语，今从之。

工夫。他讲工夫讲得很简单，但也很中肯。然而这只是初步，分量很少，和“元素论”不相称。他讲《纯粹理性批判》也是这样，前面讲了一大堆，“方法论”的部分却只有一点点，虽然比《实践理性批判》的“方法论”多一点，不过大体还是不相干的、零碎的。

北宋前三家讲工夫，不从《大学》的格物致知这里讲，到了程伊川、朱子，才表彰《大学》，才从格物穷理这里讲。程伊川由此提出两句口诀：“涵养须用敬，进学则在致知。”[1]“进学则在致知”是就格物穷理而言。朱子对此最有兴趣，终身信守不渝。但是这样讲道德实践（成圣成贤的工夫），是不中肯的。这点朱子未能明察。这样讲工夫，我名之曰“顺取的工夫”。我为什么说以“顺取的工夫”讲道德不中肯呢？因为这是混知识为道德，把二者混在一起。这样是不行的，康德就是要把它们分开，以讲知识的态度来讲道德，这是个大混杂。北宋前三家，以及后来的胡五峰、陆象山、王阳明，乃至刘蕺山，都不这样讲，都不由《大学》格物穷理的顺取之路来讲。顺取之路就是顺着我们眼前之物，即物而穷其理，以此决定道德的实践，也就是以知识决定道德。但是北宋前三家根本不讲《大学》，或很少提到《大学》。但你们不要以为他们不讲工夫，他们都讲工夫的。只是大家对此都不注意，不发生兴趣，在观念上把握不住，而被“太极”等玄而又玄的观念所吸引住了。陆象山、王阳明、刘蕺山就正式讲工夫，并且正视这个问题。这七个人所讲的工夫就是所谓的“逆觉之路”。讲道德实践、讲工夫，“逆觉”是最 essential，这点被他们把握住了。能把握住这点，就是把道德当道德看，不当知识看，不是用讲知识的态度来讲道德。这样很自然就把二者分开了。

1　参阅《二程全书·遗书第十八·伊川先生语四》。

照现代人的看法，朱子那条路是不行的。可是在以前，大家却把他看作理学家的正宗，以为圣贤工夫不能离开他的路。大家都认为他是传圣人之道——也就是教人如何成圣，如何发展我们的道德人格，使人品挺立——他的规格还是落在道德上，因此他是正宗。以前的人之所以这样想，其原因何在？对此我们也应当做个同情的了解。在西方，从苏格拉底开始，经过柏拉图、圣多玛，直到康德以前，大体还是以讲知识的态度来讲道德。古人不十分能把道德和知识分开，在中国也是如此。朱子取得了正宗的地位，因为这是“下学而上达”。但孔子所说的“下学而上达”未必就是朱子所表现的那个形态。以前的人总是笼统，不十分能分别开来。

在此，我们做个同情的了解，大概可以这样说：他们是广泛地、笼统地从教育的立场着眼。教育就是教人做人之道，是人的具体生活。因此，由人的具体生活整个地看，也就是由教育的立场广泛地看，朱子的方法是正宗。这“正宗”是从教育的立场来说的，他们由具体的生活整个地来看人，而不像现代人一样，分别知识的一面和道德的一面。一般人这样笼统地看，觉得朱子的方法较好、较平实，所以他能取得正宗的地位。这是我们以同情的态度所了解的。但是若照他们的看法，朱子是正宗，那么其他的人不走程伊川、朱子的路，就不是正宗吗？若照前人的看法，这些人都不是正宗。所以朱子不喜欢程明道，但是也不批评他。这样从一般的教育来看，从具体生活的全部来看这个问题，是可以的，因为具体生活需要知识，也需要道德，甚至需要宗教信仰、民主政治等，这全部都得包括进去。

但是以前的人讲宋明理学，都推尊孔子，以孔子为儒家的大宗师。孔子以后成个传统，就叫作 Confucian tradition。孔子并非套在尧、舜、禹、汤、文、武、周公这个系统之内，作他们的骥尾。

假定把孔子套在这个系统之内，由他往上溯，这就叫作“周孔并称”。唐、宋以前都是周孔并称。由宋儒开始，才了解孔子的独立价值，了解他在文化发展中有独特的地位，不能简单地由他往上溯，而作为尧、舜、禹、汤、文武、周公的骥尾。宋儒的贡献在此。所以由宋儒开始，不再是周、孔并称，而是孔、孟并称。这很不同，表示这个时代前进了一步，是个转折的关键。

孔、孟并称，则孔子本身可以开一个传统，孔子本身在中国文化上有个独特的地位。到了孔子，开始政教分离。假定以尧、舜、禹、汤、文、武、周公为主，就是以政治事业为主，以业绩为主。孔子并没有做皇帝，没有称王，有其德而无其位。所以我们可以笼统地说，到了孔子，是政教分离。孔子的地位是“教”的地位，不是“政”的地位。所以孔子本身含一个传统。宋儒就把握了这一点。在内圣外王中，“教”的地位主要是指内圣。这是宋儒所共同承认的，朱子也应当承认。北宋的周濂溪、张横渠、二程的贡献就在这里：以内圣做主。既然以内圣做主，那么首先讲的就是道德。什么是“内圣”呢？就是内而治己，做圣贤的工夫，以挺立我们自己的道德人品。“外王”就是外而从政，以行王道。内圣的工夫是每个人都能做的，就如孟子所说：“求则得之，舍则失之，是求有益于得也。”外王就不一定了，它是“求之有道，得之有命：是求无益于得也”。内圣的工夫不但是每个人都可以做，而且必然能做，这是第一义。既然这第一义为宋儒所共许，那么朱子也得承认。

朱子是理学家，以道统自命。而道之所以为道，是在内圣方面，不在外王或业绩方面。既然如此，我们就得照内圣说；而周濂溪、张横渠、程明道、陆象山、王阳明、刘蕺山这些思想家正是照内圣说。而照内圣说时，逆觉正是本质而重要的关键，而格物穷理的顺取之路反不相应。所以，以逆觉做主的工夫是本质的工夫。

这并不是说在我们的具体生活中不需要知识。就具体生活的全部而言，我们也需要知识，也可以做旁的事情。你若喜欢念数学，也可以去念，这并不妨碍你。但在这里，决定轻重本末的原则何在，不可不辨。这一点朱子并没有照察到。一般人承认朱子是正宗，可是他们不一定了解真正的问题。这样一来，即使不就现在来说，而就以前人的看法来说，朱子的这种讲法也不一定很恰当。不过一般人公认朱子是正宗，而他也自以为是正宗，以为这样讲最好、最恰当。事实上，当他自以为如此的时候，他的心思就没有提上来，而和一般人差不多了。这就不够了。

这样大体说来，工夫之不同就决定对于本体的体会之不同。朱子定格物穷理的路，所以他对于心、性、道的体会和走逆觉之路者对于心、性、道的体会不一样。两者就在这里分开了。这里的差别并不很多，因为他们所讲的虽很多，但论点很集中，就在于这一点上。可是这么一点差别就造成很大的影响，因为他们的问题都是由这里出发的。

照朱子的工夫所了解的心，是属于“气之灵”之心的；心属于气，是形而下的。他没有孟子或王阳明、陆象山所说的“本心”。他一说心，便属于气，是形而下的。但什么是形而上的呢？就是理。性是形而上的，性即是理。所以在这里，心与理为二，是分开的，合不到一起去。因为心是属于形而下的，而性是属于形而上的，性即是理，所以理里面就没有心的活动成分。道体也是如此。所以朱子所了解的性体、道体，用现代的词语说，是“只存有而不活动”，也就是所谓的“只是理”（mere reason）。这不合乎先秦儒家的体会。先秦儒家对于性体、道体不是这样理解的。但是照朱子那种分解的路，他自然会这样去理解。他以为这样的理解最正确，而别人的理解是大糊涂。

依照逆觉之路来了解，心不是形而下的，不是“气之灵”，而是应以孟子所说的“本心”来看，这就是所谓的“心体”，心就是本体。这时，心不是属于形而下的，不是属于气的，心就是理。这时，心以理言，不以气言。譬如王阳明的“良知”，不能说是属于气的，若属于气，那就成了形而下的，那就糟了。所以心体以理言，它就是理，因此说“心即理”。陆、王可以说“心即理”，但朱子不能说“心即理”，只能说“性即理”——心和理是两回事，属于两个范畴：性是理，属于形而上的范畴；心是气，属于形而下的范畴。两者不同，必须分开。所以我就用两句话来分别这两种本体。照逆觉之路所体会的本体，是“即存有即活动”。朱子所了解的本体是“只存有而不活动”，因为活动的成分都属于气，都塌落下来了。心也属于气而下落、旁落了。心当然有属于气的，譬如我们现代所说的“心理学的心”（psychological mind）便属于气，它是材质的（material）。但是“良知”及孟子所说的“本心”不是心理学的。用康德的话来说，它是超越的（transcendental），不能用气来说。所以我用两句话就把它们分开了。这两句话不是随便加上的，你仔细看看，就知道必然是如此。活动的成分在于心，只有心才能活动。没有心，而只有理，是不能活动的。可是你不要一看到是活动的，就说它是形而下的，是属于气的。活动有属于气的，也有不属于气的。这点朱子没有弄清楚。后来朱子和陆象山之间的争辩，也还是这个问题，其关键还是在这里，对于本体的体会不同，工夫自然也不同，为什么不同呢？就是在这点上。

我看出这点之后，先把北宋前三家讲明白，再把程伊川讲明白。然后我又看出南宋的胡五峰还是合乎北宋前三家的意义，也合乎儒家的原始意义。我刚才说本体是“即存有即活动”，这是先秦儒家的古义，先秦儒家的《中庸》《易传》都是这样去体会的。譬如《论语》中孔子论仁，仁不只是个理，它是心，也是理。

但照朱子的讲法，仁只是理，不是心。光许说仁理、仁道，而不许说仁心，这是很离奇、古怪的，也违反人之常情。但是照朱子的分解，仁只是理，说理、说道可以（道也是理），但不能说心；心是属于形而下的，属于气。可是孔子正是从“不安”来指点仁[1]，“不安”不是心吗？所以朱子的头脑不能讲《论语》，也不能讲《孟子》《中庸》《易传》，而只能讲《大学》，另外加上《荀子》。他的头脑是荀子的头脑。所以我特别重视胡五峰这个人，把他表彰出来。虽然他没有程、朱、陆、王那样显赫的地位，但不妨碍其义理间架有独特的意义。

《心体与性体》第二册讲程明道、程伊川、胡五峰这三个人。第三册专讲朱子，其量最多，对朱子的学问做详细而有系统的叙述。第一册则是讲周濂溪、张横渠这两个人。朱子的文献最多，“语类”有一大堆，另外还有“文集”。光看“语类”并不够，还要看“文集”。“文集”当然很多，但只看相干的。他的文献太多，一般人哪能看得完呢？所以凡讲朱子的就把“语类”拿来，随便抄些前五卷中讲天地、阴阳、鬼神的那几段。因此，朱子的学问向来也没有人真正能了解。随便引他几句“语类”上的话头，是不能了解他的。当然，在了解之后，随便引他的几句话来讲旁的问题，那是无所谓的，不算不负责任。但是在正式讲朱子的学问时，就不能这样讲了。可是朱子的文献这么多，要怎么讲呢？这你就得了解他思考的过程，了解他生命集中而真正用功的问题是什么，从哪里开始。他是从“中和”问题开始的。

这“中和问题”从程伊川开始就弄糊涂了。苏季明问他，一问再问，越问越复杂[2]。这个问题本来很简单，《中庸》云：“喜怒哀乐之未发谓之中，发而皆中节谓之和。中也者天下之大本也，

1　指《论语·阳货》篇“宰我问三年之丧”章。

2　参阅《二程全书·遗书第十八·伊川先生语四》。

和也者天下之达道也。”文句很清楚。但是这问题让程伊川一考虑，就考虑得很复杂，并且也影响到了朱子。朱子用功思考“中和问题”，真是费了很大的劲，那时他三十七岁。他三十二岁见他老师李延平时，李延平就让他研究这个问题，从这个地方入手做工夫。不过他当时并不能了解这个问题。到了三十七岁的时候，他才正式开始思考这个问题，那时他的年纪已不小了。他二十四岁就中了进士，当然也看了些书，知道一些东西。但这样知道的东西是不能算数的，一个人的思想要能定住，能像孔子所说的“三十而立，四十而不惑”，能有明确的立场，这是需要下功夫、切实用功的。所以尽管他以前知道很多，但都不能算数，要到这个时候，才真正开始用功，思考这个问题。这个问题费了他好几年的工夫。可是这个时候，没有人了解“中和问题”，也没有人像朱子那样，由“中和问题”讲起。因为这个本来很简单的问题，被他弄得非常复杂，把人都弄糊涂了。并且他还有“中和旧说”和“中和新说”之别。旧说是他三十七八岁的时候想的，那时他自以为了解了“中和问题”，连续和张南轩在信中讨论[1]。到了四十岁的时候，他忽然觉得这通通不对，以为从前所说的都是荒谬、乖戾的，而予以放弃。这放弃的就是“中和旧说”，觉悟后所成的定论就是“中和新说”。“中和新说”一旦定了，他的系统便大体定了。“中和新说”之后，接着他又写《仁说》，这样一气连贯下来。“中和说”和“仁说”这两个重要的理论定了，他的全部系统也就定了。

所以，我首先费大工夫去整理“中和旧说”和“中和新说”，从程伊川讲起，把它们弄清楚。朱子的文献之编排和选录就要从这个问题上着手，由此牵连出去。了解了这个问题，也就了解了他的全部学问。但是在《宋元学案》里头，《晦翁学案》编得最坏，

1　《朱文公文集》卷三十二《答张敬夫十八书》之第三、第四书。

因为黄梨洲不知从何处下手。朱子的文献有那么一大堆，究竟要从哪里选录，来代表他的学问呢？只好这里抄一点，那里抄一点。程明道、程伊川和朱子三人是理学家的重镇，但是他们的学案在《宋元学案》中却写得最坏。《晦翁学案》之所以写得不好，是因为他的文献太多，一般人不能了解其学问的发展，把握不住其脉络，所以不知如何取舍，以黄梨洲的博学都不行，编得杂乱无章，这是因为他对中和问题不了解。但他也不是不知道有这个问题。他知道有这个问题，但对于其中的曲折了解不够，掌握不住，所以这个学案编得不好。

《明道学案》和《伊川学案》做得也不好，其缘故在于程明道和程伊川所留下的文献中有一大部分是“二先生语”，表示这是他们两人所留下来的话。但是其中哪些是程明道的话，哪些是程伊川的话，却混在一起而分不开来。这些话既然混在一起，看起来都差不多，那么要归诸程明道也可以，要归诸程伊川也可以。朱子的了解如刚才所说，是以程伊川做标准，凡是不合于程伊川而为程明道所说的话，他大体皆不喜欢。所以，“二程”只成了“一程”。但事实上，“二程”是二程，不是一程。黄梨洲写《宋元学案》时还是分不开来，把许多程明道的话归于程伊川，把许多程伊川的话归于程明道，也没有章法，这里抄一点，那里抄一点。所以这两位大家的学案都写得很坏。因此，在这里我们不能看《宋元学案》。要了解朱子的学问，也不能看《宋元学案》，非看他自己的文献不可。

所以我费了大工夫把程明道和程伊川的文献分开，并加以整理。这需要一个鉴别的功夫。这不是考据问题，不需要考据的证据。因为这并不是说你这个版本分不开来，我发现另一个版本，却把它们分开了。这不是考据的问题，而是了解的问题、义理的问题。能了解义理，自然能断定哪些话一定是程伊川的，哪些话一定是程明道的。他们兄弟俩的性格不同，对于本体和工夫的体会也不同，而这些不同都是可以决定的。但这需要理解，如果不理解的话，就会像冯友兰的《中国哲学史》一样，有些话明明是程明道的，他却把它们摆在程伊川那里。这是因为他不了解，义理没弄清楚，程明道、程伊川兄弟俩的性格不同，这是大家都知道的。但是性格的不同对于义理的理解和体会究竟有什么影响，一般人却看不出来。所以我费了大力气，去抄那些文献。这需要从容的工夫，若急着写论文就不行。我把他们的文献抄了好几遍，抄得久了，就看出自然的次序来。整理的结果，程明道有八篇，程伊川也有八篇，都在《心体与性体》里面。这样决定了以后，就可以讲他们的学问了。所以我们得重做《明道学案》《伊川学案》和《晦翁学案》。《宋元学案》中这三个学案完全不行，也只有这三个学案有问题，其他的学案没有问题。譬如说，《濂溪学案》没有问题，因为周濂溪只有那么一点文献，黄梨洲把它们都摆进去了，当然没有问题。《横渠学案》也没有问题，因为张横渠的文献主要是《正蒙》，而黄梨洲把《正蒙》通通抄进去，再加上《西铭》等著作以及一些语录，当然没有问题。所以讲这些问题，要理解才行。

尽管我们说朱子的格物穷理之路不对，他过分重视“道问学”也不恰当，但他毕竟还是个大理学家。他的头脑是荀子的头脑，思路也有点类乎柏拉图的形态。但是中国学问发展的方向与西方不同。儒家由孔孟开始，首先表现的是海德格尔（Heidegger）所谓的“方向伦理”[1]。《论语》《孟子》《中庸》《易传》都属于方向伦理，而后来的周濂溪、张横渠、程明道、胡五峰、陆象山、王阳明、刘蕺山所讲的，也都是方向伦理。方向伦理在西方是由

1 海德格尔此文有张康先生的中译，见于《现代学人》第四期，题为《存在主义在当代思想界之意义》。

康德开始的。康德以前的伦理学，海德格尔称之为“本质伦理”，这个名词用得很恰当。后者是由本质方面来决定道德法则，决定什么是善，这正好是康德所要扭转的。在西方，首先出现的是本质伦理。柏拉图所讲的就是本质伦理，正如康德所说，是以存有论的圆满（ontological perfection）来决定善[1]，以存有来决定善。康德则反过来，不以存有来决定善。因此由康德开始，才有方向伦理。但儒家一开始就出现了方向伦理，到朱子才出现本质伦理，正好与西方的先后次序相反。当然我们也可以说，先秦时荀子就是讲本质伦理。但是荀子在先秦没有取得正宗的地位，而后来的理学家也不喜欢他。其实朱子应当喜欢荀子，因为他们都讲本质伦理，就儒家而言，这显然不是正宗。但无论如何，讲本质伦理而成个柏拉图或圣多玛也不容易。

朱子讲本质伦理，重视客观存有，这也不坏，也有其价值，正如柏拉图、圣多玛在西方也有其价值一样，但是尽管有价值，正确不正确的是非标准也仍然要分别，而不能含混。所以朱子的学案需要仔细整理一下，使之眉目清楚，然后宋明六百年的学问的思路才能分别开来。因此，在我写了三册《心体与性体》之后，从陆象山到刘蕺山这一段的学问就已经安排好了，但我一直没有写出来。以后陆续发表了一些，直到去年才完全写成。现在这本书已经校完，即将出版（按：现已出版）。这第四册很重要，你们可以仔细看看，因为儒家内圣之学的最高峰就在这里。但是你们得先了解前三册才行。前三册弄不清楚，这一册也不会懂的。

我刚到台湾的时候，就写了一本叫“王阳明致良知教”的小册子。那时我对王学与其他理学家间的关系并不很清楚。王学尽

1　见《道德的形而上学之基础》第二章中《由他律的假定的基本概念而来的一切可能的道德原则之分类》一节；又见《实践理性批判》第一部第一卷第一章《论纯粹实践理性的原则》定理四解说二。

管可以独立地讲，但若要讲得恰当、了解得精切明确的话，最好还是不要独立地讲，因为王阳明究竟还是理学家。我那时弄不清楚朱子与周濂溪、张横渠、程明道、程伊川之间的关系，所以凡牵涉这方面而下的判断多半不可靠。所以这本小册子我就不要了，只保留其中的《致知疑难》一章，附在《从陆象山到刘蕺山》中讲王阳明的那一章后面。

所以人的理解往往分几个层级往前进，我从前当然也了解一些东西，但这些是不能算数的。譬如，我现在可以客观地把一些学问讲给你们听，但是你们在了解的过程中究竟能吸收多少呢？哪几个观念能够进到你生命里面呢？这些都很成问题。从你们自己吸收学识的过程而言，这个问题很麻烦。这需要一层一层往上翻，一段一段往前进。我到香港时已经五十多岁了，理解程度也比较高。以前我不了解，这没关系，因为昨天我不了解的，今天还可以了解。那时我的理解程度高，了解得也比较恰当。所以《才性与玄理》《心体与性体》《佛性与般若》这些五十岁以后写的书都比较可靠。但要到这个地步，需要下功夫，不是光了解几句话就行的。譬如关于佛教从南北朝以来六七百年间的这一段发展，我开始也知道一些，但这不能算数的。这需要依照中国吸收佛教的发展，客观地展示出佛教的各大宗派之来龙去脉；此外还要看一些文献，才能把每个观点都安排得很恰当。我在这方面共下了八年的功夫。至于我五十岁以前所写的那些书，你们不要看。

一般人并不是聪明不够，而是对文献所下的功夫不够，只是随便引一点，发挥一下。这是不负责任的，不能算数的。这只是表现自己的聪明，主观地发挥自己的一套，而不是做客观的了解。所以我们必须提高理解程度，必须通透。而这套功夫完全是学究的功夫，是急不得的，要慢慢来。当然我们不必像考据家那样，到处去查数据、找版本，但是相关的文献必须随时注意。譬如讲朱子的“中和问题”，凡有关“中和问题”的起码资料都得一步一步地去了解。而这需要下功夫，功夫下得久了，每个概念自然会归到其恰当的地位。通常我们在开始研究一个问题时，概念都是浮动的，到后来才逐渐定住。但其实浮动的并不是概念，而是我们自己。概念本身自有其恰当的地位。因此，主观的了解很难与客观的原意相合。这种功夫非做不可，这样才算学术，才能显出一个客观的地位。但是现代人谁肯去做这种功夫呢？大家都急着成名，大学刚毕业，就说孔夫子当年三十而立，我们现在到了三十岁还没有立，要赶紧立。三十岁得到了博士，以为也得到了学问，就想出大部头的书，事实上根本不行，这才只是刚做学问。博士只是个入门，只表示你可以吃这行饭，并非表示你有学问。所以这些功夫一定要做。人到了三十几岁，就进入了中年时期，既想成名，又想建功立业。中年人的事业心很重，心思容易分散。

我就举唐君毅先生做例子。唐先生的理解力高得很，他的思想在三十岁以前就成熟了。他写《道德自我之建立》，写得很好，那时他的思想就已经定了。他在大学教中国哲学史，他那些关于佛教、宋明理学的书都是根据这时候的了解而写的。三十岁以后，将近四十岁的时候，我们到香港。最初的十年，在艰难困苦中，他没有做学究的功夫，只是根据他以前所了解的程度来讲文化，也讲得很好。他讲文化问题的那些文章都很好。这样一直发展到五十岁。所以唐先生从三十岁到五十岁这二十年间，讲道德自我之建立、讲人生之体验，乃至讲文化问题的那些文章，都很不错，也到达了最高峰。

五十岁以后，他出来办新亚书院，参与校政，事业心一重，精神就散了。当然办事并不算错，因为儒家讲内圣外王，办事是应当的。但是一办事就影响到做学问。虽然办事对于人生的主观体验没有妨碍，但对于真正做学问却有妨碍。所以唐先生在五十岁以后的二十年间，在学问上并没有多大进步。虽然他写了许多书，像《中国哲学原论》就有好几册，其中疏通致远，精义络绎，但这些书在客观理解上，也有许多不甚妥帖处。这些书大体只能当作 rough work 看，是需要修改的。因为他还是根据他三十岁左右时所了解的程度来写，在理解的程度上并没有进步，只是扩大了材料的量。既然他的理解能力那么高，读书又读得快，那么问题的关键在哪里呢？就在于这二十年间他的心思分散了。要做这些功夫，必须关起门，静下心来才行。他白天要办行政，和别人斗争，晚上回家还要看书、写书。他看书虽快，其实都很粗略。他的引证大体不甚可靠，因为他太忙了。这些错误很容易改正，但是他的理解程度却无法改进。他的理解程度在三十岁以后，并没有多大的进步，所以我常常替他惋惜。学术问题属于客观了解的问题，而不属于主观境界的问题，不属于个人的思想。凭个人的思想可以讲文化问题，但不能讲客观的学术问题。所以，唐先生的学问成于五十岁以前，发展到五十岁为最高峰，而且他的性格也适合于讲文化问题。

因此，这种功夫一定要下，而且理解程度要够才行。朱子到三十七岁才开始思考问题。一般人四十岁以前的了解程度是不够的，还在奋斗，还在摸索。现在一般人得博士学位，都在三十岁左右，当教授在四十岁左右。但是这时他们还不能真正处理问题，所写的论文也都是试探性的，是不能算数的。可见要了解一个问题是很难的。假如你要讲文学的理论基础，那么你要对文学形成一个清楚的概念，这是很不容易的。你非得在文学的领域里下几十年功夫不可，创作、欣赏、批评，各方面都要有相当多的知识，而且理解还要透彻，才能对文学形成一个概念。等到形成概念以后，你才能根据这个概念反省文学的理论基础，因为那些理论基础都含在这个概念里面；而不要在这个概念以外找一些不相干的概念来瞎扯。但这是很不容易的。当年刘勰写《文心雕龙》的时候，就是对文学有了一个清楚的概念。就是老式的文学理论，也得达到刘勰写《文心雕龙》时所达到的理解程度。《文心雕龙》就是讲文学，并没有牵扯到不相干的东西。你能了解文学吗？能了解哲学吗？我们通常念哲学，起初都只知道一些名词，以后摸索着前进，到了对哲学形成一个概念的时候，才可以讲哲学。但是要对哲学形成一个概念，并不容易，要经过多少工夫！

所以我这几年来想一想，决定还是要把《从陆象山到刘蕺山》这部书写出来。这是最精微的一部。虽然其理路、思路在前三册中已经开出来了，但还是没有进到里面去讲，还是不够的。关于此书，我曾发表好几篇文章，但关于陆象山那一章始终没有写。陆象山和朱子之间的争辩我于二三十年前在《心体与性体》中就写出来了。那是讲他们两人间的对辩，由于牵涉较多，文献较丰富，所以较容易讲。但是陆象山本人的学问却很不好讲，因为它太简单了。他的话多半是批驳朱子的，而他本人的主张却很难讲。要讲的话，简单几句话就讲完了，写来不能成章。所以，关于他本人学问的风格以及其内部义理的大纲，我一直无法下笔去写。它们只是几句话，像"先立其大"[1]，一句话就说完了，怎么能成一章呢？到了去年，我才把它们综合起来，采用一种特别的方式，扼要地写出来。我们必须先对他本人的学问综合地提出来，然后才能讲他和朱子间的辩论，以此充实之，并了解他本人的学问。

王阳明的学问就比较好讲，因为它是分解的。陆象山的学问不是分解的，他所假定的分解部分都在《孟子》那里。王阳明的学问则是假托《大学》的分解来对治朱子、扭转朱子，所以比较好讲。但是从王学提出来之后，后来王学的发展，由王龙溪经过

1　见《象山全集》卷十五《与傅克明书》。

泰州派、江右派到刘蕺山，其中的问题都很精微，并不很容易讲。平常一般人讲宋明理学，也讲不到这些问题。这些问题从心学发展出来，比北宋时期的问题精微多了。

王学的发展分为三派：王龙溪、钱绪山属于浙中派，在王阳明的家乡；王艮、罗近溪属于泰州派，在江苏；聂双江、罗念庵属于江右派，在江西。要了解这三派，必须费一点工夫，不要跟随一般人的了解。一般人都根据《明儒学案》来了解。黄梨洲编《宋元学案》和《明儒学案》，在文献上和学术史上贡献很大。他在这方面似乎不算外行。他看了那么多的文献，当然懂得一些。但这种了解都是表面的，并没有深入其中。《明儒学案》是他最用心写成的。虽然他对王学从无微词，但是他对王学并无真正的了解，对于王学后来的发展，像王龙溪、罗近溪、罗念庵、聂双江等，他不了解。他在每个学案前面都有个综述。一般人都是参考这综述，然后照着去讲。但是他的判断多半不对。譬如，他说江右派是王学的嫡传[1]，就完全错了，这表示他不了解江右派。他又把王龙溪看作禅[2]，因为王龙溪说了些很玄的话，一般人不能了解，隔得太远了，就说他是禅。以前的人都以禅为忌讳，但实际上都是瞎忌讳。黄梨洲对泰州派也是如此，把罗近溪等人都看作禅[3]。他只想保住王阳明的儒家地位，不让他的弟子把他的学问变成禅学。但这只是依外部的、不相干的立场来决定其理解。

---

1 见《明儒学案》卷十六《江右王门学案》："姚江之学，惟江右为得其传，东廓、念庵、两峰、双江其选也。再传而为塘南、思默，皆能推原阳明未尽之意。"

2 见《明儒学案》卷十二《浙中王门学案》："世之议先生者，不一而足。夫良知既为知觉之流行，不落方所，不可典要；一着功夫，则未免有碍虚无之体，是不得不近于禅。"

3 见《明儒学案》卷三十二《泰州学案》："阳明先生之学，有泰州、龙溪而风行天下，亦因泰州、龙溪而渐失其传。泰州、龙溪时时不满其师说，亦启瞿昙之秘而归之师，盖跻阳明而为禅矣。"

事实上，江右派中除了几个及门弟子能继承王阳明的规范外，其他的人大体都不可靠，尤其是首先发难攻击王龙溪的聂双江和罗念庵。王龙溪或许有些乖张之处，或许与王阳明有点距离，但是聂双江、罗念庵批评他的那几点都是外部的、不相干的。就这几点而言，批评王龙溪就等于批评王阳明。王阳明的那些及门弟子也受到这两人的影响，其思想也脱离了王学的立场。但是聂双江、罗念庵根本不能了解王阳明的学问。现在黄梨洲说他们是王学的嫡传，完全是不着边的、荒谬的。在那些及门弟子中，只有两三个守得住他们老师的学问。王阳明在江右的学生很多，因为他一生的事业都在江右，他的军事行动（如平宸濠）都在江右。那时正是他的事业、学问鼎盛之时，天下闻风而来的人很多。但是这些人不一定能了解他的学问。

聂双江、罗念庵的影响这么大，为什么不了解王阳明呢？这其中必有理由可说。我们先不谈他们的理解问题。事实上他们根本不是王阳明的及门弟子。聂双江生平只见过王阳明一面。他当时在政治上地位相当高，并不低于王阳明。王阳明的功业虽大，但官阶不算高。他只是江西巡抚。巡抚不是正式的官，而是临时派的。最后王阳明到广西剿匪的时候，聂双江和他通了一封信。他有答信，这是王阳明最后一封答复的信，也就是《答聂文蔚书》[1]。这是一封很有名的信。从这封信可以看出，王阳明对聂双江没有多大的影响。聂双江这时才开始问学。而王阳明在广西平定内乱后，在回来的途中就死了。聂双江听到王阳明去世的消息后，自己在家里设了一个牌位祭拜，执弟子礼。他们之间的关系仅止于此。从他和王阳明往来的信中来看，他刚开始接触“致良知”说，尚未了解它。当然王阳明死后，他也可以看看书，慢慢进步。但

1 见《传习录》卷二。

是他这时已有了成见，而且岁数也不小了。他大体未脱北宋诸儒的窠臼，对于陆、王如何由北宋诸儒一步步迂回地转出来的艰辛历程全无了解。

再说罗念庵，他更不如聂双江。他是江西的一个乡下人，平常读读《传习录》。王阳明在世时，《传习录》已经出版，并且在社会上流行了。但他从未见过王阳明，也未与王阳明通过信。他也是停留于北宋诸儒的观念，对于当年陆象山何以要批驳朱子、扭转朱子之种种关节全不能了解。王阳明死后，他并未执弟子礼。他并不承认自己是王阳明的学生。王阳明的大弟子钱绪山和王龙溪（他们是王阳明的同乡，和他相处最久）编王阳明年谱的时候，罗念庵也参与了一部分的编纂工作，钱绪山便写信请他拜门为弟子。他最初并不答应。他认为自己并未及门，不能强充弟子，否则于礼不合。这话表面上说得冠冕堂皇，但其内部必有隐衷。他不一定赞成王阳明那一套，也不一定能了解他。可是钱绪山、王龙溪硬是要拉他进来，还替他做证，证明他是王阳明的弟子。他这样才勉强加入。由于这个缘故，所以后来他和聂双江首先发难攻击王龙溪。在这种情形下，黄梨洲如何能说聂双江、罗念庵等人得王学之真传呢？这话很难说得过去。

他们为什么会这么讨厌王龙溪呢？王龙溪在王阳明的弟子中年龄最长，也最聪明，而且才气最高，颖悟过人。虽然钱绪山也是大弟子，但却是老实人，较平实。所以王龙溪难免气盛，令人难堪。同是及门弟子还无所谓，但聂双江、罗念庵并非及门弟子，就不免感到不痛快。由于这种情绪作祟，他们便首先出来发难，批评王龙溪。

我们现在客观地看当时的文献，可知他们所提出的责难大体是不中肯的。这些文献现在很少有人去读，但却是王学中的大争辩。于是我把这三派的理路疏导清楚。王龙溪、罗近溪才是王学真正的嫡系。聂双江、罗念庵并不代表真正的王学，他们已经离开王学的路子回归到北宋，但又仍在过渡之中，还未成熟。这种过渡是向刘蕺山而趋。刘蕺山是最后的理学家，他暗合胡五峰的路子。我们说过，胡五峰开始消化北宋诸儒，刘蕺山便属于这个间架。所以他是由王学出来，回到胡五峰所继承的“濂溪——横渠——明道”那条路上。所以宋明理学应有三系：陆、王是一系；伊川、朱子是一系；胡五峰、刘蕺山又是一系。在这三系中，陆、王这一系是直承孟子而来，胡五峰、刘蕺山所继承的“濂溪——横渠——明道”这一系是宋儒的正宗。这两系最后合在一起，是一个大圆圈中的两个来往。剩下的问题就是如何与程伊川、朱子一系相辩驳，经过消化而结合起来。这其中的脉络大体如此。

刘蕺山的路子是顺着胡五峰的脉络下来的，是根据张横渠“尽心成性”的观念下来的，先是“心性分设”。照陆、王的讲法，心即是性，心体即性体，且同时即道体。程伊川、朱子讲心与理为二，即是由“心与性为二”引申出来的；前者是派生的，后者是根源的。胡五峰最初还是心性分设，所以主张“尽心以成性”。这个“成”是形着之“成”，而不是本无今有之“成”。性是本有的、先天的，但却是潜伏的。由潜伏的变成实现的而呈现出来，须靠“尽心”，此即所谓“尽心以成性”。这个观念是张横渠首先提出来的，与孟子的路子有关。但孟子说“尽心知性”，而非“尽心成性”。“尽心知性”是从心上说性。但在濂溪、横渠、明道、五峰、蕺山那里，都是“心性分设”。为什么呢？因为他们是由《中庸》《易传》开始，先讲道体，再讲性体，然后向内返，讲心体。先秦儒家是由《论语》《孟子》开始，向《中庸》《易传》的最高境界发展，宋儒则由最高境界向后返，其过程不同。宋儒由《中庸》《易传》开始，先讲道体、性体，这是客观地讲。但是这样我们如何了解道体、性体之具体内容和真实意义呢？这要靠“心”，而归于《论语》《孟子》，所以要讲“尽心成性”。这“成”是工夫之“成”，不是本无今有之“成”。这样一来，心的内容与性的内容必然相同。所以对于道体的体会，不论是从心上说，还是从性上说，都是“即存有即活动”。这样才能讲“尽心成性”。但朱子不能说这话，他只能说“格物穷理”，使形而下的心合于性（理）。陆、王也不说“尽心成性”，而说“心即理（性）”。这三种态度就决定了三个系统。

就胡五峰、刘蕺山一系而言，心性虽分设，但同时是“即存有即活动”，最后还是完全合一，主心即理，不过中间经过了一个回环。陆、王则不经过这个回环（程伊川、朱子走知识的路，也没有这个回环）。所以，这两个系统可以合成一个系统，为儒家的正宗。伊川、朱子不是儒家的正宗，我称之为“别子为宗”。什么叫“别子”呢？这是根据《礼记》而来的[1]。譬如说有弟兄两人，老大是嫡系，是正宗，继承其父；老二不在本国，迁到他处，另开一宗，而成另一个系统，这就叫作“别子为宗”。朱子就是居于这样的地位。现在那些拥护朱子的人一看到“别子为宗”，就很不高兴，以为有伤朱子之尊严。其实这又伤了他什么尊严呢？他能另开一个宗派，岂不很伟大吗？朱子传统是朱子传统，孔子传统是孔子传统，两者不必完全相合。朱子距现在有七八百年，我们现在读《四书》都要通过他的注疏。孔子隔我们太远，朱子隔我们近一些，所以他得到这个便宜，被看成正宗。

刘蕺山这派的学问并不是纯粹的王学，也不同于伊川、朱子一派，而是顺着胡五峰消化北宋前三家的路子下来，先是“心

1　《礼记·丧服小记》：“别子为祖，继别为宗。”郑注：“（别子为祖者）诸侯之庶子，别为后世为始祖者也。谓之别子者，公子不得祢先君。（继别为宗者）别子之世长子为其族人为宗，所谓百世不迁之宗也。”

性分设”，再以此吸收王学。它是这么一个间架，也有它的好处。陆、王一派由心讲起，自然有其精彩处，有其直接、简易处，但也有其毛病；而这些毛病在胡五峰、刘蕺山这条路上是可以避免的。一般人所感觉到的心学之病，在此可以避免。对于这个间架，黄梨洲不能了解。他对于江右派的判断固然不对，对于他的老师也一样不了解。刘蕺山同黄梨洲的父亲是好朋友。黄梨洲的父亲是东林党，被魏忠贤所杀。所以他曾袖怀长铁锥，到北京杀太监。他年轻时奉父命从刘蕺山学，可是他对他老师的学问到底了解多少，却很成问题。他从学的时候还很年轻，以后又遭国家变乱，明室将亡，他便开始从事恢复的工作，参加军事行动，以后看看没有办法了，才回家读书。他完成《宋元学案》《明儒学案》，是他晚年（他活到八十多岁）的事了。他是通儒，很博雅，但对于理学本身的了解不够。他对于外部的东西如掌故、文献等很熟，但对于内部的义理了解得不够，真实功夫也不够。所以他对他老师的学问不太能了解，只了解一半。

刘蕺山的学问是慎独之学，包含两层意义：一层是由心体上讲慎独，另一层是由性体上讲慎独。从心体上来讲慎独的是《大学》，也就是《大学》所说的：“所谓诚其意者，毋自欺也，如恶恶臭，如好好色，此之谓自谦，故君子必慎其独也。”“意”属于心，所以这是从心体上讲。从性体上讲慎独的是《中庸》，也就是《中庸》所说的：“天命之谓性，率性之谓道，修道之谓教。道也者，不可须臾离也，可离非道也。是故君子戒慎乎其所不睹，恐惧乎其所不闻。莫见乎隐，莫显乎微，故君子必慎其独也。”因此，“慎独”一共有两层意义。黄梨洲对于他老师从性体讲慎独这一层完全不了解，他只了解从诚意讲慎独这一层。所以他写《明儒学案》的《蕺山学案》时，选了一大堆材料，但是无章法、无系统，看不出眉目来，可见他对他的老师了解得不够。

刘蕺山的书就是所谓的《刘子全书》。我曾把他的重要文献都抄录出来，由此可看出刘蕺山学问的全貌。他的功夫很深，不过在说法（文字的表达）上有驳杂、有滞辞，有时故作惊人之语，带有明朝秀才的习气。明朝的秀才嚣张得很！每个时代的知识分子都有那个时代的习气，明朝的秀才也有其习气。明朝的政策从朱元璋开始就是重士轻大夫，对秀才特别客气。秀才是知识分子、是士，而不是大夫，因为他们还未做官。知识分子未做官，皇帝对他们就很客气，因为他们未食君禄，没有权位，不足以威胁到君权。所以每当皇帝要派人到民间查访时，都是用年轻的秀才，因为他们有冲劲，敢说话。这点朱元璋很聪明，但是一旦他们做了官，皇帝对他们就不客气了，因为他们食俸禄，又掌权。若是官吏敢耍权术，他就不客气，把他们一起杀掉；不但要杀掉，还要侮辱他们，这就是所谓的廷杖——就是在朝廷之上用杖打屁股。打昏的很多，打死的也不少。王阳明也挨过廷杖，但这不合传统儒家的规范。儒家讲“士可杀不可辱”，做大臣的也是如此。你既然让他做大官，给他朝廷的爵禄，怎么可以随便侮辱他呢？你侮辱他，就等于侮辱自己。明朝的秀才既然很嚣张，在乡间便常常是土豪劣绅。他们固然可以替老百姓讲话，但也可以欺负老百姓；因为他们是秀才，没有人敢得罪他们。刘蕺山有时还是不自觉地带有秀才的习气。他当然不会欺负人，但有时会说大话。讲学问得老老实实地讲，不能说大话。他的文章虽有些驳杂，也有不通之处，但其真实的意义不可掩，其中有真功夫。他不是徒托理学家之名，而是有真实的实践工夫的，所以最后能绝食而死。明朝崇祯皇帝吊死于煤山，福王在南京做了一年皇帝（弘光帝）就垮了，他便在浙江的家乡绝食而死。绝食而死并不容易。他不是一两天就死了，而是过了三十多天才死的。起初只是不吃饭，但还喝水；到后来，连水也不喝了，这才死去。这是殉国，也是替这门学问做最后的见证。所以讲理学讲到刘蕺山就完了。

李明辉记录

第十九讲

纵贯系统的圆熟

假如我们对儒、释、道三家的基本观念有确定的了解，知道其最后的问题所在，便知这三个系统都指向最后的、究竟的层次。这即是说，这三个系统在层次上并无高低之分，它们同属于终极的形态之层次。从这终极的形态上来说，它们都是纵贯系统。儒家达此终极的形态、是纵贯系统，固无论矣。道家的基本观念与中心问题所趋向之处，亦是终极、究竟之所在。从这点来看，道家亦属于纵贯系统。佛教也是如此。佛教有那么多的观念，但如果我们通过判教为它们做个合理的安排，那么佛教也有一个最后的指向，亦即所谓的究竟、了义。佛教有了义与不了义，圆教是真正的了义，了义即究竟。小乘当然非了义，因为它是过渡的。即使大乘，若未达到圆教的境界，亦非究竟、了义。圆教所指向的地方，即是究竟。自此究竟处而言，佛教亦具备此纵贯系统。纵贯系统是相对于认知系统而说，认知系统是横摄的。这两个系统相对时，认知系统是低层的。所以凡是指向终极的形态这个层次的，都属于纵贯系统。就这点而言，儒、释、道三家并无不同。但这只是笼统地说，我们是从终极、究竟处讲，而不从认知系统上讲。认知系统是低层的、非究竟的，不是最后的指向。从这三家最后所指向之处，我们笼统地说它们都是纵贯系统。

但是“纵贯系统”一词用在儒家最为恰当，所以我们虽然以这个词语来概括三教，但实际上是以儒家做标准。不过我们可以暂且不抱有这个以儒家做标准的成见，而先笼统地以纵贯系统去概括这三家。因为我们了解，不管以什么做标准，这三个系统所指向之处都在同一个层次上，无高低之分。儒家到此是究竟，道家到此是究竟，佛家到此也是究竟。它们的讲法也许不一样，但是它们俱属同一层次。所以我们暂且方便地说：它们都属于纵贯系统。“纵贯”的恰当意义是在儒家这里表现。反之，道家和佛家对此并不采取纵贯的讲法，我称之为“纵贯横讲”，它们和儒家不同之处在此。儒家在这究极之处本来是个纵贯系统，而且是纵贯纵讲，道家和佛家则是纵贯横讲，其间有这么一个差别。假如我们能通过基本观念对儒、释、道三家的全部系统及其系统的支架、性格有个恰当的了解，那么就只能这么说。

历来辨三教同异，始终辨不清。儒、释、道三教当然有其差异，否则只有一教就够了，何必有三？既然有三，当然有不同。可是不同之处何在？却没有人能说明白。所以，我们现在先说明，这三个系统最后所指向之处都属于同一个层次，此处无高低可言，只能并列地比较其同异。若要说我高你低，那是护教的立场，我们现在不采取这个立场。站在儒家的立场，佛、老是异端；站在佛教的立场，儒、道二家是外道。这样一来，就有高低的问题；不但有高低的问题，还有正邪的问题。但是我们现在不采取这个态度。我们只就其最后所指向之处，肯定它们属于同一个层次，并列地辨其同异，而不论高低、正邪。在这个理解之下，儒家是纵贯纵讲，恰合于纵贯的意义，使纵贯的意义能清楚地呈现出来。所以过去儒家看佛、老，总觉得有点别扭。可是像陆象山、王阳明等人，对佛、老都有同情的了解，不把它们看得很低，也不把它们当成异端。但纵使不这么看，他们对于佛、老还是觉得有点别扭，觉得它们不顺适，有点偏。其之所以觉得如此，是因为形态不同。（“异端”二字如果客观地如此字而了解之，亦只是不同的端绪而已。若只是如此，则相对而言，互为异端。外道亦如此。若由异端或外道再进而论偏正，那是进一步的评价。）

照我们现在的讲法，纵贯系统本应当纵讲，才能恰合纵贯的本义。但道家是纵贯系统，却并不能使我们充分地去纵讲，所以以前总觉得它不十分周至。譬如老子说：“道生之，德畜之。”“无名，天地之始；有名，万物之母。”“道生一，一生二，二生三，三生万物。”“天得一以清，地得一以宁。”他也在追求天地万物的最后根源，凡是这种问题都属于纵贯。照基督教的传统，天地万物的最后根源是上帝，上帝创造万物，我们所追求的那个最后根源，就其创造万物说，即属于纵贯。道家也属于纵贯系统，但却不能充分满足纵贯之实，所以总是令人觉得不周至。但这是从儒家的立场去看。我们现在不从儒家的立场去看，而客观地去看道家，恰当地了解它，则它就是纵贯横讲——纵贯的形态以横讲的方式去表达。我们从什么地方看出它是纵贯横讲呢？我们是根据道家的基本观念决定其基本性格。道家所谓的“道生德畜”“无名，天地之始；有名，万物之母”等，均属于境界形态，而非实有形态。

道家所谓的“生”，不但和上帝创造万物的“创造”不同，也和儒家从天命所说的“创生”不同。儒家的道体的确可以创生万物。《中庸》说：“天地之道可一言而尽也：其为物不贰，则其生物不测。”这就是创生。所以儒家的道体是形而上的创造性（metaphysical creativity）。这种创造性当然和宗教家所谓的“上帝的创造”不同。《中庸》《易传》都表示这个道理；而《论语》讲仁，《孟子》从道德上说心、性，也表示这个道理。这就叫作纵贯纵讲。

道家也向往一个道体（天地万物的根源），这个道体也能生万物，所以老子说："道生之，德畜之，物形之，势成之。"庄子也说："夫道……神鬼神帝，生天生地。"这就等于："天得一以清，地得一以宁，神得一以灵。""道"以"一"来示。天得到"一"（道），便成其为天；地得到"道"，便成其为地；鬼神得到"道"，便能够灵。一切东西都不能离开道，道使然者然。这些讲法相当于莱布尼茨所谓的"充足理由"（sufficient reason）。"充足理由"是在说明一物何以仅仅如此，而不如彼。照莱布尼茨的讲法，最后的充足理由是上帝。这便是纵贯系统。道家本来也是纵贯的，但是依其讲说道理的方式，讲到后来，却失去了创生的意义，所以它不属于实有形态，而属于境界形态。它所说的"生"是"无生之生"，是消极的意义。尽管是消极的意义，这其中却有很高的智慧，而且需要极大的智慧才能达到。

从这点我们可以看出，道家有其真切的意义。儒家客观地肯定一个道体，肯定天命之于穆不已，创生万物。这是客观的肯定，属于实有形态。道家却不如此，它完全从主观方面去讲，从人为造作这里翻上去。我们不必肯定一个道体或上帝来创造，我们只消把操纵、把持及人为的不自然去掉，万物自然会生长，这便等于创生。这是很高的智慧，也需要很大的工夫。因为人都喜欢往前，没有人喜欢往后，道家就希望我们往后退一步。往后退一步，是一个很大的实践功夫，而不是消极。

这个道理本来是纵贯的，但道家却是纵贯横讲。道家先客观地肯定道是创生的实体，然后把这个客观的实体变成主观的境界或智慧。我们只要放开一步，天地万物自然会生长，这叫作天地万物的"归根复命"。我们只要不去骚扰天地万物，不塞其源，不禁其性，它们自能开源畅流，这就行了。老子讲"归根复命"，我一归根，天地万物通通归根复命，一起升上来，所以道家是个观照的境界、艺术的境界。道不是摆在那儿，为我所肯定；道就在我这里。至于什么是道呢，道家用“逍遥”“齐物”“无”等方式来表示。道就在我这儿得到肯定，是我的心境、我的智慧。我这里一敞开，大地万物通通和我一样。我一逍遥，天地万物同逍遥。我以平齐万物之心看一切，没有任何偏见，则天地万物都是绝对自足，都一起升上来。假如我不逍遥，没有道心呈现，则一切都落在计执世界里，在这里就有比较、依待的问题。我一升上来，万物便一起升上来；我一落下去，万物都落下去而窒息死。在纵贯横讲的情形下，主观的心与客观的物一体呈现。你有道心，物就上升到道的境界；你没有道心，它就落下来。我们只能说“道心和一草一木一体呈现”，而不能说“道心创造一草一木”，这叫作纵贯横讲。所以道家开艺术境界，它是采观照的态度。在观照中，我们达到逍遥的境界，一草一木也升上来而逍遥，也自足无待，道心与一草一木同时呈现。并非道心创造一草一木，而是两者同时呈现。

至于佛教，也是纵贯横讲，而且更显明。道家至少还肯定“无名，天地之始；有名，万物之母”“道生之，德畜之”，至少还有个纵贯的样子，但是佛教连这个样子都没有。它并不赞同基督教肯定一个上帝。站在佛教的立场来看，肯定上帝是极端荒谬之事。同样地，它也反对婆罗门教的梵天。因此，基督徒说佛教是无神论。佛教对这些都不肯定，就是儒家的道体、道家那个道生德畜的“道”它也不肯定。它不必肯定一个东西来创造或保障万物，或者与万物同时呈现。它根本不肯定纵贯式的创造的实体。但是我们为什么还说它是纵贯系统呢？因为它最后所指向之处和儒家、道家同属一个层次，所以我们还是可以把它看成纵贯系统。尽管它开始不肯定上帝，不肯定梵天，也不肯定儒家的道体或道家那个道生德畜的“道”，可是从最后的究竟处说，它还是纵贯系统，而且更显明地是纵贯横讲。你若说佛教是纵贯系统，这会让佛教徒听起来很不舒服，因为他们不喜欢肯定一个东西来创造万法。不管是肯定上帝、梵天、儒家的道体，还是道生德畜的“道”，它都看成外道。

但是我们不要根据这点就说佛教是异端，或者反过来，从佛教的立场说其他各家是执着。尽管佛教不要一个东西来创造万法，但它最后还是指向究竟、了义，因此也算是纵贯的。可是它一开始又不能讲一个纵贯的实体，那怎么办呢？佛教是把其他各家开始时客观肯定的上帝、梵天、道体，以及道生德畜的“道”都转化了，而不先做客观的肯定。客观地看来，它应该比较能同情道家。因为道家虽然也说“道生德畜”，但却属于境界形态，把客观的实有形态的意义都转化了。依此而言，佛教似应比较能接近道家；但尽管可以接近道家，它仍不先肯定道。

佛教把上帝、梵天、儒家的道体，甚至和它最接近的道家的道，都转化了。它转化到何处而达到究极呢？就是佛性、法身。佛性、法身是佛教的基本观念，理应为大、小乘所共同承认。佛性、法身的观念当然是从最后的指向说，这就是圆教下的佛性、法身。圆教下的佛性、法身能保住万法，但不能创造万法。在此我们不说创造，只说保住。这保住的关系当如何了解呢？大乘要度众生，不只是自己成佛。光是自己成佛，那是小乘。小乘修阿罗汉，阿罗汉是自了汉，只管自己灭度、自己解脱，而不管众生是不是灭度；这表示慈悲心不够。假如我们的慈悲心够，那么不但悲自己，也须悲众生。因此，不但要度自己，也要度众生。我们若从小乘解脱出来讲大乘，便牵涉慈悲的观念。如果我们的慈悲心广大，那么一切众生都在慈悲心的笼罩之下。假如我们的慈悲心萎缩，先是只限于中国人，而不及于欧洲人，再缩小到只限于自己一家人，而不管旁人，甚至只管自己，连父母、兄弟都不管，终至毫无慈悲心。反过来，慈悲心也可以扩大到无限，以一切众生为范围。佛性、法身非如此扩展不可。成佛是以一切众生得度为条件，必须即于一切众生而成佛。所以在圆教的法身里面，一切法都包括于其中。

可是我们不要认为佛性、法身可以创造万法。我们的意思只是说，我之成佛是以一切众生得度为条件，在这个意义上把一切法收进来。我之成佛是即于这一切法而成佛。我不能离开这一切法而成佛，而是必须即于这一切法而成佛。如果我一成佛，这一切法也就都被保住了。如果我可以离开这一切法，跑到高山顶上去成佛，这些法便可有可无，其存在无必然性。圆佛必须"即"一切法而成佛，法的存在之必然性就在这"即"字里保住。这是佛教中一个巧妙的问题，平常不易看出来，但是同西方哲学一比较，就很容易明白。你们若弄不明白，便会说这是虚无主义。但这是你们没了解，因为佛教不是虚无主义。佛教就是这样把法的存在之必然性保住了，但是没达到圆佛就不行。小乘固不行，因为在小乘，我之成佛只是自己的事，不必关涉一切法而成佛。这样一来，法的存在就与我不相干，因而法的存在只是偶然的，没有必然性。至于大乘，虽知关涉着一切法而成佛，然而未达到圆佛者，那关涉之"即"即得不究竟、不圆实，即是说，"即"不起来。如是，那一切法也不必然能得保证，此如天台判教中之所说。

基督教讲上帝创造万物，也是要肯定世界的存在必然性。儒家肯定创生万物的道体，所以最反对佛教说万法如幻如化。什么如幻如化！这明明是实事实理，天理就在这里。但是这种反对只是初步的看法。佛教说万法如幻如化，是就无自性说。但是这些如幻如化、无自性的法没有一个可以去掉。这不是很妙吗？这里面包含两层意思。照我们平常的理解，既然一切法如幻如化、无自性，理当没有必然性。但是佛教不如此想。佛教认为一切法的如幻如化是根据无自性而说，但这些如幻如化、无自性的法之存在有必然性，这里包含两个问题。这种必然性不靠上帝来保障，也不靠道体或道生德畜的“道”来保障，而是以佛法身来保障。但是佛法身并不创造万法，佛法身即万物一起呈现，永远连在一起，因此万法之存在有必然性。这便是所谓的“纵贯横讲”。

假如我们不知道这是两个问题，光从如幻如化、无自性这点去想，法的存在就没有必然性——以西方哲学的名词来说，法的存在就不可理解（unintelligible）。如果只看成一个问题，那么既然一切法如幻如化、无自性，法的存在就没有保障、没有必然性，因而也不能讲存有论（ontology）。西方哲学讲存有论，是讲存有（being），而佛教根本不讲存有。所以在这里我们还要转一个弯，再转进一层，从另一个层次上来看。佛教是从佛性、法身这里来保住无自性的法。但是我们不要以为有了佛性、法身，一切法就有了自性。这也不对，一切法还是如幻如化、无自性，还是缘起法。所以佛性、法身不是莱布尼茨所谓的充足理由。充足理由使一切缘起法可理解、有理由可说，这就有自性了。在这一点上，佛教的看法很特殊。它是以佛性、法身来保住，而非创造万法，也不是以佛性、法身作为一切缘起法的充足理由。所以佛教了解因果缘起和西方人了解因果性（causality）不一样。佛教是以佛性和法身来保住如幻如化、无自性的法的存在之必然性，因此它也可以讲一套存有论。这种存有论叫作佛教式的存有论（Buddhistic ontology），这和西方人所讲的存有论完全不一样。尽管万法如幻如化、无自性，但佛教仍要保住万法，使之有必然性，这不是包含两个层次上的问题吗？只要能保住法的存在之必然性，我们便可以叫它“存有论”（尽管这个名词来自西方，但我们仍可借用）。假如你们能够对“佛教式的存有论”这个名词做个恰当的说明，这也是很有贡献的。在这个时代讲这种道理，是很有意义的。我们不能再随着传统的看法误解这个意思。例如，过去儒家批评佛教说缘起性空、如幻如化，好像一说如幻如化，就什么都没有了。佛教也不能因为这层意思，就反对其他各家所肯定的一切。在这样的相互参照之中，实义就可以显现出来。（关于道、释两家的纵贯横讲，请回看第六讲）

以上是我所谓的“纵贯横讲”。“纵贯纵讲”容易了解，因为西方哲学和儒家都是纵贯纵讲。纵贯纵讲近乎常情，所以比较容易了解。道家这一个形态的纵贯横讲就不容易了解了，但还是相对简单。然而在佛教，你说它是纵贯系统，就显得刺耳，但它事实上是如此。若再说它是纵贯横讲，就更难了解了。所以佛教式的存有论并不容易了解。儒、道、释三个大系统从究竟方面来说，是以纵贯系统为主，不过却以两个态度去讲：儒家是纵贯纵讲，另两家是纵贯横讲。

儒家是彻底的纵贯系统，而且是纵贯纵讲。这近乎西方哲学，比较容易了解。不但宋明理学属于纵贯纵讲的形态，从先秦儒家开始它就是如此。孔子论仁，孟子论性，都是讲道德的创造性。什么叫道德的创造性呢？用中国的老话讲，就是德行之纯亦不已。分解地说，德行之所以能纯亦不已，是因为有一个超越的根据（transcendental ground）；这个超越的根据便是孟子所谓的“性善”的“性”。这个“性”便是道德的创造性（moral creativity）。有这个创造性作为我们的“性”，我们才能连续不断、生生不息地引发德行之纯亦不已。德行之纯亦不已是从性体的创造而来，不是原先就有的。已有的可以使之没有，没有的可以使之有，这不是创造吗？创造之最切的意义便在于道德的创造，也就是康德所谓的“意志的因果性”（causality of will）。我们在知识上所说的因果性是自然的因果性（natural causality）。意志的因果性康德称为特种因果性（special causality）。这是创造性的原则，在儒家则以“性”来代表。儒家不从意志这里开始讲，而是从“仁”这里开始讲，或是从“性善”的“性”这里开始讲。“性”不是个空洞的概念，而是有内容的，恻隐之心、羞恶之心、是非之心、辞让之心通通包括在内，孔子的“仁”也包括在内。它本来就是个创造性，创造的本义在此。知性（understanding）不是创造原则，意志才是创造原则，而这种创造是道德的创造。

文学家也讲创造，那种创造根源于自然生命。但那只是附属于一个特定能力之下的创造，然而一旦能力发泄完了，创造也就没有了。所以有所谓的“江郎才尽”，当他的生命发皇的时候，出口成章；等到发泄完了，不赞一词。这种创造力隶属于一个特殊的机能之下。至于呈现道德创造的性体之为创造性，叫作创造性自身（creativity itself）。这创造性自身就是本体，不隶属于任何特殊而有限定的机能。例如，基督教从上帝来说创造，上帝并非一个特殊的机能，他的全部本质就是创造性自身。这种创造性是无所属的，它不像文学家的创造一样隶属于自然生命。上帝本身全部就是创造性自身，这创造性自身就是宇宙万物的本体。说之为上帝，是宗教家的讲法，这是把创造性自身人格化、对象化。事实上，上帝之所以能创造，其切实的意义也要由意志的因果性（道德的创造）这里说。康德已经有这个意思，所以他说：“即使《四福音书》中的独一圣子，在我们能承认他是圣子以前，也必须先与我们的道德圆满之理想做一个比较；所以他自己说：‘为什么你们称（你们所看见的）我为善？除了（你们所看不见的）上帝之外，无有配称为善（善的模型）者！’但是我们又从哪里得有以上帝的概念为最高善呢？这简单地说来，只有从道德圆满之理念而得有之，这道德圆满之理念乃是理性所先验之构成者，并且不可分地与一个自由意志的概念相联系。”[1]依儒家的词语而说，由性体而发的德行之纯亦不已（性分之不容已）就是道德的圆满之理念。

因此，孔子所说的“仁”、孟子所说的“性善”之“性”并不是个类名，不是定义中的类概念。如果把它们看成定义中的类概念，那是错误的。那是把“性”说成单单属于人类的人性，先把人类划类，划归动物类之下，然后再用一个“差”（differentia）来区分人类与牛、马等动物；这是亚里士多德下定义的方法。这样一来，“性”就成了类概念。但是孟子所说的“性”并不是类概念，尽管它在人这里显现，然而一旦显现出来，它就不为人类所限，而有绝对的普遍性。这是儒家论“性”时很特别的地方。所以我们不能用西方哲学的“本质”（essence）一词来翻译“性”。平常用“nature”这个字来翻译“性”，已经不很好；但是用“essence”来翻译它，更不好。因为在西方，“essence”这个名词有一定的意义，它是根据亚里士多德那套逻辑而说的。用“essential”或“essentially”来形容，这可以，因为这两个词可以广泛应用；但是名词的“essence”就不行了。因此，尽管孟子说：“人之所以异于禽兽者几希。”（《孟子·离娄下》篇）但是这并非定义，这个“异”也不是定义中的“差”。这个“异”是价值的观念，而非分类的观念。所以孟子反对告子“生之谓性”的说法。

“性”有绝对的普遍性。凡是概念都有普遍性，可是类概念的普遍性是有限制的。然而儒家言性，其普遍性是没有限制的，所以这个“性”有无限的普遍性。性体呈现出无限的普遍性，才能和道体合一。所以讲到最后，心体、性体、道体、知体（良知之体）都是一体。客观地就其创造万物而言，曰道体；落于人，

1 参阅《道德的形而上学之基础》第二章。

则曰性体。但这不是说“性”为人所限，而是说“性”这个名词是对着个体而建立的。但是“性”的概念并不为某类个体所限，它对着你的个体为你的性，对着我的个体为我的性，对着一草一木即为一草一木之性，此即张横渠所谓的“天地之性”；然而其为性则一。总起来说，为道体；散开来对着万物说，即为性体。这两个名词的分际不同，但其内容的意义完全相同。所以我们可以说：心外无物，道外无物，性外无物。“道外无物”大家容易了解，因为我们讲道体本来就是通着天地万物而讲，道以外当然没有物，正如上帝以外没有物一样。但是说“性外无物”或“心外无物”，大家就不一定能够了解。这其实是一样的意思。因为这里所说的“心”就是孟子所说的“本心”，而孟子是由“本心”（恻隐之心、羞恶之心、是非之心、辞让之心）说“性”。所以既然说“性外无物”，当然也可以说“心外无物”。王阳明以良知的知体代表“心”，也可以说“心外无物”，心体、道体、性体都通而为一。而在程明道那里，则诚体、性体、仁体、易体、敬体、神体等通通是一。这些名词是随不同的分际而建立的，其实只有一个。

但是儒家讲这些道理，并不从客观面开始讲，如孔子就是直接从“仁”讲起。我们常说，中国文化和西方文化发展的路向不同。中国文化并未否定客观面，而是暂时撇开客观面，从主体这里看，而开主体之门。主体之门在西方始终开不出来，从希腊传统固然开不出来，从基督教传统也开不出来。因为基督教讨厌主体，而重客体，它要肯定一个超越而客观的上帝。反之，东方文化特重主体而开主体之门，不但儒家如此，道家、佛家也是如此。儒家开主体之门，从孔子论仁开始。但是开主体之门，并非不要客体，而是要通过我们的主体来了解客体，最后主体和客体合而为一，性体、心体、仁体、诚体等和道体合而为一。这样一来，基督教的形态自然便被转化了。这要凭实理来看，不能为了传教的方便而瞎说。当然你可以说在《诗经》《尚书》中也有人格性的上帝（尽管不很强），你也可以说我们要以夏、商、周三代为准，孔子以后的发展不好，我们要重新发展一套。这固然可以，但是这另一套是否一定好呢？能不能发展出来，也很有问题。你另外换一套，也不一定比孔子传统好。无论如何，过去这几千年是这样发展的，这不能误解。

儒家彻底地是纵讲，从人这里讲起，开出性体的观念。性体是道德创造的先天根据。道德创造是德行之纯亦不已。“纯亦不已”一语出自《中庸》。《中庸》上说：“诗曰：‘维天之命，于穆不已。’盖曰天之所以为天也。‘于乎不显，文王之德之纯。’盖曰文王之所以为文也，纯亦不已。”主观方面是德行之“纯亦不已”，客观方面是“维天之命，于穆不已”；这里有两面，但这两面是一个意思，同一化（identify）了。我们先分开来说。“诗曰：‘维天之命，于穆不已。’盖曰天之所以为天也。”这意思是说，“于穆不已”是天的本质。接着就说到文王法天。一方面说天道，另一方面以人格做见证。当然你说孔子也可以。“于穆不已”是从客观面讲，“于穆”是副词，深远貌，天命是我们眼前所看不到的。我们平常只看到散列的天地万物，事实上它们后面有一个“于穆不已”的天命在推动。这段话后来转成《易传》中的“天行健，君子以自强不息”。中国人过去对这道理了解得很亲切，因为他们有“存在的呼应”，一代一代相传下去。现代人往往自认为比以前人更了不起，其实哪有这回事？！现代人“隔”得很，只有小聪明而无智慧，完全不能有“存在的呼应”，哪里能接得上这种慧命？“天行健”相当于“维天之命，于穆不已”，“君子以自强不息”相当于“文王之德之纯，纯亦不已”。孟子说：“先圣后圣，其揆一也。”陆象山也说：“东海有圣人出焉，此心同也，此理同也。西海有圣人出焉，此心同也，此理同也。南海有圣人出焉，此心同也，此理同也。千百世之上，至千百世之下，有圣人出焉，此心此理亦莫不同也。”这就是“存在的呼应”，慧命之相续。道当然是客观的，有绝对的普遍性。见此即为见道，不见此即为不见道。在这里虽然有主观面与客观面之不同，但是这不已的“体”是同一的。这种讲法是纵贯纵讲，也就是相应其为纵贯而纵观地去说，以开启我们的生命之源、智慧之源、道德创造之源。这是最贴切、最顺适而条畅的讲法。

纵贯纵讲的方式在柏拉图那里还不行，因为柏拉图还有纵贯横讲的味道。这纵贯横讲当然不同于佛、道两家的形态。其横讲是偏重认知的，一是因为他开不出主体，二是因为他的造物主如工匠之制造，而非创造。后来基督教出现，从上帝的创造那里讲，是可以讲创造了；但是它光有“维天之命，于穆不已”这一面，而无“文王之德之纯，纯亦不已”这一面，所以主题开不出来。这是基督教的形态。中国人的想法则不同。儒家也重视创造，但不以上帝来创造天地万物。创造之实乃见诸我们的道德创造，所以性体和道体通而为一。因此儒家开主体之门，重视道德的实践。如何呈现性体呢？靠慎独。所以开主体之门就是开慎独的工夫。基督教始终开不出慎独的工夫，所以它不能说：我们可以靠道德实践而成为耶稣。

在西方哲学中，最能显著地表现纵贯系统，并且还能开出主体的是康德。所以我们现在讲儒家的学问，若要与西方哲学发生关联，只有康德哲学可以接头。由这种接头，便显出问题来，所以中国哲学还可以往前发展。假如西方哲学以康德做中心，不以目前所表现的为满足（西方哲学目前所表现的主要是分析哲学和存在主义，分析哲学是技术性的，存在主义所表现的是末世思想），还要往前发展一步，那就一定要有所调整，一定要看看中国哲学。

但是西方哲学为什么一定要以康德做中心，而不以罗素做中心呢？显然不能以罗素做中心，因为罗素不讲这些问题。为什么不可以圣多玛做中心呢？因为圣多玛哲学源于希腊传统，其所主张的正好是康德所要打掉的意志的他律。纵贯系统所讲的是意志的自律，所以西方哲学不能以圣多玛做中心，来和中国的学问接头，只有康德可以接得上。假如中国哲学还要往前发展，便只能顺着这个路子发展，这是必然的。假如西方哲学以康德做中心，还要往前发展，它就不能停在康德那里，它必须看看中国的传统，再转进一步，所谓“百尺竿头，更进一步”。否则康德的哲学就不能畅通，西方的文化生命就不能落实，它将始终摇摆不定。

简单地说，儒家系统从最究极处看，是个纵贯系统，就是康德所说的两层立法中实践理性的立法那一层。但是儒家这个纵贯系统同佛家、道家相比较是纵贯纵讲。康德也是纵贯纵讲。康德之所以能和儒家接头，是因为他讲意志的自律。这个扭转很重要，也是中国人所赞成的，因为儒家属于这个形态，所以一看就能了解。在西方，康德费了大力气，还不一定能扭转过来。但是康德说得清楚明确，不管是以上帝的意志做根据，抑或是以圆满或幸福做根据，都是意志的他律[1]。意志的自律是必然的、不可争辩的，讲道德非如此不可，这点儒家早就看到了。客观而论，宋明儒大体都能保存先秦儒家从道体所讲的纵贯的意思。古人很容易了解纵贯的意义；现代则容易了解横列的认知关系，劲道最容易用得上，反而很难了解纵贯的意义。宋明儒中，除了程伊川、朱子稍有偏差外，都能充分保持纵贯的意义。但是程伊川、朱子的那些词语还是从纵贯系统中提炼出来的，他们只是不自觉地转向，大

1　参阅《道德的形而上学基础》第二章中《由他律的假定的基本概念而来的一切可能的道德原则之分类》一节及《实践理性批判》第一部第一卷第一章《论纯粹实践理性的原理》定理四解说二。

体类乎柏拉图传统的形态。所以我说这是“别子为宗”，而非儒家的正宗。重视这方面也很好，并非没有价值，因为可以从这里讲知识。但是中国文化的发展是先讲纵贯系统中的创造。至于西方，柏拉图则首重知识，所以他不能讲道德。朱子就成了这个形态。开出这一面也很好，在先秦，荀子就重视这一面。但是朱子套用正宗儒家的词语来说这一套，就把人弄糊涂了。

“性”虽然是在人身上呈现，但它不是类概念，因此性体和道体是同一的。而照程明道的讲法，性体和心体、仁体、诚体、道体、神体、寂感真几等都是同一的；主观地讲的“纯亦不已”和客观地讲的“于穆不已”完全是一，所以他说：“只此便是天地之化，不可对此个别有天地。”[1]我们一天二十四小时的变化就是天地之化，并非我们这里是人之化，那里是天地之化。但是这样岂不成了自然主义？并非自然主义，因为这是把人向上升，而不是向下落。依儒家的看法，道德秩序（moral order）即是宇宙秩序（cosmic order），反过来说，宇宙秩序即是道德秩序，两者必然通而为一，见此即是见道。见道并不很容易，中国人以前谓之“悟”。现代人靠西方的概念语言来分析，更不容易懂。“悟”不只是了解，譬如竺道生讲顿悟成佛，并不是靠了解就能成佛，而是要见“实相”。“唯佛与佛，乃能究尽诸法实相。”[2]顿悟成佛固然要开佛知见，同时也要在顿悟之中将无明通通化掉，证“实相般若”，得涅槃法身。否则全部生命都在无明之中，如何能成佛呢？所以，“悟”不只是理解或了解之事。

我们先了解“性”是什么，“心”是什么，良知的知体是什么，然后再进一步了解心体、性体、知体和道体是同一。这“同一”

---

1 《二程全书·遗书第二上·二先生语二上》及《宋元学案》卷十三《明道学案上》。

2 参阅《法华经·方便品第二》。

是现代人所不容易领悟的，不但洋人如此，中国人也如此。他们认为，“心”“性”“良知”等如何能与客观地说的道体合而为一呢？他们甚至不承认有这所谓客观地说的道体。但是这种态度是违反中国传统的。照以前的标准，这根本还没有悟道呢。这两方面的合一——心外无物、性外无物、道外无物——是儒者所共许的，程、朱、陆、王都莫不共契，而且不但宋明儒如此，先秦儒家早已是如此。因为纵贯系统本来就是如此，不如此就是不悟道。现代人不容易理解这点，但是过去的中国人都很容易理解。现代的中国人何以不能理解呢？这是因为受西方那一套的影响太大，以为这样讲才明确，以前的讲法太笼统。我们固然需要用现代的方式来表达，但是不能把原有的意思弄丢了。

“悟”是什么意思呢？就是指主客两面所说的“体”是一。以康德来说，康德的系统与儒家的纵贯系统最切合，因为康德的系统是个典型的纵贯系统。但是他并不能达至这两面之合，因为他提出三个预设（postulates）——自由意志、上帝存在和灵魂不灭。他并没有说这三个预设是一。但是依儒家的看法，心体、性体、知体和道体是一，这里只能有一个，不能有三个。康德之所以提出三个预设，还是受了基督教传统的影响。

再进一步，“悟”还有另一层意思，除了“主客两面之体是同一的”这一层之外，真正的悟道也不只是概念的了解。知解理性（theoretical reason）也能有概念的了解。尽管知解理性不能肯定自由、上帝、灵魂的客观实在性，但它了解这些概念并不矛盾，是可能的。《纯粹理性批判》就是要开这扇门。只有实践理性才能给这些概念以客观性、实在性。中国人所说的“悟”不只是了解概念的可能性，还要进入康德所谓的“神秘主义”。但是康德不能承认这一点，因为他不赞成神秘主义。在“悟”之中必须含有什么呢？主客两面之体是同一的，这“体”不只是抽象的，它也是心，也是良知，也是仁，所以这里必须含有智的直觉。

康德可以不承认“智”的直觉，但是中国人不一定不承认。过去儒家虽然没有这个名词，但是必须肯定这个事实。这种肯定是在纵贯的系统中承认智的直觉，而非在认知的横列的系统中承认。我们承认了智的直觉，我们也未扩大我们的知识，这和康德的知识论并不冲突。智的直觉不能给我们知识，它是创造原则，而非认知原则，因此我们不能以了解感触直觉的方式去了解它。感触直觉是在横的关系中，它能给予一个对象，但不能创造一个对象。智的直觉是在纵的关系中，它直觉某物即创造某物。我们不要误解，以为承认智的直觉是在知识层面上承认。儒家显然不会如此，因为儒家没有知识问题。横的认知关系属于康德所说的感性和知性，智的直觉则是在纵的关系中，因为上帝的创造是在纵的关系中。但是康德和儒家不同之处在于：康德认为只有上帝有智的直觉，而人类没有。

儒家的传统中，并没有三个预设，而只有一个。这样一来，人当然有智的直觉，智的直觉就在性体、心体、道体、仁体这里表现。智的直觉只有从道德的实践中才能转化出来，在现实上是没有的。从现实上看，我们哪有一个特定的能力叫作智的直觉呢？因此从人类学的观点看人，便找不到智的直觉。康德也是从人类学的观点看人。从人类学的观点看，人就是佛教所谓的“定性众生”，是有限的、被造的。中国人则不从人类学的观点而从实践的观点看人。从实践的观点来看，并没有定性众生。人在现实上当然是有限的，但他是虽有限而可无限。人可以成佛，佛就是无限。当然这“无限”与上帝的无限不同，但是不碍其为无限。佛是由众生修行而成的，所以并无定性众生，也没有定性的阐提、定性的阿罗汉、定性的菩萨，甚至定性的佛。根据这点，佛教可以讲“不定原则”（principle of indeterminate），但是佛教也有“决定原则”

（principle of determinate）。这决定原则是什么呢？一切众生皆有佛性，这是决定的；人皆可以成佛，这是决定的。所以，三个预设一定要合而为一，主观地说的心体、性体、知体和客观地说的道体是一，智的直觉则含于其中。“悟”就是要悟这点，见道也就是要见这点。这也就是康德所讲的“上帝王国”。

但是中国人并不说“上帝王国”这类词语，对我们而言一切都是天地之化。我们平常认为天地之化在一边，德行之纯亦不已在另一边。其实德行之纯亦不已就是天地之化，于穆不已的天地之化就是道德的创造，这两者是同一的。这不即等于上帝王国吗？这是上帝王国之转化。上帝王国必须依靠智的直觉，直觉之即创造之。因此，朗然呈现，清清楚楚地摆在那里，这就是见道。同样地，成佛后的最清净法界也不只是个观念。所以，在这点上我们不能根据康德的标准往下落，否则便违反中国的传统，使之成为无意义。现在有些人就是持这个态度。他们只承认孟子、王阳明的看法，而且把孟子、王阳明的学说只局限于道德的应当（moral ought），而不牵涉存在。这样一来，就缩小了他们的学说，这怎么可以呢？若不牵涉存在，存在交给谁呢？西方人把存在交给上帝，你把存在交给谁呢？你说良知不牵涉存在，而只决定道德的是非，决定“应当”，那么把存在交给谁呢？而且王阳明明明说“心外无物”，明明说“无声无臭独知时，此是乾坤万有基”。乾坤万有不能离开良知而存在，而这些偏执者却使良知萎缩，将其只限于人类的道德界，那么把天地万物的存在交给谁呢？这是不通的。所以在这里，我们不能顺着康德的思路往下拖。何况康德对于这点也有交代：他虽然不把存在交给我们的自由意志，但却把它交给上帝。现在这些偏执人把上帝、太极所代表的客观面都打掉了，又不把它交给良知，那么要把它交给谁呢？

康德并不是不要上帝，上帝是三个预设之一。在中国，儒家则以道体代替上帝，心体和道体又通而为一，结果只剩下一个。你要说上帝，这就是上帝；你要说自由，这就是自由；你要说不灭的灵魂，这就是不灭的灵魂。中国人不特别讲个体的灵魂（individual soul）。“心”主要是指绝对普遍的心，万古长存，只有一个。所以我们不能依据康德说这是神秘主义或道德的狂热主义，而必须顺着康德往前推进一步。假如西方哲学以康德做中心，还要往前发展，就不能像现在这样下坠。那些康德以后的德国哲学家，如费希特、谢林、黑格尔都已经看出来了。不过他们发展得不好，尤其是黑格尔常令人反感。但是在黑格尔那里，已经有将三个预设消化成一个的趋势了。另外，儒家的发展就不像黑格尔那样令人讨厌。有人说黑格尔哲学有助于极权，但很少有人说儒、释、道三家有助于极权。这样就往前进了一步，由康德所谓的“道德的神学”（moral theology）转变成儒家的“道德的形而上学”（moral metaphysics）。我们只能肯定一个道德的形而上学，就好像康德肯定道德的神学一样，但不能反过来肯定一个形而上学的道德学（metaphysical ethics），就好像康德不能肯定神学的道德学（theological ethics）一样。神学的道德学构成他律道德，是不应肯定的。

但是我们和康德的不同之处在于：我们所谓的“悟道”“合一”之处，康德说是神秘之处，他不承认人有智的直觉。这种看法很不妥当。康德在《实践理性批判》一书中的《论纯粹实践理性的符征论》一章说，实践理性的判断只能以自然法则作为符征（type）或象征（symbol），而不能作为图式（schema）。这一章很难懂，因为他写得太紧了。我们在知识上固然需要图式，但是将道德法则应用到现实的生命中，却不需要图式。然而依康德的看法，我们一说到行动，就落在现象世界中，就要服从自然法则，所以自然法则是道德法则的象征（或符征），这里无图式可言。可是神秘主义却把这个只作为象征（符征）的东西转成图式，以为我们对于上帝王国有一种智的直觉。康德这种说法，是以知识中的词语来说智的直觉，是很不恰当的。假如我们要说智的直觉，就不能有图式，甚至不能用“图式”一词。可是在这里就是上帝王国，就是天地之化。在智的直觉中，我们可以说自然法则是符征，但我们不能说智的直觉有图式，而依康德的看法，神秘主义是把符征当作图式，以此肯定智的直觉。但康德并不赞成神秘主义。

康德对神秘主义所做的批评并不很恰当，也许对西方的神秘主义可以这样遮拨。但无论如何，若不善于疏道，就封住了上达之路，由此形成一个大毛病，影响到一般人。康德反对以经验主义讲道德。对于神秘主义，虽然他也不赞成，但认为它与道德的庄严、纯洁可以兼容，只是夸张了一点。他认为就人的实践而言，最恰当的是理性主义。依中国哲学来看，如果以王学为准，良知教的四有句[1]是在理性主义的范围之内，而王龙溪所说的四无句[2]就进到神秘主义了。但这种神秘主义是由理性主义直接往前推进的。在这里，理性主义与神秘主义不能分成两截，它们是相通的。但是若照康德的看法，理性主义就上不去，而被封住了。这造成很大的毛病，因为这样一来，中国人从前所说的“悟道”“成圣”“成佛”“成真人”就都成了神话。但这些并不是神话，而是真实的可能。可是照康德的看法，这些都是神秘主义，都是夸大，这样就把“实理”限制住了。

1　四有句即王阳明所说的“无善无恶心之体，有善有恶意之动，知善知恶是良知，为善去恶是格物”。见阳明《传习录》卷三及《年谱》嘉靖六年九月条下。

2　四无句即王龙溪所说的“心体既是无善无恶，意亦是无善无恶，知亦是无善无恶，物亦是无善无恶”。见阳明《传习录》卷三及《年谱》嘉靖六年九月条下，亦见《王龙溪语录》卷一《天泉证道纪》。

照现代人的看法，这些都是神话，不能相信的。现在这些洋化的知识分子都有这种头脑。这样一来，中国的学问都不能成立了。客气一点的人则说，这些都属于宗教。可是中国人从前就在这里讲学问。不但如此，甚至佛教也不只是宗教。说这些属于宗教，是根据西方基督教的标准而说的。当年欧阳大师就说："佛法非宗教，非哲学；亦宗教，亦哲学。"佛法非宗教，因为它不是以基督教为标准；非哲学，因为它不是以西方哲学为标准。但是反过来说，它亦是宗教，亦是哲学。我们为什么一定要以基督教做标准呢？若以基督教做标准，说佛教只是宗教，只是神话，如何能服人之心？佛教这种宗教显然和基督教不同；它有教，教就是哲学。佛教有"宗"有"教"，教有教路，佛、菩萨说法都是一层一层往上说。基督教有"宗"无"教"，所以只是"宗教"，只是神话。现代人不但说佛教只是神话，甚至说儒家、道家、宋明理学都是神话，这个态度很坏，这样一直往下落，便成了所谓的"学院式的研究"，只成了考据，原先佛教所说的"圆佛""法身"等都成了神话。

我们的研究院就代表这个趋势，找些词语归类、统计，如，"理"字在什么时代开始出现，在某个时代出现几次，这样一来，理学家所讲的那些都不算学问，只是些空话。研究院的人讲宋明理学，在这个风气下只是做统计，统计"仁"这个词语古来怎么讲，然后讲阮元的《性命古训》，再讲傅斯年的《性命古训辨证》。这就是学术，其他都不是学术。这样一来，从前儒家所讲的那些学问通通被抹掉了。当年徐复观先生对他们说："你们为什么不讲中国哲学？宋明理学也可以研究呀！"其中一位先生说："我们研究院决不讲禅宗。"他竟把宋明理学看成禅宗！就是禅宗也可以讲呀！研究院为什么不能讲比较宗教呢？

康德讲理性主义，但是通不上去，不能重视上面一层。现代人则顺着这种理性主义往下看，结果是连理性主义也不能成立，只成了理智主义（intellectualism），即启蒙运动时代的理智主义。一般说来，“理智主义”并不是个好名词。凡可以证明的就相信，不能证明的就不相信，这是理智主义的态度。理智只限于经验范围之内，所以持理智主义态度的人一定要求证据。胡适之当年的口号就是“拿证据来”，讲起来煞有介事，好像理直气壮，其实根本不通。其他的人自己也不通，所以被他这句话唬住了。有些事情可以拿出证据，有些事情与证据无关，你到哪里去拿证据？譬如，依中国人的老观念，父母去世时不能戴金框眼镜，也不能穿绸缎，只能穿麻布。但是胡适之说：“我为什么不能戴金框眼镜呢？我可以戴银框眼镜，当然也可以戴金框眼镜。金框和银框都是金属，有什么分别呢？绸缎和麻布又有什么分别呢？”这样一来，就把孝道否定了。孝道要到哪里找证据呢？又如所谓的“公道”，俗语说，“你说你公道，我说我公道，公道不公道，只有天知道”。公道要到哪里去找证据呢？所以这些人都是没有道德意识的。道德问题与证据无关，只能自己做证，不能问为什么。你一问为什么，你就不是人，而是禽兽。现代人所谓的学术，大抵如此。以前人讲学问，正好相反，他们专讲孝心如何呈现。现代人则把这些看成神秘主义，根本不当学问看。

当然康德不至于如此，但是他可以开这道门。我们讲康德，是要使他向上通，只有向上通透了，才能提得住。一旦提不住，就落到实证论。所以就某一个意义而言，康德是最大的逻辑实证论者。就知识的范围内而言，逻辑实证论并不算错。我们这个课程只讲到这里。明亡以后，经过乾嘉年间，一直到民国以来的思潮，处处令人丧气，因为中国哲学早已消失了。

李明辉记录